LON FULLER

Die Moral des Rechts

Übersetzt und mit einer Einleitung
herausgegeben von
CHRISTOPH BEZEMEK

FELIX MEINER VERLAG
HAMBURG

PHILOSOPHISCHE BIBLIOTHEK BAND 782

Bibliographische Information der Deutschen Nationalbibliothek

Die Deutsche Nationalbibliothek verzeichnet diese Publikation in der Deutschen Nationalbibliographie; detaillierte bibliographische Daten sind im Internet über <http://portal.dnb.de> abrufbar.
ISBN 978-3-7873-4712-4

Kontaktadresse nach EU-Produktsicherheitsverordnung:
Felix Meiner Verlag GmbH, Richardstraße 47, 22081 Hamburg
info@meiner.de

 Satz: mittelstadt 21, Vogtsburg-Burkheim. Druck und Bindung: Beltz Grafische Betriebe, Bad Langensalza. Gedruckt auf alterungsbeständigem Werkdruckpapier. Printed in Germany.

INHALT

EINLEITUNG[1]

§ 1 *Der Zweck im Recht*

»Man vergißt über der Reise gemeinhin deren Ziel. Fast jeder Beruf wird als Mittel zu einem Zwecke gewählt und begonnen, aber als letzter Zweck fortgeführt. Das Vergessen der Absichten ist die häufigste Dummheit, die gemacht wird.«[2]

Auch Kennern von Nietzsches Werk mag dieses Zitat aus *Der Wanderer und sein Schatten*, einer Aphorismensammlung, die 1880 als »zweiter und letzter Nachtrag« zu *Menschliches, Allzumenschliches* veröffentlicht wurde, nicht geläufig sein. Lon Fuller stellt es, konkret den letzten Satz, dem zentralen Kapitel 3 seiner *Morality of Law*, das dem »Begriff des Rechts« gewidmet ist, voran; und das in deutscher Sprache.

Das Zitat sagt damit viel über den Zitierenden aus. Lon Luvois Fuller (1902–1978), als Nachfolger Roscoe Pounds über Jahrzehnte einer der bestimmenden intellektuellen Akteure an der Harvard Law School (wie im anglo-amerikanischen Diskurs insgesamt), war einer jener Akademiker, wie sie heute nur mehr selten anzutreffen sind (sollten sie je gehäuft anzutreffen gewesen sein): polyglott, vielseitig interessiert, umfassend belesen, gerade

[1] Die vorliegende Übersetzung ist das Ergebnis einer nunmehr über fünf Jahre andauernden Beschäftigung mit Fullers bekanntestem Werk. Ich danke Daniel Gosch dafür, diesen Weg in verschiedenen Funktionen in meinem Arbeitsbereich begleitet und mich vor wesentlichen Fehlern bewahrt zu haben (die verbleibenden sind ausschließlich mir anzulasten). Felia Haas danke ich dafür, dass sie sich mit großer Umsicht der Verzeichnisse angenommen hat. Dass die Einleitung (und mit ihr das Manuskript insgesamt) endlich abgeschlossen werden konnte, ist einem von sämtlichen Belastungen befreiten Aufenthalt am Eason-Weinmann Center for International and Comparative Law der Tulane Law School geschuldet. Ich danke Jörg Fedtke herzlich für seine Einladung und seine umfassende Gastfreundschaft.

[2] *Friedrich Nietzsche*, Der Wanderer und sein Schatten, Nietzsche Werke in 3 Bänden I (1954) 957.

auch abseits des eigenen Fachs, und in seinem Denken konsequent am Zweck und der Zweckgerechtigkeit seines Gegenstandes orientiert.

Die Absichten zu vergessen (oder wie sie zu realisieren sind), war dementsprechend eine Vorhaltung, die er kaum zu fürchten hatte (im Gegenteil war es eine der wesentlichen Vorhaltungen, die Fullers großer Antagonist HLA Hart ihm im Zuge ihres intellektuellen Schlagabtausches machen sollte: den Zweck als »idée maîtresse« nicht sein lassen zu können[3]): Der Zweck war (und ist) entscheidend für Fullers Verständnis des Rechts.[4] Und der Zweck ist entscheidend für sein Verständnis von Recht insgesamt: das »Unterfangen, menschliches Verhalten der Herrschaft von Regeln zu unterwerfen«.[5]

Recht ist für Fuller damit keine beliebige »soziale Technik«;[6] schon gar keine, mit der einseitig autoritative Festlegungen vorgenommen und Ergebnisse erzielt werden könnten. Recht als regelbasiertes und regelbezogenes »Unterfangen« bedeutet ihm stets eine gemeinsame Anstrengung, die Normsetzer und Normadressaten zueinander ins Verhältnis setzt. Aus diesem Verhältnis erwächst das, was im vorliegenden Werk als die »Moral des Rechts« entfaltet wird.

Diese Entfaltung bietet Fullers wohl prominentesten und nachhaltigsten Beitrag zum internationalen rechtstheoretischen Diskurs. Umso mehr muss es verwundern, dass gerade dieses Werk eines denkbar prominenten Rechtstheoretikers, der seinerseits den internationalen Diskurs nachhaltig geprägt hat, erst mehr als ein halbes Jahrhundert nach der Veröffentlichung der zweiten (und finalen) Auflage[7] in deutscher Übersetzung vorliegt. Dieser Umstand mag (im Wechselspiel) gleichermaßen

[3] *HLA Hart*, The Morality of Law by Lon L. Fuller (Buchbesprechung), Harvard Law Review 1965, 1281 (1296).

[4] *Lon L Fuller*, American Legal Philosophy at Mid-Century, Journal of Legal Education 1954, 457 (471).

[5] Unten 94.

[6] *Hans Kelsen*, Reine Rechtslehre (1934) 29.

[7] *Lon L Fuller*, The Morality of Law^2 (1969).

dazu beigetragen haben wie auch dadurch bedingt sein, dass Fuller im deutschen Sprachraum als vertrauter Unbekannter gelten kann:[8] Sieht man von einer Dissertation ab, die *Die Moral des Rechts* zum Gegenstand hat,[9] beschäftigt sich der deutschsprachige rechtstheoretische Diskurs insgesamt eher selektiv (und eher punktuell) mit seinem Werk.[10]

Sosehr man das schon im Allgemeinen ob des gedanklichen Reichtums des Œuvres und der Prominenz des Autors bedauern mag, muss das Bedauern darüber mit Blick auf die *Moral des Rechts* besonders ausgeprägt sein: handelt es sich bei diesem Werk doch um einen der wesentlichen Beiträge zur Struktur von Legalität,[11] ja zur Naturrechtslehre des 20. Jahrhunderts insgesamt.

[8] Dazu und für das Folgende insgesamt bereits *Christoph Bezemek*, Moral, das ist, wenn man moralisch ist, in FS Alexy (2025) 23.

[9] *Achim Doerfer*, Die Moral des Rechts: Zur Rechtsphilosophie Lon L. Fullers (2006).

[10] So wird nicht unbedingt selten, jedoch zumeist nur am Rande auf Fuller Bezug genommen. Vgl. exemplarisch *Miriam Gassner*, Weiblich, jüdisch, vergessen? Die Frauen des Wiener Kelsen-Kreises und ihr Beitrag zu Kelsens Rechts- und Demokratietheorie, in Clemens Jabloner / Miriam Gassner (Hg), Hans Kelsen und die österreichische Wissenschaftskultur (2024) 107 (135–139); *Clemens Jabloner*, Hans Kelsen und die Österreichische Schule der Nationalökonomie, in Clemens Jabloner / Miriam Gassner (Hg), Hans Kelsen und die österreichische Wissenschaftskultur (2024) 85 (96); *Falk Hamann*, Geltung und Gerechtigkeit: Hart und Aristoteles zum Recht als soziale Praxis, RphZ 2018, 372 (375, 380); *Birgit Haslinger*, Moral im bewaffneten Konflikt, öarr 2017, 131 (Fn 7); *Stephan Kirste*, Die Rule of Law in der deutschen Rechtsstaatstheorie des 19. Jahrhunderts, Jahrbuch für Recht und Ethik 2013, 23 (32–36); *Robert Alexy*, Zur Verteidigung eines nichtpositivistischen Rechtsbegriffs, in Bernward Gesang / Julius Schälike (Hg), Die großen Kontroversen der Rechtsphilosophie (2011) 49 (55 Fn 19); *Lilja Székessy*, Gerechtigkeit und inklusiver Rechtspositivismus (2003) 51–53; *Robert S Summers*, Der formale Charakter des Rechts II, ARSP 1994, 66 (78–79); *Robert Alexy*, Begriff und Geltung des Rechts (1992) 46, 57; *Donald Neil MacCormick*, Der Rechtsstaat und die rule of law, JZ 1984, 65 (68–69); *Hubert Rottleuthner*, Recht, Moral und Politik – rechtssoziologisch betrachtet, Philosophica 1979, 97 (98–99, 114); *Kenneth M Lewan*, Die Rechtsphilosophie Lon Fullers, ARSP 1966, 377.

[11] Vgl. *Frederick Schauer*, Lon Fuller and the Rule of Law, in Michael Sevel (Hg), Routledge Handbook of the Rule of Law (2025) 112 (114).

Diese Naturrechtslehre will sich freilich nicht ohne Weiteres den gängigen Zuschreibungen einer so bezeichneten Denkrichtung fügen (auch diese Besonderheit mag die Rezeption Fullers beeinflusst haben); ist doch Fullers Zugriff auf Fragen des Verhältnisses von Recht und Moral ein »formeller«;[12] was einen Rezipienten zur geistreichen Bemerkung verhalten hat, Fullers Werk sei weniger dem »Naturrecht« als der »Natur des Rechts« gewidmet.[13] So geistreich diese Bemerkung auch sein mag, sie verkürzt; weil nämlich beides stimmt und das eine ohne das andere, wie zu zeigen sein wird, für Fuller gar nicht möglich ist. Wie Fuller selbst betont, ist die Zuschreibung »formell« dann auch angemessen: da sie »darauf hinweist, dass es uns nicht um die materiellen Ziele von Rechtsnormen geht, sondern um die Art und Weise, wie ein System von Regeln zur Regelung menschlichen Verhaltens aufgebaut und vollzogen werden muss, wenn es wirksam sein und gleichzeitig bleiben soll, was es zu sein vorgibt«.[14]

Für Fuller ist damit, im Gegensatz zu materiellen Naturrechtslehren, nicht entscheidend, ob der (und welcher) Unrechtsgehalt der Rechtsnorm (oder der Rechtsordnung) dieselbe ihrer Geltung benimmt.[15] Die *Moral des Rechts* ist vielmehr zentral dem Nachweis gewidmet, dass insgesamt acht »Prinzipien«, die ihrerseits eine »innere Moral« des Rechts ausmachen, konstitutiv für die Rechtsnorm (und die rechtliche Ordnung insgesamt) sind.[16]

[12] Dazu etwa *Robert Alexy*, On Necessary Relations Between Law and Morality, Ratio Juris 1989, 167 (175).

[13] *Frederick Schauer* (Fn 11) 120 unter Hinweis auf diese grundlegende Unterscheidung bei *Gerald Postema*, Bentham and the Common Law Tradition (1986) 328–329.

[14] Unten 121.

[15] Vgl. freilich in einer kontrastierenden Zusammenführung dieser Ansätze *Robert Alexy*, A Defence of Radbruch's Formula, in David Dyzenhaus (Hg), Recrafting the Rule of Law: The Limits of Legal Order (1999) 15.

[16] Unten 120. Vgl. dazu nur *Brian Bix*, Natural Law Theory, in Dennis Patterson (Hg), A Companion to Philosophy of Law and Legal Theory (2010) 223 (232).

Ausgehend vom zweckorientierten Rechtsbegriff, Recht als »Unterfangen« zu begreifen, »menschliches Verhalten der Herrschaft von Regeln zu unterwerfen«,[17] sind diese Prinzipien, grob zusammengefasst, die folgenden: Gesetze bedürfen (1) eines grundlegenden Maßes an Allgemeinheit, in dem Verbots- und Erlaubnisnormen abgebildet sind, und (2) eines hinreichenden Maßes an Publizität. Sie müssen (3) auf künftiges Handeln gerichtet sein, (4) hinreichend bestimmt und (5) frei von Widersprüchen sein. Sie dürfen (6) nichts Unmögliches fordern und (7) müssen relative Beständigkeit aufweisen. Schließlich bedarf es (8) eines Gleichklangs zwischen Gesetz und Vollzug.[18]

Versagt die Rechtsordnung vollständig dabei,[19] eines dieser Prinzipien in der Rechtssetzung zu beobachten, gilt Fuller das Resultat einer solcherart defizienten Anstrengung nicht bloß als missglücktes Recht. Es kann ganz grundsätzlich keine Rechtsqualität für sich beanspruchen.[20]

Es ist diese (grob skizzierte) Einsicht, derentwegen Fuller (jedenfalls) im anglo-amerikanischen Raum als bedeutendster Analytiker des Rechtsstaats seit Albert Venn Dicey[21] wahrgenommen wird.[22] Diese Wahrnehmung teilt nicht zuletzt auch HLA Hart,[23] der die Bedeutung von Fullers Prinzipien (und sei es auch nur in Teilen) gemessen an einem zweckorientierten Rechtsbegriff konzediert.[24] Insofern also scheint Fullers Position unbestritten.

Bestritten wird demgegenüber, dass diese Position zu Recht den Begriff der »Moral« im Mund (oder zumindest im Titel)

17 Unten 94.

18 Siehe im Detail unten 45 ff.

19 Nicht, dass für Fuller keine partielle Entsprechung denkbar wäre: vgl. dazu unten Fn 33.

20 Vgl. unten 46 sowie insb. auch *Alexy* (Fn 15), 24.

21 Dazu grundlegend *Albert Venn Dicey*, The Law of the Constitution (2013).

22 *Frederick Schauer* (Fn 11), 114.

23 Vgl. nur *HLA Hart* (Fn 3), 1281.

24 *HLA Hart* (Fn 3) 1281.

führt. Denn so weit Harts Konzession auch reichen mag, unterlässt er doch nicht, beizufügen: »Wenn dies [d.h., die Beachtung basaler Legalitätsanforderungen] die notwendige Verbindung von Recht und Moral bedeutet, können wir wiederum zustimmen. Leider verträgt sie sich jedoch mit sehr viel Ungerechtigkeit.«[25]

Damit sind zwei Kritikpunkte angesprochen: jener, dass eine so verstandene »innere Moral des Rechts« nur bei denkbar großzügiger Betrachtung die Zuschreibung »Moral« für sich beanspruchen kann. Und jener, dass die so verstandene Moral (will man sie so verstehen) kaum geeignet ist, die moralische Qualität ihres Gegenstands (des Rechts) zu gewährleisten.

Beide Einwände sind gewichtig. So gewichtig, dass sie den Boden für Allianzen bereiten sollten, die so im rechtstheoretischen Diskurs ohne Fuller als gemeinsame Kontrast- und Projektionsfläche kaum entstanden wären. In den Reihen der Kritiker finden sich neben Hart und anderen führenden Vertretern der rechtspositivistischen Schule wie Joseph Raz nicht zuletzt auch prominente Adepten naturrechtlicher Ansätze wie Ronald Dworkin, der den von Fuller zum Einsatz gebrachten Moralbegriff als nachgerade »bizarr«[26] bezeichnet.

Gerade in Anbetracht dessen stellt sich indes die Frage, ob Fuller nicht nur zu den vertrauten Unbekannten der Rechtstheorie im deutschen Sprachraum zählt, sondern insgesamt als verfemter Unverstandener zu begreifen ist. Oder ob die von ihm entwickelte Naturrechtslehre in ihrer, wie Fullers Kritiker vermeinen, materiellen Offenheit eben nur der Beliebigkeit Form gibt.

25 *HLA Hart*, Der Begriff des Rechts (suhrkamp 2009) 243 f.

26 *Ronald M Dworkin*, The Elusive Morality of Law, Villanova Law Review 1965, 631 (632).

§ 2 Die Moral des Rechts

Die Antwort auf diese Frage bedingt eine Vorfrage: nämlich die, wie es der Autor der *Moral des Rechts* denn ganz grundlegend mit der Moral (also: mit dem Begriff derselben) hält: Hier wird rasch augenfällig, dass Fuller dieser Frage, nimmt man die *Moral des Rechts* zum Gradmesser, differenziert bis zurückhaltend begegnet, jedenfalls soweit es um eine inhaltliche Festlegung geht. Der nämlich enthält sich Fuller in seinem Hauptwerk; was zunächst nicht nur in Anbetracht des Titels, sondern auch in Anbetracht des Gangs der Untersuchung, den Fuller einschlägt, erstaunen mag. Gleich zu Beginn nämlich wird da der Anspruch erhoben, die »Bedeutung von Moral als solcher zu klären«.[27]

Wer sich von dieser Ankündigung eine scharfe begriffliche Abgrenzung erwartet, wird freilich enttäuscht werden. Denn Fuller geht es weniger darum, eine (weitere) Bedeutung von Moral festzulegen, sondern festzumachen, was Moral (im Weiteren) bedeutet. Sein Interesse ist dementsprechend weit eher struktureller denn begrifflicher Natur, weil es der Struktur nach weniger der Begriff selbst als die Natur dessen ist, was vom Begriff ausgehend entfaltet werden kann.[28]

Und so führt Fuller die wesentliche Unterscheidung zwischen einer »Moral der Pflicht« und einer »Moral der Aspiration« ein: die Unterscheidung zwischen einem Ansatz des Mindestmaßes als einer Moral, »ohne die eine geordnete, auf bestimmte Ziele ausgerichtete Gesellschaft scheitern muss«,[29] und einem Ansatz des Höchstmaßes als einer Moral, die sich in einem permanenten Streben nach Vervollkommnung verwirklicht;[30] das freilich nicht unabhängig voneinander, sondern als Positionsbestimmungen auf einer Skala, die vom Mindest- zum Höchstmaß

27 Unten 7.

28 *Robert S Summers*, Professor Fuller on Morality and Law, Journal of Legal Education 1965, 1 (3).

29 Unten 10.

30 Unten 10.

verläuft, die beide durch eine unsichtbare Linie voneinander getrennt sind.[31]

Zwischen den Ansprüchen der Moral der Pflicht und der Moral der Aspiration (wenn auch Letzterem zugeneigt) verortet Fuller die innere Moral des Rechts eines zweckgerichteten Rechtsbegriffs: »Die innere Moral des Rechts […] enthält eine Moral der Pflicht und eine Moral der Aspiration. Auch sie konfrontiert uns mit dem Problem, zu wissen, wo die Grenze zu ziehen ist, unterhalb derer Menschen zum Scheitern verdammt sind, aber keine Belobigung für Erfolg erwarten können und oberhalb derer sie für den Erfolg bewundert und im schlimmsten Fall für sein Fehlen bemitleidet werden.«[32]

So viel zur Struktur der inneren Moral des Rechts. Leer ist diese formelle Naturrechtslehre dabei nicht: Ihren Gegenstand machen die vorgenannten Prinzipien aus. In ihrer Verwirklichung konsequent zu scheitern hat zur Konsequenz, am Recht als »Unterfangen zu scheitern, menschliches Verhalten der Herrschaft von Regeln zu unterwerfen«.[33] Ihre Verwirklichung bestmöglich zu betreiben, ist der Aspiration des Rechtssetzers anheimgestellt;[34] wobei es das Bestmögliche im Aus- und Abgleich der einzelnen Aspekte der inneren Moral des Rechts sowie seiner »äußeren« Moral auszumachen gilt,[35] die jene inhaltlichen

[31] Was auch immer man davon halten mag: Vgl. nur die Kritik bei *Robert S Summers* (Fn 28).

[32] Unten 55 f.

[33] Dazu etwa *Colleen Murphy*, Lon Fuller and the Moral Value of the Rule of Law, Law and Philosophy 2005, 239 (241). Was für Fuller, eben weil sich die innere Moral des Rechts der Moral der Aspiration zuneigt, keinen Automatismus darstellt: Und so ist es für ihn »selbstverständlich«, dass »sowohl Rechtsnormen als auch Rechtssysteme nur zur Hälfte existieren können und es auch tun. Diese Bedingung ergibt sich, wenn die zweckgerichtete Anstrengung, die notwendig ist, um sie voll zur Geltung zu bringen, sozusagen nur halb erfolgreich war.« Unten 151 f.

[34] Dazu etwa *Brian Bix* (Fn 16), 232.

[35] *John Tasioulas*, The Rule of Law, in John Tasioulas (Hg), The Cambridge Companion to The Philosophy of Law (2020) 117 (128).

Anforderungen abbildet, mit denen sich Recht als Unterfangen konfrontiert sieht.

Woraus sich diese Anforderungen speisen, was also die inhaltliche Konzeption der äußeren Moral des Rechts ausmacht, wird – gerade in der *Moral des Rechts* – allenfalls grob skizziert. Dort etwa, wo es heißt, dass »[a]uch Moral [...] damit befasst [ist], menschliches Verhalten durch Regeln zu beherrschen«, wenngleich – und das gilt Fuller als wesentliches Distinktionsmerkmal – es dem moralischen Regelwerk am Charakter des »Unterfangens« mangelt, der Recht »als zweckgerichtete[r] menschlicher Bestrebung« innewohnt.[36]

Moral, als solcherart äußere Moral, tritt Recht bei Fuller damit nicht in erster Linie in einer Maßstabsfunktion gegenüber,[37] anhand derer eine Unterordnung des Rechtsbestandes unter »alle[...] außerrechtlichen Vorstellungen davon [vorgenommen werden könnte], was gesollt ist, ungeachtet der Quelle, des Anspruchs oder ihres inneren Werts«.[38] Denn äußere Moral ist in Fullers Verständnis keineswegs ein aliud zum Recht, das höheren Rang beanspruchen könnte.[39] Vielmehr stehen äußere Moral und Recht zueinander in einem Verhältnis der Korrespondenz und Emergenz, in dem Recht inhaltlich aus den Standards äußerer Moral über die Prinzipien seiner inneren Moral in einem Prozess der Klärung und Erklärung erwächst.[40] Als Ergebnis dieses Prozesses der Klärung und Erklärung ermöglicht Recht für Fuller dergestalt »eine wirksame Realisierung der Moral im tatsächlichen Verhalten der Menschen«.[41]

36 Unten 161.

37 Vgl. *Frederick Schauer* (Fn 11), 114.

38 *Lon L Fuller*, Positivism and Fidelity to Law: A Reply to Professor Hart, Harvard Law Review 1958, 630 (635) (Übersetzung CB).

39 Siehe etwa unten 131ff.

40 Was evidentermaßen für Sondermaterien, technische und professionelle Standards oder Ähnliches zu relativieren ist – vgl. *Lon L Fuller*, The Anatomy of Law (1969) 15.

41 Unten 249.

Werthaltungen und Ansprüche einer äußeren Moral des Rechts (in diesem – breiten – Verständnis) bedürfen insofern der (und finden ihre) Effektuierung über die innere Moral des Rechts, mit der sie als Regeln, denen die Mitglieder der Gemeinschaft unterworfen sind, produziert werden; als faktische Kraft, die das Normative nur in Gestalt des Rechts zu entfalten imstande ist.[42] Zugleich kann die äußere Moral nur in diesem rechtlichen Ausdruck Teilhaftigkeit am »Unterfangen«, das das Recht für Fuller ist, beanspruchen. Zwar bleibt Recht in einer adäquaten Würdigung in der Außenperspektive stets auf die moralischen Gegebenheiten der Gemeinschaft zurückgeworfen, auf ihre »Haltungen zu und Vorstellungen von Richtigkeit, ihre heimlichen Tabus, ihre verheimlichten Wechselbezüge, die geschäftliche und soziale Beziehungen durchdringen«.[43] In einer adäquaten Wahrnehmung des Vollzugs des Rechts der Gemeinschaft, also aus der Innenperspektive, bleibt es aber etwa dem Richter verwehrt, extralegale Werthaltungen an die Stelle jener des Gesetzgebers zu setzen, während die innere Moral des Rechts unbedingte Beachtung im Vollzug beansprucht.[44]

§ 3 *Die Moral eines Giftmischers*

Insoweit jedenfalls scheinen auch in diesem Bezug die Schnittmengen zwischen Fuller und seinem Gegenspieler Hart beträchtlich.[45] Eine entscheidende Bruchlinie zwischen Fullers Naturrechtslehre und Harts Rechtspositivismus tut sich freilich dort auf, wo es um die Frage geht, ob es angemessen ist, den Begriff der Moral für das heranzuziehen, was Fuller an Anforderungen

42 Vgl. einen ähnlichen Gedanken mit anderer Zuschreibung bei *David Dyzenhaus*, Fuller's Novelty, in Witteveen / Van Der Burg (Hg), Rediscovering Fuller (1999) 78 (97).

43 *Lon L Fuller*, The Law In Quest of Itself (1999) 65 (Übersetzung CB).

44 Vgl. unten 163.

45 Vgl. nur *HLA Hart* (Fn 25), 203 f.

an Recht und Rechtsetzung heranträgt: Soweit nämlich die Maßgaben einer inneren Moral des Rechts in und ob ihrer »moralischen« Qualität dem Rechtsbegriff in einer Art zugehörig sind, dass von ihrer Beobachtung die Rechtsqualität selbst abhängig ist, wäre die für Harts Position essentielle Trennung von Recht und Moral unterminiert.[46] Dementsprechend harsch erfolgt Harts Kritik: Bloße Handwerkskunst sei es, die hier nobilitiert wird. Handwerkskunst, die auch für zweifelhafte Handwerke Beachtung beansprucht, wollen sie effektiv zur Ausführung gelangen. Und so sei auch der Giftmischer gehalten, bestimmte Vorgangsweisen zu beobachten, will er effektiv zu Werke gehen.[47]

Eine solche Sichtweise ist in der Rezeption von Fullers Werk keineswegs singulär: Ähnliche Punkte bringen etwa Ronald Dworkin zur erfolgreichen Erpressung und Marshall Cohen zum geglückten Schusswaffeneinsatz in mörderischer Absicht vor:[48] Die Argumente sind dabei gleichlaufend: Von einer »Moral des Giftmischens« zu sprechen, würde keine trennscharfe Abgrenzung zwischen Fragen der Moral und solcher bloßer Effektivität erlauben, bemerkt Hart.[49] Man könne nicht sagen, der Erpresser

[46] Vgl. *Kristen Rundle*, The Morality of the Rule of Law: Lon L Fuller, in Jens Meierhenrich / Martin Loughlin (Hg), The Cambridge Companion to the Rule of Law (2021) 186 (196).

[47] Siehe *HLA Hart* (Fn 3), 1285–6.

[48] Vgl. *Ronald M Dworkin* (Fn 25), 631f (»ist mit Moral nicht mehr als Strategie gemeint« [Übersetzung CB]); *Marshall Cohen*, Law, Morality and Purpose, Villanova Law Review 1965, 640 (651) (»Es ist irreführend, anzunehmen, diese Prinzipien würden eine Moral konstituieren – innerlich oder anders« [Übersetzung CB]). Vgl. dagegen *Lon L Fuller*, A Reply to Professors Cohen and Drowkin, Villanova Law Review 1965, 655.

[49] *HLA Hart* (Fn 3), 1286: »Jemanden zu vergiften ist zweifellos eine zweckgerichtete Tätigkeit und Überlegungen zu diesem Zweck mögen erweisen, dass es über innere Grundsätze verfügt (›Vermeide Gifte, wie tödlich sie auch sein mögen, die das Opfer zum Erbrechen bringen‹ oder ›Vermeide Gifte, wie tödlich sie auch sein mögen, deren Form, Farbe oder Größe Aufsehen erregen könnte‹). Aber diese Grundsätze der Kunst des Giftmischers als ›Moral des Giftmords‹ zu bezeichnen, würde bloß den Unterschied zwischen dem Begriff der Effizienz mit Blick auf einen Zweck und jenen letzten Urteilen über

würde einem moralischen Prinzip entsprechend vorgehen, indem er klare Forderungen stellt, bemerkt Dworkin. Und einem Mörder, der es verabsäumt, die Schusswaffe zu laden, sei kein moralischer Vorwurf zu machen, hält Cohen fest.[50]

Fullers Beharren, das Recht verfüge im Inneren über »moralische« Qualität, muss in Ansehung dieser Kritik zweifelhaft erscheinen. Zunächst schon, weil die Metapher vom Rechtssetzer als Handwerker nicht der Feder seiner Kritiker, sondern seiner eigenen entstammt: Die innere Moral des Rechts habe, eben weil sie vielfach als Moral der Aspiration und nicht als Moral der Pflicht gefasst sei, an den »Stolz des Handwerkers[zu] appellieren«, will sie ihre Prinzipien bestmöglich verwirklicht sehen, führt Fuller in der *Moral des Rechts* aus.[51] An anderer Stelle schließt er in der Erörterung, bei den von ihm erarbeiteten naturrechtlichen Vorgaben handle es sich keineswegs im Sinne des klassischen Zuschnitts in seiner Maßstabsfunktion um »höhere«, sondern, wollte man ein solches Bild strapazieren, um »niedrigere Gesetze«: »Sie sind wie die naturrechtlichen Vorgaben des Zimmermannshandwerks, oder zumindest jene Vorgaben, die ein Zimmermann respektiert, der will, dass das Haus, das er baut, stehen bleibt und dem Zweck derer dient, die darin wohnen.«[52]

Fullers Kritikern kann damit kaum zum Vorwurf gemacht werden, dass sie dieses Bild in Anspruch nehmen. Ebenso muss es unangebracht scheinen, Fullers »innere Moral« auf Fragen der Effektivität zu reduzieren. Zum einen schon deshalb, weil die von Fuller entwickelten Prinzipien, wie es Neil MacCormick formuliert, allein insoweit moralischen Mehrwert für sich beanspruchen können, als eben »immer etwas dafür spricht, Menschen mit formaler Fairness zu behandeln, also in rationaler und vor-

die Tätigkeiten und Zweck, mit denen Moral in ihren verschiedenen Formen befasst ist, verwischen«.

50 *Marshall Cohen* (Fn 48), 651.

51 Unten 57.

52 Unten 120.

hersehbarer Art, indem öffentlich Standards gesetzt werden für das Verhalten der Bürger und die entsprechende Reaktion seitens der Behörden, Standards, die zu beachten dem Einzelnen offensteht oder die ihm im Mindesten gestatten, ihre Beachtung oder Missachtung zu bewerten, statt alles Einzelfallermessen oder potentieller Willkür anheimzustellen.«[53]

Zum anderen, weil der Stolz des Handwerkers nicht alles ist, das mit Fuller an den Rechtssetzer appellieren soll. Ihm zur Seite tritt ein »Gefühl der Treuhandschaft«;[54] einer Treuhandschaft, die, wie Fuller an anderer Stelle betont, daraus resultiert, dass die Idee einer inneren Moral des Rechts daraus erfließt, »Recht in einer Interaktion zwischen Rechtssetzer und Rechtsunterworfenem zu begreifen, in der wechselseitige Verpflichtungen bestehen«.[55]

Als weit mehr als bloße Effektivitätsfragen stehen diese Interaktion und die wechselseitigen Verpflichtungen, die ihr inhärent sind, im Zentrum von Fullers Konzeption einer inneren Moral des Rechts.[56] Denn aus dem Verantwortungszusammenhang, in dem Rechtssetzer und Rechtsunterworfene stehen, erwachsen die acht Prinzipien, die die innere Moral des Rechts ausmachen.[57] Das zu begründen bedarf einer Hinwendung zum Zweck hinter dem zweckgerichteten Rechtsbegriff Fullers und dem Menschenbild, das ihm zu Grunde liegt.

[53] *Neil MacCormick*, Natural Law and the Separation of Law and Morals, in Robert P George (Hg), Natural Law Theory: Contemporary Essays (1992) 105 (123) (Übersetzung CB).

[54] Unten 57.

[55] *Lon L Fuller* (Fn 38), 661 (Übersetzung CB).

[56] Vgl. *Kristen Rundle* (Fn 46), 191.

[57] Unten 115.

§ 4 *Die Moral, die Recht möglich macht*

Dieses Menschenbild, wie es »der inneren Moral des Rechts implizit zu eigen ist«, zeichnet das Individuum als »verantwortungsfähige[n] Akteur[aus,] der in der Lage ist, Regeln zu verstehen und zu befolgen, und der für seine Versäumnisse verantwortlich ist«.[58] Der Mensch, dessen Verhalten mit Hilfe des Unterfangens »Recht« der Herrschaft von Regeln unterworfen werden soll, ist dieser Herrschaft keineswegs bloß anheimgestellt. Er ist nicht Schutzbefohlener; nicht Subjizierter des Regulativs und jener, die über seine Einhaltung richten. Er ist Subjekt seiner Subjektion; ein Subjekt, das sich und sein Verhalten selbstbestimmt hin auf diese Regeln ausrichtet und die Konsequenzen seines Verhaltens zu antizipieren und zu akzeptieren imstande ist.[59]

Dieses Menschenbild bestimmt für Fuller den Zweck und prägt die Zweckgerechtigkeit des Unterfangens »Recht«.[60] Mehr noch, wie Jeremy Waldron es formuliert: Denn »abseits der Funktion, Menschen als mit Würde und Verantwortung ausgestattete Akteure zu behandeln, die in der Lage sind, Selbstkontrolle auszuüben, mag Recht als Unterfangen unverständlich sein«.[61] Als das Unterfangen, menschliches Verhalten der Herrschaft von Regeln zu unterwerfen, ist Recht dementsprechend strukturell darauf angewiesen, dass dem Individuum als selbstbestimmtem Subjekt die Unterwerfung unter die Herrschaft der Regeln offensteht und ihm in dieser Unterwerfung Achtung als rationales Wesen entgegengebracht wird.

Konsequent gilt Fuller »[j]ede Abweichung von den Prinzipien der inneren Moral des Rechts als Beleidigung der Würde des Menschen als verantwortungsbewusstem Akteur;« eben weil mit derartigen Abweichungen dem Menschenbild, das dem Recht

[58] Unten 199 ff.

[59] Grundlegend *John Tasioulas* (Fn 35), 125.

[60] *Kristen Rundle* (Fn 46), 192.

[61] *Jeremy Waldron*, Positivism and Legality: Hart's Equivocal Response to Fuller, New York University Law Review 2008, 1135 (1167) (Übersetzung CB).

wesentlich zu Grunde liegt, nicht entsprochen wird: Die Handlungen eines Menschen »nach unveröffentlichten oder rückwirkenden Gesetzen zu beurteilen, ist [dann] keine Beleidigung mehr, denn es gibt nichts mehr zu beleidigen, sogar das Wort ›beurteilen‹ ist mit diesem Zusammenhang unvereinbar; wir beurteilen einen Menschen nicht mehr, wir behandeln ihn«.[62]

In einer solchen Behandlung aber wäre der Mensch kein selbstbestimmtes Subjekt mehr, sondern bloß Subjizierter; und als solcher den einseitigen Anordnungen anderer anheimgestellt.[63] Recht aber ist für Fuller seinem Zweck nach nicht »eine Angelegenheit, andere Personen dazu anzuleiten, wie die von einem Vorgesetzten gestellten Aufgaben zu erfüllen sind, sondern es geht im Grunde darum, der Bürgerschaft einen soliden und stabilen Rahmen für ihren Umgang miteinander zu bieten, wobei die Rolle der Staatsgewalt darin besteht, als Wächter über die Integrität dieses Systems zu fungieren.«[64]

Die innere Moral des Rechts korrespondiert damit der moralischen Kapazität des Individuums, dessen Verhalten dem Recht unterworfen werden soll: der Entscheidung für, der Entscheidung gegen die Unterwerfung; selbstbestimmt und stets innerhalb jener Parameter, die die Entscheidung und in ihr Moral über das Recht und im Recht überhaupt erst möglich machen.

Diese moralische Kapazität über die innere Moral des Rechts einzulösen, also »die Integrität des Systems« sicherzustellen und so die ihr anvertraute Treuhandschaft zu wahren, bedeutet für die Staatsgewalt, das »Unterfangen, menschliches Verhalten der Herrschaft von Regeln zu unterwerfen«, als Interaktion zu begreifen, die von wechselseitiger Verantwortung geprägt ist.[65] Es ist, wie Fuller anmerkt, so, als würde die Staatsgewalt zum Einzelnen sagen: »Dies sind die Regeln, um deren Einhaltung wir dich bitten. Wenn Du sie befolgst, hast Du unser Versprechen,

62 Unten 200.
63 Vgl. die Vermengung der beiden Ebenen bei *Ronald M Dworkin* (Fn 26).
64 Unten 256.
65 *Kristen Rundle* (Fn 46), 194.

dass es die Regeln sind, die wir auf Dein Verhalten anwenden werden.«[66]

Ein Band der Wechselseitigkeit, mit dem über die Prinzipien der inneren Moral des Rechts und ihre Funktionen Werthaltungen der äußeren Moral des Rechts effektuiert werden, umschließt Bürger und Staatsgewalt.[67] Es kann nur gemeinsam geknüpft und es kann nur gemeinsam aufrechterhalten werden. Begibt sich die Staatsgewalt ihrer Verantwortung, entbindet das den Bürger von seiner. Das Unterfangen »Recht« scheitert:[68] »Wird dieses Band der Wechselseitigkeit endgültig und vollständig vom Staat durchtrennt, ist nichts übrig, auf das sich die Pflicht des Bürgers gründen könnte, die Vorschriften zu befolgen«.[69]

§ 5 Jene Kraft, die stets das Gute will und auch das Böse schafft

Mag so auch die Moral über die Kapazität des Individuums und die ihr korrespondierenden Prinzipien, die zu beachten der Staatsgewalt dem Bürger gegenüber aufgegeben ist, im Inneren eines zweckgerichteten Rechtsbegriffs geborgen sein, bietet die so verstandene Moral des Rechts indes keinerlei notwendige Gewähr für die moralische Qualität des Rechts. Bleibt doch Harts Vorwurf, dass die Beachtung von Fullers Prinzipien einer inneren Moral des Rechts dem Ergebnis nach auch »sehr großer Ungerechtigkeit« den Weg ebnen könnte, aufrecht.[70] Andere Kritiker, allen voran Ronald Dworkin, gehen einen Schritt weiter. Fullers Konzeption einer inneren Moral des Rechts sei nicht bloß mit malignen Resultaten vereinbar: Der maliziöse Rechtssetzer sei nachgerade darauf angewiesen, Fullers Prinzipien einer inne-

[66] Unten 264.
[67] Unten 52. Siehe auch *Kristen Rundle* (Fn 46).
[68] Vgl. dazu insb. auch *Alexy* (Fn 15), 34.
[69] Unten 53.
[70] Vgl. zuvor *HLA Hart* (Fn 25), 243 f.

ren Moral des Rechts zu beachten, will er seine malignen Ziele verwirklichen.[71] Was für eine Moral soll das also sein, die es braucht, um das Böse in Form des Rechts möglich zu machen?[72]

Um diese Kritik angemessen zu würdigen, gilt es zwei, wenn auch interdependente Perspektiven zu unterscheiden: Die empirische und die strukturelle.

Empirisch ist Harts Befund ebenso wenig hinzuzufügen wie entgegenzusetzen. Ihn in Abrede zu stellen, wäre in Anbetracht der drastischen historischen Begebenheiten, in denen sich das Recht als Vehikel zur Verwirklichung abscheulichen Unrechts erweisen sollte, entweder naiv oder zynisch.[73]

Nichts an der inneren Moral des Rechts leistet unbedingte Gewähr für eine Rechtsordnung, die in einer moralischen Metareflexion den Anspruch erheben kann, inhaltlich gelungen oder insgesamt gerecht zu sein. Immerhin, wie Richard Posner betont: »Die meisten Nazigesetze, einschließlich der Nürnberger Rassengesetze, waren öffentlich und ordnungsgemäß.«[74] Und so betont auch Fuller selbst, er hätte »nie behauptet, es bestünde ein logischer Widerspruch in der Vorstellung, Böses zu verwirklichen, und sei es auch nur in bestimmter Weise, über Mittel, die sämtliche Legalitätsanforderungen vollumfänglich beachten.«[75]

Dennoch erschöpft sich die Beziehung zwischen den Anforderungen der inneren Moral des Rechts und ihrer Ausformung in Gestalt einer rechtlich effektuierten äußeren Moral keineswegs in bloßer Transposition, was die (moralische) Qualität ihres Ergebnisses anlangt.[76] Oder anders: Die Beachtung der Prinzipien der inneren Moral des Rechts befördert dem Ergebnis nach keineswegs Beliebiges; schon deshalb, weil sie das Ergebnis weitgehend

[71] Etwas, das freilich auch *Lon L Fuller* (Fn 38), 644–645 selbst implizit zubilligt.

[72] *Ronald M Dworkin* (Fn 26), 632.

[73] Vgl. freilich die Kritik bei *Frederick Schauer* (Fn 11).

[74] *Richard A Posner*, The Problems of Jurisprudence (1990) 229 (Übersetzung CB).

[75] *Lon L Fuller* (Fn 38), 664 (Übersetzung CB).

[76] *Robert Alexy* (Fn 15), 35.

dem Belieben einer Staatsgewalt entzieht, die sich über die Veröffentlichung von Regeln an diese Regeln bindet, diese Regeln selbst der Kritik und die Entscheidungen, die auf Basis dieser Regeln ergehen, der Überprüfung öffnet.[77]

Eine Staatsgewalt, die sich in ihrer Herangehensweise den Maßgaben der Legalität verschreibt, muss sich, wie Waldron betont, damit abfinden, den diesen Maßgaben inhärenten Würdeanspruch des Individuums zu achten.[78] Über die Inanspruchnahme des Rechts begibt sie sich wesentlicher Gestaltungsmöglichkeiten, die Unrechtsregime gleichsam typischerweise auszeichnen; etwa willkürlichen Zwang zu üben, mit dessen Hilfe die Mitglieder des Gemeinwesens allein ob der schieren Unberechenbarkeit des Handelns der Staatsorgane gefügig gemacht werden könnten;[79] sich rückwirkender Anordnungen zu bedienen, um illegale Akte nachträglich zu sanieren, die Grenze zwischen Legalität und Illegalität durch geheime Anordnungen zu verwischen oder gravierende Folgen für Vermögen, Leib und Leben des Einzelnen an völlig diffuse Konzepte wie das »gesunde Volksempfinden« zu binden, die bei Licht besehen nichts anderes sind als die legalistische Verbrämung eines der Sache nach arbiträren Staatshandelns.[80]

Dass sich empirisch kaum belegen lassen wird, dass weithin als Unrechtsregime anerkannte Staatswesen sich bereitwillig dieser Instrumente begeben, mag ein Indikator dafür sein, dass die innere Moral des Rechts ohne Weiteres in der Lage ist, dem Grunde nach in ein positives Korrespondenzverhältnis mit einer rechtlich effektuierten äußeren Moral zu treten.

[77] Dazu etwa *Kristen Rundle* (Fn 46), 192–193.
[78] *Jeremy Waldron* (Fn 61), 1167.
[79] Vgl. *Colleen Murphy* (Fn 33), 252–5.
[80] Dazu bereits *Lon L Fuller* (Fn 38), 650–660.

§ 6 *Die Moral, die aus Verantwortung erwächst*

Dieses positive Korrespondenzverhältnis ist indes strukturell insoweit beschränkt, als ja mit Hilfe der Maßgaben der inneren Moral des Rechts äußere moralische Belange in Gestalt des Rechts realisiert werden sollen. Werden, wie zuvor betont, Werthaltungen und Ansprüche einer äußeren Moral des Rechts über die innere Moral des Rechts effektuiert, indem sie als Regeln, denen die Mitglieder der Gemeinschaft unterworfen sind, produziert werden, hängt die inhaltliche Qualität der Rechtsordnung oder einzelner ihrer Normen stets von der inhaltlichen Qualität der Werthaltungen und Ansprüche ab, die rechtlich übersetzt werden.

Die innere Moral des Rechts kann dann nur dafür Gewähr bieten, dass diese Übersetzung redlich erfolgt. Sie drängt damit das, was der Rechtsgemeinschaft als Wertegemeinschaft inakzeptabel erscheint, will es die Staatsgewalt dennoch verfolgen, notwendig in sublegale Praktiken. Insofern fungiert sie, wenn man so will, als Moment der Exzesskontrolle, gemessen an dem, was der politischen Gemeinschaft als Wertegemeinschaft über den Weg des Rechts zusinnbar und zumutbar ist; all das, was darüber hinausgeht, ist die maliziöse Staatsgewalt verhalten, durch andere Mittel als jene des Rechts zu effektuieren.[81] Ob aber auch von der Wertegemeinschaft sanktioniertes Unrecht (will man es als solches erkennen), solcherart redlich übersetzt, der Rechtsqualität verlustig gehen kann (oder soll oder muss), entzieht sich einer Antwort auf dem Boden von Fullers Ansatz. Der Standard einer aus der Metareflexion erwachsenen kritischen Moral muss von außen an die äußere Moral des Rechts, die die Werthaltungen einer politischen Gemeinschaft transponiert, angelegt werden; als höheres Gesetz, mit dessen Hilfe das, was mit dem niedrigeren Gesetz der inneren Moral des Rechts effektuiert wird, hinter-

[81] *Lon L Fuller* (Fn 38), 637: »Hätten wir das Gefühl, im Gesetz selbst den sichersten Zufluchtsort zu finden, läge das nicht daran, dass selbst in den perversesten Regimen eine gewisse Zurückhaltung besteht, Grausamkeiten, Intoleranz und Unmenschlichkeit in Gesetze zu schreiben?« (Übersetzung CB).

fragt werden kann. Dieser Verantwortung benimmt Fuller die Rechtsunterworfenen nicht. Und doch schafft sein Ansatz erst die Voraussetzungen dafür, diese Verantwortung wahrnehmen zu können, indem er das Individuum in seiner Verantwortungsfähigkeit in den Mittelpunkt stellt, dem sich das Recht (sei es als Regel, sei es als Vollzug der Regel) als Recht und damit als Gegenstand kritischer Auseinandersetzung darbietet: »[S]o wie Recht eine Voraussetzung für gutes Recht ist, ist das Handeln nach bekannter Regel eine Voraussetzung für jede sinnvolle Beurteilung der Gerechtigkeit des Rechts.«[82]

Gerade mit Blick auf die zentrale Position dieser Verantwortungsfähigkeit des Individuums widerstrebt Fullers Ansatz freilich schon dem Grunde nach manchen der gegenwärtigen Entwicklungen und Vorstöße im Bereich der Rechtssetzung:

Da sind einmal die Fälle schierer Inkompetenz, die vielfach Maßnahmen der Pandemiebekämpfung kennzeichnen sollten; wobei im Vergleich der deutschsprachigen Staaten Österreich schon beinah erpicht schien, Anleihen an den untauglichen Rechtssetzungsversuchungen des arg- und glücklosen Königs Rex, den Fuller im zweiten Kapitel der *Moral des Rechts* auftreten lässt, zu nehmen: Da wurden breiteste Rechtssetzungskompetenzen an die Exekutive delegiert und doch mit augenfälliger Deutlichkeit überschritten; da wurden mehrfach Verbote erlassen, deren Ausnahmebestimmungen einander widersprachen (und allenfalls mit großem Interpretationsaufwand in Einklang miteinander gebracht werden konnten); da wurden seitens der rechtssetzungsbefugten Exekutive medial vorab Auskünfte über eine noch zu schaffende Rechtslage erteilt, die sich dann für jene, denen an der Lektüre des Ergebnisses gelegen war, abweichend präsentierte; da wurden die Rechtsgrundlagen, die das öffentliche Leben der Republik beherrschten (nicht zuletzt, weil sie vielfach fehlerhaft waren oder fehlerhaft publiziert wurden), teils in einer Frequenz geändert, die es auch Juristen verleidete, sich allzu genau damit zu befassen; da wurden diese Rechtsgrundlagen oft-

82 Unten 194.

mals erst so knapp vor ihrem In-Kraft-Treten publiziert, dass eine allzu genaue Befassung während der Legisvakanz ohnehin sehr anspruchsvoll gewesen wäre.[83] Allesamt Lehrbeispiele dafür, wie rasch auch die Rechtssetzungstätigkeit hochprofessioneller Verwaltungsapparate unter dem Druck sich teils überschlagender Ereignisse unwillkürlich in ein Spannungsverhältnis zu den von Fuller postulierten Prinzipien der Legalität kommen kann; und wie darüber der Erfolg des Unterfangens, menschliches Verhalten der Herrschaft von Regeln zu unterwerfen, gefährdet wird, schlicht weil manche der so geschaffenen Regeln nicht die notwendige Orientierung bieten konnten, um die Verantwortungsfähigkeit des Individuums adäquat zu akkommodieren.

Derartigen, vielfach eher der Überforderung als der Übergriffigkeit der Staatsgewalt geschuldeten Herausforderungen für die Treuhandschaft, die der Rechtssetzer dem Rechtsunterworfenen gegenüber wahrnimmt, treten jene zur Seite, zu deren Überwindung das Abgehen vom Unterfangen, das Verhalten der Menschen der Herrschaft von Regeln zu unterwerfen, ganz bewusst ventiliert (wenn nicht: propagiert) wird. Hier rangiert der

[83] Die hier nur grob angedeuteten Punkte sind schon massenmedial breit dokumentiert. Vgl. aus rechtswissenschaftlicher Perspektive nur die Aufarbeitungen bei *Reinhard Klaushofer u. a.*, Ausgewählte unions- und verfassungsrechtliche Fragen der österreichischen Maßnahmen zur Eindämmung der Ausbreitung des Covid-19-Virus, ZöR 2020, 649; *Reinhard Klaushofer u. a.*, Unions- und verfassungsrechtliche Fragen der österreichischen Maßnahmen zur Eindämmung der Ausbreitung des Covid-19-Virus (II), ZöR 2021, 613; *Reinhard Klaushofer u. a.*, Unions- und verfassungsrechtliche Fragen der österreichischen Maßnahmen zur Eindämmung der Ausbreitung des Covid-19-Virus (III), ZöR 2022, 937 sowie bei *Rudolf Feik*, »Redaktionelle« Hoppalas im COVID-19-Lockdown-Verordnungsrecht, JRP 2021, 47. Mag hier auch das österreichische Beispiel vor den Vorhang gezogen werden (nicht zuletzt, weil gerade mit Blick auf Maßnahmen der Pandemiebekämpfung der Standort zwar nicht den Standpunkt bestimmen muss, aber doch entscheidend für die eigene Wahrnehmung ist), soll das nicht implizieren, die hier angesprochenen Problempunkte wären solche einer einzelnen Rechtsordnung gewesen. Vgl. mit breiterem Zugriff etwa die einschlägigen Beiträge bei *Ewoud Hondius u. a.* (Hg), Coronavirus and the Law in Europe (2021).

Kampf gegen den menschengemachten Klimawandel an oberster Stelle jener Problemstellungen, deren Bewältigung der Verantwortungsfähigkeit des Individuums zuweilen abgesprochen wird;[84] mit der in der Konsequenz erhobenen Forderung, autoritäre Systeme politischer Gestaltung an die Stelle liberaler und dirigistische Maßnahmen an die Stelle autonomer Entscheidungsmöglichkeiten zu setzen.[85] Wesentliche Unterstützung dabei, auch im Einzelfall Entscheidungen des Individuums zu lenken oder zu ersetzen, erhoffen sich manche von immer leistungsfähigeren Anwendungsformen künstlicher Intelligenz, mit der Zielsetzungen im Bereich der Nachhaltigkeitspolitik technokratisch bestmöglich realisiert werden können.[86] Dass derartige Forderungen – jedenfalls in ihrer extremen Ausformung – kaum mit Fullers Ansatz vereinbar sind, liegt auf der Hand.

Ebenso liegt auf der Hand, dass dergleichen keineswegs nur für Maßnahmen im Kampf gegen den menschengemachten Klimawandel zu gelten hat: Nämliches muss ganz allgemein für sämtliche rechtstechnischen Vorstöße gelten, die über den Einsatz moderner technischer Errungenschaften die Bedeutung des Menschen als Faktor in Entscheidungsfindungsprozessen zu reduzieren trachten: algorithmusbasierte ›Micro-Directives‹ etwa, also »maßgeschneiderte Anweisungen, die genau festlegen, was in welcher spezifischen Situation erlaubt ist[; und so eine Welt schaffen], in der der Bürgerin, die mit einer rechtlichen Entscheidung konfrontiert ist, genau in Kenntnis gesetzt wird, wie

[84] Vgl. für die extremeren Positionen im Schrifttum *Mark Beeson*, The coming of environmental authoritarianism, Environmental Politics 2010, 276 oder *Ross Mittiga*, Political Legitimacy, Authoritarianism, and Climate Change, American Political Science Review 2022, 116.

[85] Zum Stand der Diskussion vgl. *Eaton / Kostka*, Environmental Authoritarianism: A Critical Review, in Anne Wolf (Hg), The Oxford Handbook of Authoritarian Politics (2025 in Druck).

[86] Dazu nur *Coeckelbergh / Sætra*, Climate change and the political pathways of AI: The technocracy democracy dilemma in light of artificial intelligence and human agency, Technology in Society 2023, 102406 <doi.org/10.1016/j.techsoc.2023.102406>.

sie jeder relevanten gesetzlichen Bestimmung entspricht, ehe sie handelt«;[87] d. h.: wenn die rechtlich angezeigte Handlung nicht ohnehin für die Bürgerin gesetzt wird (oder ungeachtet des Impetus der Bürgerin unterbleibt), weil das Internet der Dinge eigenständig bestimmte Aktivitäten vornimmt oder unterlässt.[88]

Derartige einseitig autoritative Festlegungen führen, wie die Proponenten dieser sozialen Technik freimütig bekennen, zum »Tod von Regeln und Standards«. Sie mögen dabei zwar für zahlreiche Anwendungsfälle eine denkbar effiziente Ressourcenallokation ermöglichen, taugen damit aber nicht zum Recht im vorgenannten Sinn; jedenfalls soweit sie die Autonomie des Individuums negieren, sich in und gegenüber allgemeinen Regeln, mit deren Hilfe die Werthaltungen einer politischen Gemeinschaft rechtlich transponiert werden, zu verorten, sie anzunehmen oder sich ihnen zu verweigern. Sie sind mit Fuller geradezu eine »Beleidigung der Würde des Menschen als verantwortungsfähigem Akteur«.[89]

Wieviel Verantwortung diesem verantwortungsfähigen Akteur in Anbetracht der Herausforderungen und Möglichkeiten der Gegenwart zugebilligt wird, wird eine der entscheidenden Fragen politischer Gestaltung im weiteren 21. Jahrhundert sein; nicht nur im Bereich der Rechtssetzung (oder dem, was an ihre Stelle tritt),[90] aber auch dort mit wesentlichen Implikationen jenseits vermeintlich handwerklicher Fragen.

Höchste Zeit also, sich erneut mit Fuller zu beschäftigen. Er hat uns viel zu sagen.

[87] *Casey / Niblett*, Self-Driving Laws, University of Toronto Law Journal 2016, 429 (430) (Übersetzung CB).

[88] *Casey / Niblett*, The Death of Rules and Standards, Indiana Law Journal 2017, 1401 (1443–1444).

[89] Unten 200. Dazu *John Tasioulas*, The Rule of Law, in John Tasioulas (Hg), Cambridge Companion to Philosophy of Law (2020) 117 (131–132) sowie *John Tasioulas*, The Rule of Algorithm and the Rule of Law, in Bezemek / Potacs / Somek (Hg), Vienna Lectures on Legal Philosophy (2023) 17.

[90] Vgl. *Yaniv Roznai*, The Rule of Law in 2030, in Christoph Bezemek (Hg), Constitutionalism 2030 (2022) 30 (48–51).

LON FULLER

Die Moral des Rechts

VORWORT ZUR ZWEITEN AUFLAGE

In dieser Neuauflage von *Die Moral des Rechts* wurden die ersten vier Kapitel im ursprünglichen Satz mit nur ein oder zwei geringfügigen Korrekturen erneut abgedruckt. Die einzige inhaltliche Änderung besteht daher in der Anfügung eines fünften und letzten Kapitels mit dem Titel »Eine Entgegnung auf Kritiker«.

Die Tatsache, dass die ersten vier Kapitel praktisch unverändert geblieben sind, bedeutet nicht, dass ich mit der Form oder dem Inhalt der in ihnen vorgenommenen Darstellung vollkommen zufrieden bin. Es bedeutet einfach, dass ich nicht weit genug damit vorangekommen bin, die gegenständlichen Probleme zu überdenken, um eine wesentliche Neufassung der Positionen vorzunehmen, die ich erstmals 1963 in Vorträgen entwickelt habe. Es bedeutet auch, dass ich im Grunde zu den in diesen Vorträgen vertretenen Positionen stehe.

Ich hoffe, dass das neue fünfte Kapitel nicht nur als eine polemische Übung angesehen wird. Viele Jahrzehnte lang war die Rechtsphilosophie in der englischsprachigen Welt weitgehend von der Tradition Austins, Grays, Holmes' und Kelsens geprägt. Der zentrale Platz, den ihre allgemeine Rechtsauffassung eingenommen hat, bedeutet nicht, dass sie jemals mit voller Genugtuung aufgenommen wurde; selbst ihre Anhänger haben oft Unbehagen mit einigen ihrer Auswirkungen gezeigt. Im neuen Schlusskapitel dieses Buches ist es mir, so denke ich, gelungen, meine eigenen Unzufriedenheiten mit dem analytischen Rechtspositivismus besser zum Ausdruck zu bringen, als es mir je zuvor gelungen ist. Dafür bin ich meinen Kritikern, insbesondere H. L. A. Hart, Ronald Dworkin und Marshall Cohen, zu großem Dank verpflichtet. Ihre Einwände waren nicht immer sanft gefasst, waren aber ebenso wenig durch die dem Selbstschutz dienenden Unklarheiten abgestumpft, die man oft bei polemischen Angriffen findet. Indem sie die Grundprämissen ihres Denkens offengelegt haben, haben sie mir geholfen, dasselbe bei meinem Denken zu tun.

Da der ersten Auflage dieses Buches von Gelehrten, deren Hauptinteressen in der Rechtssoziologie und Anthropologie liegen, Wert zugebilligt wurde, mag es angezeigt sein, jenen, die sich dem Buch zuerst vor dem Hintergrund ähnlicher Interessen nähern, einen Vorschlag zu machen. Ich schlage ihnen vor, damit zu beginnen, die Kapitel II und V in dieser Reihenfolge zu lesen und die anderen Kapitel vorerst zu überspringen. Diese Weise, sich dem Buch zu nähern, dient dem doppelten Zweck, den Wert herauszustellen, den es für ihre gesonderten Überlegungen haben mag, und gleichzeitig eine Vorstellung von den grundlegend unterschiedlichen Sichtweisen zu vermitteln, die Rechtsgelehrte bei der Aufgabe entzweien, ihren eigenen Untersuchungsgegenstand zu definieren.

Abschließend möchte ich ein Wort des Dankes für den Beitrag aussprechen, den Martha Anne Ellis, meine Sekretärin, und Ruth D. Kaufman von der Yale University Press zu diesem Buch (und zu meinem Seelenfrieden) geleistet haben. Ihr Fleiß und ihre Umsicht haben die zeitraubenden und beklemmenden »Details«, die immer mit der Umwandlung eines Manuskripts in die endgültige Druckform einhergehen, weitgehend meiner Sorge entzogen.

1. Mai 1969 L. L. F.

VORWORT ZUR ERSTEN AUFLAGE

Dieses Buch basiert auf Vorträgen, die an der Yale Law School im April 1963 im Rahmen der William L. Storrs Lecture Series gehalten wurden. Obwohl der vorliegende Band den Originaltext um ein Vielfaches erweitert, habe ich die Vortragsform so beibehalten, wie sie dem Gegenstand entspricht und wie sie die von mir bevorzugte informelle und oft argumentative Darstellung ermöglicht. Das Ergebnis ist eine gewisse Inkongruenz zwischen Form und Inhalt; selbst die höfliche Geduld meines Publikums in Yale hätte es kaum in die Lage versetzt, meinen zweiten »Vortrag«, wie er jetzt erscheint, durchzustehen.

Als Anhang habe ich etwas hinzugefügt, das ich lange vor diesen Vorlesungen geschrieben habe. Es trägt den Titel »Das Problem des niederträchtigen Denunzianten«. Es mag nützlich sein, dieses Problem zu lesen und darüber nachzudenken, bevor man zu meinem zweiten Kapitel übergeht. Das Problem war ursprünglich als Diskussionsgrundlage für meine Rechtstheorievorlesung gedacht. In den letzten Jahren wurde es auch als eine Art Einführung in die Probleme der Rechtstheorie in einer Lehrveranstaltung verwendet, die alle Erstsemester an der Harvard Law School besuchen.

In meiner Danksagung möchte ich zunächst mit der Yale Law School beginnen, nicht nur für den willkommenen Ansporn ihrer Einladung, sondern dafür, eine Fristverlängerung gewährt zu haben, auf Grund derer ich weit eher ihren Vorstellungen entsprechen konnte. Ich muss auch der Rockefeller Stiftung meinen Dank dafür aussprechen, mir während des Studienjahres 1960–61 Zugang zum seltensten Gut im amerikanischen akademischen Leben verschafft zu haben: Zeit. Mit Zeit meine ich natürlich die Möglichkeit zu lesen und nachzudenken, ohne den Druck einer unmittelbaren Verpflichtung, nützlich zu sein oder vorzugeben, nützlich zu sein. Ohne die Hilfe der Stiftung wäre ich schlicht nicht in der Lage gewesen, die von Yale ausgesprochene Einladung anzunehmen. Ich schulde Kollegen so viel für so vielfältige Formen der Unterstützung, dass es unmöglich ist, das angemessen zum Ausdruck zu bringen. Es muss freilich festgehalten werden, dass keiner von ihnen eine Chance hatte, den endgültigen Text vor jenen Unglücksfällen zu retten, die in letzter Minute zu verwirklichen starrsinnige Autoren anfällig sind. In der Anfangsphase der Unternehmung waren ihre Beiträge jedoch so wesentlich, dass dieses Buch in meinen Augen ebenso sehr ihnen wie mir gehört. Abschließend möchte ich, indem ich den sehr realen Beitrag meiner Frau Marjorie anerkenne, den Dünkel eines anderen Autors entlehnen: Sie weiß vielleicht nicht, was es bedeutet, aber sie weiß um die Bedeutung.

L. L. F.

I.
ÜBER DIE ZWEI ARTEN DER MORAL

Sünde, s. u. 1. Aus freiem Entschluss von dem von Gott dem Menschen vorgegebenen Pfad der Pflicht abzuweichen. – Webster's New International Dictionary
Die Sünde ist ein Versinken in das Nichts.[1]

Der Inhalt der folgenden Kapitel ist vor allem von einer Unzufriedenheit mit dem vorhandenen Schrifttum über die Beziehung zwischen Recht und Moral geprägt. Dieses Schrifttum scheint mir in zwei wichtigen Punkten mangelhaft. Der erste davon bezieht sich auf ein Versäumnis, die Bedeutung von Moral als solcher zu klären. Definitionen von Recht gibt es in fast unerwünschter Fülle. Aber wenn man das Recht mit der Moral vergleicht, scheint man davon auszugehen, dass jeder weiß, was der zweite Begriff des Vergleichspaars umfasst.

Thomas Reed Powell pflegte zu sagen: Wenn man etwas, das auf etwas anderes bezogen ist, denken kann, ohne an die Sache zu denken, auf die es bezogen ist, dann verfügt man über den juristischen Geist. Im vorliegenden Fall schien es mir, dass der juristische Geist sich im Allgemeinen im Nachdenken über das Recht erschöpft und sich damit begnügt, die Sache, auf die das

[1] [Deutsch im Original.] Dieses Zitat mag bloßer Einbildung entspringen. Ich *denke*, es entstammt einer Erinnerung an etwas, das ich vor langer Zeit gelesen habe. Theologisch versierte Freunde konnten die Quelle nicht festmachen. Sie haben mich aber darüber in Kenntnis gesetzt, dass der Gedanke augustinischen Ursprungs ist und sich bei Karl Barth eine beinah gleichläufige Passage findet: »Die Sünde ist ein Versinken in das Bodenlose.« Das Bodenlose, freilich, impliziert einen Verlust von Grenzen oder Schranken und legt damit eine Pflichtverletzung nahe. Ich hingegen habe nach einem Ausdruck des Begriffs der Sünde vom Standpunkt der Sittlichkeit des Strebens aus gesucht – Sünde als Versagen im Bemühen, die Realisierung der menschlichen Eigenschaften als solche herbeizuführen.

Recht bezogen ist und von der es unterschieden wird, ungeprüft zu lassen.

In meinem ersten Kapitel wird der Versuch unternommen, dieses Gleichgewicht wiederherzustellen. Dies geschieht vor allem durch die Betonung einer Unterscheidung zwischen dem, was ich als Moral der Aspiration einer- und als Moral der Pflicht andererseits bezeichne. Das Versäumnis, diese Unterscheidung zu treffen, ist meines Erachtens für manche Unklarheit in Diskussionen über das Verhältnis von Recht und Moral verantwortlich.

Die andere große Unzufriedenheit, die den hier wiedergegebenen Vorträgen zugrunde liegt, entspringt einer Vernachlässigung dessen, was der Titel meines zweiten Kapitels mit »Die Moral, die Recht möglich macht« bezeichnet. Soweit sich das vorhandene Schrifttum mit dem Hauptthema dieses zweiten Kapitels – das ich die »innere Moral des Rechts« nenne – auseinandersetzt, geschieht das gewöhnlich, um sie mit einigen Bemerkungen zur Frage der »Gerechtigkeit im Recht« zu verwerfen, wobei diese Auffassung von Gerechtigkeit mit der rein formalen Anforderung gleichgesetzt wird, dass gleiche Fälle gleich zu behandeln sind. Es wird kaum anerkannt, dass das so angedeutete Problem nur einen Aspekt eines viel größeren Problems darstellt, den der Offenlegung jener Ausrichtung menschlichen Strebens, die zur Aufrechterhaltung jedes Rechtssystems, auch eines, dessen Zielsetzungen als falsch oder böse angesehen werden, von wesentlicher Bedeutung sind.

Das dritte und das vierte Kapitel bieten eine Weiterentwicklung und die Anwendung der in den ersten beiden Kapiteln vorgenommenen Analyse. Das dritte, mit dem Titel »Der Begriff des Rechts«, versucht die Analyse in Beziehung zu den verschiedenen rechtsphilosophischen Schulen im Allgemeinen zu setzen. Das vierte, »Die materiellen Ziele des Rechts«, zielt darauf ab, zu zeigen, wie der angemessene Respekt für die innere Moral des Rechts die Art der inhaltlichen Ziele begrenzt, die mit Hilfe rechtlicher Regeln erreicht werden können. Das Kapitel schließt mit einer Untersuchung des Ausmaßes, in dem so etwas wie ein materielles »Naturrecht« aus der Moral der Aspiration abgeleitet werden kann.

Die Moral der Pflicht und die Moral der Aspiration

Lassen Sie mich nun ohne weiteren Aufschub zur Unterscheidung zwischen der Moral der Aspiration und der Moral der Pflicht kommen. Diese Unterscheidung ist keineswegs neu.[2] Ich glaube aber, dass ihre Auswirkungen noch nicht zur Gänze gesehen wurden und insbesondere in den Diskussionen zur Beziehung von Recht und Moral unterentwickelt sind.

Die Moral der Aspiration wird am deutlichsten in der griechischen Philosophie veranschaulicht. Es ist die Moral des guten Lebens, der Vortrefflichkeit, der größtmöglichen Verwirklichung der Fähigkeiten des Menschen. In einer Moral der Aspiration kann es Obertöne eines Begriffs geben, der sich jenem der Pflicht nähert. Aber diese Obertöne sind normalerweise gedämpft, wie bei Platon und Aristoteles. Diese Denker erkannten natürlich, dass ein Mensch es verabsäumen könnte, seine Fähigkeiten voll auszuschöpfen. Als Bürger oder als Funktionsträger könnte er als unzulänglich angesehen werden. Diesfalls aber würde er ob seiner Verfehlungen missbilligt, nicht ob seiner Pflichtvergessenheit; für seine Unzulänglichkeit, nicht für sein Fehlverhalten. Überhaupt herrschten bei den Griechen statt Ideen von richtig

[2] Siehe, zum Beispiel, A. D. Lindsay, *The Two Moralities* (1940); A. Macbeath, *Experiments in Living* (1952), S. 55–56 et passim; W. D. Lamont, *The Principles of Moral Judgement* (1946); und vom selben Autor, *The Value Judgement* (1955); H. L. A. Hart, *The Concept of Law* (1961), S. 176–80; J. M. Findlay, *Values and Intentions* (1961); Richard B. Brandt, *Ethical Theory* (1959), insb. S. 356–68.

In keinem dieser Werke erscheint die Begriffsbildung so, wie ich sie für diese Vorträge vorgenommen habe. Lindsay kontrastiert zum Beispiel die Moral »seines Standes und seiner Pflichten« mit der Moral der Herausforderung zur Perfektion. Findlays Buch ist auf Grund seiner Behandlung der »mahnenden« Missbräuche des Begriffs »Pflicht« von besonderem Wert.

und falsch, von moralischem Anspruch und moralischer Pflicht, eher Vorstellungen eines angemessenen und geeigneten Verhaltens vor, eines Verhaltens, wie es dem Menschen entspricht, der bestmöglich von seinen Fähigkeiten Gebrauch macht.[3]

Wie die Moral der Aspiration am Gipfel der menschlichen Leistung ansetzt, setzt die Moral der Pflicht an ihrer Talsohle an. Sie legt jene Grundregeln fest, ohne die eine geordnete Gesellschaft nicht möglich ist oder ohne die eine geordnete, auf bestimmte Ziele ausgerichtete Gesellschaft scheitern muss. Das ist die Moral des Alten Testaments und der Zehn Gebote. Sie spricht in Begriffen wie »du sollst nicht«, und seltener »du sollst«. Sie verurteilt Menschen nicht dafür, ihre Fähigkeiten nicht zur Gänze ausgeschöpft zu haben. Stattdessen verurteilt sie sie dafür, die grundlegenden Voraussetzungen gemeinschaftlichen Zusammenlebens zu missachten.

In seiner *Theorie der ethischen Gefühle* macht Adam Smith von einer Figur Gebrauch, die zur Unterscheidung zwischen den beiden Moralvorstellungen, die ich hier beschreibe, nützlich ist.[4] Die Moral der Pflicht »kann mit den Regeln der Grammatik verglichen werden«; die Moral der Aspiration »mit jenen Regeln, die Kritiker für das Erreichen dessen aufstellen, was in der Komposition erhaben und elegant ist«. Die Regeln der Grammatik geben vor, was erforderlich ist, um die Sprache als Instrument der Kommunikation zu erhalten, so wie die Regeln einer Moral der Pflicht vorgeben, was für das Gemeinschaftsleben erforderlich ist. Wie die Prinzipien einer Moral der Aspiration sind die Prinzipien des

[3] Vgl. »die Griechen haben zu keinem Zeitpunkt etwas herausgearbeitet, das an den modernen Begriff eines Rechts erinnern würde.« Jones, The *Law and Legal Theory of the Greeks* (1956), S. 151.

[4] *The Theory of Moral Sentiments*, 1, 442. Smith unterscheidet nicht zwischen einer Moral der Pflicht und einer Moral der Aspiration, sondern zwischen Gerechtigkeit und »den anderen Tugenden«. Offensichtlich gibt es jedoch eine enge Affinität zwischen dem Begriff der Gerechtigkeit und dem der moralischen Pflicht, obwohl die Pflicht, mit anderen gerecht umzugehen, wahrscheinlich einen engeren Bereich umfasst als moralische Pflichten im Allgemeinen.

guten Stils »locker, vage und unbestimmt und geben uns eher eine allgemeine Vorstellung von jener Perfektion, die wir anstreben sollten, als dass sie uns eine bestimmte und unfehlbare Richtung weisen würden, um sie zu erwerben«.

An diesem Punkt ist man gut beraten, eine Art menschlichen Verhaltens heranzuziehen und zu fragen, wie sie aus dem Blickwinkel der beiden Moralkonzepte zu beurteilen wäre. Ich habe das Beispiel des Glücksspiels gewählt. Bei der Verwendung dieses Begriffs schwebt mir nicht so etwas wie ein freundschaftliches Kartenspiel um geringe Beträge vor, sondern ein Spiel um hohe Einsätze – das, was in der Übersetzung von Benthams *Die Theorie der Gesetzgebung* mit dem malerischen Begriff »tiefes Spiel«[5] umschrieben wird.

Wie würde die Moral der Pflicht das so festgemachte Glücksspiel betrachten? Typischerweise würde sie eine Art hypothetischen moralischen Gesetzgeber postulieren, dem die Verantwortung übertragen würde, zu entscheiden, ob Glücksspiel als so schädlich anzusehen ist, dass das Bestehen einer an die Allgemeinheit gerichteten moralischen Pflicht in Betracht gezogen werden sollte, sich nicht darauf einzulassen. Ein solcher Gesetzgeber könnte Glücksspiel als eine Verschwendung von Zeit und Energie betrachten und zur Einschätzung gelangen, dass es wie eine Droge auf diejenigen zu wirken scheint, die süchtig danach werden, oder, dass es viele unerwünschte Folgen zeitigen kann, wie etwa, dass der Spieler seine Familie und seine Pflichten gegenüber der Gesellschaft im Allgemeinen vernachlässigt.

Wäre unser hypothetischer moralischer Gesetzgeber in die Schule Jeremy Benthams und jene der späteren Ökonomen gegangen, die sich mit dem Grenznutzen beschäftigt haben, könnte er gute Gründe dafür finden, Glücksspiel nicht nur wegen seiner indirekten Folgen, sondern auch als intrinsisch schädlich zu erachten.

[5] Siehe die Anmerkung zu Seite 106 bei Hildreths Übersetzung, abgedruckt in der International Library of Psychology, *Philosophy and Scientific Method* (1931).

Wenn das gesamte Vermögen eines Menschen aus tausend Dollar besteht und er fünfhundert davon auf eine so genannte »gerade Wette« setzt, ist er der Sache nach nicht eine Transaktion eingegangen, bei der mögliche Gewinne und Verluste gleichmäßig verteilt sind. Wenn er verliert, bedeutet jeder Dollar, den er ausbezahlt, einen umso tieferen Einschnitt in sein Wohlergehen. Wenn er gewinnt, haben die fünfhundert, die er gewinnt, für ihn weniger Nutzen als jene fünfhundert, die er ausbezahlt hätte, wenn er verloren hätte. Damit kommen wir zur interessanten Folgerung, dass es möglich ist, dass zwei Männer freiwillig und ohne Schadensabsicht zusammenkommen und dennoch eine Transaktion eingehen, die zum Nachteil beider ist – beurteilt freilich anhand des Standes der Dinge, bevor die Würfel tatsächlich geworfen wurden.

Wägt man diese Überlegungen ab, könnte der Proponent einer Moral der Pflicht ohne Weiteres zur Schlussfolgerung gelangen, dass Menschen nicht Glücksspiel um hohe Einsätze betreiben sollten, dass sie vielmehr die Pflicht haben, das »tiefe Spiel« zu meiden.

Wie hängt ein solches moralisches Urteil mit der Frage zusammen, ob Glücksspiel gesetzlich verboten werden sollte? Die Antwort ist: äußerst direkt. Unser hypothetischer moralischer Gesetzgeber könnte ohne drastische Änderung der von ihm eingesetzten Methoden einen Rollenwechsel hin zum Rechtssetzer vollziehen. Als Rechtssetzer wird er sich bestimmten Fragen stellen, die er in seiner Kapazität als Moralist bequemerweise der Kasuistik überlassen könnte. Er wird darüber zu befinden haben, was mit Geschicklichkeitsspielen oder Spielen, deren Ergebnis teils durch Können, teils durch Zufall bestimmt wird, zu geschehen hat. Als Verfasser von Gesetzestexten wird er der Schwierigkeit begegnen, zwischen Glücksspielen um kleine Einsätze als harmlose Belustigung und Glücksspiel in seinen auswegloseren und schädlicheren Formen zu unterscheiden. Und sollte er dazu nicht ohne Weiteres eine Formel parat haben, mag er versucht sein, die Rechtsvorschrift so auszuformen, dass sie jede Art von Glücksspiel einschließt und es der Anklagebehörde überlassen bleibt, Harmloses von Schädlichem zu scheiden. Bevor er aber einen solchen Behelf wählt, der oftmals euphemistisch als »selektiver Vollzug« beschrieben wird, wird unser zum Rechtssetzer gewordener Moralist über die gefährlichen Konsequenzen nachdenken müssen, die zu einer erweiterten Anwendung dieses Prinzips führen würden, das bereits ein allgegenwärtiger Teil der eigentlichen Maschinerie der Strafverfolgung ist. Und der Rechtssetzer hätte viele andere Überlegungen dieser Art bei der Ausarbeitung und der Vorlage der Vorschrift zu berücksichtigen. Dennoch würde es an keiner Stelle zu einem Bruch mit den Methoden kommen, die zur Entscheidung herangezogen wurden, ob Glücksspiel als unmoralisch zu verurteilen ist.

Betrachten wir das Glücksspiel nun so, wie es für die Moral der Aspiration erscheinen mag. Unter diesem Gesichtspunkt sind wir nicht so mit den konkreten Schäden beschäftigt, die vom Glücksspiel ausgehen können, sondern mit der Frage, ob es sich um eine Tätigkeit handelt, die der Kultivierung der Fähigkeiten des Menschen dienlich ist. Wir würden anerkennen, dass in allen Belangen des menschlichen Daseins das Risiko alle schöpferischen Bemühungen begleitet und dass es richtig und gut ist, dass derjenige, der sich kreativ betätigt, nicht nur die damit verbundenen Risiken akzeptiert, sondern sich an ihnen erfreut. Der Glücksspieler schätzt das Risiko wiederum als Selbstzweck. Unfähig, sich der umfassenderen Verantwortung zu stellen, die mit der menschlichen Lebensführung einhergeht, nimmt er einen Weg, einen ihrer befriedigenden Aspekte zu genießen, ohne die Lasten zu akzeptieren, die üblicherweise mit ihr einhergehen. Das Spiel um hohe Einsätze wird faktisch zu einer Art Fetischismus. Die Analogie zu gewissen Abweichungen im Geschlechtstrieb tritt klar zu Tage und wurde in der Tat umfänglich im psychiatrischen Schrifttum zum obsessiven Glücksspiel rezipiert.[6]

Das abschließende Urteil, das die Moral der Aspiration über das Glücksspielen fällen würde, mag damit keine Anschuldigung,

[6] Vgl. die Bibliographie bei Edmund Bergler, *The Psychology of Gambling* (1957), Fn. 1, S. 79–82.

sondern ein Ausdruck der Verachtung sein. Für eine solche Moral wäre das Glücksspiel nicht die Verletzung einer Pflicht, sondern eine Form des Verhaltens, die einem Wesen mit menschlichen Fähigkeiten nicht entspricht.

Welchen Einfluss aber hätte das so gefällte Urteil in rechtlicher Hinsicht? Die Antwort ist, es hätte überhaupt keinen direkten Einfluss. Es gibt keine Möglichkeit, einen Menschen rechtlich dazu zu verhalten, seinem Potential gerecht zu werden. Für praktikable Standards muss sich das Recht an seinen Blutsverwandten, die Moral der Pflicht, wenden. Dort, wenn überhaupt, wird es Hilfe bei der Entscheidung finden, ob Glücksspiel gesetzlich verboten werden sollte.

Was aber die Moral der Aspiration an direkter rechtlicher Relevanz einbüßt, macht sie über die Durchschlagskraft ihrer Auswirkungen wett. In einem Aspekt stellt unser gesamtes Rechtssystem einen Regelkomplex dar, geschaffen, um den Menschen vor dem blinden Spiel des Zufalls zu retten und ihn sicher auf den Weg zweckgerichteten und kreativen Schaffens zu leiten. Bezahlt ein Mann bei der Abwicklung eines Geschäfts mit einem anderen Geld auf Grund eines Tatsachenirrtums, verhält das Rechtsinstitut des Quasi-Vertrags zu einer Rückstellung. Das Schuldrecht erklärt Vereinbarungen, die auf Basis einer gemeinschaftlichen faktischen Fehleinschätzung der Parteien eingegangen wurden, für nichtig. Nach dem Schadenersatzrecht darf ein Mann tätig werden, ohne sich für Verletzungen verantworten zu müssen, die ein zufälliges Nebenprodukt dieser Tätigkeit sind, es sei denn, die Tätigkeit birgt vorhersehbare Risiken, die als versicherungstechnische Kosten des Unternehmens veranschlagt werden und damit schon dem Grunde nach einem rationalen Kalkül unterworfen sind. In der Frühzeit des Rechts war keines dieser Prinzipien anerkannt. Ihre gegenwärtige Anerkennung ist Ausdruck der Frucht eines jahrhundertealten Kampfes darum, die Rolle des Irrationalen in der menschlichen Lebensführung zu reduzieren.

Aber es steht uns kein Weg offen, mit dem wir einen Mann zu einer vernünftigen Lebensführung zwingen können. Wir können allein versuchen, die gröberen und offensichtlicheren Manifestationen von Zufall und Irrationalität aus seinem Leben auszuschließen. Wir können die Bedingungen schaffen, die für eine rationale menschliche Existenz wesentlich sind. Dies sind die notwendigen, nicht aber die hinreichenden Bedingungen dafür, dieses Ziel zu erreichen.

Die Skala der Moral

In der Betrachtung des gesamten Spektrums moralischer Fragen können wir uns ohne Weiteres eine Art Skala oder Maßstab vorstellen, die an einem Ende bei den offensichtlichsten Anforderungen des Lebens in Gemeinschaft ansetzt und sich nach oben hin bis in die höchsten Bereiche der menschlichen Aspiration erstreckt. Irgendwo entlang dieser Skala findet sich eine unsichtbare Schwelle, die die Trennlinie zwischen dem Bereich markiert, in dem der Druck der Pflicht nachlässt, und jenem, in dem die Herausforderung der Vortrefflichkeit beginnt. Das ganze Feld der moralischen Argumentation ist von einem großen unerklärten Kampf um die Verortung der Schwelle beherrscht. Es gibt diejenigen, die darum kämpfen, sie nach oben zu schieben; andere, die daran arbeiten, sie herabzuziehen. Diejenigen, die wir als unangenehm – oder im Mindesten als unbequem – moralistisch wahrnehmen, versuchen stets, die Schwelle nach oben zu bewegen, um den der Pflicht zugeordneten Bereich zu erweitern. Anstatt uns einzuladen, mit ihnen gemeinsam ein Lebensmuster zu verwirklichen, das sie als der menschlichen Natur würdig erachten, versuchen sie, uns zum Glauben zu nötigen, es sei unsere Pflicht, diesem Muster zu folgen. Wir alle wurden wohl schon das eine oder andere Mal einer Variante dieser Technik unterzogen. Ihr allzu lang ausgesetzt zu sein, kann im Opfer eine lebenslange Abneigung gegen den gesamten Begriff der moralischen Pflicht zurücklassen.

Ich habe gerade von einer imaginären Schwelle gesprochen, die die Trennlinie zwischen Pflicht und Aspiration markiert. Die

Aufgabe, den rechten Ort für die Schwelle zu finden, wurde meiner Meinung nach unnötig durch eine gedankliche Verwirrung kompliziert, die mindestens bis Platon zurückreicht. Mir schwebt ein Argument entlang der folgenden Linien vor: Um beurteilen zu können, was an menschlichem Verhalten schlecht ist, müssen wir wissen, was wirklich gut ist. Jede Handlung muss im Lichte ihres Beitrags zum perfekten Leben betrachtet werden. Ohne das Bild eines Ideals der menschlichen Existenz können wir weder einen Standard dafür haben, Pflichten aufzuerlegen, noch dafür, neue Wege für den Ausdruck menschlicher Fähigkeiten zu bahnen. Diejenigen, die diese Argumentation akzeptieren, werden das Problem, die Trennlinie zwischen dem Ort auszumachen, an dem die Pflicht endet und das Streben beginnt, entweder als bedeutungslos oder als unlösbar erachten. Ihrer Ansicht nach ist es offenkundig, dass die Moral der Aspiration die Grundlage aller Moral bildet. Da die Moral der Pflicht zwangsläufig jene Standards einzubeziehen hat, die der Moral der Aspiration entliehen sind, besteht weder Anlass noch Grund, eine klare Trennlinie zwischen den beiden Moralvorstellungen zu ziehen.

Bemerkenswerterweise wurde die Ansicht, dass alle moralischen Urteile auf einer gewissen Auffassung von Perfektion beruhen müssen, in der Vergangenheit dazu eingesetzt, zu diametral entgegengesetzten Schlussfolgerungen hinsichtlich der Objektivität moralischer Urteile zu gelangen. Die eine Seite argumentiert folgendermaßen: Es entspricht der Erfahrung, dass wir wissen und uns darauf verständigen können, was schlecht ist. Daraus muss folgen, dass wir im Hinterkopf ein gemeinsames Bild von dem haben, was vollkommen gut ist. Die Aufgabe der Moralphilosophie ist deshalb, etwas zu artikulieren, das wir bereits wissen und über das Einigkeit besteht. Dies ist der Weg von Platons Sokrates. Die Gegenseite erwägt Folgendes: Es ist offensichtlich, dass Menschen nicht darüber einig sind, was vollkommen gut ist. Da aber aussagekräftige Urteile darüber, was schlecht ist, ohne eine Einigung darüber, was vollkommen gut ist, unmöglich ist – eine Übereinkunft, die ganz offensichtlich nicht existiert –, muss daraus folgen, dass unsere scheinbare Einigung darüber, was schlecht ist, eine Illusion ist, vielleicht geboren aus sozialer Konditionierung, Gewohnheit und gemeinsamem Vorurteil.

Beide Schlussfolgerungen beruhen auf der Annahme, dass wir das Schlechte ohne das vollkommen Gute nicht kennen können oder, mit anderen Worten, dass moralische Pflichten nicht rational erkannt werden können, ohne zunächst einer umfassenden Moral der Aspiration gerecht zu werden. Diese Annahme widerspricht der grundlegendsten menschlichen Erfahrung. Die moralische Aufforderung »Du sollst nicht töten« impliziert kein Bild eines vollkommenen Lebens. Es beruht auf der nüchternen Wahrheit, dass, wenn Menschen einander töten, keine denkbare Moral der Aspiration verwirklicht werden kann. Für keinen Bereich menschlicher Unternehmungen trifft es zu, dass unsere Urteile darüber, was unerwünscht ist, heimlich von einer halb erkannten Utopie gelenkt werden müssen. Zum Beispiel gibt uns im Bereich der Linguistik keiner vor, dass er wüsste, wie eine perfekte Sprache aussehen würde. Dies hindert uns nicht daran, gegen bestimmte Verirrungen im Gebrauch anzukämpfen, die offensichtlich dazu neigen, nützliche Unterscheidungen zu zerstören.

Auf dem gesamten Gebiet menschlicher Unternehmungen – einschließlich nicht nur der menschlichen Handlungen, sondern auch der Artefakte aller Art – finden wir eine allgegenwärtige Widerlegung der Auffassung, dass wir nicht wissen können, was der Erreichung eines bestimmten Ziels unzuträglich ist, ohne zu wissen, was perfekt geeignet ist, dieses Ziel zu erreichen.

Indem wir Instrumente für unsere Zwecke auswählen, können wir auch mit unvollkommen festgelegten Vorstellungen davon, was wir erreichen wollen, vorankommen; und tun das auch. So ist etwa kein gewöhnliches menschengemachtes Instrument für jede spezielle Aufgabe perfekt geeignet. Es ist vielmehr darauf ausgelegt, ein unbestimmtes Spektrum von Aufgaben einigermaßen gut zu erfüllen. Der Hammer eines Zimmermanns dient einem großen, aber letztlich unbestimmten Einsatzbereich, wobei seine Mängel erst dann zutage treten, wenn wir versuchen, ihn dazu zu verwenden, sehr kleine Stifte oder schwere Zeltpflöcke einzuschlagen. Wenn mich ein Arbeitskollege bittet, ihm einen Hammer zu reichen, oder was auch immer mir zur Verfügung steht, das einem Hammer am nächsten kommt, ist mir sofort klar, ohne genau zu wissen, was er tut, dass viele Werkzeuge für ihn nutzlos sein werden. Ich reiche ihm also weder einen Schraubenzieher noch ein Stück Seil. Ich kann damit, kurz gesagt, auf der Grundlage von sehr unvollkommenen Vorstellungen davon, was bis hin zur Perfektion gut wäre, wissen, was falsch ist. Und so verhält es sich meiner Meinung nach mit sozialen Regeln und Institutionen. Wir können zum Beispiel wissen, was klar ungerecht ist, ohne uns zugleich dazu verpflichten, abschließend zu klären, was vollkommene Gerechtigkeit wäre.

Keines der soeben vorgebrachten Argumente soll implizieren, es sei nicht schwer, die Grenze zu ziehen, die die Moral der Pflicht von der Moral der Aspiration trennt. Zu entscheiden, wo die Pflicht enden soll, zählt zu den schwierigsten Aufgaben der Sozialphilosophie. Ihre Lösung ist in hohem Maß urteilsabhängig und individuelle Meinungsverschiedenheiten sind unvermeidlich. Hier wird lediglich dafür plädiert, sich den Schwierigkeiten dieses Problems zu stellen, anstatt unter dem Vorwand auszuweichen, es sei keine Antwort möglich, bis es gelingt, eine umfassende Moral der Aspiration zu konstruieren. Wir wissen genug, um die Bedingungen zu schaffen, die es einem Menschen erlauben, sich selbst aufzurichten. Das zu tun ist mit Sicherheit besser, als zu versuchen, ihn mit einem letztgültigen Ausspruch über das höchste Gut an die Wand zu nageln.

Dies ist vielleicht auch der richtige Ort, um einem weiteren Missverständnis vorzubeugen. Es wurde angedeutet, dass sich die Moral der Pflicht auf das Leben des Menschen in der Gesellschaft bezieht, während die Moral der Aspiration Angelegenheit zwischen dem Menschen und sich selbst oder zwischen ihm und seinem Gott ist.[7] Dies ist nur in dem Sinne zutreffend, dass, wäh-

[7] Die wertvolle Analyse von W. D. Lamont scheint mir durch seine Annahme getrübt zu sein, dass die Moral der Pflicht mit sozialen Beziehungen

rend wir die Leiter von offenkundiger Pflicht zu höchstem Anspruch erklimmen, individuelle Unterschiede in Potential und Verständnis zunehmend von Bedeutung sind. Das allerdings bedeutet nicht, dass das gesellschaftliche Band jemals bei diesem Aufstieg durchtrennt wird. Die klassische Aussage über die Moral der Aspiration war jene der griechischen Philosophen. Sie hielten es für selbstverständlich, dass der Mensch als politisches Tier das gute Leben in einem Leben finden müsste, das mit anderen geteilt ist. Wären wir von unserem gemeinschaftlichen Erbe der Sprache, des Denkens und der Kunst getrennt, könnte keiner von uns etwas anstreben, das weit über eine rein tierische Existenz hinausgeht. Zur höchsten Verantwortung, die mit der Moral der Aspiration einhergeht, zählt es, das gemeinschaftliche Erbe zu erhalten und anzureichern.

Das Vokabular der Moral und die zwei Arten der Moral

Ein Grund dafür, warum die Unterscheidung zwischen der Moral der Pflicht und der Moral der Aspiration keinen festeren Halt im modernen Denken gefunden hat, liegt, so glaube ich, darin, dass unser moralisches Vokabular selbst die Unterscheidung überspannt und verdeckt. Nehmen wir zum Beispiel den Begriff des »Werturteils«. Das Konzept des Wertes ist einer Moral der Aspiration wesensverwandt. Hätten wir einen anderen Gefährten für sie ausgewählt und etwa von einer »Wertwahrnehmung« gesprochen, hätten wir einen Ausdruck, der in einem auf die Realisierung des Vortrefflichen im Menschen ausgerichteten Denksystem gänzlich heimisch ist. Stattdessen aber haben wir »Wert« mit dem Begriff »Urteil« zu einem Ausdruck verbunden, der kein Streben nach Perfektion, sondern einen Schluss mit Blick auf Verpflichtungen nahelegt. Dergestalt durchdringt ein Subjektivismus, der den höheren Rängen menschlichen Strebens

zu tun hat, während es bei der Moral des Wertes um individuelle Präferenzbewertungen geht. Siehe *The Value Judgment* (1955).

angemessen ist, die gesamte Sprache des moralischen Diskurses, womit wir allzu leicht zur absurden Schlussfolgerung verhalten werden, dass Verpflichtungen, die offenbar von grundlegender Bedeutung für das gemeinschaftliche Zusammenleben sind, auf einer wesentlich unbeschreiblichen Vorliebe beruhen.

Die vieldiskutierte Frage des Verhältnisses von Tatsache und Wert würde, so glaube ich, geklärt, würden sich die Diskutanten der Mühe unterziehen, die Unterscheidung zwischen der Moral der Aspiration und der Moral der Pflicht zu berücksichtigen. Wenn wir ein Urteil über eine moralische Verpflichtung abgeben, wäre es absurd zu sagen, eine solche Verpflichtung würde in einer bestimmten Weise unmittelbar aus der Kenntnis einer faktischen Gegebenheit folgen. Auch wenn wir die Fakten noch so gut verstehen, scheint doch stets ein Akt des gesetzgeberischen Urteils dazwischenzutreten, bevor wir zum Schluss kommen, dass eine Pflicht bestehen soll. Dieser Akt des gesetzgeberischen Urteils mag nicht anspruchsvoll sein, dennoch ist er im Prinzip immer gegeben.

Ganz anders verhält es sich bei der Moral der Aspiration, die in dieser Hinsicht ihre enge Verwandtschaft zur Ästhetik zeigt. Wenn wir versuchen eine neue Form künstlerischen Ausdrucks zu begreifen, werden sich unsere Bemühungen – soweit sie kenntnisreich sind – sogleich auf den Zweck konzentrieren, den der Künstler verfolgt. Wir fragen uns: »Was versucht er zu tun? Was versucht er zu vermitteln?« Wenn wir diese Fragen beantwortet haben, kann uns das fragliche Werk gefallen oder auch nicht. Aber zwischen unser Verständnis und unsere Zustimmung oder Missbilligung tritt kein eigener Schritt. Wenn wir missbilligen, aber unserem eigenen Urteil gegenüber misstrauisch bleiben, fragen wir uns nicht, ob wir den falschen Standard zur Zustimmung herangezogen haben, sondern ob wir letzten Endes wirklich verstanden haben, was der Künstler zu tun versucht hat. So hat I. A. Richards gezeigt, wie verheerend die Urteile von Studierenden über den literarischen Wert eines Werks ausfallen, wenn sie sich nicht mit der Zielsetzung des Autors befassen, sondern Standards zur Anwendung bringen, von denen sie annehmen, dass auf ihrer Basis Literatur als gut oder schlecht beurteilt werden sollte.[8] In ähnlicher Weise hat Norman T. Newton gezeigt, wie ästhetische Urteile über Architektur durch das Bemühen verfälscht werden können, eine verbale Formel zu finden, die das gefällte Urteil zu rechtfertigen scheint.[9]

Diese letzten Bemerkungen sind nicht dazu angedacht, der Moral der Aspiration rationale Qualität abzusprechen. Vielmehr sind sie dazu angetan, zu erklären, dass die diskursive Art der Rechtfertigung, die charakteristisch für Urteile über Pflichten ist, für die Moral der Aspiration fehl am Platz ist. Dieser Punkt wird, so glaube ich, bei Platons Sokrates veranschaulicht.

Sokrates setzte Tugend mit Wissen gleich. Er nahm an, dass, wenn die Menschen das Gute wirklich verstehen, sie es auch begehren und danach streben würden, es zu erreichen. Diese Ansicht wurde oft als entweder rätselhaft oder absurd erachtet – je nach der Bescheidenheit des Kritikers. Und wäre der Gegenstand von Sokrates' Lehre eine Moral der Pflicht gewesen, wäre diese Kritik auch sicherlich gerechtfertigt gewesen. Aber Sokrates' Moral war eine Moral der Aspiration. Er versuchte, die Menschen das Gute sehen und verstehen zu lassen, damit sie bestrebt sein würden, es zu erreichen. Sein Argument wäre nicht klarer, sondern verworrener gewesen, hätte er gesagt: »Zuerst werde ich zeigen, wie das gute Leben aussieht, damit Sie es verstehen und erkennen, was für ein Mensch Sie wären, würden Sie es führen. Dann werde ich Gründe vorbringen, warum Sie ein solches Leben führen sollten.«

Die sokratische Gleichsetzung von Tugend und Wissen selbst veranschaulicht die Unbehaglichkeit unseres ethischen Vokabulars, zwischen den beiden Moralvorstellungen hin und her zu wandern. Bei uns wird das Wort »Tugend« nachhaltig mit der Moral der Pflicht identifiziert. Für Zeitgenossen hat das Wort weitgehend seinen ursprünglichen Sinn, seine Stärke, Wirkmacht, Gewandtheit und seinen Mut verloren; eine Reihe von

[8] *Practical Criticism – A Study of Literary Judgment* (1949).

[9] *An Approach to Design* (1951).

Konnotationen, die es einst klar der Moral der Aspiration zugewiesen haben. Das Wort »Sünde« hat einen ähnlichen Bedeutungswandel durchgemacht. Für uns bedeutet sündigen eine Pflichtverletzung. Doch die in der Bibel als »Sünde« übersetzten Worte enthielten ursprünglich die Metapher »das Ziel zu verfehlen«. Etwas von diesem ursprünglichen Bild blieb unter den frühen Christen, soweit sie nicht nur Geiz und Unkeuschheit zu den Todsünden zählten, sondern auch das, was Sidgwick »die eher eigentümlichen Sünden« der Trübsinnigkeit und der kraftlosen Gleichgültigkeit nennt.[10]

Grenznutzen und die Moral der Aspiration

Ich habe zuvor nahegelegt, dass, wenn wir nach Verwandtschaften zwischen den Studien suchen, die sich mit dem Menschen befassen, die Moral der Pflicht ihren nächsten Vetter im Gesetz findet, während die Moral der Aspiration eng mit der Ästhetik verwandt ist. Ich schlage nun eine Untersuchung vor, die ein wenig bizarr erscheinen mag: nämlich der Beziehung zwischen den beiden Arten der Moral und den Beurteilungsmodi, die für die Wirtschaftswissenschaften charakteristisch sind.

Eine schon zu Beginn verzeichnete Schwierigkeit besteht darin, dass unter Ökonomen keine allgemeine Übereinstimmung über die Definition ihres Gegenstandes besteht. Auch wenn die Wirtschaftswissenschaften den verdienten Ruf haben, von allen Sozialwissenschaften die höchstentwickelte zu sein, wartet die Welt doch nach wie vor auf eine endgültige Antwort auf die Frage: »Worum geht es?« Die meisten wirtschaftswissenschaftlichen Abhandlungen beschränken sich darauf, dem Leser eine mehr oder minder impressionistische Auflistung jener Probleme zu bieten, die dem Ökonomen ein besonderes Anliegen sind.

[10] *Outlines of the History of Ethics* (1949) 129.

Darüber hinaus bleibt es den Lesern überlassen, selbst zu entscheiden, was genau es ist, mit dem sie sich auseinandersetzen.[11]

Es gibt jedoch ein paar ernsthafte Versuche, sich mit dem Problem der richtigen Definition der Wirtschaftswissenschaften auseinanderzusetzen.[12] Dabei sind zwei Ansichten hervorgekommen. Die eine ist, dass Wirtschaft mit Austauschbeziehungen zu tun hat. Die andere ist, dass das Prinzip des Grenznutzens das Herz der Wirtschaftswissenschaften bildet, jenes Prinzip, wonach wir die effektivste Allokation der uns zur Verfügung stehenden Ressourcen dabei vornehmen, jedes beliebige Ziel zu erreichen. Als Standardbeispiel zur Unterscheidung zwischen diesen Ansichten wird Robinson Crusoe herangezogen. Jedenfalls bis zu Freitags Ankunft gab es niemanden, mit dem Crusoe irgendetwas hätte tauschen können, außer in einem metaphorischen Sinne, in dem man sagen kann, dass man seine Arbeit gegen die Früchte der Natur eintauscht. Wenn Wirtschaft mit dem Austausch zwischen Menschen gleichgesetzt wird, dann hatte Crusoe keine wirtschaftlichen Probleme. Auf der anderen Seite musste er aber auch über den effektivsten Einsatz der ihm zur Verfügung stehenden Ressourcen entscheiden, einschließlich sei-

[11] Paul A. Samuelsons Abhandlung, *Economics – An Introductory Analysis*, gilt als eines der am weitesten verbreiteten College-Lehrbücher, die je geschrieben wurden. Die zweite Auflage (1951, 14–16) enthält eine Diskussion über die »Grenzen und Beschränktheit der Ökonomie«, in der die Ansicht vertreten wurde, dass sich die Ökonomie ausschließlich mit Mitteln befasst und nicht die Aufgabe hat, sich mit Zielen zu befassen. Mit der fünften Auflage (1961) ist dieser Versuch einer Abgrenzung der Aufgaben des Faches verschwunden und an ihre Stelle ist einfach eine Auflistung der Arten von Themen getreten, mit denen sich die Wirtschaftswissenschaften befassen (S. 5–6). Ein interessanter Nachweis, dass die Wirtschaftswissenschaften durch eine besondere Art von Zwecksetzung charakterisiert und nicht dafür zuständig sind, Fragen zu beantworten, wenn ein solcher Zweck unberücksichtigt bleibt, findet sich bei R. F. Harrod, *Scope and Method of Economics* (1938), nachgedruckt in Clemence, *Readings in Economic Analysis, 1* (1950), 1–30.

[12] Die meistgelesene Behandlung dieses Gegenstandes findet sich bei Lionel Robbins, *An Essay on the Nature and Significance of Economic Science* (2. Aufl. 1935).

ner eigenen Zeit und Energie. Als er zu einem bestimmten Zeitpunkt das Feld bestellt hat, hätte er sich fragen können, ob er, wenn er seine Mühen stattdessen auf den Fischfang gelenkt hätte, von seiner ersten Stunde als Fischer an nicht größeren Ertrag hätte erwarten können als von einer weiteren Stunde als Landwirt. In diesem Sinne hatte Crusoe nicht nur wirtschaftliche Probleme, sondern sehr ernste wirtschaftliche Probleme.

Nun besteht, so glaube ich, eine auffällige Parallele zwischen diesen beiden Konzeptionen von Wirtschaft und den beiden Ansichten von Moral, die das Thema dieses Kapitels sind. Die Ökonomie des Austausches weist eine enge Affinität zur Moral der Pflicht auf. Die Ökonomie des Grenznutzens ist sozusagen das wirtschaftliche Gegenstück zur Moral der Aspiration. Lassen Sie mich mit dieser zweiten Beziehung beginnen.

Die Moral der Aspiration hat mit unseren Bemühungen zu tun, den besten Gebrauch von unserem kurzen Leben zu machen. Die Ökonomie des Grenznutzens beschäftigt sich mit unseren Bemühungen, den besten Gebrauch von beschränkten wirtschaftlichen Ressourcen zu machen. Die beiden sind sich nicht nur in ihren Zielsetzungen ähnlich, sondern auch, was ihre Beschränkungen anlangt. Man sagt, dass die Moral der Aspiration notwendigerweise eine Vorstellung vom höchsten Gut des Menschen impliziert, obwohl sie es unterlässt, uns darüber Auskunft zu geben, was das ist. Genau dieselbe Kritik kann, mit gleicher Stärke, gegen das Prinzip des Grenznutzens gerichtet werden. Die Ökonomie des Grenznutzens betrachtet den Verbraucher als jemanden, der für jeden Dollar, den er ausgibt, nach einem Ausgleich in dem strebt, was er erhält. Wenn er so viele Dollar für Bücher ausgegeben hat, dass der Ertrag aus diesen Ausgaben merklich zu sinken beginnt, kann es sein, dass er seine Ausgaben in eine andere Richtung lenken möchte, etwa zu Gunsten einer reichhaltigeren und befriedigenderen Nahrung. In dieser Verschiebung – in der bloßen Vorstellung, dass man Ausgaben für ganz unterschiedliche Dinge vergleichen und gleichsetzen *kann* – scheint ein letztgültiges Kriterium grundgelegt zu sein, das jenseits von Büchern, Lebensmitteln, Kleidung und all den anderen Dingen und Dienstleistungen, für die Menschen ihr Geld ausgeben mögen, Bestand hat. Auf Basis des Grenznutzens ist der Ökonom nicht in der Lage, dieses Kriterium zu beschreiben. Im Gegensatz zum Moralisten der Aspiration hat er jedoch ein Wort, hinter dem er seine Unkenntnis verbergen kann. Dieses Wort ist, offenkundig, »Nutzen«. Wenn der Nutzen, der aus dem Gegenwert eines Dollars aus dem Rohstoff A gezogen werden kann, zu einem Punkt absinkt, der niedriger ist als der Nutzen, der aus dem Gegenwert eines Dollars aus dem Rohstoff B gezogen werden kann, wird der Verbraucher seine Ausgaben hin zum zweiten Gut ausrichten. Mit dem Wort »Nutzen« verschleiert der Wirtschaftswissenschaftler sein Versagen, ein wirtschaftliches Gut zu erkennen, das über sämtlichen Einzelgütern steht und als Richtschnur für eine Auswahl unter ihnen dienen kann. Der Grundmodus des Ökonomen bleibt dabei aber im Wesentlichen derselbe wie jener des Moralisten, der vorgibt, den Menschen den Weg zum guten Leben weisen zu können, ohne zu definieren, was das höchste Lebensziel ist oder sein sollte.[13]

Benthams Versuch, an die Stelle des Vortrefflichen das Lustprinzip zu setzen, war der Sache nach einfach dazu angehalten, denselben verdeckten Grundmodus in die Moral einzuführen, der in der Ökonomie verwurzelt ist. Die Behauptung, alles

[13] Es mag eingewendet werden, dass der im Text vorgenommene Vergleich Deskription und Präskription vermengt. Anders als der Moralphilosoph, so mag gesagt werden, steht der Ökonom der Frage, was Konsumentin und Konsument wollen *sollen*, gleichgültig gegenüber; er beschreibt lediglich den Bewertungsvorgang und findet den Begriff des »Nutzens« für diese Beschreibung nützlich. Aber diese Ansicht weicht den Schwierigkeiten aus, die damit verbunden sind, zu versuchen, einen Bewertungsvorgang in gänzlich wertfreien Begriffen zu beschreiben. (Diese Schwierigkeiten haben den Anlass zu einem Austausch zwischen mir und Professor Ernest Nagel gegeben; siehe 3 *Natural Law Forum* 68–104 [1958]; 4 id. 26–43 [1959].) Dem Wirtschaftswissenschaftler mag gleichgültig sein, was der Verbraucher will, aber er wird nicht dem Prozess gleichgültig gegenüberstehen, in dem der Verbraucher seine Entscheidung trifft, was er will. Will er diesen Prozess verstehen, muss der Wirtschaftswissenschaftler in der Lage sein, sich indirekt daran zu beteiligen, Verständnis für seine Begriffe aufzubringen.

menschliche Streben sei auf Lustmaximierung ausgerichtet, ist unmöglich aufrechtzuerhalten, wenn man nicht bereit ist, den Begriff der Lust so weit auszudehnen, dass er, wie im Bereich der Ökonomie, ein leeres Behältnis für jede Art menschlichen Begehrens oder Antriebs wird. Und wenn wir im Gefolge von Mill versuchen, selektiver mit Blick auf das zu sein, was in das Behältnis kommt, führt dieser Versuch nicht zum Lustprinzip, sondern zu etwas wie der griechischen Konzeption des Vortrefflichen.

In Ermangelung irgendeines höchsten moralischen oder wirtschaftlichen Gutes greifen wir letztlich sowohl im Rahmen der Moral der Aspiration als auch im Rahmen der Ökonomie des Grenznutzens auf den Begriff des Gleichgewichts zurück – nicht zu viel, nicht zu wenig. Diese Vorstellung ist nicht so banal, wie es scheint. Es ist ein Merkmal normaler Menschen, dass sie eine Vielzahl von Zielen verfolgen; eine zwanghafte Sorge um ein einzelnes Ziel kann in der Tat für ein Symptom einer psychischen Erkrankung gehalten werden. An einer Stelle scheint Thomas von Aquin das eigenartige Argument zu entwickeln, dass die Existenz eines letztgültigen Zwecks des menschlichen Lebens mit dem Umstand enthüllt ist, dass wir in der Tat von einem Zweck zum nächsten wechseln; gäbe es aber keinen Standard, an dem sich dieser Wechsel orientieren könnte, würden wir stets in bloß eine Richtung drängen. Da das jedoch unmöglich und absurd ist, folgt daraus, dass wir in jegliche Richtung handlungsunfähig wären, wären wir nicht von einem höchsten Zweck geleitet.[14] Was immer man von dieser paradoxen Gedankenführung halten mag, ist doch nichts an Aristoteles' Konzeption des gerechten Mittels banal. Dieses Mittel ist nicht mit dem modernen Begriff des »Mittelweges« zu verwechseln. Zeitgenossen gilt der Mittelweg als der einfache Weg, der ein Mindestmaß an Verpflichtung bereithält. Für Aristoteles ist das Mittel der schwierige Weg, jener Weg, auf dem die Faulpelze und die Tollpatsche am ehesten straucheln würden. In dieser Hinsicht stellt das Mittel dieselben

[14] *Summa Contra Gentiles*, III, c. II.

Anforderungen an Einsicht und Verstand, wie eine solide Wirtschaftsführung das tut.

Wechselseitigkeit und die Moral der Pflicht

So viel zur Beziehung zwischen der Moral der Aspiration und einer Sicht auf die Wirtschaftswissenschaft, die sie wesentlich mit umsichtigem Management befasst erachtet. Lassen Sie mich nun auf die Wesensverwandtschaft zurückkommen, die ich zwischen der Moral der Pflicht und der Ökonomie des Austausches behauptet habe.

Es liegt auf der Hand, dass Pflichten, sowohl moralische als auch rechtliche, aus einem Austausch erwachsen können, etwa aus einem Austausch von Versprechen oder aus dem Austausch eines Versprechens für eine gegenwärtige Handlung. Damit existiert ein Gebiet, das von den Konzepten des Austauschs und der Pflicht gemeinschaftlich besetzt wird. Andererseits wäre es sicherlich pervers, den Versuch zu unternehmen, sämtliche Verpflichtungen auf einen ausdrücklichen Austausch zurückzuführen. Wir können etwa geltend machen, dass der Bürger eine moralische Pflicht hat, zu wählen und sich selbst ausreichend zu informieren, um kundig abzustimmen, ohne dass dies bedeutet, dass diese Pflicht auf einer Übereinkunft zwischen ihm und seiner Staatsgewalt oder zwischen ihm und seinen Mitbürgern beruht.

Um die Wesensverwandtschaft zwischen Pflicht und Austausch festzumachen, benötigen wir ein drittes Glied im Bunde, ein vermittelndes Prinzip. Dieses ist, so denke ich, in der Beziehung der Wechselseitigkeit zu finden. Austausch ist schließlich nur ein besonderer Ausdruck dieser allgemeineren und oft subtileren Beziehung. Und eigentlich ist das Schrifttum über die Moral der Pflicht voll von Verweisen auf so etwas wie das Prinzip der Wechselseitigkeit.

Selbst inmitten der erhabenen Appelle der Bergpredigt findet sich ein wiederholter Hinweis auf nüchterne Wechselseitigkeit: »Richtet nicht, damit ihr nicht gerichtet werdet! Denn wie ihr richtet, so werdet ihr gerichtet werden, und nach dem Maß, mit dem ihr messt, werdet ihr gemessen werden … Alles, was ihr wollt, dass euch die Menschen tun, das tut auch ihnen! So sprechen das Gesetz und die Propheten.«[15]

Lehren wie diese – und sie sind in allen Vorstellungen über die Moral der Pflicht zu finden – bedeuten natürlich nicht, dass jede Pflicht aus einem persönlichen Verhandlungsverhältnis erwächst. Dies wird deutlich, wenn wir die Goldene Regel umformulieren, um so etwas zu lesen: »Sobald ich von Dir die Zusicherung erhalten habe, dass Du mich so behandeln wirst, wie Du selbst behandelt zu werden wünscht, werde ich im Gegenzug bereit sein, Dir die gleichartige Behandlung zu gewähren.« Das ist nicht die Sprache der Moral, nicht einmal des freundschaftlichen Austausches, sondern des vorsichtigen und sogar feindseligen Handelns. Diesen Gedanken als allgemeines Prinzip anzunehmen, würde die soziale Bindung ganz auflösen.

Was die Goldene Regel zu vermitteln versucht, ist nicht, dass die Gesellschaft aus einem Netz ausdrücklicher Abmachungen besteht, sondern dass sie von einem durchdringenden Band der Wechselseitigkeit zusammengehalten wird. Spuren dieser Konzeption sind in jeder Moral der Pflicht zu finden: von jenen, die stark von einem Appell an das Eigeninteresse geprägt sind, bis hin zu jenen, die auf den hohen Anforderungen des kategorischen Imperativs beruhen. Wann immer sich ein Appell an die Pflicht zu rechtfertigen versucht, tut er das immer im Hinblick auf so etwas wie das Prinzip der Wechselseitigkeit. Wenn man also einen widerwilligen Wähler zu den Urnen drängen will, ist beinah gesichert, dass wir ihn an einem Punkt fragen: »Wie

[15] Matthäus 7,1 und 12. Vgl. Deuteronomium 7,11–12: »Deshalb sollst du auf das Gebot achten, auf die Gesetze und Rechtsvorschriften, auf die ich dich heute verpflichte, und du sollst sie halten. Wenn ihr diese Rechtsvorschriften hört, auf sie achtet und sie haltet, wird der Herr, dein Gott, dafür auf den Bund achten und dir die Huld bewahren, die er deinen Vätern geschworen hat.« [Nach der Einheitsübersetzung]

würde es Dir gefallen, wenn jeder so handeln würde, wie Du es zu tun vorschlägst?«

Es kann eingewandt werden, dass sich diese Bemerkungen eher auf eine Pflichtrhetorik als auf eine soziologische Betrachtung von Pflicht beziehen. Natürlich ist es so, dass ein Moralist, der versucht Menschen dazu zu drängen, eine unangenehme Pflicht wahrzunehmen, in seinem Argument auch an das Eigeninteresse appellieren sollte. Und natürlich ist es so, dass jeder Versuch, Menschen dazu zu bringen, einen unerbetenen Zwang zu akzeptieren – einen Zwang, der von außen kommt –, danach trachten sollte, sich mit dem Anhauch der freiwilligen Unterwerfung zu umgeben, so, wie die harsche Tatsache politischer Macht historisch von der Fiktion des ursprünglichen Vertrages ummantelt wurde.

Dieses Argument unterschätzt aber meiner Meinung nach das Ausmaß, in dem das Prinzip der Wechselseitigkeit nicht nur in unseren Berufen, sondern auch in unserer Praxis verwurzelt ist. Die Neuformulierung der Goldenen Regel, die ich zuvor vorgestellt habe, war eine offensichtliche Perversion ihrer Absicht. Ich glaube aber nicht, dass ihre Bedeutung verzerrt würde, sollten wir eine Einschränkung hinzufügen, die etwa folgendermaßen lautet: »Sobald aber klar wird, dass Du keinerlei Absicht hast, mich so zu behandeln, wie Du selbst behandelt werden möchtest, betrachte ich mich als von der Verpflichtung befreit, Dich so zu behandeln, wie ich behandelt werden möchte.« Hier wird das Element der Wechselseitigkeit durch mehrere Streichungen von der Pflicht selbst verdrängt und stellt einen Punkt dar, der als Ausfallsicherung fungiert. Man kann mit Sicherheit unterschiedlicher Auffassung darüber sein, wann genau dieser Punkt erreicht ist. Aber es gibt offensichtliche Fälle, die außer Diskussion stehen. Wenn ich also einen Mitbürger dazu dränge, dass er die Pflicht hat, zur Wahl zu gehen, wird mein Appell sicherlich an Kraft verlieren, wenn er ganz genau weiß, dass es unwahrscheinlich ist, dass sein Stimmzettel ausgezählt wird.

Die Wahlpflicht ist nicht unbedingt, sondern hängt davon ab, ob bestimmte Erwartungen hinsichtlich der Handlungen Dritter erfüllt werden. Dies würde sogar auf einen Bürger zutreffen, der im Wissen wählen würde, dass seine Stimme nicht gezählt wird, soweit es sein Ziel ist, einen Testfall für bestimmte Fälle des Missbrauchs im Rahmen der Wahl abzugeben. Wenn aber der Rest der Welt seine Handlungen zur Gänze indifferent und unbewegt aufnehmen würde – also keinerlei Reaktion zeigte –, bliebe sie völlig sinnlos.

In diesem weiten Sinne ist eine Vorstellung von Wechselseitigkeit dem Begriff der Pflicht selbst zu eigen – zumindest bei jeder Pflicht, die auf die Gesellschaft oder auf einen anderen verantwortungsfähigen Menschen bezogen ist. Man kann sich eine soziale Bindung vorstellen, die keine Pflichten kennt. Ein solches Band könnte zwischen einem sehr verliebten Paar oder zwischen einer kleinen Gruppe bestehen, die durch einen Notstand geeint ist, etwa weil ein letztes Gefecht gegen einen Feind zu schlagen ist, der die Gruppe umzingelt hat. In einer solchen Situation würde nicht daran gedacht, die einzelnen Beiträge zu messen. Das angemessene Organisationsprinzip wäre vielmehr »einer für alle und alle für einen«. Aber sobald Beiträge benannt und gemessen werden – d.h. sobald Pflichten bestehen –, muss es einen Standard geben – und mag es nur ein grober Näherungswert sein –, durch den die Art und der Umfang des erwarteten Beitrags erschlossen werden können. Dieser Standard ist aus dem Muster des sozialen Gewebes abzuleiten, das die Stränge einzelner Handlungen zusammenführt. Ein entsprechend tiefer Riss in diesem Gewebe muss – wenn wir die Angelegenheit irgendwie rational beurteilen wollen – Menschen von jenen Aufgaben entbinden, deren einzige Existenzberechtigung die Aufrechterhaltung eines Musters sozialer Interaktion war, das nunmehr zerstört wurde.

Dem vorgestellten Argument liegt implizit die Vorstellung einer anonymen Zusammenarbeit zwischen Menschen zugrunde, durch die ihre Aktivitäten über die Institutionen und Verfahren organisierter Gesellschaft kanalisiert werden. Diese Vorstellung scheint von jener eines bloßen Austauschs wirtschaftlicher Werte weit entfernt zu sein. Aber wir sollten uns in Erinnerung rufen, dass selbst ein direktes und ausdrückliches Verhältnis von Wechselseitigkeit keineswegs auf so etwas wie einen Kuhhandel beschränkt ist. Nehmen Sie etwa an, dass zwei Menschen einander versprechen, derselben Wohltätigkeitsorganisation die gleiche Summe zuzuwenden. Hier fehlt es an den üblichen eigennützigen Tauschmotiven ebenso wie die Vorstellung eines Leistungsaustausches zwischen den Parteien. Und doch besteht in diesem Fall unstreitig ein Verhältnis von Wechselseitigkeit und, soweit keine Rechte der Wohltätigkeitsorganisation dazwischentreten, wird die Nichterfüllung des Versprechens durch eine der Parteien fairerweise auch die andere entbinden. Die Pflichten beider haben ihren Ursprung und finden ihre Abhängigkeit in einem Verhältnis von Wechselseitigkeit, das sich der Art nach nicht von dem unterscheidet, was die Mitglieder einer Gesellschaft auf komplexere Weise verbindet.

Wenn es also wahr ist, dass sich Pflichten im Allgemeinen auf das Prinzip der Wechselseitigkeit zurückführen lassen, ist es auch wahr, dass die Wechselseitigkeit, aus der eine bestimmte Pflicht entspringt, wenn auch in unterschiedlichem Maß, sichtbar sein kann. Manchmal ist das für die Betroffenen offensichtlich; manchmal folgt es einem unmerklicheren Verlauf durch die Institutionen und Praktiken der Gesellschaft. Dies legt die Frage nahe: Unter welchen Umständen wird eine Pflicht, sei es eine rechtliche oder moralische, für die Betroffenen im größtmöglichen Maß nachvollziehbar und akzeptabel? Ich denke, wir können drei Bedingungen für die größte Wirksamkeit des Konzepts der Pflicht erkennen. *Erstens* muss die Beziehung der Wechselseitigkeit, aus der heraus die Pflicht entsteht, aus einer freiwilligen Vereinbarung zwischen den unmittelbar betroffenen Parteien entspringen, die so die Pflicht selbst »schaffen«. *Zweitens* müssen die wechselseitigen Leistungen der Parteien in einem gewissen Sinn gleichwertig sein. Obwohl die Freiwilligkeit der Vereinbarung für sich betrachtet einen starken Appell an den Gerechtigkeitssinn darstellt, wird dieser Appell durch das Element der Äquivalenz doch verstärkt. Wir können hier nicht von völliger Übereinstimmung sprechen, weil es ja keinen Sinn für einen Austausch macht, wenn etwa ein Buch oder eine Idee für genau das gleiche Buch oder dieselbe Idee eingetauscht würden. Das Band der Wechselseitigkeit verbindet die Menschen nicht ungeachtet, sondern *auf Grund* ihrer Unterschiede. Wenn wir dementsprechend Gleichwertigkeit im Verhältnis von Wechselseitigkeit suchen, benötigen wir einen Wertigkeitsmaßstab, der auf Dinge angewandt werden kann, die ihrer Art nach unterschiedlich sind. *Drittens* müssen die Beziehungen innerhalb der Gesellschaft hinreichend fließend gestaltet sein, dass die gleiche Pflicht, die Du mir heute schuldest, ich Dir schon morgen schulden kann – mit anderen Worten: Das Pflichtenverhältnis muss in Theorie und Praxis reversibel sein. Ohne eine solche Symmetrie würde uns wohl Rousseaus Frage ins Stocken bringen, was der Grund dafür sein soll, dass ich, da ich *ich* selbst bin, so handeln sollte, als wäre ich ein anderer, wenn ich doch praktisch sicher bin, dass ich niemals in seiner Situation sein werde.[16]

Dies sind also die drei Bedingungen für eine bestmögliche Realisierung des Konzepts der Pflicht, jene Bedingungen, die eine Pflicht demjenigen, dem sie auferlegt ist, am verständlichsten und schmackhaftesten machen. Wenn wir nun fragen: »Welche Art von Gesellschaft ist bestgeeignet, diese Bedingungen zu erfüllen?«, ist die Antwort eine überraschende: eine Gesellschaft von Händlern. Per definitionem gehen die Mitglieder einer solchen Gesellschaft direkte und freiwillige Austauschbeziehungen ein. Was die Gleichheit betrifft, so ist es nur mit Hilfe von etwas wie

[16] Diese Passage von Rousseau findet sich in *Emile*, Buch IV, und ist hier zitiert nach Del Vecchio, *Justice* (1952), S. 96. Rousseau formuliert seine Frage natürlich als Widerlegung der utilitaristischen Pflichttheorie. Del Vecchio selbst misst der Wechselseitigkeit in seiner Analyse von Gerechtigkeit große Bedeutung bei. In der Unterscheidung einer bloßen Forderung von einem Rechtsanspruch weist Del Vecchio darauf hin, dass Letzterer ein allgemeines Prinzip voraussetzt, nach dem, würden die Positionen der Parteien verkehrt, die gleiche Verpflichtung in die Gegenrichtung auferlegt würde. Diese abstrakte Wechselseitigkeit verliert freilich viel von ihrem Reiz, wenn eine Umkehrung der Positionen tatsächlich nicht stattfinden kann. Es ist zum Beispiel kein großer Trost, dem Sklaven zu sagen, dass es, wenn er als Herr geboren worden wäre und sein Herr als Sklave, sein Recht gewesen wäre, zu befehlen, was er jetzt leisten muss.

einem freien Markt möglich, so etwas wie ein genaues Maß für den Wert verschiedener Güter zu entwickeln.[17] Ohne ein solches Maß verliert der Begriff der Gleichheit an Substanz und sinkt auf die Ebene einer Art von Metapher herab. Schließlich wechseln Händler häufig ihre Rollen, einmal sind sie Verkäufer, dann wieder Käufer. Die Pflichten, die sich aus ihrem Austausch ergeben, sind dementsprechend nicht nur theoretisch, sondern auch praktisch umkehrbar. Die Umkehrbarkeit der Rollen, die damit eine Gesellschaft von Händlern ausmacht, existiert nirgendwo sonst im gleichen Maße, was sich zeigt, wenn wir die Pflichten zwischen Eltern und Kind, Mann und Frau, Bürger und Staatsgewalt betrachten. Hayek erachtet Rechtsstaatlichkeit insgesamt als abhängig von einem solchen Zustand der Gesellschaft, dass Menschen heute zusammenkommen können, um ihre Pflichten gesetzlich zu regeln, ohne zu wissen, ob sie morgen diese Pflichten zu erfüllen haben oder die Nutznießer ihrer Erfüllung sein werden. Verständlicherweise identifiziert Hayek eine solche Gesellschaft mit einer auf dem Marktprinzip organisierten und sagt einen Zusammenbruch der Rechtsstaatlichkeit für jede Gesellschaft voraus, die das Marktprinzip aufgibt.[18]

Diese Analyse legt die etwas verblüffende Schlussfolgerung nahe, dass die Vorstellung der moralischen und rechtlichen Pflicht ihre volle Entfaltung nur im Kapitalismus erreichen kann. Dies war in der Tat die Schlussfolgerung, zu der ein ehedem berühmter sowjetischer Autor, Eugene Pashukanis, gelangte; vielleicht der einzige sowjetische Denker, von dem man sagen kann, er hätte einen markanten Beitrag zur Sozialphilosophie geleistet.[19]

[17] Es sollte jedoch berücksichtigt werden, dass es Vorschläge gibt (die innerhalb des Sowjetblocks jedenfalls teilweise umgesetzt wurden), eine sozialistische Volkswirtschaft durch Marktprinzipien zu lenken. Siehe zum Beispiel Oskar Lange, *On the Economic Theory of Socialism* (1936–37), nachgedruckt in einem Band desselben Titels, herausgegeben von Benjamin E. Lippincott (1938), S. 55–129.

[18] Kapitel VI, »Planning and the Rule of Law«, The Road to Serfdom (1944), S. 72–87.

[19] Siehe Band V, 20th Century Legal Philosophy Series, *Soviet Legal Philo-*

Pashukanis' Theorie wurde als Güteraustauschtheorie des Rechts bekannt, obwohl sie besser als Güteraustauschtheorie rechtlicher und moralischer Pflichten bezeichnet worden wäre. Die Theorie war auf zwei Säulen des marxistischen Denkens errichtet: *zum einen* darauf, dass in der Organisation der Gesellschaft der ökonomische Faktor entscheidend ist, zum anderen, im letztlich erreichten Stadium des Kommunismus, dass Recht und Staat absterben werden.

In den Grundzügen war Pashukanis' Argumentation recht simpel: Die ökonomische Organisation der kapitalistischen Gesellschaft ist von der Idee des Austausches geprägt. Es folgt daraus, dass die rechtlichen und politischen Institutionen von Vorstellungen, die dergestalt von der Idee des Austausches abgeleitet sind, durchdrungen sind. So finden sich im bourgeoisen Strafrecht Aufstellungen von Verbrechen und entsprechenden Strafen oder Bußen – eine Art Preisliste für Fehlverhalten. Im Privatrecht ist das Rechtssubjekt, das Leistungspflichten erbringen muss, Rechte besitzt und über die Rechtsmacht verfügt, Auseinandersetzungen mit anderen im Einvernehmen beizulegen, der beherrschende Akteur. Das Rechtssubjekt ist das rechtliche Gegenstück zum Händler. Im Kommunismus wird der wirtschaftliche Austausch beseitigt, wie auch alle rechtlichen und politischen Konzeptionen, die von ihm abgeleitet sind. Im Besonderen wird der Kommunismus keine Rechte und Pflichten im Rechtssinn kennen.

Dieselbe Analyse wurde auf den Bereich der Moral ausgedehnt. Mit dem erreichten Kommunismus wird die Moral, wie sie üblicherweise verstanden wird (also als Moral der Pflicht), nicht länger eine Funktion erfüllen. Wie weit Pashukanis diese Theorie gesponnen hat, ist an seiner Haltung gegenüber Kant erkennbar. Kants Ansicht, dass wir unsere Mitmenschen als Zweck und

sophy, übersetzt von Babb (1951), »The General Theory of Law and Marxism«, S: 111–225. Ich habe den Versuch einer Zusammenfassung von Pashukanis' Theorie in »Pashukanis and Vyshinsky: A Study in the Development of Marxist Legal Theory«, 47 *Michigan Law Review* 1157–66 (1949) unternommen.

nicht bloß als Mittel betrachten sollten, gilt üblicherweise als vornehmster Ausdruck seiner Philosophie. Für Pashukanis spiegelte sie bloß marktwirtschaftliche Mechanismen wider, soweit andere unseren Zwecken und wir ihren Zwecken ja nur über Austauschverhältnisse dienen können. Und in der Tat drängt jede Art der Wechselseitigkeit, mag sie auch einen weitschweifigen Verlauf in gesellschaftlichen Formen nehmen, in eine Doppelrolle: als Zwecke an sich und als Mittel für die Zwecke anderer. Soweit es freilich keine klare Trennlinie zwischen impliziter Wechselseitigkeit und explizitem Austausch gibt, gelangt Pashukanis zur Schlussfolgerung, dass, wenn der Kommunismus endgültig verwirklicht ist, alle moralischen Pflichten untergehen werden.

Diese Ansicht sollte sich als allzu forsch (oder zumindest als zu unbequem) für Pashukanis' Zeitgenossen im stalinistischen Russland erweisen – er wurde 1937 liquidiert. Um seinem Andenken gerecht zu werden, sollte betont werden, dass die von ihm entwickelte Theorie starke Wurzeln in den Lehren der kommunistischen Vorväter hat. Sie wird offenkundig stark durch die Zwillingsdoktrin des Überbaus und des künftigen Absterbens von Staat und Recht gestützt. Und sie weist auch eine bemerkenswerte emotionale Verwandtschaft mit dem gesamten Tenor des Marx'schen Denkens auf, im Besonderen wie es im jugendlichen »Entfremdungsthema« zum Vorschein kommt. Marx scheint eine starke Abneigung gegen jedes Prinzip oder Arrangement gehegt zu haben, das einen Menschen dazu verhalten könnte, in den Dienst der Zwecke eines anderen zu treten, wäre auch seine Verpflichtung nicht nur dem Austausch, sondern in jeder Art formaler gesellschaftlicher Organisation gegeben. Diese Abneigung zeigt sich implizit in seiner lebenslangen Antipathie zur bloßen Vorstellung einer formalen Arbeitsteilung, eine Antipathie, die umso beachtlicher ist, als Marx klar sein musste, dass die vom Kommunismus angestrebte wirtschaftliche Produktion ohne die Vorteile funktionaler Spezialisierung undurchführbar sein würde. Diese grundlegende Aversion jeder Interdependenz gegenüber findet ihren besten Ausdruck in einer frühen Stelle, in der Marx das Leben in der bourgeoisen Gesellschaft – also in einer Händlergesellschaft – als solches beschreibt, in dem Menschen »einander als Mittel behandeln, sich dadurch selbst zum Mittel machen und zum Spielball fremder Mächte werden«.[20]

Wir können die bittere Stimmung dieser Stelle bei Marx mit der Beschreibung des wirtschaftlichen Austausches bei Philip Wicksteed, einem unitarischen Geistlichen, der sich als Ökonom betätigt hat, vergleichen:

> [I]m gesamten Spektrum jener Dinge, die einem Austausch zugänglich sind, können wir üblicherweise deutlich wirksamer mit Hilfe der indirekten Methode, die unmittelbaren Ziele anderer zu begünstigen, handeln als durch die direkte Methode, unsere eigenen zu verfolgen ... Wir gehen Geschäftsbeziehungen mit anderen nicht ein, weil unsere Zwecke egoistisch sind, sondern weil diejenigen, mit denen wir zu tun haben, ihnen gegenüber relativ gleichgültig, zugleich aber (wie wir) sehr an ihren eigenen Zwecken interessiert sind, denen gegenüber wiederum wir relativ gleichgültig sind ... Es ist mit Sicherheit nichts Erniedrigendes oder Abstoßendes darin zu erkennen, unsere Zwecke wechselseitig zu befördern, weil und soweit wir ein Eigeninteresse an der Förderung unserer Zwecke haben ... Der wirtschaftliche Nexus [d.h. der Nexus des Austausches] birgt eine unbeschränkte Erweiterung unserer Handlungs- und Bewegungsfreiheit; denn er ermöglicht uns, eine Gruppe zu bilden, die von [verschiedenen] Fähigkeiten und Ressourcen zusammengehalten wird, und eine weitere, die durch einen gemeinsamen Zweck verbunden ist, ohne dass es einen »doppelten Zufall« bräuchte, wie er sonst notwendig sein würde.[21]

Hätte Marx, durch eine Umkehr des Zeitverlaufs, diese Stelle vor sich gehabt und den dahinter liegenden Gedanken und die da-

[20] Zitiert nach Tucker, *Philosophy and Myth in Karl Marx* (1961), S. 105. Dieses Buch sei jedem anempfohlen, der einen Eindruck gewinnen möchte, was als »moralische Anmutung« von Marx' Denken bezeichnet werden kann.

[21] *The Common Sense of Political Economy*, hg. von Robbins (1933), S. 156, 179–80.

hinterstehende Stimmung aufgenommen, würde sich die Welt heute möglicherweise von einer gänzlich anderen Seite zeigen.

Von der Verortung der Schwelle auf der Skala der Moral

Es ist nun an der Zeit, einen grundlegenderen Vergleich zwischen den Konzepten der Ökonomie und jenen der Moral anzustellen. Mit Blick auf die Beziehung der zwei Arten von Moral habe ich das Bild einer aufsteigenden Skala entwickelt, die bei den für gesellschaftliches Leben offenkundig wesentlichen Bedingungen ansetzt und bis hin zu den höchsten Bestrebungen menschlicher Vortrefflichkeit reicht. Die unteren Stufen dieser Skala stellen die Moral der Pflicht dar; die höheren die Moral der Aspiration. Die beiden werden durch eine bewegliche Trennlinie abgegrenzt, die schwierig festzumachen, aber doch von entscheidender Bedeutung ist.

Die Trennlinie dient als wesentliches Bollwerk zwischen den zwei Arten der Moral. Reicht die Moral der Pflicht über die ihr angemessene Sphäre hinaus, kann die eiserne Hand auferlegter Verpflichtung Versuchsfreude, Inspiration und Spontaneität erdrosseln. Dringt die Moral der Aspiration in das Gebiet der Pflicht ein, könnten die Menschen beginnen, ihre Verpflichtungen nach eigenem Dafürhalten zu bemessen und wir könnten zu einem Punkt gelangen, an dem ein Dichter seine Frau in den Fluss schleudert im – vielleicht begründeten – Glauben, er würde in ihrer Abwesenheit bessere Gedichte verfassen.

Eine ähnliche Beziehung besteht zwischen der Ökonomie des Austausches und der Ökonomie des Grenznutzens. Dem Prinzip des Grenznutzens ist nichts heilig; alle bestehenden Verhältnisse sind einer Neuanordnung im Interesse erhöhten Gewinns anheimgestellt. Die Ökonomie des Austausches ruht demgegenüber auf zwei festgelegten Punkten: Eigentum und Vertrag. Während sie dem berechnenden Interesse überall sonst die Herrschaft zubilligt, ist eine solche Berechnung dort ausgeschlossen, wo es sich um Fragen der Vertragstreue oder der Anerkennung von

Eigentum handelt. Ohne eine selbstaufopfernde Achtung dieser Institutionen, würde ein System des Austausches seinen Anker verlieren und niemand könnte beanspruchen, mit hinreichender Sicherheit zu wissen, was er dem anderen anzubieten und von ihm zu erwarten hat. Indes muss die Festigkeit, die von Eigentum und Vertrag ausgeht, innerhalb angemessener Grenzen gehalten werden. Wenn sie über diese Grenzen hinausgeht, werden die Bemühungen der Gesellschaft, ihre Ressourcen dem effektivsten Einsatz zuzuführen, durch ein System persönlicher und institutioneller Eigeninteressen hintertrieben. Ein »geschützter Markt« wäre etwa ein Beispiel für eine Art von Eigentumsposition, die über ihren angemessenen Bereich hinausreicht. Hier begegnen wir wieder dem, was im Wesentlichen das Problem der Verortung der imaginären Schwelle am rechten Ort ist. Wieder einmal genießt der Ökonom dem Moralphilosophen gegenüber einen Vorteil. Hat auch er Schwierigkeiten, die Grenze zu ziehen, kann er doch zumindest sein Herantasten durch ein beeindruckendes Vokabular abschirmen, das in diesem Fall weit über die unschuldige Transparenz des Wortes »Nützlichkeit« hinausgeht und Begriffe wie Monopol, Monopson, Parallelverhalten und Preisstarre bereithält.

Man könnte vermuten, dass eine bestimmte Starrheit allen Pflichten zu eigen ist, egal ob moralischen oder rechtlichen und egal ob sie aus einem Austausch oder einem anderen Verhältnis erwachsen. Zugleich liegt es in der Natur menschlichen Strebens nach Perfektion, einschließlich jenem nach größtmöglicher wirtschaftlicher Effizienz, wechselnden Bedingungen gegenüber anpassungsfähig zu sein. Ein allgegenwärtiges Problem gesellschaftlicher Formung ist daher jenes, das Gleichgewicht zwischen tragender Struktur und anpassungsfähiger Flexibilität zu bewahren. Dieses Problem wird von Moral, Recht, Ökonomie und Ästhetik geteilt und – wie Michael Polanyi gezeigt hat – auch von der Naturwissenschaft.[22] Die Natur dieses Problems wird nicht angemessen wahrgenommen, wenn wir es als banalen

[22] *The Logic of Liberty* (1951); *Personal Knowledge* (1958).

Gegensatz zwischen Sicherheit und Freiheit begreifen, denn uns geht es nicht nur um die Frage, ob der Einzelne frei oder sicher ist oder sich frei oder sicher fühlt, sondern darum, Harmonie und Gleichgewicht in – vielfach anonymen – gesamtgesellschaftlichen Prozessen zu erreichen.[23]

In einem etwas paradoxen Sinn müssen sich auch die wesentlichen sozialen Rigiditäten selbst aufrechterhalten, nicht bloß, indem sie da sind, sondern indem sie aktiv auf Anerkennung drängen. Holmes hat einmal beobachtet, dass jeder Rechtsanspruch dazu neigt, absolut zu werden.[24] Man mag einwerfen, das sei bloß jene Tendenz zum Absoluten, die im Rechtssinn wie in einem moralischen Verständnis die wesentliche Bedeutung »eines Rechts« konstituiert. In ähnlicher Weise kann man über den Begriff der Pflicht sagen, dass sich seine Bedeutung daraus ergibt, dass er sich Beschränkungen widersetzt. Im Gegensatz zu bloßen Desiderata, dem Rat der Klugheit, Appellen an vage Ideale und dergleichen stehen Rechte und Pflichten (seien sie moralischer oder rechtlicher Art) für starre Bezugspunkte im Entschluss des Menschen. In ausgewählten Fällen können sie beschränkt werden und doch kann man darauf zählen, dass sie sich Beschränkungen widersetzen.

Die soeben geäußerte Ansicht ist eng verwandt mit H. L. A. Harts Begriff der »anfechtbaren Konzepte«[25]. Zu sagen, ein Mann hätte einen Vertrag geschlossen, bedeutet nicht nur, die

[23] Es mag eingeworfen werden, dass die Frage nach der Funktion von Status oder der institutionellen Rolle Teil dieses größeren Problems ist. Ein Gutteil der Analyse dieses Problems bei Chester Barnard könnte, so denke ich, in den Begriffen, die im Text verwendet werden, seinen Ausdruck finden. Siehe hier das Kapitel IX seines *Organization and Management* (1948).

[24] »Alle Rechte tendieren dazu, sich hin zu ihrem logischen Extrem als absolut zu erklären. Und doch sind sie faktisch alle durch die Nachbarschaft zu Prinzipien einzelner Politiken begrenzt, die andere sind als jene, auf denen das bestimmte Recht fußt und die stark genug sind, sich durchzusetzen, wenn ein bestimmter Punkt erreicht ist.« *Hudson County Water Company v. McCarter*, 209 U.S. 349, 355 (1908).

[25] »The Ascription of Responsibility and Rights«, in A. G. N. Flew, Hg., *Essays on Logic and Language* (1952), S. 145–66.

Waagschalen der Gerechtigkeit unbestimmbar in Richtung der Schlussfolgerung zu neigen, er sei möglicherweise eine Verpflichtung eingegangen. Es bedeutet, *dass* er verpflichtet *ist*, es sei denn, dass ein bestimmter Entschuldigungsgrund, wie Unvermögen oder Nötigung, vorliegt. Man kann annehmen, dass es sich hier um einen Impuls der Moral der Pflicht handelt, die sich im Gesetz ausdrückt; dazu angetan, die Integrität ihres Gebiets zu wahren und dieses Gebiet vor jener Erosionsgefahr zu schützen, die von einer Sichtweise ausgeht, die versucht, zu viele Gleichungen auf einmal zu lösen.

Belohnungen und Strafen

Eine letzte Manifestation der Unterscheidung zwischen der Moral der Pflicht und der Moral der Aspiration bleibt noch kurz zu erwähnen. Ich beziehe mich auf die Art und Weise, in der diese Unterscheidung in unserer sozialen Praxis in Bezug auf Strafen und Belohnungen stillschweigend anerkannt wird.

Aus Sicht der Moral der Pflicht ist es verständlich, dass Strafen Belohnungen gegenüber Vorrang zukommen sollte. Wir loben oder ehren einen Menschen nicht, bloß weil er sich an die Minimalvorgaben des Zusammenlebens gehalten hat. Vielmehr lassen wir ihn unbehelligt und konzentrieren unsere Aufmerksamkeit auf jenen, der dabei versagt hat, die notwendige Konformität zu beobachten, und erklären ihm gegenüber unsere Missbilligung, sofern wir nicht mit greifbareren Unannehmlichkeiten auf ihn einwirken. Überlegungen zur Symmetrie legen nahe, dass in der Moral der Aspiration, die auf den Superlativ ausgerichtet ist, Belohnung und Belobigung jene Rolle spielen sollten, die Bestrafung und Missbilligung in der Moral der Pflicht zukommt. In gewissem Maße hält sich dieses Spiegelbild in der Praxis aufrecht. Aber perfekte Symmetrie wird durch die Tatsache beeinträchtigt, dass, je näher ein Mensch an die höchsten Stufen menschlicher Errungenschaften reicht, andere umso weniger befähigt sind, seine Leistung zu beurteilen.

Auszeichnungen und Strafen zu vergeben, ist ein allgegenwärtiger Vorgang in unserer Gesellschaft, der sich über das Recht hinaus auf Bildung, Geschäftsleben, Landwirtschaft und Sport erstreckt. Wo immer eine Hervorhebung zugestanden oder eine Entbehrung auferlegt wird, ist es nur natürlich, einen Schiedsrichter oder einen Ausschuss zu bestimmen, um die Entscheidung zu treffen, und unabhängig davon, ob es um die Frage einer Strafe oder einer Belohnung geht, wird von der Entscheidungsinstanz erwartet, dass sie mit Verstand und Unparteilichkeit vorgeht. Dennoch besteht ein großer Unterschied zwischen dem für die Verhängung von Strafen allgemein festgelegten Verfahren im Vergleich zu denen, in denen Auszeichnungen verliehen werden. Wo es um Strafen oder Entbehrungen geht, ummanteln wir die Entscheidung mit prozeduralen Garantien eines ordnungsgemäßen Verfahrens, die oftmals überaus elaboriert sind, und wir werden wahrscheinlich eine Verpflichtung auferlegen, öffentlich Rechenschaft abzulegen. Wo Auszeichnungen und Ehrungen vergeben werden, begnügen wir uns mit informelleren, minder hinterfragten Methoden der Entscheidungsfindung.

Der Grund für diesen Unterschied liegt auf der Hand. Wenn es um Strafen und Entbehrungen geht, behandeln wir die unteren Ebenen menschlicher Errungenschaft, auf denen mangelhafte Leistungen bei entsprechender Sorgfalt vergleichsweise sicher erkannt und formale Standards für die Beurteilung festgelegt werden können. Auf jener Ebene, auf der Ehrungen und Preise angemessen sind, erkennen wir, dass es mit wenig Sinn, aber einiger Heuchelei verbunden wäre, wenn man eine Entscheidung, die im Wesentlichen subjektiv und intuitiv getroffen wird, mit jenem Procedere ummantelt, das einem Gerichtsverfahren angemessen ist.

Für diese Unterscheidung könnten in vielen Bereichen der Gesellschaft viele Beispiele gegeben werden. Ich werde nur zwei erwähnen. In Beziehungen zwischen Gewerkschaft und Geschäftsführung sind Entlassungen üblicherweise die erste Führungsaufgabe, deren Wahrnehmung einer schiedsrichterlichen Überprüfung unterzogen wird. Beförderungen hingegen können, einem bestimmten Vertrag entsprechend, niemals dieser Überprüfung unterzogen werden; falls das doch geschieht, bieten sie dennoch weit weniger zufriedenstellendes Material für das Schiedsgericht als Entlassungen. Im Baseball werden Spielfehler von Experten formal beurteilt und öffentlich verkündet, während die Anerkennung brillanter Spielzüge – wie der Ballfang von Willie Mays zum Beispiel – von der informellen Meinung von Fans und Zeitungsreportern abhängt. Diese Praxis kann natürlich den verdienten »Laufdurchschnitt« des Werfers verzerren, aber wir akzeptieren diese Verzerrung als einen kleinen Preis dafür, der Verpflichtung zu entkommen, mit Genauigkeit zu messen, was so nicht gemessen werden kann.

Im Allgemeinen begnügen wir uns mit informellen Methoden der Entscheidungsfindung – oftmals von der Öffentlichkeit abgeschirmt –, wenn eine Auswahl für Ehrentitel, militärische Auszeichnungen, Heldenmedaillen, literarische und wissenschaftliche Preise, Stiftungsauszeichnungen und Ehreneinladungen getroffen wird. Eine herausragende Ausnahme von dieser Laxheit scheint im aufwendigen formellen Verfahren der Heiligsprechung in der römisch-katholischen Kirche zu bestehen. Aber auch dieses Verfahren stellt in Wirklichkeit keine Ausnahme dar. Ihr Ziel besteht nicht in der Ehrung eines Heiligen, sondern in der Ermächtigung, ihn zu verehren. In der Sprache des Verwaltungsrechts handelt es sich um ein Zertifizierungsverfahren. Die erforderliche Leistung – einschließlich der Wunderwirksamkeit – ist notwendig an der Spitze der Skala menschlicher Errungenschaften zu verorten. Vermutlich aber unterfällt sie dem unteren Bereich der Skala des Übernatürlichen.

In den sozialen Praktiken, die ich gerade beschrieben habe, findet sich eine beständige Widerlegung der in moralphilosophischen Argumenten so häufig anzutreffenden Vorstellung, dass wir das vollkommen Gute kennen müssen, um das Schlechte oder kaum Zulängliche zu erkennen. Würde dies zutreffen, würde es deutlich einfacher erscheinen, eine fünfprozentige als eine neunzigprozentige Abweichung von Perfektion zu beurteilen. Aber wenn es tatsächlich darauf ankommt, Fälle zu beurteilen, sagt uns unser gesunder Menschenverstand, dass wir objektivere Standards für Abweichungen von zufriedenstellender Leistung anwenden können als von Leistungen, die zur Perfektion hinführen. Und auf diesem gesunden Menschenverstand bauen unsere Institutionen und Praktiken auf.

II. DIE MORAL, DIE RECHT MÖGLICH MACHT

[Ein] Gesetz, dem ein Mensch weder gehorchen noch danach sein Handeln ausrichten kann, ist ungültig und kein Gesetz: und es ist unmöglich, Widersprüchen zu gehorchen oder nach ihnen zu handeln.
Vaughan, C. J. in Thomas v. Sorrell, 1677

Wir begehren, dass unsere Rechtsgelehrten die folgenden Fragen beantworten ... ob das Commonwealth ihnen jemals, als sie das Parlament wählten, ohne Gesetz unbegrenzte Macht gegeben hat und ob sie nach Belieben gegen ihre eigenen Gesetze und Verordnungen handeln konnten, ehe sie diese aufgehoben haben?
Lilburne, England's Birth-Right Justified, 1645

Dieses Kapitel beginnt mit einer recht langen Allegorie: Sie handelt von der unglücklichen Herrschaft eines Monarchen, der den passenden, aber nicht sehr einfallsreichen und nicht einmal sehr königlich klingenden Namen Rex trug.

Acht Wege, bei der Rechtssetzung zu scheitern

Rex bestieg den Thron mit dem Eifer eines Reformers. Er war der Ansicht, dass das größte Scheitern der Vorgänger im Bereich des Rechts lag. Über Generationen war das Rechtssystem nicht grundlegend reformiert worden. Gerichtsverfahren waren schwerfällig, Rechtsvorschriften waren in der archaischen Sprache einer anderen Zeit gehalten, zu seinem Recht zu kommen war teuer, die Richter waren schlampig und manchmal korrupt. Rex war entschlossen, all dem abzuhelfen und sich in der Geschichte einen großen Namen als Gesetzgeber zu machen. Es war sein unglückliches Schicksal, an diesem Ehrgeiz zu scheitern. In der Tat scheiterte er auf spektakuläre Weise, da es ihm nicht nur nicht gelang, die erforderlichen Reformen einzuführen, sondern es gelang ihm nicht einmal, überhaupt ein Gesetz zu schaffen, weder ein gutes noch ein schlechtes.

Seine erste Amtshandlung war jedoch ebenso dramatisch wie verheißungsvoll. Da er ein unbeschriebenes Blatt brauchte, auf dem er ansetzen konnte, verkündete er seinen Untertanen die sofortige Aufhebung aller bestehenden Gesetze, welcher Art auch immer. Dann machte er sich daran, ein neues Gesetz zu entwerfen. Als einsamer Prinz erzogen, war seine Ausbildung bedauerlicherweise überaus mangelhaft. Insbesondere sah er sich außerstande, auch nur die einfachsten Verallgemeinerungen vorzunehmen. Obwohl es ihm nicht an Selbstvertrauen mangelte, wenn es darum ging, spezifische Kontroversen zu entscheiden, beanspruchte der Versuch, Gründe für seine Schlussfolgerungen zu nennen, seine Kapazitäten bis zu ihrer Grenze.

Sich seiner Einschränkungen bewusst werdend gab Rex das Projekt eines Gesetzbuches auf und kündigte seinen Untertanen an, dass er fortan als Richter in allen Streitigkeiten fungieren würde, die unter ihnen aufkommen mochten. Auf diese Weise hoffte er, unter dem Anstoß einer Vielzahl von Fällen könnten sich seine latenten Verallgemeinerungskräfte entwickeln und er würde, indem er von Fall zu Fall vorging, nach und nach ein Regelsystem ausarbeiten, das in ein Gesetzbuch aufgenommen werden könnte. Leider waren die Unzulänglichkeiten seiner Erziehung tiefer verwurzelt, als er angenommen hatte. Das Unterfangen scheiterte gänzlich. Nachdem er buchstäblich hunderte von Entscheidungen gefällt hatte, konnten weder er noch seine Untertanen irgendein Muster in ihnen erkennen. Jene Verallgemeinerungsversuche, die bisweilen in seinen Begründungen zu finden waren, verstärkten die Verwirrung nur noch, denn sie gaben den Untertanen falsche Hinweise und brachten seine eigene kärgliche Urteilskraft bei der Entscheidung späterer Fälle aus dem Gleichgewicht.

Nach diesem Fiasko erkannte Rex, dass es notwendig war, einen Neuanfang zu machen. Sein erster Schritt war es, Nachhilfe in Verallgemeinerung in Anspruch zu nehmen. Mit so gestärkten intellektuellen Kräften nahm er das Projekt eines Gesetzbuches wieder auf und es gelang ihm nach vielen Stunden einsamer Arbeit, ein recht langes Dokument vorzubereiten. Er war freilich immer noch nicht zuversichtlich, seine vergangenen Unzulänglichkeiten vollständig überwunden zu haben. Dementsprechend verkündete er seinen Untertanen, er habe ein Gesetzbuch verfasst, von dem er sich fortan bei der Entscheidung von Streitfällen anleiten lassen würde, doch würde der Inhalt des Gesetzbuches auf unbestimmte Zeit ein offizielles Staatsgeheimnis bleiben, das nur ihm und seinem Schreiber bekannt sei. Zu Rex' Überraschung wurde dieser vernünftige Plan von seinen Untertanen zutiefst missbilligt. Sie erklärten, es sei denkbar unannehmlich, seinen Fall nach Regeln entscheiden zu lassen, wenn keine Möglichkeit bestünde, zu wissen, wie diese Regeln lauten.

Fassungslos über diese Ablehnung nahm Rex eine ernsthafte Bestandsaufnahme seiner persönlichen Stärken und Schwächen vor. Er entschied, dass das Leben ihm eine klare Lektion erteilt hatte, nämlich dass es einfacher ist, Dinge im Nachhinein zu entscheiden, als zu versuchen, die Zukunft vorauszusehen und zu beherrschen. Nicht nur, dass es im Nachhinein leichter wäre, Fälle zu entscheiden, sondern – und das war für Rex von höchster Bedeutung – es würde es auch einfacher machen, Begründungen zu liefern. Rex beschloss, aus dieser Einsicht Kapital zu schlagen, und ersann folgenden Plan: Zu Beginn eines jeden Kalenderjahres würde er über alle Streitigkeiten entscheiden, die während des Vorjahres unter seinen Untertanen aufgekommen waren. Er würde seinen Entscheidungen eine vollständige Begründung anschließen. Indes müsste die so angegebene Begründung derart verstanden werden, nicht die Entscheidungen in den kommenden Jahren zu beherrschen, denn damit würde der gesamte Zweck der neuen Regelung, die Vorteile der Rückschau in Anspruch zu nehmen, frustriert. Rex verkündete den neuen Plan zuversichtlich seinen Untertanen und merkte an, dass er den vollständigen Text seiner Urteile samt der von ihm angewendeten Regeln veröffentlichen werde, womit er dem Haupteinwand gegen den alten Plan begegnete. Rex' Untertanen nahmen diese Ankündigung schweigend zur Kenntnis und erklärten dann durch ihre Anführer, dass, wenn sie forderten, die Regeln zu kennen, sie forderten, die Regeln im Voraus zu kennen, damit sie auf ihrer Basis handeln konnten. Rex murmelte etwas dahingehend, dass sie diesen Punkt wohl etwas deutlicher hätten machen können, sagte aber, dass er sehen würde, was getan werden könnte.

Rex erkannte nun, dass es kein Entkommen vor einem veröffentlichten Gesetzbuch, das die Regeln für zukünftige Streitigkeiten erklärte, gab. Während er seine Lektionen in Verallgemeinerung fortsetzte, überarbeitete Rex umsichtig das Gesetzbuch und kündigte schließlich an, es würde in Kürze veröffentlicht. Diese Ankündigung wurde mit allgemeiner Dankbarkeit aufgenommen. Die Bestürzung von Rex' Untertanen war daher umso größer, als sein Gesetzbuch verfügbar wurde und man entdeckte, dass es sich um ein Meisterwerk an Unklarheit handelte. Rechtsgelehrte, die es studiert hatten, erklärten, es enthielte nicht einen einzigen Satz, der von einem gewöhnlichen Bürger oder einem ausgebildeten Juristen verstanden werden könnte. Allgemeine Entrüstung griff um sich und bald erschien vor dem königlichen Palast ein Demonstrant mit einem Schild, das die Aufschrift trug: »Wie kann irgendjemand eine Regel befolgen, die niemand verstehen kann?«

Das Gesetzbuch wurde rasch wieder zurückgenommen. Rex, der zum ersten Mal begriff, dass er Unterstützung brauchte, betraute einen Expertenstab mit der Überarbeitung. Er beauftragte die Gruppe, die Regelungen inhaltlich unangetastet zu lassen, aber den Ausdruck gesamthaft zu überarbeiten. Das daraus entstandene Gesetzbuch war ein Vorbild an Klarheit, nun aber, da es aufmerksam studiert wurde, kam hervor, dass es von Widersprüchen durchdrungen war. Verlässliche Berichte ergaben, dass es keine einzige Bestimmung gab, die nicht durch eine andere, mit ihr in Widerspruch stehende zunichte gemacht wurde. Wieder erschien ein Demonstrant vor dem Königspalast mit einem Schild, auf dem zu lesen war: »Diesmal hat sich der König klar ausgedrückt – in beide Richtungen.«

Erneut wurde das Gesetzbuch zum Zweck der Überarbeitung zurückgenommen. Zwischenzeitlich aber hatte Rex die Geduld mit seinen Untertanen und der negativen Grundhaltung verloren, die sie allem gegenüber einzunehmen schienen, das er für sie zu tun versuchte. Er beschloss, ihnen eine Lehre zu erteilen und ihrer Mäkelei ein Ende zu setzen. Er wies seine Experten an, die Widersprüche im Gesetzbuch zu bereinigen, zugleich aber jede darin enthaltene Anforderung drastisch anzuheben und eine lange Auflistung neuer Straftatbestände hinzuzufügen. Dergestalt wurde die Frist für einen Bürger, der Aufforderung nachzukommen, vor dem Thron zu erscheinen, von zehn Tagen auf zehn Sekunden verkürzt. Vor dem König zu husten, zu niesen, Schluckauf zu haben, in Ohnmacht zu fallen oder zu stürzen wurde zu einer Straftat erklärt und mit einer zehnjährigen Haftstrafe belegt. Die Doktrin der evolutionären demokratischen Erlösung nicht zu verstehen, anzunehmen oder korrekt wiedergeben zu können, galt als Hochverrat.

Als das neue Gesetzbuch veröffentlich wurde, kam es beinah zu einer Revolution. Führende Bürger erklärten, die darin enthaltenen Anordnungen nicht beachten zu wollen. Einer fand eine Stelle bei einem antiken Autor, die passend schien: »Zu befehlen, was nicht befolgt werden kann, bedeutet nicht, Recht zu setzen; es bedeutet, Recht zu beseitigen, sofern ein Befehl, der nicht befolgt werden kann, keinem anderen Zweck als Verwirrung, Furcht und Chaos dient.« Bald wurde diese Stelle in hunderten an den König gerichteten Petitionen zitiert.

Wieder wurde das Gesetzbuch zurückgenommen und ein Expertenstab mit der Überarbeitung betraut. Rex wies die Experten an, jede Vorschrift, die Unmögliches forderte, so zu überarbeiten, dass ihre Befolgung möglich wurde. Um das zu erreichen, so stellte sich heraus, musste jede Bestimmung des Gesetzbuches inhaltlich entscheidend abgeändert werden. Das Resultat war ein legistischer Triumpf. Es war klar, konsistent und verlangte den Untertanen nichts ab, das nicht leicht erfüllt werden konnte. Es wurde gedruckt und kostenfrei an jeder Straßenecke verteilt.

Noch bevor das neue Gesetzbuch in Kraft treten sollte, kam indes hervor, dass so viel Zeit für die wiederholten Überarbeitungen von Rex' ursprünglichem Entwurf aufgewendet worden war, dass der Inhalt des Gesetzbuches zwischenzeitlich entscheidend von den Ereignissen überholt worden war. Seit Rex' Thronbesteigung waren die herkömmlichen Rechtsverfahren suspendiert worden und das hatte entscheidende wirtschaftliche und institutionelle Änderungen im Land nach sich gezogen. Diesen geänderten Bedingungen gerecht zu werden, verlangte nach einer Vielzahl inhaltlicher Änderungen. Dementsprechend wurde das neue Gesetzbuch, sobald es in Kraft getreten war, von einem täglichen Strom von Novellen überlaufen. Erneut stieg die öffentliche Unzufriedenheit an; ein anonymes Pamphlet mit unflätigen Karikaturen des Königs und einem Beitrag mit dem Titel »Recht, das sich jeden Tag ändert, ist schlimmer als gar kein Recht«, machte die Runde.

Diese Quelle der Unzufriedenheit begann innerhalb kurzer Zeit zu versiegen, als sich die Frequenz der Novellen schrittweise verlangsamte. Ehe sich das aber bemerkbar machte, kündigte Rex eine wichtige Entscheidung an. In der Analyse seiner Missgriffe gelangte er zum Schluss, dass vieles schlechten Ratschlägen, die er von Experten erhalten hatte, geschuldet war. Dementsprechend erklärte er, seine eigene Rechtsprechungstätigkeit wieder aufzunehmen. Dergestalt konnte er die Anwendung des neuen Gesetzbuches unmittelbar kontrollieren und sein Land gegen eine neue Krise absichern. Er begann beinah all seine Zeit dafür aufzuwenden, Fälle nach Maßgabe seines neuen Gesetzbuches zu verhandeln und zu entscheiden.

Als der König sich dieser Aufgabe widmete, schien das zu einer späten Blüte seiner schlummernden Verallgemeinerungsfähigkeiten zu führen. Ja, seine Begründungen begannen eine zuversichtliche und beinah üppige Könnerschaft zu zeigen, insoweit er gekonnt seine Entscheidungen voneinander abgrenzte, die Grundsätze, auf deren Basis er agierte, offenlegte und Richtlinien zum Umgang mit künftigen Auseinandersetzungen ausarbeitete. Für Rex' Untertanen schien ein neuer Tag anzubrechen, an dem sie endlich ihr Verhalten nach einem stimmigen Regelwerk ausrichten konnten.

Diese Hoffnung wurde bald enttäuscht. Als die Bände mit Rex' Urteilen verfügbar und näher untersucht wurden, waren seine Untertanen entsetzt darüber, dass keine erkennbare Verbindung zwischen diesen Urteilen und dem Gesetzbuch, das sie anzuwenden vorgaben, bestand. Gemessen an dem, was in den eigentlichen Entscheidungen von Streitigkeiten seinen Ausdruck fand, hätte das Gesetzbuch gar nicht existieren müssen. Und doch bezog sich Rex wieder und wieder auf das Gesetzbuch als dem Grundgesetz seines Königreichs in beinah jeder seiner Entscheidungen.

Führende Bürger begannen, private Treffen abzuhalten, um zu diskutieren, welche Maßnahmen, die gerade noch nicht als offene Revolte abzusehen waren, gesetzt werden könnten, um den König weg von der Richterbank und zurück auf den Thron zu bringen. Noch während diese Diskussionen andauerten, verstarb Rex plötzlich, vor seiner Zeit gealtert und tief von seinen Untertanen enttäuscht.

Der erste Akt seines Nachfolgers, Rex II, bestand in der Ankündigung, den Juristen die Staatsgewalt zu entziehen und sie in die Hände von Psychiatern und Experten im Bereich der Öffentlichkeitsarbeit zu legen. So, erklärte er, könnten die Menschen ohne Vorschriften glücklich gemacht werden.

Die Folgen des Scheiterns

Rex' verpfuschte Laufbahn als Gesetzgeber und Richter zeigt, dass der Versuch, ein System von Rechtsvorschriften zu schaffen und aufrechtzuerhalten, auf wenigstens acht Weisen scheitern kann; es führen also, wenn man so will, bei einer solchen Unternehmung acht eigenständige Wege in die Katastrophe. Der erste und offenkundigste besteht darin, keine Vorschriften zu erlassen, sodass jede Sache ad hoc entschieden werden muss. Die anderen Wege sind: (2) eine Veröffentlichung der Vorschriften zu unterlassen oder im Mindesten zu verabsäumen, sie der betroffenen Partei, von der ihre Befolgung erwartet wird, verfügbar zu machen; (3) der Missbrauch rückwirkender Gesetzgebung, die nicht nur selbst keine Handlungen leiten kann, sondern die Integrität von Vorschriften, die prospektiv sind, unterminiert, indem sie stets von rückwirkenden Änderungen bedroht sind; (4) es nicht zu vollbringen, verständliche Rechtsvorschriften zu erlassen; (5) widersprüchliche Rechtsvorschriften zu erlassen; (6) Rechtsvorschriften zu erlassen, die ein Verhalten einfordern, das jenseits der Möglichkeiten des Betroffenen liegt; (7) die Rechtsvorschriften so oft zu ändern, dass der Rechtsunterworfene seine Handlungen nicht daran ausrichten kann; und schließlich (8) fehlende Übereinstimmung zwischen den verkündeten Rechtsvorschriften und ihrem Vollzug.

Ein vollständiges Scheitern in einer dieser acht Hinsichten bedingt im Resultat nicht ein schlechtes Rechtssystem; es resultiert in etwas, das überhaupt nicht in angemessener Weise als Rechtssystem bezeichnet werden kann, außer vielleicht in dem Pickwick'schen Verständnis, in dem auch ein nichtiger Vertrag als eine Art von Vertrag angesehen werden kann. Sicherlich kann kein vernünftiger Grund bestehen, anzunehmen, dass jemand eine moralische Verpflichtung hätte, einer Rechtsvorschrift zu gehorchen, die nicht existiert oder vor ihm geheim gehalten wird oder die erst in Kraft getreten ist, nachdem er eine Handlung gesetzt hat, oder die unverständlich ist oder in Widerspruch zu einer anderen Vorschrift im selben System steht oder die Unmögliches verlangt oder die jede Minute aufs Neue abgeändert wird. Es mag nicht ausgeschlossen sein, einer Vorschrift zu gehorchen, die von jenen, die mit ihrer Vollziehung befasst sind, außer Acht gelassen wird, aber an einem bestimmten Punkt wird Gehorsam sinnlos – so sinnlos, wie eine Stimme abzugeben, die nie gezählt wird. Wie der Soziologe Simmel bemerkt hat, besteht eine Art von Wechselseitigkeit zwischen Staat und Bürger mit Blick auf die Befolgung von Vorschriften.[1] Der Staat sagt zum

[1] *The Sociology of Georg Simmel* (1950), übers. Wolff, § 4, »Interaction in

Bürger im Ergebnis: »[D]as sind die Vorschriften, die zu befolgen wir von Dir erwarten. Wenn Du sie befolgst, hast Du unsere Zusicherung, dass es die Regeln sind, die auf Dein Verhalten angewendet werden.« Wenn dieses Band der Wechselseitigkeit endgültig und vollständig vom Staat durchtrennt wird, ist nichts übrig, auf das sich die Pflicht des Bürgers gründen könnte, die Vorschriften zu befolgen.

Das Dilemma des Bürgers wird größer, wenn, obwohl es zu keinem totalen Scheitern in einer Richtung kommt, eine allgemeine und drastische Minderung der Legalität eintritt, so wie sie sich in Deutschland unter Hitler ereignet hat.[2] So kommt es etwa zu einer Situation, in der manche Gesetze publiziert werden, andere hingegen nicht, darunter die bedeutendsten. Ob-

the Idea of ›Law‹« [»Interaktion in der Idee des ›Rechts‹«], S. 186–89; siehe auch Kapitel vier, »Subordination under a Principle« [»Unterordnung unter ein Prinzip«], S. 250–67. Simmels Untersuchung verdient von jenen näher studiert zu werden, die damit befasst sind, jene Bedingungen zu definieren, unter denen das Ideal des Rechtsstaats realisiert werden kann.

[2] Ich habe einige der Eigenschaften dieser Entwicklungen in meinem Artikel »Positivism and Fidelity to Law«, 71 *Harvard Law Review* 630, 648–57 (1958) diskutiert. Dieser Artikel unternimmt nicht den Versuch einer vollständigen Untersuchung aller gerichtlichen Entscheidungen der Nachkriegszeit in Deutschland, die sich mit den Vorfällen unter dem Regime Hitlers ereignet haben. Einige der späteren Entscheidungen basierten auf der Nichtigkeit der Urteile, die von den Gerichten unter Hitler gefällt wurden, nicht darauf, dass die angewendeten Gesetze nichtig gewesen wären, sondern darauf, dass die Nazirichter die Gesetze ihres eigenen Staates falsch interpretiert haben. Siehe Pappe, »On the Validity of Judicial Decisions in the Nazi Era«, 23 *Modern Law Review* 260–74 (1960). Dr. Pappe macht mehr aus dieser Unterscheidung, als mir angezeigt scheint. Immerhin hängt die Bedeutung eines Gesetzes zum Teil von anerkannten Interpretationsmethoden ab. Kann man sagen, dass die Gerichte in Nachkriegsdeutschland den Nazigesetzen volle Wirkung zuerkannt haben, wenn sie sie nach ihren eigenen Standards interpretierten, statt nach den durchaus abweichenden Standards, die während des Naziregimes vorherrschten? Zudem, soweit es um Gesetze dieser Art ging, voll, wie sie nun einmal waren, mit vagen Phrasen und unbeschränkter Machtübertragung, scheint es ein wenig deplatziert, sich mit Fragen der richtigen Interpretation zu belasten.

wohl die meisten Gesetze in ihrer Ausrichtung prospektiv sind, wird doch so freier Gebrauch von rückwirkender Gesetzgebung gemacht, dass kein Gesetz vor einer rückwirkenden Änderung facto gefeit ist, wenn es der Annehmlichkeit jener entspricht, die an der Macht sind. Für Strafverfahren, die die Treue zum Regime betreffen, werden gesonderte Militärtribunale eingerichtet und diese Tribunale missachten, wann immer es ihnen entgegenkommt, die Vorschriften, die ihre Entscheidungen leiten sollen. Mehr und mehr scheint es nicht das Hauptziel des Staates zu sein, Vorschriften zu setzen, an denen der Bürger sein Verhalten ausrichten kann, sondern ihn bis zur Ohnmacht in Furcht zu versetzen. Soweit es zu einer solchen Situation kommt, ist das Problem, dem der Bürger ausgesetzt ist, nicht so einfach wie jenes eines Wählers, der mit Sicherheit weiß, dass seine Stimme nicht gezählt wird. Es ist eher das eines Wählers, der weiß, dass die Wahrscheinlichkeit dagegenspricht, dass seine Stimme gezählt wird, und dass, wenn sie gezählt wird, eine hohe Wahrscheinlichkeit besteht, dass sie jener Seite zugeschlagen wird, gegen die er eigentlich gestimmt hat. Ein Bürger, der diesem Dilemma ausgesetzt ist, muss für sich selbst entscheiden, ob er dem System treu bleibt und seine Stimme als symbolischen Akt in der Hoffnung auf bessere Zeiten abgibt. So erging es dem deutschen Bürger unter Hitler mit Blick darauf, zu entscheiden, ob er eine Verpflichtung hatte, jenem Teil des Rechts zu gehorchen, das der Naziterror verschont hatte.

In solchen Situationen kann es keinen einfachen Grundsatz geben, an dem die Verpflichtung des Bürgers zur Rechtstreue gemessen werden kann, ebenso wenig, wie es einen Grundsatz geben kann, seine Berechtigung zur allgemeinen Revolution zu messen. Eines ist freilich klar: Bloßer Respekt für bestehende Autorität darf nicht mit Rechtstreue verwechselt werden. Rex' Untertanen etwa hielten ihm als König seine gesamte lange und untaugliche Regentschaft über die Treue. Untreu waren sie seinen Gesetzen gegenüber, weil er nie Gesetze erlassen hatte.

Das Streben nach Perfektion in Legalität

Bislang waren wir damit befasst, acht Wege des Scheiterns im Unterfangen, Recht zu schaffen, nachzuzeichnen. Diesen entsprechend bestehen acht Arten der rechtlichen Vortrefflichkeit, nach dem ein System von Vorschriften streben kann. Was auf der niedrigsten Stufe als unverzichtbare Voraussetzung für die Existenz von Recht erscheint, wird, indem wir die Stufen der Errungenschaft hinaufsteigen, mehr und mehr zur Herausforderung für die Fähigkeiten des Menschen. An der Spitze dieses Aufstiegs sind wir versucht, ein Utopia der Legalität zu imaginieren, in dem alle Vorschriften vollkommen klar, miteinander in Einklang, jedem Bürger bekannt und niemals rückwirkend sind. In dieser Utopie bleiben die Vorschriften über die Zeiten hinweg beständig, fordern nur, was möglich ist, und werden peinlich genau von den Gerichten, der Polizei und allen sonst mit ihrem Vollzug befassten Einrichtungen beobachtet. Aus Gründen, die ich sogleich vorbringen werde, ist diese Utopie, in der alle acht Prinzipien der Legalität vollkommen realisiert sind, kein nützliches Ziel, um den Impuls in Richtung Legalität zu leiten; das Ziel der Vollkommenheit ist deutlich komplexer. Und doch legt es acht verschiedene Standards nahe, an denen Vortrefflichkeit im Hinblick auf Legalität gemessen werden kann.

In der Darlegung des Unterschieds zwischen der Moral der Pflicht und der Moral der Aspiration im ersten Kapitel habe ich von einer imaginären Skala gesprochen, die bei den offenkundigsten und wesentlichsten moralischen Pflichten ansetzt und sich aufwärts erstreckt, hin zu den höchsten Errungenschaften, die dem Menschen offenstehen. Ich habe auch von einer unsichtbaren Schwelle gesprochen, die die Grenze markiert, an der die Belastung der Pflicht endet und die Herausforderung der Vortrefflichkeit beginnt. Die innere Moral des Rechts, das sollte nunmehr klar sein, zeigt sämtliche dieser Aspekte. Auch sie enthält eine Moral der Pflicht und eine Moral der Aspiration. Auch sie konfrontiert uns mit dem Problem, zu wissen, wo die Grenze zu ziehen ist, unterhalb derer Menschen zum Scheitern verdammt sind, aber keine Belobigung für Erfolg erwarten können und oberhalb derer sie für den Erfolg bewundert und im schlimmsten Fall für sein Fehlen bemitleidet werden.

Bei der Anwendung der Analyse des ersten Kapitels auf unser gegenwärtiges Thema ist es wesentlich, bestimmte charakteristische Merkmale der inneren Moral des Rechts zu berücksichtigen. In dem, was man als die Grundmoral des gesellschaftlichen Lebens bezeichnen kann, fordern Pflichten gegenüber anderen Personen im Allgemeinen (im Gegensatz zu denen, die gegenüber bestimmten Individuen bestehen), normalerweise nur Unterlassen ein oder sind, wie wir sagen, negativer Natur: Töte nicht, verletze nicht, täusche nicht, diffamiere nicht und Ähnliches. Solche Pflichten eignen sich mit einem Mindestmaß an Schwierigkeiten für eine formalisierte Definition. Unabhängig davon, ob es sich um gesetzliche oder moralische Pflichten handelt, sind wir in der Lage, Normen zu entwickeln, die mit einer gewissen Präzision, die indes nie vollständig ist, die Art von Verhalten bezeichnen, die zu vermeiden ist.

Die Anforderungen der inneren Moral des Rechts verlangen jedoch, obwohl sie eine Beziehung zu Personen im Allgemeinen betreffen, mehr als nur Nachsicht; sie sind, wie wir lose festhalten, affirmativer Natur: Mach' das Gesetz bekannt, mach' es kohärent und klar, sieh' zu, dass Deine Entscheidungen als Beamter von ihm geleitet werden usw. Um diesen Anforderungen gerecht zu werden, müssen die menschlichen Energien auf bestimmte Arten von Errungenschaften gerichtet werden und dürfen nicht nur von schädlichen Handlungen abgelenkt werden. Aufgrund der affirmativen und kreativen Qualität ihrer Anforderungen ist die innere Moral des Rechts schlecht zur Verwirklichung durch Pflichten, seien sie moralischer oder rechtlicher Natur, geeignet. Wie wünschenswert eine Ausrichtung menschlicher Bemühungen auch erscheinen mag, wenn wir davon ausgehen, dass eine Pflicht besteht, sie zu verfolgen, müssen wir uns der Verantwortung stellen, jenen Punkt zu bestimmen, an dem diese Pflicht verletzt wurde. Es ist einfach, anzunehmen, der Gesetzgeber hätte eine moralische Verpflichtung, seine Gesetze klar und verständlich zu machen. Aber dies bleibt bestenfalls eine Mahnung, wenn wir nicht bereit sind, den Grad an Klarheit zu definieren, den er erreichen muss, um seiner Pflicht nachzukommen. Die Vorstellung, Klarheit quantitativen Maßgaben zu unterwerfen, begegnet offenkundigen Schwierigkeiten. Wir können uns natürlich damit begnügen, zu sagen, dass der Gesetzgeber zumindest die moralische Pflicht hat, sich um Klarheit zu bemühen. Aber das schiebt die Schwierigkeit nur hinaus, weil in manchen Situationen nichts verstörender sein kann als der Versuch, zu messen, wie energisch ein Mann beabsichtigt hat, das zu tun, was zu tun er verabsäumt hat. In der Moral des Rechts nützen gute Absichten ohnehin wenig, wie König Rex hinreichend gezeigt hat. All dies führt zu der Schlussfolgerung, dass die innere Moral des Rechts dazu verurteilt ist, weitgehend eine Moral der Aspiration und nicht der Pflicht zu bleiben. Sie muss in erster Linie an das Gefühl der Treuhandschaft und den Stolz des Handwerkers appellieren.

Zu den hier unterbreiteten Beobachtungen besteht eine wichtige Ausnahme. Diese bezieht sich auf das Erfordernis, die Gesetze bekanntzugeben oder zumindest jenen verfügbar zu machen, die von ihnen betroffen sind. Hier haben wir eine Anforderung, die sich mit ungewöhnlicher Bereitschaft der Möglichkeit einer Formalisierung anheimstellt. Eine geschriebene Verfassung kann vorschreiben, dass kein Gesetz Recht sein soll, bis es in einer bestimmten Weise publik gemacht wurde. Wenn den Gerichten die Kompetenz zukommt, diese Bestimmung zu effektuieren, können wir von einer rechtlichen Anforderung an die Rechtssetzung sprechen. Aber eine moralische Pflicht hinsichtlich der Veröffentlichung ist ebenso denkbar. Ein Brauch etwa mag festlegen, welche Art der Promulgation von Gesetzen erwartet wird, und doch zugleich offenlassen, welche Konsequenzen ein Abgehen von der gemeinhin akzeptierten Art der Veröffentlichung mit sich bringt. Eine Formalisierung des Erfordernisses der Publizität hat offenkundige Vorzüge ungelenken Bemühungen gegenüber, auch wenn sie klug und bewusst verfolgt werden. Ein formalisierter Promulgationsstandard weist nicht nur den Rechtssetzer an, wo er seine Vorschriften zu veröffentlichen hat; er lässt auch den Rechtsunterworfenen – oder die Juristin, die seine Interessen vertritt – wissen, wo sie Kenntnis des Rechts erlangen können.

Man mag annehmen, dass auch das Prinzip, rückwirkendes Recht zu missbilligen, ohne Weiteres in die Form einer einfachen Vorschrift gebracht werden könnte, dergestalt, dass kein solches Gesetz je erlassen werden oder gültig sein sollte. Eine solche Vorschrift würde freilich dem Anliegen der Legalität einen schlechten Dienst erweisen. Denn bemerkenswerterweise offenbart eine der Anforderungen an Legalität, die am offensichtlichsten erscheint – dass nämlich eine heute erlassene Vorschrift bestimmen sollte, was morgen, nicht was gestern zu geschehen hat –, einige der schwierigsten Probleme der inneren Moral des Rechts.

Mit Blick auf die Anforderungen der Legalität abseits der Veröffentlichung ist das Äußerste, das wir von Verfassungen und Gerichten erwarten können, uns vor dem Abgrund zu retten; man kann nicht von ihnen erwarten, dass sie eine Vielzahl notwendiger Schritte in Richtung maßgeblicher Errungenschaften vorzeichnen.

Legalität und wirtschaftliche Kalkulation

Im ersten Kapitel habe ich versucht, zu zeigen, wie, indem wir die Moral der Pflicht hinter uns lassen und zu den höchsten Stufen der Moral der Aspiration emporsteigen, das Prinzip des Grenznutzens eine zunehmend starke Rolle in unseren Entscheidungen einnimmt. Auf Ebene der Pflicht ist alles, das einer wirtschaftlichen Kalkulation gleichkommt, deplatziert. Mit Blick auf die Moral der Aspiration ist dergleichen nicht nur angezeigt, sondern wird zum integralen Bestandteil der Entscheidung – umso mehr, je weiter wir die höchsten Stufen der Errungenschaft erreichen.

Es ist nicht schwierig, zu zeigen, dass etwas wie eine wirtschaftliche Kalkulation notwendig werden mag, wenn ein Konflikt zwischen der inneren und der äußeren Moral des Rechts aufkommt. Vom Standpunkt der inneren Moral des Rechts etwa ist es erstrebenswert, dass das Recht die Zeit über beständig bleibt. Aber es ist offenkundig, dass Änderungen in den Umständen oder in der Wahrnehmung der Menschen nach Änderungen in den Zielsetzungen des Rechts verlangen mögen; und zuweilen nach verstörend zahlreichen Änderungen. Hier sind wir oftmals dazu verhalten, einen unsteten mittleren Kurs zwischen allzu häufigen Änderungen und gar keinen Änderungen zu halten, nicht von der Überzeugung geleitet, dass der gewählte Kurs der einzig richtige ist, sondern dass wir in jedem Fall den Klippen des Desasters fernbleiben müssen, die auf der einen wie auf der anderen Seite liegen.

Es ist bei weitem nicht so offensichtlich, nehme ich an, dass Antinomien innerhalb der inneren Moral des Rechts selbst aufkommen können. Und doch ist es einfach zu zeigen, dass die verschiedenen Forderungen, aus denen sich diese Moral zusammensetzt, zuweilen in Opposition zueinander treten können. Dergestalt ist es zugleich wünschenswert, dass Gesetze über die Zeit hinweg beständig sind und dass sie keine unüberwindbaren Barrieren für die Befolgung errichten sollen. Und doch können rasche Änderungen der Umstände, etwa jene, die eine Inflation begleiten, die Befolgung eines bestimmten Gesetzes, die einst recht einfach war, zunehmend, bis hin zur Unmöglichkeit, schwierig gestalten. Hier kann es erneut notwendig werden, einen mittleren Kurs zu verfolgen, der mit Abstrichen von beiden Forderungen verbunden ist.

Während eines Besuchs in Polen im Mai 1961 führte ich eine Unterhaltung mit einer vormaligen Justizministerin, die hier von Relevanz ist: Sie erzählte, welch ernsthafter und nachdrücklicher Aufwand in den frühen Tagen der kommunistischen Herrschaft getrieben wurde, Gesetze so klar zu verfassen, dass sie für Arbeiter und Bauern verständlich sein würden. Bald wurde freilich erkannt, dass diese Art von Klarheit nur auf Kosten jener systematischen Elemente eines Rechtssystems erreicht werden konnte, die seine Vorschriften in ein kohärentes Ganzes formen und sie einer konsistenten Anwendung durch die Gerichte zugänglich machen. Es wurde, mit anderen Worten, erkannt, dass es versteckte Kosten mit sich brachte, für die Bürgerin ohne weiteres verständliche Gesetze zu schaffen, dass ihre Anwendung durch die Gerichte immer unberechenbarer und minder vorhersehbar wurde. Eine Rückwendung hin zu einem ausgewogeneren Ansatz war deshalb unvermeidlich.

Diese Beispiele und Illustrationen könnten vervielfacht werden. Genug wurde, so glaube ich, gesagt, um zu zeigen, dass die Utopie der Legalität nicht als Situation gesehen werden kann, in der jede Anforderung der besonderen Moral des Rechts zur Perfektion verwirklicht wird. Das ist keine Besonderheit – und sicher kein besonderer Fehler – der inneren Moral des Rechts. In jedem menschlichen Bestreben werden wir immer an einem Punkt auf das Problem der Balance treffen, während wir auf der langen Straße unterwegs sind, die vom Abgrund kompletten Scheiterns hin zu den Höhen menschlicher Vortrefflichkeit führt.

Es ist nun an der Zeit, die acht Anforderungen der inneren Moral des Rechts einer umfassenden Untersuchung zu unterziehen. Diese Untersuchung wird sich mit einigen Schwierigkeiten befassen, die bislang übergangen wurden, im Besonderen jene, die die Beziehung zwischen der inneren und äußeren Moral des Rechts betreffen. Sie wird auch einige Bemerkungen darüber beinhalten, wie die Probleme der inneren Moral des Rechts im Lauf der Geschichte aufgetreten sind.

Die Allgemeinheit des Gesetzes

Die erste Anforderung an ein System, das menschliches Verhalten der Herrschaft von Regeln unterwirft, ist offenkundig: Es muss Regeln geben. Das kann als die Anforderung der Allgemeinheit bezeichnet werden.

In der jüngeren Geschichte war das wohl auffälligste Scheitern, generelle Regeln zu schaffen, das bestimmter Regulierungsbehörden, im Besonderen jener mit allokativen Funktionen. Wie König Rex begannen sie ihre Laufbahn im Glauben, auf einer Einzelfallbasis vorzugehen würde ihnen ermöglichen, allgemeine Entscheidungsstandards zu entwickeln. In manchen Fällen wurde diese Hoffnung beinah vollständig enttäuscht; bekanntlich sind das die Fälle des Civil Aeronautics Board und der Federal Communications Commission. Der Grund für dieses Scheitern liegt, so denke ich, in der Natur der Aufgaben, die diesen Behörden übertragen wurden; sie versuchen über richterliche Formen etwas zu bewerkstelligen, das über diese Formen nicht erreicht werden kann.[3] Aber aus welchem Grund auch immer – betrachtet man ihre Einrichtung als Versuche, kohärente Rechtssysteme zu schaffen, waren diese Behörden bemerkenswert erfolglos.

Das gegen diese Behörden vorgebrachte Monitum ist nicht etwa, dass ihre Regeln unfair waren, sondern dass sie dabei gescheitert sind, überhaupt irgendwelche Regeln von Bedeutung zu entwickeln. Das zu unterscheiden ist wichtig, weil die Forderung nach Allgemeinheit zuweilen dahingehend ausgelegt wird, dass sie bedeutet, dass das Recht ohne Ansehen der Person vorzugehen hat und seine Regeln auf allgemeine Klassen Anwendung finden müssen und keine eigentlichen Namen beinhalten sollte. Verfassungsrechtliche Vorgaben, die »Privat-« und »Sondergesetze« außer Kraft setzen, bringen diesen Grundsatz zum Ausdruck.[4] Aber der durch diese Bestimmungen geschützte Grund-

[3] Ich habe versucht, die Schranken des richterlichen Vorgehens in zwei Beiträgen zu untersuchen: »Adjudication and the Rule of Law«. *Proceedings of the American Society of International Law* (1960), S. 1–8; »Collective Bargaining and the Arbitrator«, *Wisconsin Law Review* 3–46 (1963). Ich plane, zu einem späteren Zeitpunkt eine allgemeinere Untersuchung mit dem Titel *The Forms and Limits of Adjudication* zu veröffentlichen. Siehe auch unten S. 208–216.

[4] Siehe den Eintrag »Special, Local or Private Laws« im *Index Digest of State Constitutions* (2. Auflage 1959) veröffentlicht vom Legislative Drafting Research Fund der Columbia University. Vorschriften dieser Art haben Gerichten und Gesetzgebern viele Schwierigkeiten bereitet. Manchmal werden ihre Anforderungen mit Hilfe einer solch offenkundig listigen Art beobachtet, dass eine bestimmte Rechtsvorschrift zur Anwendung gelangen soll »auf alle

satz ist der Grundsatz der Fairness, der nach hier vorgelegten Untersuchung zur äußeren Moral des Rechts zählt.

Dieser Grundsatz unterscheidet sich von der Forderung der inneren Moral des Rechts, dass zumindest irgendwelche Regeln bestehen müssen, wie fair oder unfair sie sein mögen. Man kann sich ein an ein gesondert benanntes Individuum gerichtetes Rechtssystem vorstellen, das seinen Umgang mit anderen Individuen regelt. Derartiges kann zwischen Arbeitgeber und Arbeitnehmer bestehen. Sollte der Arbeitgeber die Notwendigkeit vermeiden wollen, hinter dem Arbeitnehmer zu stehen und jede seiner Handlungen zu steuern, mag er es wesentlich finden, dem Arbeitnehmer gegenüber bestimmte allgemeine Verhaltensgrundsätze auszusprechen und zu übermitteln. Dabei stehen dem Arbeitgeber alle Wege des Scheiterns offen, die von König Rex beschritten wurden. Er mag keinen Erfolg dabei haben, allgemeine Regeln zu formulieren; wenn es ihm gelingt, mag er daran scheitern, sie dem Arbeitnehmer zur Kenntnis zu bringen etc. Wenn es der Arbeitgeber schafft, ein funktionierendes System von Regeln in Existenz zu bringen, wird er erkennen, dass dieser Erfolg mit bestimmten Kosten für ihn verbunden war. Nicht nur musste er einiges an Mühe und Verstand in diese Unternehmung investieren, sondern dessen Erfolg beschränkt seine eigene Handlungsfreiheit. Sollte er, wenn er Lob und Tadel verteilt, stän-

Städte des Bundesstaates, die nach der letzten Volkszählung mehr als 165.000 und weniger als 166.000 Einwohner hatten«. Bevor man allerdings Anstalten macht, diese offenkundige Umgehung zu verurteilen, sollten man sich bewusst machen, dass die Einer-Kategorie oder Einer-Menge ein bekanntes und wesentliches Konzept von Logik und Mengenlehre ist. Manchmal ist das Verbot von Sondergesetzen gegen vergleichsweise offensichtlichen Missbrauch der Gesetzgebungskompetenz gerichtet. Die kalifornische Verfassung etwa verbietet Sondergesetze »zur Bestrafung von Verbrechen … zur Ordnung der Ausübung der Gerichtsbarkeit … zur Bewilligung von Ehescheidungen … zur Volljährigkeitserklärung einer Person« (Art VI § 25, in der Fassung vom 4. November 1952). Derselbe Artikel beinhaltet freilich ein allgemeines Verbot von Sondergesetzen oder lokalen Gesetzen »in allen Fällen, in denen ein allgemeines Gesetz zur Anwendung gebracht werden kann«. Das hat ein regelrechtes Volksfest an Rechtsstreitigkeiten nach sich gezogen.

dig seine eigenen Regeln missachten, wird er sein Rechtssystem schnell zerfallen sehen und es wird ohne offene Revolte aufhören, für ihn das zu leisten, was er dadurch erreichen wollte.

In real existierenden Systemen, die auf die Kontrolle und Anleitung menschlichen Verhaltens abzielen, kommt es selten zu einem gänzlichen Scheitern, so etwas wie eine allgemeine Regel zu schaffen. Ein gewisses Maß an Verallgemeinerung liegt implizit auch dem Akt, nur einen einzelnen Wunsch zu kommunizieren, zugrunde. Der Befehl an einen Hund »Gib Pfote!« verlangt eine gewisse Verallgemeinerungsfähigkeit sowohl vom Hund als auch vom Herrn. Bevor der Hund den Befehl ausführen kann, muss er verstehen, welche Bandbreite geringfügig abweichender Akte als Geben der Pfote akzeptiert wird. Zudem wird ein gut erzogener Hund mit der Zeit jene Situationen erkennen, in denen es wahrscheinlich ist, dass von ihm verlangt wird, die Pfote zu geben und seine Pfote in Vorwegnahme eines noch nicht gegebenen Befehls ausstrecken. Offensichtlich kann so etwas auch in zwischenmenschlichen Belangen auftreten (und tut es auch), auch wenn jene, die über Befehlsgewalt verfügen, keine Absicht hegen, allgemeine Regeln zu erlassen. Aber auch wenn ein vollständiges Scheitern bei der Verallgemeinerung das besondere Talent der mangelnden Eignung eines König Rex erfordert, ist es doch so, dass viele große wie kleine Rechtssysteme entscheidend unter dem Fehlen eines allgemeinen Grundsatzes leiden.[5]

Das Problem der Allgemeinheit erfährt nur äußerst unzulängliche Behandlung im rechtstheoretischen Schrifttum. Austin hat richtig erkannt, dass ein Rechtssystem mehr ist als eine Abfolge der Ausübung politischer Macht, die keinem Muster unterworfen ist. Und doch war sein Versuch, zwischen allgemeinen und

[5] Herbert Wechslers Kritik, dass einigen der jüngeren Entscheidungen des Obersten Gerichtshofs in verfassungsrechtlichen Belangen das Maß einer reflektierten Generalität fehlt, das die »Neutralität« des Gerichtshofs gewährleistet, ist nur der letzte Ausdruck einer Klage, die bis an die Anfänge des Rechts an sich zurückreicht. Siehe Wechsler, *Principles, Politics, and Fundamental Law* (1961).

besonderen Befehlen zu unterscheiden, so willkürlich und so wenig auf sein eigenes System als Ganzes bezogen, dass sich das anglo-amerikanische Schrifttum seit seiner Zeit kaum von dieser ursprünglichen Fehlleitung erholt hat.[6]

Möglicherweise lag der grundlegende Fehler von Austins Untersuchung darin, die Unterscheidung von zwei Fragen unterlassen zu haben: (1) Was ist für die Wirksamkeit eines Systems rechtlicher Regelungen wesentlich und (2) was sollen wir als »Gesetz« bezeichnen? In der hier unterbreiteten Untersuchung ruht die Anforderung von Allgemeinheit auf der notwendig wahren Einsicht, dass es Regeln geben muss, um menschliches Verhalten der Kontrolle von Regeln zu unterwerfen. Damit ist nicht behauptet, dass jeder Akt der Staatsgewalt, dem Rechtsqualität zukommt – wie etwa eine richterliche Verfügung gegen einen Angeklagten –, selbst die Form einer allgemeinen Regel annehmen muss. Auch wird hier kein Versuch unternommen, über solche Belange linguistischer Zweckmäßigkeit zu befinden, wie zu entscheiden, ob eine Vorschrift, die ein Finanzamt in Centerville errichtet, als Gesetz bezeichnet werden sollte.

Promulgation

Mit der Gesetzespromulgation wenden wir uns einem sehr alten und wiederkehrenden Problem zu, das bis zur Sezession des Plebs in Rom zurückreicht.[7] So offensichtlich und dringend die dahinterstehende Forderung scheint, muss erkannt werden, dass

[6] Siehe Austin, *Lectures on Jurisprudence* (1879), Lecture I, S. 94–98; Gray, *The Nature and Sources of the Law* (2d ed. 1921), S. 161–62; Brown, *The Austinian Theory of Law* (1906), Anmerkung, S. 17–20; vgl. Kelsen, *General Theory of Law and State* (1945), S. 37–39; Somló, *Juristische Grundlehre* (2d ed. 1927), 520, S. 64–65. Die beste Behandlung, die mir auf Englisch untergekommen ist, findet sich bei Patterson, *Jurisprudence – Men and Ideas of the Law* (1953), Kapitel 5.

[7] Relevante Diskussionen finden sich bei Austin, *Lectures on Jurisprudence* (1879), S. 542–44; Gray, *Nature and Sources of the Law* (2. Auflage, 1921), S. 162–70. Austin akzeptiert kritiklos eine in England traditionsreiche Sicht,

sie dem Prinzip des Grenznutzens unterworfen ist. In der Tat wäre es töricht, zu versuchen, jeden Bürger über die volle Bedeutung jedes Gesetzes, das denkbarerweise auf ihn angewendet werden kann, aufzuklären, auch wenn Bentham bereit war, weit in diese Richtung vorzustoßen.[8]

Die Notwendigkeit dieser Aufklärung wird naturgemäß davon abhängen, wie weit die rechtlichen Anforderungen von den gemeinhin geteilten Ansichten über richtig und falsch abweichen. Über weite Strecken seiner Geschichte und in weiten Teilen war das Common Law damit befasst, die Implikationen von Auffassungen, die allgemein in der Gesellschaft der jeweiligen Zeit vorherrschten, herauszuarbeiten. Dieses große Maß an Koinzidenz zwischen moralischen und rechtlichen Anforderungen reduzierte das Gewicht des Einwands, die Regeln des Common Law wären, anders als die des kodifizierten Rechts, schwer zugänglich.

Das Problem der Promulgation wird durch die Frage verkompliziert »Was gilt als Recht für die Zwecke dieser Voraussetzung?«. Entscheidungsinstanzen, insbesondere Verwaltungstribunale, folgen oftmals der Sicht, dass, auch wenn die Regeln, die sie auf Streitigkeiten anwenden, veröffentlicht werden sollen, die gleiche Anforderung nicht jenen Regeln und Praktiken anhängt, die ihre inneren Verfahrensabläufe beherrschen. Und doch ist jedem erfahrenen Anwalt bewusst, dass es, um den Ausgang eines Falles vorherzusagen, oftmals wesentlich ist, nicht nur die formalen Regeln zu kennen, anhand derer er entschieden wird, sondern auch die inneren Verfahren der Beratung und Konsultation, nach denen diese Regeln faktisch angewendet werden. Vielleicht ist es in Anerkennung dessen so, dass das anderweitig bizarre Erfordernis in der Schweiz und in Mexiko entwickelt wurde, dass manche Gerichte ihre Beratungen öffentlich abzuhalten haben.

der zufolge ein Parlamentsakt ohne Veröffentlichung als in Kraft stehend anzusehen ist.

[8] Siehe zum Beispiel die erzieherischen Bemühungen, die in *Rationale of Judicial Evidence*, Ch. IV, »Of Preappointed Evidence«, *Works*, Bowring's Hg., 4, 508–85, anempfohlen werden.

Jener Mann, den Thurman Arnold zuweilen als »bloßen Realisten« (soweit er sich diese Rolle nicht selbst vorbehält)[9] bezeichnet, mag versucht sein, etwas wie das Folgende über das Erfordernis der Promulgation zu bemerken: »Insgesamt bestehen tausende Gesetze, von denen nur der geringste Anteil direkt oder indirekt dem gemeinen Bürger bekannt ist. Warum dann all das Aufhebens darum, sie zu veröffentlichen? Der Bürger weiß, dass er nicht töten oder stehlen soll, ohne das Strafgesetzbuch zu lesen. Soweit es um die nur für Eingeweihte bestimmten Gesetze geht, könnte ihr gesamter Text an jeder Straßenecke verteilt werden und nicht einer von hundert Menschen würde ihn jemals lesen.« Dazu ist einiges anzumerken. Auch wenn nur ein Mann unter hundert die Mühe auf sich nimmt, sich etwa über die Vorschriften in Kenntnis zu setzen, die auf die Ausübung seines Berufes Anwendung finden, ist das zureichend, um den Aufwand zu rechtfertigen, der damit einhergeht, diese Vorschriften allgemein verfügbar zu machen. Dieser Bürger ist zumindest berechtigt, es zu wissen, und er kann nicht von vornherein ausgemacht werden. Im Weiteren befolgen Menschen die Gesetze nicht, weil sie sie direkt kennen, sondern weil sie dem von anderen gesetzten Muster folgen, von denen sie wissen, dass sie besser informiert sind als sie selbst. Dergestalt beeinflusst die Rechtskenntnis einiger weniger oftmals die Handlungen vieler. Gesetze sollten auch in geeigneter Weise veröffentlicht werden, um der

[9] Zuweilen scheint Richter Arnold in der Lage, die Rollen zu kombinieren. In Professor Harts »Theology«, *Harvard Law Review* 1298, auf S. 1311 (1960), erhebt er sich eloquent über den »bloßen Realisten«, indem er erklärt: »Ohne die andauernd und ernsthafte Verfolgung des leuchtenden, aber nie vollständig erreichbaren Ideals einer Herrschaft des Rechts über die Menschen und der ›Vernunft‹ über ›persönliche Vorlieben‹ gäbe es keine zivilisierte Staatsgewalt.« Aber im selben Beitrag geißelt er Professor Henry M. Hart dafür, zu empfehlen, der Oberste Gerichtshof solle mehr Zeit für »die Reifung des gemeinsamen Gedankens« aufwenden. Arnold erklärt: »Einen derartigen Vorgang gibt es nicht und es hat ihn nie gegeben; Menschen, die bestimmte Ansichten vertreten, finden sich in diesen Ansichten verhärtet durch … Unterredungen« (S. 1312).

öffentlichen Kritik zugänglich gemacht zu werden, und damit auch jener Kritik, dass es sich um jene Art von Gesetzen handelt, die nicht erlassen werden soll, ohne dass ihr Inhalt effektiv jenen vermittelt werden kann, die ihnen unterworfen sind. Es ist auch klar, dass, wenn die Gesetze nicht ohne weiteres verfügbar sind, ihre Missachtung durch jene, die mit ihrer Anwendung und Vollziehung betraut sind, nicht überprüft werden kann. Schließlich bezieht sich der Großteil moderner Gesetze auf spezifische Formen von Aktivitäten, wie etwa einer bestimmten Berufs- oder Geschäftstätigkeit nachzugehen; es ist damit weitgehend unerheblich, dass sie dem Großteil der Bevölkerung unbekannt sind. Die Anforderung, Gesetze zu veröffentlichen, ruht damit nicht auf einer Absurdität wie der Annahme, dass sich die pflichtbewusste Bürgerin hinsetzen und sie alle lesen wird.

Rückwirkende Gesetze

Hierzulande behandeln einige Bestimmungen der Verfassung der Vereinigten Staaten[10] und – verstreut – mancher bundesstaatli-

[10] Der dritte Absatz von Artikel I, Abteilung IX sieht vor, vom Kongress soll »kein Sonderstrafgesetz und kein Gesetz mit rückwirkender Kraft [...] erlassen werden«. Ungeachtet des weiten Wortsinns wurde die Bestimmung hinsichtlich rückwirkender Gesetze so ausgelegt, dass sie nur auf Strafgesetze Anwendung findet. (Siehe die Beiträge, die unten in Fn. 12 angeführt werden). Mit Sonderstrafgesetzen meinte die Verfassung vorrangig strafrechtliche Akte, die gegen Individuen gerichtet sind. Das Verbot solcher Gesetze war nicht nur vom Glauben gelenkt, dass Gesetze ihrer Wirkung nach prospektiv sein sollen, sondern auch und vielleicht vorrangig von der Überzeugung, dass strafrechtliche Maßgaben mit Hilfe der Anwendung genereller Regeln verhängt werden sollen.

Das Verbot von Sonderstrafgesetzen und rückwirkenden Gesetzen wird mit Artikel I, Abteilung X auf die Bundesstaaten erstreckt. Dieser Teil fügt eine Bestimmung hinzu, dass kein »Bundesstaat ... ein Gesetz ... erlassen soll ... das vertragliche Verpflichtungen mindert«. Diese letzte Bestimmung wird allgemein dahingehend verstanden, dass sie eine bestimmte Art »rückwirkender« Gesetze invalidiert. Wie ich später noch im Text zeigen werde, bestehen

cher Verfassungen[11] ausdrücklich das Problem rückwirkender Gesetze. Außerhalb des Bereichs, der von diesen Bestimmungen abgedeckt ist, wird die Gültigkeit rückwirkender Gesetze überwiegend als Problem des ordnungsgemäßen Verfahrens erachtet. Ich werde mich aber nicht mit den Feinheiten und Ungewissheiten dieses Teils des Verfassungsrechts befassen.[12] Stattdessen werde ich mich mit bestimmten Grundproblemen der Beziehung von Rückwirkung und den anderen Elementen von Legalität befassen.[13]

freilich echte Schwierigkeiten, eine präzise Definition eines »rückwirkenden Gesetzes« zu finden. Diese Probleme spitzen sich im Besonderen in Verbindung mit der Minderungsklausel zu.

[11] Siehe die Einträge »Ex Post Facto Laws and Retrospective Laws« im *Index Digest of state Constitutions* (2. Aufl. 1959). Der Geist dieser Vorschriften findet lebhaften Ausdruck in Teil I, Abteilung 23 der Verfassung von New Hampshire aus 1784: »Rückwirkende Gesetze sind höchst schädlich, bedrückend und ungerecht. Dementsprechend sollen keine solchen Gesetze, sei es für die Entscheidung ziviler Streitigkeiten oder die Bestrafung von Vergehen, erlassen werden«.

[12] Siehe Hale, »The Supreme Court and the Contract Clause«, 57 *Harvard Law Review* 512–57, 612–74, 852–92 (1944); Hochman, »The Supreme Court and the Constitutionality of Retroactive Legislation«, 73 *Harvard Law Review* 692–727 (1960); »Prospective Overruling and Retroactive Application in the Federal Courts«, 71 *Yale Law Journal* 907–51 (1962), (anonymer Kurzbeitrag).

[13] Das rechtstheoretische Schrifttum schenkt rückwirkenden Gesetzen nur dürftige Aufmerksamkeit. Gray diskutiert in beachtlichem Umfang den rückwirkenden Effekt richterlicher Entscheidungen (*The Nature and Sources of the Law* [2. Aufl. 1921], S. 89–101, 218–33), hat aber über Gesetze nur das Folgende zu sagen: »Der Gesetzgeber kann … in Abwesenheit eines verfassungsrechtlichen Verbots … auch rückwirkende Gesetze erlassen« (ebd., S. 187). Kelsen scheint ein wenig von rückwirkenden Gesetzen belastet zu sein, bemerkt aber, dass so weit ja allgemein anerkannt ist, dass Rechtsunkenntnis nicht entschuldigt und damit ein Gesetz richtigerweise auch auf jenen angewendet werden kann, dem es unbekannt war, ein rückwirkendes Gesetz ebendas nur weitertriebe, indem Recht jenem gegenüber angewendet wird, der keinesfalls davon Kenntnis gehabt haben könnte. *General Theory of Law and State* (1945), S. 43–44, 73, 146, 149. Für Somló ist es eine Frage der Fairness: Es bestehe kein intrinsischer Grund in der Natur des Rechts, warum Gesetze nicht zurückwirken können. *Juristische Grundlehre* (2. Aufl. 1927), 302–03. Nur Austin scheint

Für sich genommen, und losgelöst von seinen möglichen Funktionen in einem System von überwiegend prospektiven Gesetzen, ist ein rückwirkendes Gesetz wahrlich eine Monstrosität. Recht ist mit der Beherrschung menschlichen Verhaltens durch Regeln befasst. Davon zu sprechen, heutiges Verhalten mit Hilfe von Regeln zu steuern oder zu leiten, die morgen erlassen werden, heißt, leere Worte zu verlieren. Zu fragen, wie wir ein Rechtssystem einschätzen sollen, das ausschließlich aus rückwirkenden Vorschriften besteht, ist, als würde man nach dem Luftdruck in einem Vakuum fragen.

Wenn wir dementsprechend rückwirkende Gesetze vernünftig einschätzen wollen, müssen wir sie in den Kontext eines Systems von Regeln stellen, die im Allgemeinen prospektiv sind. Bemerkenswerterweise kann es in diesem Kontext zu Situationen kommen, in denen die Rückwirkung von Rechtsvorschriften nicht nur tolerierbar, sondern wesentlich dafür wird, das Anliegen von Legalität voranzutreiben.

Wie jedes andere menschliche Unterfangen vermag der Versuch, den oftmals komplexen Anforderungen der inneren Moral des Rechts gerecht zu werden, auf allerlei Art Schiffbruch zu erleiden. Es ist dann, wenn die Dinge falsch laufen, dass ein rückwirkendes Gesetz oftmals zur unabdingbaren abhelfenden Maßnahme wird; auch wenn die dem Recht in der Zeit angemessene Vorwärtsbewegung vollzogen wird, müssen wir zuweilen stehenbleiben und kehrtmachen, um Scherben aufzuklauben. Nehmen wir an, eine Vorschrift erklärt, dass nach ihrem In-Kraft-Treten

rückwirkende Gesetze als ernsthaftes Problem für eine juristische Aufarbeitung anzusehen: In Bezug auf Recht als Befehl, an den eine Sanktion gekoppelt ist, bemerkt er, dass »eine Rechtsverletzung oder eine rechtliche Verfahrung einen unrechtmäßigen *Vorsatz* voraussetzt oder eine jener Arten unrechtmäßiger *Nachlässigkeit*, die als Fahrlässigkeit, Unachtsamkeit oder Unbesonnenheit bezeichnet werden. Denn außer in den Fällen, in denen die Partei wusste, dass sie ihre Pflicht verletzte oder hätte wissen *können*, dass sie ihre Pflicht verletzte, könnte die Sanktion nicht im Moment der Verfehlung dem Zweck dienen, ihn dazu anzuhalten«, dem Befehl zu gehorchen. *Lectures of Jurisprudence* (4. Aufl. 1879), p. 485.

keine Eheschließung gültig sein soll, wenn nicht vom Standesbeamten eine vom Staat herausgegebene Stempelmarke auf der Heiratsurkunde angebracht wird. Ein technisches Gebrechen in der Staatsdruckerei führt dazu, dass die Marken zum Zeitpunkt des In-Kraft-Tretens der Vorschrift nicht verfügbar sind. Obwohl die Promulgation der Vorschrift ordnungsgemäß erfolgte, ist ihre Publizität beschränkt und jener Weg, über den sie üblicherweise bekannt geworden wäre, durch Mundpropaganda unter den Standesbeamten, ist nicht gangbar, weil die Marken nicht in Umlauf gebracht werden. Viele Ehen werden zwischen Personen geschlossen, die keine Rechtskenntnis besitzen, und oftmals vor Priestern, auf die das ebenfalls zutrifft. Dies ereignet sich nun, nachdem sich der Gesetzgeber vertagt hat. Als eine neue Sitzung einberufen wird, erlässt der Gesetzgeber daraufhin eine Vorschrift, die jene Eheschließungen für gültig erklärt, die nach den Vorgaben der vorherigen Vorschrift für nichtig erklärt worden waren. Auch wenn die Rückwirkung der zweiten Vorschrift für sich genommen den Grundsatz der Legalität beeinträchtigt, lindert sie den Effekt eines früheren Versäumnisses, zwei andere Erfordernisse von Legalität zu verwirklichen: dass die Gesetze den Betroffenen gegenüber bekannt gemacht werden und von ihnen befolgt werden können.[14]

Man mag versucht sein, aus diesem Beispiel die Lektion abzuleiten, dass rückwirkende Gesetze überall dort ihre Rechtfertigung finden, oder jedenfalls als harmlos zu erachten sind, wo die hinter ihnen stehende Absicht darauf abzielt, formalen Abweichungen entgegenzuwirken. Bevor aber zu einer sol-

[14] Weil ihre Schöpfer oftmals die Notwendigkeit, »abhelfende« Gesetze zu erlassen, übersehen, mussten pauschale Verbote, rückwirkende Gesetze zu erlassen, zuweilen substantiell von den Gerichten umgedeutet werden. Dergestalt bestimmt Artikel I, § 20 der Verfassung von Tennessee von 1870, dass »kein rückwirkendes Gesetz oder ein Gesetz, das vertragliche Verpflichtungen mindert, erlassen werden soll«. Das wurde früh so ausgelegt, als ob es lauten würde, dass »kein rückwirkendes Gesetz und kein anderes Gesetz, das vertragliche Verpflichtungen mindert, erlassen werden soll«. Die frühen Fälle werden in *Wynne's Lessee v. Wynne*, 32 Tenn. 405 (1852) diskutiert.

chen Schlussfolgerung geeilt wird, wäre es gut, sich die Röhm-Säuberungswelle von 1934 in Erinnerung zu rufen. Hitler hatte entschieden, dass bestimmte Elemente der Nazi-Partei, die um Röhm versammelt waren, eine Belastung seines Regimes darstellten. Das übliche Vorgehen einer Diktatur in diesem Fall wäre, Schauprozesse, gefolgt von Verurteilung und Exekution, abzuhalten. Da aber die Zeit drängte, unternahmen Hitler und seine Gefolgsleute eilig eine Reise in den Süden, auf der sie beinahe 100 Personen erschossen. Zurück in Berlin traf Hitler umgehend Vorkehrungen dafür, eine rückwirkende Vorschrift zu erlassen, mit der diese Morde in rechtmäßige Exekutionen umgewandelt wurden. Im Anschluss erklärte Hitler, dass er während der Affäre als »des deutschen Volkes oberster Gerichtsherr« fungiert hatte, und legte damit nahe, dass die Erschießungen seiner Ansicht nach bloß von einer formalen Abweichung begleitet waren, die darin bestand, dass seine Hand eher die Pistole als den Richterstab gehalten hatte.[15] Und aus dieser Perspektive könnte er sogar den Ausspruch des Obersten Gerichtshofs zitiert haben, der eine Verfügung als »abhelfende Vorschrift, angemessen gestaltet um … Unzulänglichkeiten in der Handhabung der Staatsgewalt [zu begegnen]«, bezeichnet.[16]

Ein zweiter Aspekt rückwirkender Rechtssetzung bezieht sich nicht so sehr auf einen positiven Beitrag, den sie gelegentlich zur inneren Moral des Rechts leisten könnte, sondern eher darauf, dass sie unvermeidlich in bestimmtem Maß dem Richteramt anhaftet. Es ist wichtig zu erkennen, dass ein System zur Beherrschung menschlichen Verhaltens mit Hilfe formal erlassener Regeln nicht notwendigerweise Gerichte oder andere institutionelle Verfahren erforderlich macht, um Streitigkeiten über die Bedeutung von Vorschriften zu entscheiden. In einer kleinen und verträglichen Gesellschaft, die von vergleichsweise einfachen Regeln beherrscht wird, kommen solche Streitigkeiten nicht auf. Wenn

[15] Relevante Quellen finden sich in meinem Beitrag in 71 *Harvard Law Review* 650 (1958).

[16] *Graham v. Goodcell*, 282 U.S. 409, 429 (1930).

sie doch aufkommen, können sie durch freiwilliges Entgegenkommen beigelegt werden. Und auch wenn sie nicht gelöst werden, vermag doch eine gewisse Zahl fortlaufender Kontroversen an der Peripherie nicht ernsthaft die Wirksamkeit des Gesamtsystems zu beeinträchtigen.

Ich hebe diesen Punkt hervor, weil es oft als selbstverständlich angesehen wird, dass Gerichte einfach eine Spiegelung des grundlegenden Zwecks des Rechts sind, der darin gesehen wird, Streitigkeiten zu schlichten. Die Notwendigkeit von Regeln – so scheint gedacht zu werden – erwächst allein aus der selbstbezogenen, zänkischen und streitbaren Natur des Menschen. In einer Gesellschaft von Engeln bestünde keine Notwendigkeit für Recht.

Aber das hängt von den Engeln ab. Wenn Engel zusammenleben und ihre guten Werke ohne irgendwelche Regeln vollbringen können, dann bräuchten sie natürlich kein Recht. Auch bräuchten sie dann kein Recht, wären die Regeln, auf deren Basis sie handelten, unausgesprochen, informell und intuitiv erkennbar. Wenn aber Engel, um ihre himmlischen Funktionen wahrzunehmen, »gemachte« Regeln brauchen, Regeln, die durch irgendeine ausdrückliche Entscheidung entstehen, dann brauchen sie Recht, so wie es in diesen Kapiteln betrachtet wird. Ein König Rex, herbeigerufen, um über sie zu herrschen und Regeln für ihr Verhalten zu setzen, würde keine Gelegenheit versäumen, seine Aufgabe zu verpfuschen, einfach nur, weil die ihm Unterworfenen Engel sind. Man mag einwerfen, dass zumindest das Problem der Übereinstimmung von Vollzug und erlassener Regel nicht auftreten würde; aber das ist unzutreffend, weil ja Rex einfach über den Fallstrick stolpern könnte, Einzelanliegen an seine engelhaften Unterworfenen heranzutragen, die mit den allgemeinen Regeln, die er für ihr Verhalten vorgegeben hat, konfligieren. Dieses Vorgehen könnte einen Zustand der Verwirrung herbeiführen, in dem die allgemeinen Regeln ihre verhaltenssteuernde Wirkung einbüßen würden.

In einer komplexen politischen Gemeinschaft mit zahlreichen Mitgliedern erfüllen Gerichte eine wesentliche Funktion. Kein Rechtssystem – sei es durch Richterrecht oder vom Gesetzgeber geschaffen – kann so vollkommen ersonnen sein, dass kein Raum für Streitigkeiten verbleibt. Und wenn eine Streitigkeit um die Bedeutung einer bestimmten Regel aufkommt, tut eine Vorschrift zur Lösung des Streits not. Ein gerichtsförmiges Verfahren stellt den geeignetsten Weg dar, diese Lösung zu erreichen.

Nehmen wir also an, eine Streitigkeit erwächst zwischen *A* und *B* hinsichtlich der Bedeutung einer gesetzlichen Regelung, durch die ihre wechselseitigen Rechte bestimmt werden. Ihre Streitigkeit wird vor ein Gericht gebracht. Nach sorgfältiger Abwägung sämtlicher Argumente mag der Richter zum Ergebnis gelangen, dass sie im Wesentlichen zwischen der von *A* und der von *B* vertretenen Position ausgewogen sind. In diesem Sinn gibt ihm die Regelung keinen klaren Standard, um den Fall zu entscheiden. Und doch liegen die Prinzipien, die für seine Entscheidung relevant sind, der Regelung zugrunde, deren Anforderungen wiederum in neun von zehn Fällen keine Probleme bereiten. Sollte es der Richter unterlassen, eine Entscheidung zu fällen, verstößt er gegen seine Pflicht, Streitigkeiten auf Basis des geltenden Rechts zu entscheiden. Wenn er aber den Fall entscheidet, nimmt er unvermeidlich einen rückwirkenden gesetzgeberischen Akt vor.

Offenkundig muss der Richter den Fall entscheiden. Sollte der Richter in jedem Fall, in dem Zweifel an der Bedeutung einer Regel aufkommen, erklären, dass ein rechtliches Vakuum vorliegt, wäre die Wirksamkeit des gesamten Systems prospektiver Regeln ernsthaft beeinträchtigt. Um mit dem notwendigen Zutrauen auf Basis von Regeln zu agieren, müssen die Menschen nicht nur die Gelegenheit haben, zu erfahren, welche Regeln es gibt, sondern auch Zusicherungen dahingehend erfahren, dass im Fall einer Auseinandersetzung über ihre Bedeutung ein Verfahren zur Behebung der Auseinandersetzung besteht.

Im soeben angenommenen Fall ist das Argument für eine rückwirkende Entscheidung sehr stark. Nehmen wir aber an, dass das Gericht nicht dergestalt vorgeht, Zweifel über die Rechtslage zu beseitigen, sondern dergestalt, einen seiner eigenen Präzedenzfälle aufzuheben. Im Gefolge des Falles *A v. B* etwa erwächst dieselbe Auseinandersetzung zwischen *C* und *D*. *C* weigert sich, die Auseinandersetzung auf Basis der in *A v. B* gefällten Entscheidung beizulegen, und ruft stattdessen das Gericht an. *C* überzeugt das Gericht, dass seine Entscheidung in *A v. B* verfehlt war und aufgehoben werden sollte. Wenn diese Aufhebung rückwirkend erfolgt, unterliegt *D*, obwohl er auf eine Entscheidung vertraute, die eindeutig zu seinen Gunsten ausfiel. Andererseits erwies *C* der Allgemeinheit einen Dienst, indem er die Entscheidung *A v. B* nicht akzeptierte und vor Gericht brachte, um sie erneut überprüfen zu lassen, sofern sie verfehlt war und aufgehoben werden sollte. Es stellt mit Sicherheit eine Ironie dar, wenn der Lohn, den *C* für seinen Dienst an der Allgemeinheit erhält, allein darin besteht, dass eine nunmehr zugegebenermaßen verfehlte Regel gegen ihn angewendet wird. Würde das Gericht den Präzedenzfall mit zukünftiger Wirkung aufheben, wodurch die neue Regel nur auf jene Fälle Anwendung findet, die nach der Aufhebungsentscheidung aufkommen, ist es schwierig zu sehen, wie eine private Prozesspartei jemals einen Anreiz dafür haben sollte, die Aufhebung einer verfehlten Entscheidung oder einer Entscheidung, die ihre Existenzberechtigung auf Grund geänderter Umstände verloren hat, sicherzustellen. (Es wurde angemerkt, dass dieses Argument an Gewicht verliert, in jenem Fall, der als »institutioneller Prozessführer« bezeichnet werden kann, etwa einer Gewerkschaft oder einer Handelsvereinigung, die ein fortlaufendes Interesse an der Rechtsentwicklung jenseits einzelner Auseinandersetzungen hat.)[17]

Die soeben erörterten Gegebenheiten betrafen privatrechtliche Streitigkeiten. Gänzlich andere Erwägungen sind für strafrechtliche Fälle anzustellen. Das wurde in Fällen erkannt, die die Aufhebung von Präzedenzfällen mit sich brachten, wie etwa in jenen, in denen ein Gericht eine gesetzliche Vorschrift so ausgelegt hat, dass sie auf ein bestimmtes Verhalten keine Anwendung findet, und dann in einem späteren Fall seine Ansicht ändert und die vorherige Interpretation verwirft.[18] Erfolgte diese Aufhebung

[17] Siehe den in Fn. 12 angeführten Kurzbeitrag im *Yale Law Journal*.
[18] Siehe den Hinweis in der vorherigen Fußnote.

rückwirkend, würden Menschen als Kriminelle gebrandmarkt werden, die im Vertrauen auf eine richterliche Rechtsauffassung agiert haben.

Es wurde vertreten, dass andere Überlegungen für jene Fälle anzustellen sind, in denen das Gericht zuvor offene Belange in der Anwendung einer strafrechtlichen Vorschrift klärt und dass solche Fälle wie das zuvor erörterte Zivilverfahren *A v. B* zu behandeln sind. Diese Ansicht ist, so glaube ich, verfehlt. Es trifft zu, dass hier bestimmte Sicherungen bestehen, um das zu lindern, was als das schwere Unrecht erscheint, rückwirkend das strafbar zu machen, was zuvor nicht eindeutig strafbar war. Wenn die strafrechtliche Vorschrift insgesamt durch Ungewissheiten in ihrer Anwendung gekennzeichnet ist, kann sie auf Grund ihrer Unbestimmtheit für verfassungswidrig erklärt werden. Weiters ist es ein akzeptiertes Auslegungsprinzip, dass eine strafrechtliche Vorschrift eng auszulegen ist, sodass Handlungen außerhalb ihres üblichen Wortsinns nicht als strafbar anzusehen sind, bloß weil sie dieselbe Gefahr bergen wie jene, die im Wortlaut der Vorschrift enthalten sind. Und doch ist es möglich, dass eine strafrechtliche Vorschrift so gefasst ist, dass – obwohl ihre Bedeutung in neun von zehn Fällen hinreichend klar ist – sie im zehnten Fall, in dem eine besondere Sachverhaltskonstellation zu Tage tritt, zu unklar gewesen sein mag, um einem bestimmten Angeklagten als Warnung zu dienen, dass er sich strafbar macht. Dass das der Fall ist, ist in Fällen wirtschaftlicher Regulierung besonders wahrscheinlich. Die Gerichte haben allgemein angenommen, dass sie in Fällen dieser Art keine Wahl haben, als den Zweifel zu beseitigen und damit rückwirkendes Strafrecht zu schaffen. Das Problem wird, mit anderen Worten, so behandelt, als wäre es bloß ein Zivilverfahren. Und doch lässt ein Freispruch in einem Strafverfahren wie dem hier entworfenen keinen Rechtsstreit offen; er bedeutet nur, dass der Angeklagte frei geht.

Ich empfehle, einen Grundsatz anzuerkennen, demzufolge ein Angeklagter nicht einer Straftat für schuldig befunden werden soll, für die die Vorschrift, wie sie auf die konkrete Situation Anwendung fand, so unklar war, dass, wäre sie in allen Anwendungsfällen so unklar gewesen, sie auf Grund ihrer Unbestimmtheit für nichtig hätte erklärt werden müssen. Dieser Grundsatz würde die falsche Analogie zu Zivilverfahren beseitigen und würde die Behandlung dessen, was spezifische Unsicherheit genannt werden kann, mit dem Rechtsgrundsatz betreffend strafrechtliche Vorschriften, die insgesamt unbestimmt sind, harmonisieren.

Es bleibt die Prüfung des schwierigsten Problems von allen, zu wissen, wann ein Rechtsakt angemessenerweise als rückwirkend angesehen werden sollte. Der einfachste Fall ist jener einer Vorschrift, die sich anschickt, ein Verhalten strafbar zu machen, das zu dem Zeitpunkt, zu dem es gesetzt wurde, völlig legal war. Verfassungsrechtliche Gewährleistungen, die rückwirkende Gesetze verbieten, sind hauptsächlich gegen solche Vorschriften gerichtet. Der Grundsatz *nulla poena sine lege* zählt zu jenen, die generell von den zivilisierten Nationen anerkannt werden. Der Grund, dass rückwirkende strafrechtliche Vorschriften allgemein verpönt sind, erwächst nicht nur aus dem Umstand, dass im Strafverfahren der Einsatz hoch ist. Er erwächst auch – und hauptsächlich – daraus, dass das Strafrecht von allen Rechtsbereichen jener ist, der am offenkundigsten und unmittelbarsten damit befasst ist, menschliches Verhalten zu formen und zu überwachen. Es ist die rückwirkende Strafvorschrift, die am deutlichsten die Vorstellung der brutalen Absurdität erweckt, einem Mann heute zu befehlen, etwas gestern zu tun.

Vergleichen wir eine rückwirkende Strafbestimmung mit einem Steuergesetz, zunächst erlassen, sagen wir, 1963, mit deren Hilfe eine Steuer auf Finanzeinkommen, die 1960, einer Zeit, zu der solche Einkommen noch nicht steuerpflichtig waren, realisiert wurden. Ein solches Gesetz mag eklatant ungerecht sein, man kann aber nicht sagen, dass es, bei genauer Betrachtung, rückwirkend ist. Natürlich: Es macht die Steuersumme an etwas fest, das in der Vergangenheit vorgefallen ist. Aber die einzige Handlung, die es dem Adressaten abverlangt, ist eine sehr einfache: dass er die geforderte Steuer leistet. Diese Anforderung operiert prospektiv. Es werden, in anderen Worten, nicht Steuergesetze erlassen, die einem Mann anordnen, gestern seine Steuern bezahlt zu haben, wenngleich heute ein neues Steuergesetz erlassen werden kann, das den aufzuerlegenden Steuersatz basierend auf vergangenen Ereignissen bestimmt.

Dem einfachen Bürger mag das soeben unterbreitete Argument als reine Deutelei erscheinen. Er würde wahrscheinlich sagen, dass ebenso, wie ein Mann ein Verhalten setzen kann, von dem er weiß, dass es nach geltendem Strafrecht legal ist, er in dem Wissen eine Transaktion eingehen kann, dass nach geltendem Recht die daraus gezogenen Gewinne keiner Steuer unterliegen. Wenn die rückwirkende Strafvorschrift ruchlos ist, weil sie eine Strafe für ein Verhalten vorsieht, das straffrei war, als es gesetzt wurde, verwirklicht ein Gesetz, das einem Mann für ein Vorgehen eine Steuer auferlegt, das steuerfrei war, als er es gesetzt hat, das gleiche Unrecht.

Die Entgegnung auf dieses Argument würde auf die Konsequenzen aufmerksam machen, die resultierten, würden seine Implikationen vollumfänglich akzeptiert. Gesetze aller Art, und nicht bloß Steuergesetze, beeinflussen die Einschätzungen und Entscheidungen des Menschen. Man mag sich dazu entscheiden eine bestimmte Berufsausbildung zu absolvieren, zu heiraten, die Größe seiner Familie zu verringern oder auszuweiten, eine letztgültige Verfügung über sein Vermögen vorzunehmen – all das in Bezugnahme auf das bestehende Recht, das nicht nur Steuergesetze, sondern Eigentums- und Vertragsrecht beinhaltet und vielleicht auch Wahlgesetze, die eine bestimmte Verteilung politischer Macht mit sich bringen. Wenn ein Mensch immer dann, wenn er bei der Ordnung seiner Belange auf der Basis des bestehenden Rechts vorgeht, gegen eine Änderung der rechtlichen Regelungen abgesichert wäre, wäre der gesamte Rechtsbestand für immer verknöchert.

Diesem Argument könnte etwas wie das Folgende entgegengehalten werden: Steuergesetze sind nicht wie andere Gesetze. Einerseits nehmen sie unmittelbarer auf die Planung der eignen Belange Rücksicht. Andererseits – und deutlich wichtiger – ist ihre grundsätzliche Zielsetzung oftmals, nicht bloß das Steueraufkommen zu erzielen, sondern menschliches Verhalten dergestalt zu formen, wie es dem Gesetzgeber wünschenswert erscheint. Dahingehend sind sie enge Verwandte des Strafrechts. Eigentums- und Vertragsrecht schreiben bestimmte Handlungen weder vor, noch empfehlen sie diese Handlungen; ihre Zielsetzung ist bloß, Erworbenes, das aus nicht näher bestimmten Vorgängen erfließt, zu schützen. Steuergesetze aber reden Menschen ein bestimmtes Verhalten ein oder aus und das ist oftmals ihre eigentliche Zielsetzung. Wenn sie also eine Art von Ersatz für das Strafrecht werden, verlieren sie gleichsam ihre primitive Unschuld. In jenem Fall, mit dem diese Erörterung begonnen hat (in dem gesetzlich ursprünglich keine Steuer auf bestimmte Vermögenszugewinne erhoben wurde), mag der Zweck des Gesetzes gewesen sein, Menschen dazu zu verleiten, jene Art von Transaktionen einzugehen, die ebendiese Gewinne mit sich bringen würden. Wenn später eine Steuer auf Gewinne, die aus diesen Transaktionen erwachsen sind, erhoben wird, werden Menschen im Endeffekt dafür bestraft, das getan zu haben, wozu sie das Gesetz selbst verleitet hat.

An diesem Punkt mag folgender Widerspruch erhoben werden. Gesetze aller Art können Menschen zu einem bestimmten Verhalten verleiten oder von einem bestimmten Verhalten abhalten. Dem gesamten Vertragsrecht etwa kann der Zweck beigelegt werden, ihre Angelegenheiten durch »private Unternehmungen« zu organisieren. Wenn geschäftliche Belange zum Teil dergestalt geplant werden, dass das geltende Vertragsrecht in Betracht gezogen wird, ist das geltende Recht damit für immer vor Änderungen gefeit? Nehmen wir an, ein Mann, der weder lesen noch schreiben kann, wird zu einer Zeit Immobilienmakler, in der mündliche Maklerverträge vollstreckbar sind. Ist er gegen ein späteres Gesetz geschützt, das für solche Verträge den Nachweis einer schriftlichen Unterfertigung fordert? Was das Argument anlangt, dass Steuergesetze oft den ausdrücklichen Zweck haben, Menschen zu bestimmten Handlungen zu verhalten oder von bestimmten Handlungen abzuhalten: Wer kann schon sagen, was die genaue Funktion einer Steuer ist, außer Einnahmen zu bringen? Ein Gesetzgeber mag eine Steuer aus dem einen Grund bevorzugt haben, ein anderer aus einem gänzlich anderen Grund. Was sollen wir über eine Steuer auf alkoholische Getränke sagen? War sie dazu angetan, vom Trinken abzuhalten, oder dazu, Einnahmen zu erzielen, indem jenen eine Sonderabgabe auferlegt wird, deren Lebensführung nahelegt, dass sie in besonderem Maß in der Lage sind, dazu beizutragen, die Staatskosten zu bestreiten? Auf derartige Fragen kann es keine klare Antwort geben.

An diesem Punkt müssen wir diesen Dialog abkürzen und seinen Gegenstand ungelöst lassen. Der Zweck, ihn zu führen, war nur, einige der Schwierigkeiten aufzuzeigen, die das Konzept des rückwirkenden Rechts umgeben; Schwierigkeiten, die keineswegs auf das Steuerrecht begrenzt sind. In der Bewältigung dieser Schwierigkeiten haben die Gerichte oftmals auf die Vorstellung eines Vertrags zwischen der staatlichen Gewalt und den Bürgern zurückgegriffen. Dementsprechend wird, wenn eine Steuerbefreiung für bestimmte Tätigkeiten gewährt und dann später zurückgenommen wird, oftmals gefragt, ob der Staat angemessenerweise einen Vertrag dahingehend eingegangen zu sein erachtet werden kann, dass die Befreiung aufrecht bleibt. Es sollte beachtet werden, dass diese Vorstellung eines Vertrages zwischen Staat und Bürger einer unbeschränkten Ausweitung zugänglich ist. Wie Georg Simmel gezeigt hat, beruht die Position staatlicher Übermacht auf einer stillschweigenden Wechselseitigkeit.[19] Diese Wechselseitigkeit kann, sobald sie offengelegt wird, auf alle acht Prinzipien der Legalität ausgedehnt werden. Wäre König Rex, statt ein erblicher Monarch zu sein, auf Lebensdauer auf Grund des Versprechens, das Rechtssystem zu reformieren, in sein Amt gewählt worden, könnten seine Untertanen durchaus das Gefühl entwickelt haben, sie hätten das Recht, ihn abzusetzen. Die Vorstellung, dass eine Revolution auf Grund eines Vertragsbruchs seitens der Staatsgewalt gerechtfertigt sein kann, ist natürlich eine althergebrachte. Es ist ein Konzept, von dem allgemein angenommen wird, es liege jenseits des üblichen Raums rechtlichen Denkens. Und doch tritt ein gemäßigter Verwandter

[19] Siehe oben Fn. 1.

davon im Rechtssystem auf den Plan, wenn die Gültigkeit rückwirkender Gesetze von der Vertragstreue des Staates zwischen ihm und dem Bürger abhängig gemacht wird.

In dieser Diskussion rückwirkender Gesetze wurde ein wesentlicher Akzent auf die Schwierigkeiten der Untersuchung gelegt. Aus diesem Grund möchte ich den Gegenstand nicht hinter mir lassen, ohne daran zu erinnern, dass nicht jeder Aspekt davon mit Unklarheit umhüllt ist. Wie auch mit Blick auf die anderen Desiderata, die die innere Moral des Rechts ausmachen, sollten uns Schwierigkeiten und Nuancen nicht blind dafür machen, dass, während Vollkommenheit ein kaum zu erreichendes Ziel ist, es nicht schwierig ist, eklatante Verstöße gegen die Sittlichkeit zu erkennen. Und wir müssen, um Beispiele für offenkundigen Missbrauch zu finden, unsere Suche nicht auf Hitlerdeutschland und Russland unter Stalin beschränken. Auch wir haben Gesetzgeber, die, in ihrer eigenen maßvolleren Art, Zeugnis von ihrem Glauben ablegen, dass der Zweck die Mittel heiligt. Nehmen Sie zum Beispiel ein Bundesgesetz, das 1938 erlassen wurde. Dieses Gesetz machte es »rechtswidrig für jede Person, die wegen eines Gewaltverbrechens verurteilt wurde ... eine Feuerwaffe oder Munition zu erhalten, die im zwischenstaatlichen oder im internationalen Handel versendet wurden«. Die Urheber dieses Gesetzes hielten Personen, die von seinem Wortlaut umfasst sind, durchaus gerechtfertigt nicht für die zuverlässigsten Bürger. Sie hegten – in ebenso verständlicher Weise – den Wunsch, ihr Gesetz rückwirkend zu erlassen. In Anerkennung des Umstandes, dass das unmöglich ist, trachteten sie danach, das Nächstbeste zu tun. Sie nahmen in das Gesetz eine Regel dahingehend auf, dass, wenn eine Feuerwaffe im zwischenstaatlichen Handel von einer Person erhalten wurde, auf die die gesetzliche Beschreibung zutrifft, zu vermuten ist, dass der Erhalt nach dem Inkrafttreten des Gesetzes stattgefunden hat. Dieses Beispiel besonderer gesetzgeberischer Gerissenheit wurde vom Obersten Gerichtshof in *Tot v. United States* aufgehoben.[20]

[20] *Tot v. United States*, 319 U.S. 463 (1942). Der Gerichtshof hob noch eine

Die Klarheit der Gesetze

Das Desiderat der Klarheit der Gesetze repräsentiert eine der wesentlichsten Bestandteile von Legalität.[21] Auch wenn dieser Aussage kaum widersprochen wird, bin ich nicht sicher, dass immer verstanden wird, welche Pflichten damit verbunden sind, dieser Forderung gerecht zu werden.

Heute besteht eine starke Tendenz, Recht nicht mit Verhaltensregeln, sondern mit einer Macht- oder Befehlshierarchie gleichzusetzen. Diese Ansicht, die Rechtstreue damit gleichsetzt, sich

andere im Gesetz enthaltene Vermutung auf. Diese Bestimmung sah vor, dass der Besitz von Feuerwaffen oder Munition seitens einer Person, auf die die gesetzliche Beschreibung zutrifft, Grund zur Vermutung geben sollte, dass sie erhalten wurde, nachdem sie im zwischenstaatlichen oder internationalen Handel versendet wurde.

[21] Es gibt nur wenig Diskussion über dieses Desiderat im rechtstheoretischen Schrifttum. Die kurze Behandlung in Benthams postum erschienenem Werk *The Limits of Jurisprudence defined*, Everett, Hg. (1945), S. 195 ist gänzlich dem bemühten Versuch gewidmet, verschiedene Arten der Unklarheit zu unterscheiden. Man hätte von Austin erwartet, das gänzlich unverständliche Gesetz in die Auflistung der »ungebührlich als solche bezeichneten Gesetze« aufzunehmen. Aber es scheint in seiner Abhandlung nicht auf. Die Vernachlässigung dieses Gegenstandes durch positivistische Autoren ist freilich durchaus verständlich. Anzuerkennen, dass Gesetze in ihrer Klarheit variieren können, würde im Weiteren bedingen, anzuerkennen, dass Gesetze verschiedene Grade der Wirksamkeit haben können, dass das unklare Gesetz, in einem realen Sinn, weniger Recht ist als das klare. Das aber würde bedeuten, eine Aussage zu akzeptieren, die den grundlegenden Annahmen des Positivismus entgegenläuft.

Hierzulande wurde darauf gedrängt, dass, ohne Bezugnahme auf implizit verfassungsrechtlich auferlegte Standards, die Gerichte sich weigern sollten, den Versuch zu unternehmen, Rechtsvorschriften, denen es drastisch an Klarheit mangelt, anzuwenden. Aigler, »Legislation in Vague or General Terms«, 21 *Michigan Law Review* 831–51 (1922). Mit der Weiterentwicklung des Rechts wurde das Klarheitserfordernis indes in die Doktrin verfassungswidriger Unbestimmtheit aufgenommen, die Anwendung dieser Doktrin ist beinah ausschließlich auf Strafsachen beschränkt. Siehe den umfänglichen Beitrag »The Void-for-Vagueness Doctrine in the Supreme Court«, 109 *University of Pennsylvania Law Review* 67–116 (1960).

einer etablierten Autorität zu fügen – führt leichthin zur Schlussfolgerung, dass Gesetzgebungsorgane, anders als Richter, Polizisten und Staatsanwälte, nicht gegen Legalitätsanforderungen verstoßen können, außer wenn sie ausdrückliche verfassungsrechtliche Grenzen ihrer Befugnisse überschreiten. Und doch ist es offenkundig, dass eine unklare und inkohärente Gesetzgebung Legalität für jeden unerreichbar machen kann; zumindest unerreichbar ohne eine unerlaubte Umarbeitung, die ihrerseits Legalitätsanforderungen beeinträchtigt. Wasser aus einer verschmutzten Quelle kann zuweilen gereinigt werden, aber nur zum Preis, es zu etwas anderem zu machen, als es war. Am oberen Ende der Befehlskette zu stehen, benimmt die Gesetzgebung nicht ihrer Verantwortung, die Anforderungen der inneren Moral des Rechts zu achten; vielmehr verstärkt es diese Verantwortung.

Gesetzgeberischer Klarheit einen hohen Wert beizumessen, bedeutet nicht von vornherein, Regeln zu missbilligen, die rechtliche Konsequenzen von Standards wie »Treu und Glauben« und »angemessener Sorgfalt« abhängig machen. Manchmal ist es der beste Weg, Klarheit zu erlangen, einen Vorteil aus Beurteilungsstandards zu ziehen, die dem gesunden Menschenverstand, außerhalb von Sitzungssälen, entsprungen sind, und sie dem Recht einzuverleiben. Immerhin ist das etwas, das wir unweigerlich tun, wenn wir die natürliche Sprache als Vehikel nutzen, den Willen des Gesetzgebers zu übermitteln. Und auch können wir nie, wie das Aristoteles schon vor langer Zeit beobachtet hat, genauer sein, als es die Natur des Gegenstandes erlaubt, mit dem wir uns beschäftigen. Eine trügerische Klarheit kann mehr Schaden anrichten als eine ehrliche Unbestimmtheit mit offenem Ausgang.

Andererseits ist es ein schwerwiegender Fehler – und ein Fehler, der immer wieder begangen wird – anzunehmen, dass der vielbeschäftigte Legist zwar keine Möglichkeit findet, sein Ziel in klar formulierten Regeln umzusetzen, dass er diese Aufgabe aber immer gefahrlos an die ordentlichen Gerichte oder an Sonderverwaltungsgerichte delegieren kann. Tatsächlich hängt das aber von der Natur des Problems ab, mit dem die Delegation befasst ist. Im Handelsrecht z. B. können die Anforderungen der »Fairness« aus einer Gesamtheit von Handelspraktiken und aus den Verhaltensgrundsätzen, die von einer Gemeinschaft von Wirtschaftsteilnehmern geteilt werden, einen eindeutigen Sinn erhalten. Aber es wäre ein Fehler, daraus den Schluss zu ziehen, dass alle menschlichen Konflikte durch Regeln, die sich von Fall zu Fall aus dem Maßstab der »Fairness« ableiten, feinsäuberlich eingedämmt werden können.

Es ist also notwendig, zu unterscheiden, wenn wir auf Hayeks pauschale Verurteilung von gesetzlichen Bestimmungen stoßen, die verlangen, was »fair« oder »vernünftig« ist:

> Man könnte eine Geschichte des Niedergangs des Rechtsstaats schreiben ... im Hinblick auf die fortschreitende Einführung dieser unbestimmten Formeln in Gesetzgebung und Rechtsprechung,[22] und hinsichtlich der zunehmenden Willkür und Unsicherheit wie auch der daraus resultierenden Missachtung des Gesetzes und der Rechtsprechung.[23]

Ein dringend benötigtes Kapitel der Rechtstheorie bleibt derzeit noch weitgehend ungeschrieben. Dieses Kapitel würde sich einer Analyse der Umstände widmen, unter denen Probleme der staatlichen Regulierung sicher einer richterlichen Entscheidung zugeordnet werden können, und zwar mit der begründeten Aussicht, dass sich aus einer fallweisen Behandlung von Kontroversen, sobald sie auftreten, recht klare Entscheidungsstandards ergeben. Bei der Behandlung von Problemen solch grundlegenden Charakters hat eine Politik des »Abwartens und Beobachtens« oder des »sozialen Experimentierens« wenig für sich.

[22] Hier ist ohne Zweifel »Rechtsprechung« [*Adjudication*] und nicht »Jurisdiktion« [*Jurisdiction*] gemeint.

[23] *The Road to Serfdom* (1944), S. 78.

Widersprüche in Gesetzen

Es liegt auf der Hand, dass die Vermeidung unbeabsichtigter Widersprüche im Gesetz dem Gesetzgeber einiges an Sorgfalt abverlangen kann. Was nicht so offensichtlich ist, ist, dass es schwierig sein kann, zu wissen, wann ein Widerspruch besteht oder wie man einen Widerspruch abstrakt definieren soll.

Es wird allgemein angenommen, dass das Problem einfach ein logisches ist. Ein Widerspruch ist etwas, das gegen das Gesetz der Identität verstößt, demzufolge A nicht Nicht-A sein kann. Dieses formale Prinzip hat jedoch, wenn es überhaupt einen Wert hat, im Umgang mit widersprüchlichen Gesetzen überhaupt keinen.[24]

Betrachten wir eine Situation, in der ein Widerspruch »im logischen Sinne« am offensichtlichsten erscheint. In einem Gesetz, so wollen wir annehmen, finden sich zwei Bestimmungen: Die eine verlangt vom Halter eines Automobils, am ersten Januar neue Nummernschilder anzubringen; die andere erklärt es zu einer Straftat, an diesem Tag irgendwelche Arbeiten zu verrichten. Hier scheint ein Verstoß gegen das Identitätsgesetz vorzuliegen; eine Handlung kann nicht gleichzeitig verboten und befohlen werden. Aber verstößt es gegen die Logik, einen Mann zu etwas zu zwingen und ihn dann dafür zu bestrafen? Wir können von diesem Vorgehen sicherlich sagen, dass es keinen Sinn ergibt, aber mit diesem Urteil setzen wir stillschweigend als Ziel an, dem menschlichen Handeln eine sinnvolle Richtung zu geben. Von einem Mann, der ständig dafür bestraft wird, dass er das tut, was ihm befohlen wurde, kann kaum erwartet werden, dass er in Zukunft angemessen auf die ihm erteilten Befehle reagiert. Wenn die Behandlung, die wir ihm angedeihen lassen, Teil eines Ver-

[24] Kelsens überaus formale Analyse des Problems widersprüchlicher Normen bietet weder dem Gesetzgeber, der Widersprüche vermeiden will, noch dem Richter, der sie auflösen will, irgendeine Hilfestellung. *General Theory of Law and State* (1945), S. 374–75 et passim; siehe Indexeintrag »Non-contradiction, principle of«. Auch aus Benthams Diskussion von »Unstimmigkeiten« lässt sich nicht viel gewinnen. Everett, *Bentham's Limits of Jurisprudence Defined* (1945), S. 195–98.

suchs ist, ein System von Regeln zu schaffen, das sein Verhalten steuert, werden wir damit scheitern. Wenn es aber unser Ziel ist, ihm einen Nervenzusammenbruch zuzufügen, könnten wir Erfolg haben. Aber in keinem der beiden Fälle werden wir gegen die Gesetze der Logik verstoßen haben.

Einer der akzeptierten Grundsätze für den Umgang mit offensichtlichen Widersprüchen im Gesetz besteht darin, zu prüfen, ob eine Möglichkeit besteht, die scheinbar widersprüchlichen Bestimmungen miteinander in Einklang zu bringen. Nach diesem Grundsatz könnte ein Gericht auf die Idee kommen, den Mann, der am Neujahrstag Kennzeichen an seinem Auto angebracht hat, einer Straftat für schuldig zu befinden und dann die Strafe zu erlassen, weil er unter gesetzlichem Zwang gearbeitet hat. Dies scheint eine recht bemühte Lösung zu sein, aber in der Geschichte des Rechts wurden schon seltsamere Verfahren angewandt. Früher gab es im kanonischen Recht ein Prinzip, nach dem jedes Versprechen, das unter Eid gegeben wurde, bindend war, und ein anderes Prinzip, nach dem bestimmte Arten von Versprechen, wie z. B. erzwungene oder wucherische, keine Verpflichtung auferlegten. Was sollten die Gerichte dann im Falle eines wucherischen Versprechens unter Eid tun? Die Lösung bestand darin, den Versprechenden anzuhalten, die Leistung dem Empfänger des Versprechens gegenüber zu erbringen und dann den Empfänger sofort zu zwingen, das gerade Erhaltene zurückzugeben.[25] Möglicherweise hatte dieses merkwürdige Verfahren sogar einen gewissen symbolischen Wert. Indem das Gericht zunächst den Vertrag erzwang, würde es die Regel betonen, dass Menschen durch eidesstattliche Versprechen gebunden sind, und sodann, indem es seine Anordnung rückgängig macht, würde das Gericht den Empfänger des Versprechens daran erinnern, dass es ihn teuer zu stehen kommt, andere zu übervorteilen.

Nehmen wir an, dass das mit dem Neujahrtagsgesetz konfrontierte Gericht keinen Wert darin sieht, den Angeklagten zu ver-

[25] Rudolph von Jhering, *Geist des römischen Rechts*, II² (6. u. 7. Aufl. 1923), § 45, S. 491.

urteilen und das Bußgeld zu erlassen, so könnte es eine von zwei Interpretationen des Gesetzes annehmen: (1) dass der Teil, der die Arbeit am Neujahrstag zu einer Straftat erklärt, die Bestimmung hinsichtlich der Kennzeichen außer Kraft setzt, sodass der Autohalter das Anbringen der Kennzeichen rechtmäßig auf den zweiten Januar verschieben kann; oder (2) dass die Bestimmung bezüglich der Kennzeichen das Arbeitsverbot außer Kraft setzt, sodass der Autohalter seine Kennzeichen am ersten Januar anbringen muss, dabei aber keine Straftat begeht. Eine weniger offensichtliche, aber viel bessere Lösung wäre es, diese Auslegungen zu kombinieren, sodass der Halter, der seine Kennzeichen am Ersten anbringt, nicht gegen das Gesetz verstößt, während jener, der es auf den Zweiten verschiebt, sein Auto mit neuen Kennzeichen auszustatten, sich ebenfalls innerhalb des Gesetzes bewegt. Diese Lösung würde anerkennen, dass das Grundproblem darin besteht, dass das Gesetz dem Bürger eine verwirrende Richtung vorgibt, so dass es ihm erlaubt sein sollte, diese Verwirrung auf beide Arten zu lösen, ohne dadurch einen Nachteil zu erleiden.

Es wird gut sein, ein anderes »in sich widersprüchliches« Gesetz in Betracht zu ziehen – dieses Mal wie in einer tatsächlichen Entscheidung dargestellt. In *United States v. Cardiff* wurde der Präsident eines Unternehmens, das Lebensmittel herstellt, wegen der Straftat verurteilt, einem Bundesinspektor den Zutritt zur Fabrik verweigert zu haben, der feststellen wollte, ob dort die Bestimmungen des »Federal Food, Drug, and Cosmetic Act« eingehalten werden.[26] § 704 dieses Gesetzes definiert die Bedingungen, unter denen ein Inspektor eine Fabrik betreten darf; eine dieser Bedingungen ist, dass er zunächst die Erlaubnis des Eigentümers erhält. § 331 macht es für den Fabrikeigentümer zu einer Straftat, wenn er sich weigert, »den Zutritt oder die Inspektion gemäß § 704 zu erlauben«. Das Gesetz scheint also zu besagen, dass der Inspektor das Recht hat, die Fabrik zu betreten, dass aber der Eigentümer das Recht hat, ihn davon abzuhalten, in-

[26] 344 U.S. 174 (1952).

dem er die Erlaubnis verweigert. Es gibt jedoch eine sehr einfache Möglichkeit, diesen scheinbaren Widerspruch zu beseitigen; nämlich das Gesetz dahingehend auszulegen, dass der Eigentümer gegen die Vorschrift verstößt, wenn er, *nachdem* er die Zustimmung zum Zutritt des Inspektors erteilt hat, *sodann* den Zutritt verweigert. Dass hier seine Verbindlichkeit von seinem eigenen freiwilligen Zutun abhängen würde, ist keine Anomalie; man muss kein Versprechen geben, aber wenn man es tut, kann man dadurch eine Verpflichtung eingehen.

Der Oberste Gerichtshof zog diese Auslegung in Betracht, weigerte sich aber, sie zu akzeptieren. Das Problem an ihr ist nicht, dass es ihr an Logik mangelt, sondern dass sie keinem vernünftigen gesetzgeberischen Zweck entspricht. Es ist verständlich, dass der Gesetzgeber sicherstellen möchte, dass der Inspektor die Fabrik auch gegen den Protest des Eigentümers betreten kann. Es ist nicht verständlich, dass er das Recht des Inspektors zum Betreten der Fabrik auf den unwahrscheinlichen Fall eines exzentrischen Fabrikbesitzers beschränkt, der zuerst die Erlaubnis erteilt und dann die Tür schließt. Man könnte dem Gesetz einen Sinn geben, indem man die Anforderung, dass der Inspektor zuerst die Erlaubnis einholen muss, so auslegt, dass sie sich auf die üblichen Höflichkeiten bezieht, die eine günstige Zeit und ein günstiges Datum betreffen, auch wenn die Sprache gegen diese Auslegung spricht. Der Oberste Gerichtshof befand, dass das Zusammentreffen der beiden Bestimmungen zu einem Ergebnis führte, das zu unklar war, um die Art des Rechtsverstoßes angemessen zu verdeutlichen; der Gerichtshof hob daher die Verurteilung auf.

Bisher hat sich diese Diskussion auf Widersprüche bezogen, die im Rahmen einer einzigen Anordnung auftreten. Schwierigere Probleme können sich stellen, wenn sich herausstellt, dass ein z. B. 1963 erlassenes Gesetz im Widerspruch zu den Bestimmungen eines ganz anderen, 1953 erlassenen Gesetzes steht. Hier besteht die durch allgemeinen Gebrauch gebilligte Lösung darin, alle Bestimmungen des früheren Statuts, die mit dem späteren Erlass nicht vereinbar sind, als stillschweigend aufgehoben zu betrachten, wobei die gesegnete Maxime *lex posterior derogat priori* lautet.[27] Aber in einigen Fällen könnte eine geeignetere Art, mit dem Problem umzugehen, darin bestehen, dem Grundsatz zu folgen, der nunmehr angewandt wird, wo Widersprüche im Rahmen eines Einzelgesetzes auftreten, d.h. durch eine gegenseitige Anpassung der beiden Gesetze, wobei jede im Lichte der anderen ausgelegt wird. Diese Lösung würde jedoch ihre eigenen Schwierigkeiten mit sich bringen. Eine bestünde darin, zu wissen, wo man aufhören soll, denn die Gerichte könnten leicht feststellen, dass sie sich auf das gefährliche Abenteuer eingelassen haben, zu versuchen, den gesamten gesatzten Rechtsbestand wieder zu einem kohärenteren Ganzen zu machen. Die Neuinterpretation alter Gesetze im Lichte neuer würde auch unangenehme Probleme der rückwirkenden Rechtsetzung aufwerfen. Ich werde nicht versuchen, diesen Fragen nachzugehen. Es ist jedoch genug angedeutet worden, um eine klare Lektion zu vermitteln: Unachtsamkeit der Gesetzgeber im Umgang miteinander, wenn sie Gesetze miteinander vermengen, kann der Legalität sehr schaden, und es gibt keine einfache Regel, mit der man den Schaden wieder gutmachen kann.

Es wurde angedeutet, dass man in juristischer und moralischer Argumentation anstatt von »Widersprüchen« von »Unvereinbarkeiten«[28] sprechen sollte, also von Dingen, die nicht oder nicht gut zusammenpassen. Ein anderer Begriff, ein großer Liebling in der Geschichte des Common Law, ist hier nützlich. Dies ist das

[27] In einer frühen Abhandlung über Interpretation legte Lord Ellesmere die Regel fest, dass bei Widersprüchen innerhalb eines einzelnen Gesetzes die erste Bestimmung – d.h. die Bestimmung, die in der Lesereihenfolge des Textes an erster Stelle steht – entscheidende Bedeutung zukommen sollte. Thorne, *A Discourse upon the Statutes* (1942), S. 132–33. Man fragt sich, was die Grundlage für diese merkwürdige Ansicht gewesen sein mag. War es vielleicht eine Annahme, dass die Verfasser von Gesetzestexten charakteristischerweise müde und weniger aufmerksam werden, wenn sie sich dem Ende ihrer Arbeit nähern?

[28] Perelman und Olbrechts-Tyteca, *La Nouvelle Rhétorique – Traité de l'Argumentation* (1958), S. 262–76.

Wort »widerstreitend«. Es ist besonders treffend, weil das, was wir als widersprüchliche Gesetze bezeichnen, Gesetze sind, die sich gegenseitig bekämpfen, ohne sich jedoch notwendigerweise gegenseitig umzubringen, wie es in der Logik bei widersprüchlichen Aussagen vorausgesetzt wird. Ein anderer guter Begriff, der in Vergessenheit geraten ist, ist das Wort »ungelegen« in seiner ursprünglichen Bedeutung. Das ungelegene Gesetz war ein Gesetz, das nicht zu anderen Gesetzen passte oder sich nicht mit ihnen deckte. (Vgl. modernes Französisch, *convenir*, zustimmen oder zusammenkommen.)

Aus der hier vorgestellten Analyse sollte ersichtlich sein, dass wir, um festzustellen, wann zwei menschliche Verhaltensregeln unvereinbar sind, oft eine Vielzahl von Erwägungen berücksichtigen müssen, die der Sprache der Regeln selbst fremd sind. Zu einem bestimmten Zeitpunkt in der Geschichte enthielt der Befehl »Überquere diesen Fluss, aber werde nicht nass!« einen Widerstreit. Seit der Erfindung von Brücken und Booten ist dies nicht mehr der Fall. Wenn ich heute einen Mann anweise, in die Luft zu springen, aber seine Füße mit dem Boden in Kontakt zu halten, so scheint mein Befehl widersprüchlich zu sein, weil wir davon ausgehen, dass ihm keine Möglichkeit offensteht, den Boden in seinem Sprung mitzunehmen. Der Kontext, der bei der Bestimmung der Frage der Unvereinbarkeit berücksichtigt werden muss, ist natürlich nicht nur oder gar in der Hauptsache technologisch, denn er umfasst den gesamten institutionellen Rahmen des Problems – rechtlich, moralisch, politisch, wirtschaftlich und soziologisch. Um diese Behauptung zu prüfen, kann man annehmen, dass das Neujahrstagsgesetz an diesem Tag die Anbringung von Autokennzeichen vorschrieb, in einem anderen Abschnitt jedoch eine Verbrauchssteuer von einem Dollar auf jede Person erhob, die an diesem Tag eine Arbeit verrichtete. Es wäre lehrreich, darüber nachzudenken, wie man demonstrieren könnte, dass diese Bestimmungen »widerstreitend« sind und dass ihre Aufnahme in ein einziges Gesetz das Ergebnis eines legislativen Versehens gewesen sein muss.

Gesetze, die das Unmögliche verlangen

Auf den ersten Blick erscheint ein Gesetz, das das Unmögliche befiehlt, so absurd, dass man versucht ist anzunehmen, dass kein zurechnungsfähiger Gesetzgeber, nicht einmal der böseste Diktator, irgendeinen Grund hätte, ein solches Gesetz zu erlassen.[29] Leider läuft die Lebenserfahrung dieser Annahme zuwider. Ein solches Gesetz kann dem dienen, was Lilburne auf Grund seiner schieren Absurdität als »gesetzlose unumschränkte Macht« bezeichnete«; seine brutale Sinnlosigkeit kann dem Subjekt zu verstehen geben, dass es nichts gibt, was nicht von ihm verlangt werden kann, und dass er sich bereithalten sollte, in jede Richtung zu springen.

Die Technik, das Unmögliche zu fordern, unterliegt einer subtileren und manchmal sogar wohltätigen Nutzung. Der gute Lehrer verlangt von seinen Schülern oft mehr, als er glaubt, dass sie leisten können. Er tut dies in der durchaus lobenswerten Ab-

[29] Es stellt sich an dieser Stelle die Frage, ob die meisten anderen Desiderata, die die innere Moral des Gesetzes ausmachen, nicht letztlich auch mit der Möglichkeit der Befolgung verbunden sind. Es steht außer Frage, dass die Angelegenheit in diesem Licht betrachtet werden kann. So wie es unmöglich ist, einem Gesetz zu gehorchen, das von einem verlangt, zehn Fuß groß zu werden, so ist es auch unmöglich, einem Gesetz zu gehorchen, das man nicht kennen kann, das unverständlich ist, das noch nicht erlassen worden ist usw. Zur Rechtfertigung der im Text vorgenommenen Trennung sei jedoch angemerkt, dass mein Anliegen nicht darin besteht, eine Übung in logischer Konsequenz durchzuführen, sondern Prinzipien für die Lenkung zweckgerichteter menschlicher Bestrebungen zu entwickeln. Der Logiker kann, wenn er es wünscht, ein Gesetz, das sich selbst widerspricht, als einen Sonderfall der Unmöglichkeit der Befolgung betrachten, obwohl es ihm bei der Annahme dieser Ansicht, wie ich bereits angedeutet habe, schwerfallen mag, zu definieren, was er mit einem »Widerspruch« meint. Aus der Sicht des Gesetzgebers besteht jedenfalls ein wesentlicher Unterschied zwischen den Vorkehrungen, die er treffen muss, um seine Erlässe miteinander in Einklang zu bringen, und denen, die er treffen muss, um zu gewährleisten, dass die Anforderungen des Gesetzes in der Macht derer liegen, die ihnen unterworfen sind. Wesentliche Unterschiede dieser Art würden durch jeden Versuch, alles unter dem Vorwand der »Unmöglichkeit der Befolgung« zusammenzufassen, verdunkelt.

sicht, ihre Fähigkeiten zu fördern. Leider kann in vielen zwischenmenschlichen Belangen die Grenze zwischen energischer Ermahnung und auferlegter Pflicht verschwimmen. Der Gesetzgeber lässt sich so leicht zum Glauben verleiten, seine Rolle wäre wie jene des Lehrers. Er vergisst dabei, dass der Lehrer, dessen Schüler nicht erreichen, was er von ihnen verlangt, sie ohne Unaufrichtigkeit oder Widerspruch zu dem beglückwünschen kann, was sie tatsächlich erreicht haben. In einer ähnlichen Situation steht der Staatsbeamte vor der Alternative, schweres Unrecht zu tun oder die Achtung vor dem Gesetz zu verwässern, von dessen Forderungen er augenzwinkernd abweicht.

Das Prinzip, dass das Gesetz nicht das Unmögliche vom Subjekt verlangen darf, kann in ein weltfremdes Extrem getrieben werden, in dem es dann darin endet, vom Gesetzgeber das Unmögliche zu verlangen. Es wird zuweilen angenommen, dass keine Form der gesetzlichen Haftung gerechtfertigt werden kann, es sei denn, sie beruht entweder (1) auf der Absicht, eine schädigende Handlung zu begehen, oder (2) auf einem Verschulden oder einer Nachlässigkeit. Wenn ein Mann für einen Zustand verantwortlich gemacht wird, den er nicht verschuldet hat – sei es, dass er ihn absichtlich herbeigeführt hätte, sei es, dass er durch eine gewisse Nachlässigkeit seinerseits eingetreten ist –, dann hat er ihm die Verantwortung für ein Ereignis zugeschrieben, das außerhalb seiner Macht lag. Wenn das Gesetz so ausgelegt wird, dass es zu einem solchen Ergebnis kommt, so macht es jemanden faktisch für die Verletzung eines Befehls, nämlich »Das darf nicht geschehen!«, verantwortlich, den er unmöglich befolgen konnte.

Der Anhauch der Vernunft, der diese Schlussfolgerung umgibt, verdunkelt das wahre Ausmaß dessen, was sie tatsächlich fordert. In Bezug auf den Verschuldensnachweis etwa steht das Recht vor einem unlösbaren Dilemma. Wenn wir auf einen bestimmten Angeklagten einen objektiven Standard – traditionell den »des vernünftigen Menschen« – anwenden, laufen wir Gefahr, ihm Anforderungen aufzuerlegen, die er nicht erfüllen kann, weil seine Ausbildung und seine angeborenen Fähigkeiten diesen Standard möglicherweise unerreichbar machen. Wenn wir den umgekehrten Weg einschlagen und zu fragen versuchen, ob der vor uns stehende Mann mit all seinen individuellen Einschränkungen und Schrullen nicht das erreicht hat, was er hätte erreichen müssen, dann lassen wir uns auf eine gefährliche Erkundung ein, bei der jede Möglichkeit zur objektiven Beurteilung verloren gehen könnte. Diese Erkundung erfordert eine mitfühlende Identifikation mit dem Leben eines anderen. Offensichtlich können Unterschiede in Klasse, Ethnie, Religion, Alter und Kultur diese Identifikation behindern oder verzerren. Das Ergebnis ist, dass, obwohl eine entrückte Gerechtigkeit zuweilen hart sein muss, eine intime Gerechtigkeit, die versucht, die Grenzen einer privaten Welt zu erforschen und zu erfassen, in der Natur der Dinge nicht unvoreingenommen sein kann. Das Recht kennt keine Magie, die es ihm ermöglicht, diese Antinomie zu überwinden. Es ist daher dazu verurteilt, einen unsicheren Mittelweg einzuschlagen, den Standard des vernünftigen Menschen zugunsten bestimmter offensichtlicher Unzulänglichkeiten zu mäßigen, zugleich aber die Definitionen dieser Unzulänglichkeiten zu formalisieren.

Man kann sagen, dass die soeben beschriebenen Schwierigkeiten entstehen, weil die Feststellung von Verfehlungen ein im Wesentlichen moralisches Urteil beinhaltet. Im Gegensatz dazu scheint die Feststellung der Absicht, mit der eine Handlung begangen wurde, nur eine Untersuchung der Tatsachen zu erfordern. Aber auch hier ist die Realität komplexer. Wenn Absicht eine Tatsache ist, dann ist sie eine private Tatsache, die aus äußeren Manifestationen abgeleitet wird. Zuweilen ist die Schlussfolgerung relativ einfach. Holmes bemerkte einmal, dass sogar ein Hund den Unterschied erkennt, ob über ihn gestolpert oder er getreten wurde. Aber manchmal ist der vom Gesetz geforderte Vorsatz überaus spezifisch, z. B. wenn strafrechtliche Sanktionen von dem Nachweis abhängig gemacht werden, dass der Angeklagte wissentlich gegen das Gesetz verstoßen hat. Diese Art von Bestimmung findet sich manchmal in komplizierten umweltrechtlichen Vorschriften, deren Zweck es ist, die Ungerechtigkeit zu vermeiden, jemanden dafür zu bestrafen, dass er eine Tat begangen hat, die ihm auf den ersten Blick recht harmlos erschien. Aus meiner eigenen Beobachtung stellt sich oft die Frage, ob in diesem Fall die Medizin nicht schlimmer ist als die Krankheit. Die geforderte Absicht ist so wenig empfänglich für eindeutige Beweise oder Gegenbeweise, dass der, dem die Prüfung der Tatsachen zukommt, beinah unweigerlich dazu getrieben wird, sich zu fragen: »Sieht er aus wie jemand, der sich an die Regeln halten würde, oder einer, der betrügen würde, wenn er eine Gelegenheit dafür erblickte?« Diese Frage führt unglücklicherweise leicht zu einer anderen: »Sieht er aus wie einer meiner Art?«[30]

Dies sind also die Schwierigkeiten, die auftreten, wenn Haftung auf jene Fälle beschränkt ist, in denen ein Verschulden oder eine unrechtmäßige Absicht nachgewiesen werden kann, um das Recht im Rahmen der Kapazitäten des Bürgers zu halten, es zu befolgen. Es gibt jedoch in unserem Recht zahlreiche Fälle einer gesetzlichen Haftung, die ausdrücklich von jedem Nachweis eines Verschuldens oder Vorsatzes unabhängig gemacht wird.

Eine beinah allgegenwärtige Form einer solchen Haftung stellt kein ernsthaftes Problem für die innere Moral des Rechts dar. Nehmen wir an, ein Geisteskranker stiehlt meine Geldbörse. Sein geistiger Zustand kann so beschaffen sein, dass es für ihn unmöglich ist, die Gesetze des Privateigentums zu verstehen oder zu befolgen. Dieser Umstand liefert einen guten Grund, ihn nicht ins Gefängnis zu schicken, aber er bietet überhaupt keinen

[30] In diesem Zusammenhang sei auf den Artikel »The Modern Conception of Animus«, 19 *Green Bag* 12–33 (1906), von Brooks Adams, Bruder von Henry und Enkel von John Quincy, hingewiesen. In diesem Artikel präsentiert Adams ein geniales und merkwürdig marxistisches Argument, wonach die herrschenden Klassen die für bestimmte Verbrechen oder Schadenersatztypen erforderliche Definition des Vorsatzes (animus) immer in ihrem eigenen Interesse manipuliert haben. Adams versucht auch zu zeigen, dass eine ähnliche Manipulation an den Beweisregeln vorgenommen wurde, die bestimmen, was ausreicht, um den erforderlichen Vorsatz nachzuweisen oder zu widerlegen. Obwohl seine Hauptthese zuweilen eher geistreich als überzeugend ist, ist der Artikel lesenswert, weil er die Beweisschwierigkeiten aufzeigt, die auftreten, wenn Schuld vom Vorsatz abhängig gemacht wird.

Grund, ihn meine Geldbörse behalten zu lassen. Ich habe das Recht, meine Geldbörse zurückzubekommen, und er ist in diesem Sinne rechtlich verpflichtet, sie zurückzugeben, obwohl er bei der Wegnahme ohne Verschulden und ohne die Absicht, Unrecht zu tun, gehandelt hat. Ein anderer Fall, der dasselbe Prinzip illustriert, ergibt sich, wenn bei einer Abrechnung ein Schuldner seinen Gläubiger überzahlt, wobei beide unschuldig handeln und demselben Irrglauben hinsichtlich des geschuldeten Betrags unterliegen. In diesem Fall ist der Gläubiger gehalten, die Überzahlung zurückzuerstatten, auch wenn der Erhalt dieser Zahlung in keiner Weise eine unerlaubte Handlung war.

Ein beträchtlicher Teil des Rechtsbestandes ist damit befasst, ungerechtfertigte Bereicherung zu verhindern oder zu berichtigen, die entstehen kann, wenn Menschen unbeabsichtigt oder irrtümlich oder ohne die übliche Fähigkeit handeln, die Natur ihrer Handlungen zu erfassen. Ein Teil dieses Bestandes wiederum ist ausdrücklich Quasi-Verträgen zugeordnet; der Rest macht seine Präsenz über den Einfluss – oftmals den stillen Einfluss – auf das Vertrags- und Schadenersatzrecht geltend. Dieser Nachweis wurde sowohl im Common Law als auch im römischen Recht durch die Tatsache erschwert, dass formal als »deliktisch« oder »der Anmutung nach schadenersatzrechtlich« klassifizierte Handlungen dazu benutzt wurden, um die ungerechtfertigte Bereicherung einer Partei auf Kosten einer anderen Partei in Situationen zu berichtigen, in denen das Fehlverhalten des Beklagten völlig unerheblich ist.

Ein Rechtsbestand, der mit der Berichtigung von Nachlässigkeiten zu tun hat, mag auf einen Einwand gegen die hier vorgenommene Analyse hinweisen. Recht wurde hier als »das Unterfangen, menschliches Verhalten der Herrschaft von Regeln zu unterwerfen« betrachtet. Doch wenn Menschen aus Versehen oder aus Unachtsamkeit handeln, dann richten sie ihre Handlungen offensichtlich nicht nach dem Gesetz aus und können es auch nicht; niemand befasst sich mit dem Recht von Quasi-Verträgen, um zu erfahren, was er in Momenten tun sollte, in denen er nicht genau weiß, was er tut. Die Lösung dieses Problems ist naheliegend. Um die Integrität eines Systems von Rechtsbeziehungen aufrechtzuerhalten, das durch Achtsamkeit bestimmt ist, bedarf es eines ergänzenden Regelsystems, um den Auswirkungen von Unachtsamkeit abzuhelfen. Hier gibt es eine enge Parallele zum Problem der rückwirkenden Gesetze. Ein Rechtssystem, das ausschließlich aus rückwirkenden Regeln besteht, könnte nur als groteske Täuschung existieren, die eines Lewis Carroll oder eines Franz Kafka würdig wäre. Dennoch kann ein retrospektiv »abhelfendes« Gesetz eine nützliche Funktion bei der Bewältigung von Pannen erfüllen, die innerhalb eines Systems von Regeln auftreten können, die im Allgemeinen prospektiv sind.[31] Würde alles durch Unachtsamkeit geschehen, wäre das Problem, Unachtsamkeit zu korrigieren, nicht einmal fassbar. So verhält es sich mit Regeln, die Auswirkungen von Unachtsamkeit abhelfen. Regeln, die zu diesem Zweck entworfen wurden, leiten nicht nur ihre Rechtfertigung, sondern ihre eigentliche Bedeutung aus ihrer Funktion als Zusatz zu einem größeren Regelsystem ab, das als Richtschnur für Verhalten dienen soll.

Das Prinzip der Berichtigung ungerechtfertigter Bereicherung, die aus Unachtsamkeit herrührt, kann jedoch nicht erklären, wo rechtliche Haftung ohne Verschulden oder Vorsatz entsteht. Es gibt in der Tat einen sehr umfangreichen Rechtsbestand, der mit der Einführung einer verschuldensunabhängigen oder absoluten Haftung für Schäden, die sich aus bestimmten Tätigkeitsformen ergeben, verbunden ist. So kann bei Sprengungen die Zurechenbarkeit aller Schäden, die sich für andere ergeben, gegeben sein, auch wenn weder Vorsatz noch Fahrlässigkeit hinsichtlich angemessener Vorsichtsmaßnahmen nachgewiesen werden kann.[32] In Fällen wie diesem bestimmt das Gesetz in dem konsekrierten Satz, dass »Menschen auf eigene Gefahr handeln«.

Eine solche verschuldensunabhängige Haftung lässt sich am ehesten mit dem ökonomischen Prinzip rechtfertigen, dass die

[31] Siehe oben S. 68–70.

[32] American Law Institute, *Restatement of Torts* (1938), § 519, »Fehlausführung hochgefährlicher Tätigkeiten, die sorgfältig durchgeführt wurden«.

vorhersehbaren sozialen Kosten eines Unternehmens in den privaten Kosten für die Führung des Unternehmens abgebildet werden sollten. Die Gefahren, die mit einer Sprengung verbunden sind, sind so groß, dass kein Maß an Sorgfalt oder Voraussicht gelegentliche unbeabsichtigte Verletzungen von Personen oder Eigentum verhindern kann. Wenn der Straßenbauunternehmer, der eine Schneise durch einen Berghang sprengt, nur für erwiesenes Verschulden zur Verantwortung gezogen wird, verringert sich für ihn der Anreiz, Erdbewegungen mit sichereren Mitteln durchzuführen. Mit anderen Worten, seine wirtschaftlichen Kalkulationen werden verfälscht, und der Preis für diese Verfälschung wird von der Allgemeinheit getragen. Um diese Situation auszugleichen, erheben wir auf Sprengungen eine Art Steuer in Form einer Vorschrift, dass er für alle Schäden, die aus diesen Vorgängen entstehen, haften muss, unabhängig davon, ob sie auf eine Fahrlässigkeit seinerseits zurückzuführen sind oder nicht.

Die Analogie zu einer Steuer ist nützlich, um das Verhältnis zwischen einer solchen verschuldensunabhängigen Haftung und der inneren Moral des Rechts zu klären. Wir betrachten eine allgemeine Verkaufssteuer nicht als eine Anweisung an die Menschen, keine Waren zu verkaufen; wir sind der Ansicht, dass lediglich eine Art Zuschlag auf den Verkaufsvorgang erhoben wird. Daher sollten wir die Sonderregel über Sprengungen nicht so verstehen, dass sie dem Mann, der Sprengstoff benutzt, befiehlt, keinen Schaden anzurichten, wie arglos auch immer. Vielmehr sollten wir die Regel so betrachten, dass sie eine besondere Haftung für die Aufnahme einer bestimmten Verhaltensweise vorsieht. Was die innere Moral des Rechts von einer Regel der verschuldensunabhängigen Haftung verlangt, ist nicht, dass sie aufhört, das Unmögliche zu befehlen, sondern, dass sie so klar wie möglich jene Art von Tätigkeit definiert, die mit einem Mehr an rechtlicher Verantwortung verbunden ist.

Das Prinzip, dass Unternehmungen, die besondere Risiken mit sich bringen, die Kosten für die durch ihre Operation verursachten Verletzungen tragen sollten, ist einer beträchtlichen Ausweitung zugänglich. In einigen Ländern etwa wurde das Prinzip auf den Betrieb eines Kraftfahrzeugs ausgedehnt, einschließlich jener Kraftfahrzeuge, die zum Vergnügen oder aus privater Annehmlichkeit eingesetzt werden. Es ist eine Art Klischee, dass es heute einen »allgemeinen Trend« zur verschuldensunabhängigen Haftung gibt. Es scheint in der Tat oft angenommen zu werden, dass dieser Trend uns erbarmungslos einer Zukunft entgegenträgt, in der die Begriffe »Verschulden« und »Vorsatz« rechtlich keine Rolle mehr spielen.

Ich denke, wir können einigermaßen sicher sein, dass keine solche Zukunft vor uns liegt. Wäre die verschuldensunabhängige Haftung zu beachten, wären nicht bestimmte spezifizierte Tätigkeitsformen, sondern *sämtliche* Tätigkeiten umfasst; die Vorstellung eines Kausalzusammenhangs zwischen der Handlung und dem daraus resultierenden Schaden ginge verloren. Ein Dichter schreibt ein trauriges Gedicht. Ein abgewiesener Liebhaber liest es und ist so niedergeschlagen, dass er Selbstmord begeht. Wer »verursachte« den Verlust seines Lebens? War es der Dichter oder die Dame, die den Verstorbenen abgewiesen hat, oder vielleicht der Lehrer, der sein Interesse an der Poesie geweckt hat? Ein Mann erschießt seine Frau in betrunkener Wut. Wer von denjenigen, die von diesem Ereignis betroffen sind, ist mitverantwortlich für sein Eintreten – der Mörder selbst, der Mann, der ihm die Waffe lieh, der Spirituosenhändler, der den Gin lieferte, oder war es vielleicht der Freund, der ihn davon abhielt, eine Scheidung zu erwirken, die ein unglückliches Bündnis beendet hätte?

Eine gewisse Ahnung vom Wesen derartiger Probleme können wir aus den Schwierigkeiten erlangen, die bei der Anwendung jener Formen verschuldensunabhängiger Haftung auftreten, die wir bereits kennen. Eine derartige Haftung ist jene, die durch die Arbeiterentschädigungsgesetze auferlegt wird. Offensichtlich muss ein kausaler Zusammenhang zwischen der Arbeit des Arbeitnehmers und der zu entschädigenden Krankheit oder Verletzung hergestellt werden. Die im Gesetz verwendete Formulierung lautet, dass die Verletzung oder Krankheit »aus der Arbeit und im Laufe der Arbeit entstehen muss«. Die Auslegung dieser Wendung hat zu einer höchst unbefriedigenden und oft bizarren Rechtslage geführt. Um zu sehen, was eine universelle Anwendung der verschuldensunabhängigen Haftung mit sich bringen würde, müssen wir nur fragen, wie wir eine Regel anwenden würden, die nur fordert, dass der Verlust oder die Verletzung des Klägers »aus« dem Verhalten des Beklagten »entstehen« muss.

Die soeben vorgetragene Darstellung des Problems der verschuldensunabhängigen zivilrechtlichen Haftung ist keineswegs erschöpfend. Es gibt einige Formen einer solchen Haftung, die aus den hier untersuchten Gründen nicht ohne weiteres erklärt werden können. Es gibt auch zahlreiche Fälle unklarer oder gemischter gesetzgeberischer Motive, wobei eine häufige ergänzende Rechtfertigung für Regeln der verschuldensunabhängigen Haftung beispielsweise darin besteht, dass sie dazu tendieren, die Sorgfaltspflicht wirksamer zu erfüllen als Regeln, die die Haftung ausdrücklich auf den Nachweis fehlender Sorgfalt stützen. Einige Fälle verschuldensunabhängiger Haftung sind wahrscheinlich als Anomalien zu betrachten, die entweder auf analytische Verwirrung oder auf historischen Zufall zurückzuführen sind. Sodann wird die Grenze zwischen verschuldensunabhängiger Haftung und verschuldensabhängiger Haftung oft auch durch Verschuldensvermutungen verwischt, von denen einige in dem Sinne recht starr sind, dass sie denjenigen, die sie widerlegen wollen, eine schwere Last aufbürden. Schließlich ist daran zu erinnern, dass die vertragliche Haftung im Allgemeinen »unbedingt« ist. Obwohl gewisse katastrophale und unerwartete Leistungsstörungen eine Entschuldigung sein können, ist es im Allgemeinen keine Einrede für den säumigen Unternehmer, sich darauf zu berufen, dass er sein Bestes getan hat. Es bedarf kaum des Nachweises, dass diese letzte Form der verschuldensunabhängigen Haftung kein Problem für die innere Moral des Rechts darstellt; das Recht selbst sollte einem Menschen keine unmögliche Last auferlegen, aber es ist nicht verpflichtet, ihn davor zu schützen, vertraglich die Verantwortung für ein Ereignis zu übernehmen, das außerhalb seiner Macht liegt.

Wir kommen nun zum schwersten Verstoß gegen das Prinzip, dass das Gesetz nicht das Unmögliche gebieten darf. Es handelt sich dabei um Gesetze, die verschuldensunabhängiges Strafrecht schaffen – Gesetze, nach denen ein Mann einer Straftat für schuldig befunden werden kann, obwohl er mit der gebotenen Sorgfalt und in unschuldiger Absicht gehandelt hat. In der Gegenwart wurde von solchen Gesetzen am großzügigsten im Bereich der Wirtschafts-, Gesundheits- und Sicherheitsvorschriften Gebrauch gemacht, obwohl es nicht ungewöhnlich ist, auch eine verschuldensunabhängige strafrechtliche Verantwortung in Bereichen vorzuschreiben, die mit dem Besitz von Betäubungsmitteln, Glücksspielgeräten und verbotenen Spirituosen zu tun haben.

Verschuldensunabhängige strafrechtliche Verantwortlichkeit hat in unserem Recht nie Ansehen erlangt. Wo immer Gesetze erlassen wurden, die eine solche Haftung auferlegen, haben sie Proteste hervorgerufen und eine Verteidigung, die selten über eine Entschuldigung für eine vermeintliche Notwendigkeit hinausgeht. Es ist dennoch kein Mysterium, warum sie in der modernen Gesetzgebung immer wieder und vielleicht auch immer häufiger auftreten: Sie dienen in hohem Maße der Bequemlichkeit des Staatsanwalts. Ihre scheinbare Ungerechtigkeit, so wird er uns wahrscheinlich versichern, wird durch »selektiven Vollzug« beseitigt. Obwohl solche Gesetze theoretisch eine Falle für die Unschuldigen sind, werden in der Praxis nur die wahren Schurken verfolgt. Was sie betrifft, so wird es stark vereinfacht, sie vor Gericht zu stellen, weil der Vertreter des Staates bei seinem Vorbringen davon befreit wird, Vorsatz oder Schuld beweisen zu müssen, was besonders schwierig ist, wenn komplizierte Vorgaben damit verknüpft sind. Wenn die verschuldensunabhängigen Strafbestimmungen mit einem drastischen Strafmaß verbunden sind – wie es oft der Fall ist –, wird die Position des Staatsanwalts weiter gestärkt. In der Regel wird er den Fall überhaupt nicht verhandeln müssen; die Androhung einer Haftstrafe oder einer hohen Geldstrafe reicht aus, um ein Geständnis oder – wo das zulässig ist – eine außergerichtliche Einigung herbeizuführen. Drastische Strafen verbessern auch die Öffentlichkeitsarbeit der Vollzugsbehörden. Der arglose Rechtsübertreter, der weiß, dass er hätte für schuldig befunden werden können, ist zutiefst dankbar, wenn er freikommt und so davor bewahrt wird, als Krimineller gebrandmarkt zu werden. Er verspricht in aller Aufrichtigkeit, in Zukunft rechtstreu zu sein.

Die Annehmlichkeiten dessen, was als »präventiver Vollzug« bezeichnet wurde – man könnte es vielleicht weniger wohlmeinend als »Durchsetzung durch Erpressung« bezeichnen –, wurden in den hektischen Tagen des Zweiten Weltkriegs weithin bekannt, als überlastete Vollzugsorgane hinsichtlich komplexer wirtschaftlicher Regelungen einen Weg zu finden hatten, um ihre Aufgabe zu vereinfachen. Der fortgesetzte Einsatz dieses Instruments sollte allen, die Rechtstreue eher als Respekt für ordnungsgemäß erlassene Vorschriften denn als Bereitschaft, stillschweigend sämtlichen Forderungen der Strafverfolgungsbehörden nachzukommen, betrachten, Anlass zur Besorgnis geben. Glücklicherweise sind in letzter Zeit einflussreiche und überzeugende Stimmen gegen dieses Übel und anderen Missbrauch, der mit verschuldensunabhängigen Strafen einhergeht, laut geworden.[33]

Bevor wir den Bereich der Gesetze, die das Unmögliche befehlen, verlassen, sind noch zwei Bemerkungen zu machen. Die eine lautet schlicht, dass zwischen extremer Schwierigkeit und Unmöglichkeit keine harte und klare Grenze gezogen werden kann. Eine Regel, die zu viel verlangt, kann hart und unfair sein, aber sie muss nicht im Widerspruch zum Grundzweck einer Rechtsordnung stehen, wie es eine Regel tut, die verlangt, was offensichtlich unmöglich ist. Dazwischen liegt ein unbestimmter Bereich, in dem sich die innere und die äußere Moral des Rechts treffen.

Meine letzte Bemerkung ist, dass unsere Vorstellungen von dem, was tatsächlich möglich ist, von Annahmen über die Natur des Menschen und des Universums bestimmt sein können, An-

[33] Hall, *General Principles of Criminal Law* (2d ed. 1960), Kapitel X, S. 325–59; Hart, »The Aims of Criminal Law«, 23 *Law & Contemporary Problems* 401–41 (1958); The American Law Institute, *Model Penal Code, Proposed Official Draft* (1962), Abschnitte 1.04(5), 2.01–2.13.

nahmen, die einem historischen Wandel unterworfen sind. Der Widerstand gegen Gesetze, die vorgeben, religiöse oder politische Überzeugungen zu erzwingen, wird heute damit begründet, dass solche Gesetze einen ungerechtfertigten Eingriff in die Freiheit des Einzelnen darstellen. Thomas Jefferson vertrat eine andere Auffassung. Im ursprünglichen Entwurf der Präambel des Gesetzes zur Religionsfreiheit für Virginia (Virginia Statute of Religious Freedom) verurteilte er solche Gesetze, die versuchen, das Unmögliche zu erzwingen:

> Wohlwissend, dass die Meinungen und Überzeugungen der Menschen nicht von ihrem eigenen Willen abhängen, sondern unwillkürlich den Belegen folgen, die an ihren Verstand herangetragen werden … [34]

Man kann sich die Frage stellen, ob in dieser Auffassung nicht größerer Respekt sowohl vor der Wahrheit als auch vor menschlichen Mächten zum Ausdruck kommt als in unserer eigenen.

Konstanz des Gesetzes über die Zeit

Von den Prinzipien, die die innere Moral des Rechts ausmachen, scheint dasjenige, das verlangt, dass Gesetze nicht allzu häufig geändert werden dürfen, am wenigsten geeignet für die Formalisierung in Gestalt einer konstitutionellen Beschränkung. Es ist zum Beispiel schwer vorstellbar, dass ein Verfassungskonvent unklug genug ist, zu beschließen, dass kein Gesetz öfter geändert werden sollte als etwa einmal im Jahr. Einschränkungen rückwirkender Gesetzgebung waren bei den Verfassungsgebern andererseits sehr beliebt.[35] Und doch besteht eine enge Verwandtschaft zwischen den Schäden, die durch rückwirkende Gesetzgebung verursacht werden, und denen, die sich aus zu häufigen Geset-

[34] Boyd, *The Papers of Thomas Jefferson*, II, 545.
[35] Siehe oben Fn. 10 und 11, S. 67–68.

zesänderungen ergeben. Beide folgen aus dem, was man als fehlende gesetzgeberische Konstanz bezeichnen kann. Es ist interessant festzustellen, dass Madison, als er es unternahm, jene Bestimmungen in der Verfassung zu verteidigen, die rückwirkende Gesetze und solche Gesetze verbieten, die vertragliche Verpflichtungen mindern, eine Sprache benutzte, die das Übel häufiger Änderungen besser beschrieb als jenes, das sich aus rückwirkenden Gesetzen ergibt:

> Die nüchternen Menschen in Amerika sind der schwankenden Politik, die die öffentlichen Beratungen gelenkt hat, überdrüssig. Sie haben mit Bedauern und Empörung gesehen, dass plötzliche Veränderungen und Einmischungen der Gesetzgebung … zu … Schlingen für den fleißigeren und weniger informierten Teil der Gemeinschaft werden. Sie haben auch gesehen, dass Einmischungen des Gesetzgebers nur das erste Glied in einer langen Kette von Wiederholungen sind.[36]

Die Verwandtschaft zwischen den Problemen, die durch zu häufige oder plötzliche Gesetzesänderungen aufgeworfen werden, und denen, die durch rückwirkende Gesetzgebung entstehen, wird in den Entscheidungen des Obersten Gerichtshofs anerkannt. Das Übel des rückwirkenden Gesetzes entsteht, weil Menschen möglicherweise auf der Grundlage der früheren Rechtslage gehandelt haben und die so gesetzten Handlungen durch retrospektive Änderungen ihrer rechtlichen Wirkungen frustriert oder unerwartet zur Belastung werden können. Zuweilen aber kann eine im Vertrauen auf das frühere Recht gesetzte Handlung rückgängig gemacht werden, vorausgesetzt, dass vor der bevorstehenden Änderung gewarnt wird und die Änderung selbst nicht so rasch wirksam wird, dass genügend Zeit für eine Umstellung auf den neuen Rechtszustand bleibt. Vor diesem Hintergrund hat der Gerichtshof ausgesprochen:

[36] *The Federalist*, Nr. 44.

> [E]s ist weithin anerkannt, dass [Verjährungsfristen] durch Verkürzung der vorgeschriebenen Zeit abgeändert werden können, aber nur, wenn dies noch während der laufenden Zeit geschieht und damit eine angemessene Zeit verbleibt, tätig zu werden, bevor die neu gezogene Grenze wirksam wird.[37]

Übereinstimmung von Vollzug und erklärter Regel

Wir kommen schließlich zu dem komplexesten aller Desiderata, die die innere Moral des Rechts ausmachen: der Übereinstimmung von Vollzug und Gesetz. Diese Übereinstimmung kann auf vielfältige Weise zerstört oder beeinträchtigt werden: falsche Auslegung, Unzugänglichkeit des Gesetzes, mangelnde Einsicht in das, was zur Aufrechterhaltung der Integrität eines Rechtssystems erforderlich ist, Bestechung, Vorurteile, Indifferenz, Dummheit und das Streben nach persönlicher Macht.

So vielfältig wie die Bedrohungen dieser Übereinstimmung sind, so vielfältig sind zwangsläufig auch die prozeduralen Vorkehrungen zu ihrer Aufrechterhaltung. Wir können hier die meisten Elemente eines »ordnungsgemäßen Verfahrens aus prozeduraler Perspektive« aufzählen, wie z. B. das Recht auf Vertretung durch einen Rechtsbeistand und das Recht, Zeugen der Gegenseite einem Kreuzverhör zu unterziehen. Wir können auch Habeas Corpus und das Recht, gegen eine nachteilige Entscheidung vor einer höheren Instanz in Berufung zu gehen, teilweise als auf dasselbe Ziel ausgerichtet erachten. Sogar die Frage nach der »Aktivlegitimation«, verfassungsrechtliche Fragen aufzuwerfen, ist in diesem Zusammenhang von Bedeutung; zufällige und schwankende Prinzipien, die diese Angelegenheit betreffen, können ein gebrochenes und willkürliches Korrespondenzmuster zwischen der Verfassung und ihrer praktischen Umsetzung erzeugen.

37 *Ochoa v. Hernandez y Morales*, 230 U.S. 139, 161–62 (1913).

Hierzulande obliegt es der Justiz, eine Diskrepanz zwischen dem erklärten und dem tatsächlich angewandten Recht zu verhindern. Diese Aufgabenverteilung hat den Vorteil, dass die Verantwortung in geübte Hände gelegt wird, ihre Wahrnehmung öffentlicher Kontrolle unterworfen wird und die Integrität des Gesetzes in ihrer Bedeutung dargestellt wird. Es gibt jedoch gravierende Nachteile in jedem System, das die Gerichte allein als Bollwerk gegen gesetzlosen Rechtsvollzug ansieht. Es macht die Korrektur von Missbräuchen von der Bereitschaft und der finanziellen Leistungsfähigkeit der betroffenen Partei abhängig, einen Rechtsstreit bis zum Prozess zu führen. Es hat sich als vergleichsweise unwirksam erwiesen, gesetzloses Handeln der Polizei zu kontrollieren, wobei dieses Übel noch durch die Tendenz der unteren Instanzen verstärkt wird, ihre Aufgabe mit der Aufrechterhaltung der Moral der Sicherheitskräfte gleichzusetzen. Um eine wirksame Kontrolle willkürlichen Polizeihandelns sicherzustellen, spricht vieles für eine Aufsichtsbehörde, die, wie der skandinavische Ombudsmann, in der Lage ist, schnell und flexibel auf Basis informeller Beschwerden zu handeln.

In den Bereichen, in denen das Recht von den Richtern gesetzt wird, kann man sagen, dass die wesentliche Übereinstimmung zwischen Recht und Vollzug durch die Unterinstanzen beeinträchtigt werden kann, nicht aber durch das oberste Gericht, da es das Recht setzt. Das oberste Gericht eines Gerichtsbezirks, so mag es scheinen, kann nicht aus dem Takt kommen, da es den Ton angibt. Aber die so vorgegebene Melodie kann für jedermann, einschließlich des Melodiegebers, recht untanzbar sein. Alle Einflüsse, die eine fehlende Übereinstimmung zwischen gerichtlichem Handeln und gesetzlichem Recht hervorrufen können, können, wenn das Gericht selbst das Gesetz macht, ebenso schädliche Abweichungen von anderen Prinzipien der Legalität nach sich ziehen: ein Versäumnis, spät einigermaßen klare allgemeine Regeln aufzustellen, und eine Unbeständigkeit in der Entscheidung, die sich in widersprüchlichen Urteilen, häufigen Richtungsänderungen und rückwirkenden Änderungen des Rechts äußert.

Das subtilste Element bei der Aufgabe, die Übereinstimmung zwischen Gesetz und offiziellem Handeln aufrechtzuerhalten, liegt natürlich im Interpretationsproblem. Legalität verlangt, dass Richter und andere Beamte das Gesetzesrecht nicht nach Lust und Laune oder griesgrämiger Buchstabentreue, sondern nach Auslegungsgrundsätzen anwenden, die ihrer Stellung in der gesamten Rechtsordnung angemessen sind. Was sind diese Prinzipien? Die beste kurze Antwort, die ich kenne, stammt aus dem Jahr 1584, als die Barone des Schatzamtes zusammenkamen, um ein schwieriges Auslegungsproblem im Fall Heydon zu erörtern:

Und es wurde von ihnen beschlossen, dass für eine zuverlässige und wahre Interpretation aller Gesetze im Allgemeinen (seien sie bestrafend oder belohnend, mögen Sie das Common Law einschränken oder erweitern) vier Dinge zu erkennen und zu berücksichtigen sind:

1. wie das Common Law vor Erlassung des Gesetzes war,

2. was der Missstand und Mangel war, den das Common Law nicht berücksichtigt hat,

3. welche Abhilfe das Parlament beschlossen und bereitgestellt hat, dem Gebrechen des Gemeinwesens abzuhelfen,

und 4. der wahre Grund der Abhilfe; und sodann besteht die Pflicht aller Richter darin, stets eine solche Auslegung vorzunehmen, die den Missstand unterdrückt und die Abhilfe vorantreibt.[38]

Wenn an dieser Darlegung Kritik geübt werden kann, dann dahingehend, dass sie einen fünften Punkt hätte enthalten müs-

[38] 3 Co. Rep. 7a. Es ist offensichtlich, dass in der zitierten Passage das Wort »Missstand« in einem nicht länger gebräuchlichen Sinne verwendet wird. Wie in Heydons Fall verwendet war es ein enger Vetter zweier anderer Wörter, die damals bevorzugt verwendet wurden: »Widerstreit« und »Ungelegenheit«. All diese Begriffe beschrieben eine Situation, in der die Dinge nicht zusammenpassten, Brocken von Chaos, noch nicht durch menschliche Anstrengung zu einer durchdachten Ordnung reduziert.

Es sollte vielleicht angemerkt werden, dass der Bericht über den Beschluss von Coke stammt, weshalb es möglich ist, dass er berichtet, was die Barone hätten beschließen sollen, statt was sie tatsächlich gedacht und gesagt haben.

sen, der »erkannt und berücksichtigt« werden muss und in etwa wie folgt lauten könnte: »Wie würden diejenigen, die sich an seinem Wortlaut orientieren müssen, die Absicht des Gesetzes vernünftigerweise verstehen, soweit das Gesetz ja nicht zum Fallstrick für diejenigen werden darf, die die Gründe dafür nicht so vollständig kennen können wie die Richter.«

Wenn wir die zentrale Wahrheit der Beschlussfassung im Fall Heydon vor uns haben, nämlich dass man, um ein Gesetz zu verstehen, »das Gebrechen des Gemeinwesens« verstehen muss, dem abzuhelfen es bereitgestellt wurde, dann können wir das Problem der Interpretation von den Verwirrungen freimachen, die es typischerweise verdunkelt haben. Einige von ihnen haben einen fadenscheinigen Anschein von gesundem Menschenverstand an sich, der ihnen eine unverdiente Langlebigkeit verliehen hat. Dies gilt insbesondere für den Gedanken, der in der folgenden Passage bei Gray enthalten ist:

> Auslegung wird im Allgemeinen so verstanden, als ob ihre Hauptfunktion darin bestünde, herauszufinden, was der Gesetzgeber wirklich gemeint hat. Aber wenn ein Gesetzgeber in einem Punkt eine wirkliche Absicht in die eine oder andere Richtung hatte, kommt es nicht einmal in hundert Fällen vor, dass Zweifel dahingehend aufkommen, was diese Absicht war …
> … Tatsache ist, dass die Schwierigkeiten der sogenannten Interpretation entstehen, wenn der Gesetzgeber überhaupt keine Bedeutung im Sinne hatte; wenn die Frage, die zum Gesetz aufkommt, ihm nie in den Sinn gekommen ist … [In solchen Fällen,] wenn die Richter bekunden, anzugeben, was der Gesetzgeber gemeint hat, sind in Wahrheit sie selbst als Gesetzgeber tätig, um den casus omissi aufzufüllen.[39]

Nun ist es natürlich wahr, dass bei der Ausarbeitung eines Gesetzes gelegentlich eine wahrscheinliche Situation völlig vergessen wird, sodass man sich vorstellen kann, dass der Verfasser so et-

[39] *The Nature and Sources of the Law* (2. Aufl. 1921), S. 172–73.

was wie »Hoppla« sagt, wenn er auf dieses Versehen aufmerksam gemacht wird. Aber Fälle dieser Art sind alles andere als typisch für Probleme der Auslegung. Viel eher erweist sich das Gesetz als stumpf und unvollständig als so ausgerichtet, dass es ein offensichtliches Ziel verfehlt.

Grays Sichtweise liegt eine atomistische Konzeption von Absicht zugrunde, verbunden mit etwas, das man als »Anzeigertheorie der Bedeutung« bezeichnen kann. Diese Sichtweise geht davon aus, dass der Verstand auf individuelle Dinge und nicht auf allgemeine Ideen, auf bestimmte Sachverhalte und nicht auf eine Bedeutung in zwischenmenschlichen Belangen, die diese Sachverhalte teilen können, gerichtet ist. Würde man diese Ansicht ernst nehmen, dann müsste man die Absicht des Verfassers eines gegen »gefährliche Waffen« gerichteten Gesetzes als auf eine endlose Reihe von Einzelobjekten gerichtet betrachten: Revolver, automatische Pistolen, Dolche, Bowiemesser usw. Würde ein Gericht das Gesetz auf eine Waffe anwenden, an die der Verfasser nicht gedacht hat, dann wäre es »gesetzgebend« und nicht »interpretierend«, was noch offensichtlicher wäre, wenn es das Gesetz auf eine Waffe anwenden würde, die zum Zeitpunkt der Verabschiedung des Gesetzes noch nicht erfunden war.[40]

Dieser atomistische Blick auf die Absicht übt direkt und unmittelbar so viel Einfluss auf die Theorien der Auslegung aus, dass es unerlässlich wird, ihr explizit eine zutreffendere Sicht des Problems entgegenzuhalten. Zu diesem Zweck möchte ich eine Analogie vorschlagen. Ein Erfinder nützlicher Haushaltsgeräte stirbt und hinterlässt die Bleistiftskizze einer Erfindung, an der er zum Zeitpunkt seines Todes gearbeitet hatte. Als er stirbt, bittet er seinen Sohn, die Arbeit an der Erfindung fortzusetzen,

[40] Die im Text beschriebene »atomistische« Sichtweise der Intention ist mit dem philosophischen Nominalismus verwandt und kann als Ausdruck eines solchen betrachtet werden. Ich habe mich in meinem Artikel »Amerikanischer Rechtsrealismus«, 82 *University of Pennsylvania Law Review* 429, 443–47 (1934), mit dem Einfluss dieser Ansicht auf die als Rechtsrealismus bekannte Bewegung befasst.

ohne aber die Möglichkeit gehabt zu haben, dem Sohn mitzuteilen, welchem Zweck die Erfindung dienen sollte, oder irgendwelche Angaben über seine eigenen Pläne zu machen, sie zu vollenden. Bei der Erfüllung des Wunsches seines Vaters würde der Sohn zunächst entscheiden, was der Zweck der geplanten Erfindung war, welchen Mangel oder welche Unzulänglichkeit bestehender Geräte sie beheben sollte. Dann würde er versuchen, das der geplanten Erfindung zugrundeliegende Prinzip zu erfassen, den »wahren Grund für die Abhilfe«, um die Sprache des Heydon-Falls zu bemühen. Nachdem diese Probleme gelöst waren, würde er dann damit fortfahren, auszumachen, was wesentlich war, um den Entwurf für das geplante Gerät abzuschließen.

Lassen Sie uns nun zum Handeln des Sohnes Fragen jener Art stellen, die nur bei der Gesetzesauslegung gestellt werden. War der Sohn der Absicht des Vaters treu? Wenn wir meinen: »Hat er eine Absicht verfolgt, die der Vater tatsächlich hinsichtlich der Art der Ausführung gefasst hatte?«, dann ist die Frage natürlich völlig unbeantwortbar, denn wir wissen nicht, ob der Vater eine solche Absicht hatte, und wenn ja, welche. Wenn wir meinen: »Blieb er innerhalb des vom Vater gesetzten Rahmens und akzeptierte die Auffassung des Vaters, was den Bedarf an dem in Aussicht genommenen Gerät anlangte, und den allgemeinen Zugang des Vaters zum Problem der Deckung dieses Bedarfs?«, dann lautet die Antwort mit Blick auf die vermeintlichen Fakten: ja. Wäre der Sohn in der Lage, den Geist seines Vaters um Hilfe zu bitten, dann würde diese Hilfe wahrscheinlich in Form einer Zusammenarbeit mit dem Sohn bei der Lösung eines Problems, das der Vater nicht gelöst hatte, erfolgen. Wenn der Verfasser eines Gesetzes um Rat gebeten würde, müsste er normalerweise genauso vorgehen wie der Richter, indem er Fragen wie die folgenden stellt: Unterfällt der Fall jenem Missstand, die das Gesetz zu beheben suchte? Fällt er unter den »wahren Grund der Abhilfe«, der durch das Gesetz bestimmt wird, d.h. ist die vorgeschriebene Abhilfe geeignet, mit dieser besonderen Erscheinungsform des allgemeinen Missstandes, auf den das Gesetz abzielte, umzugehen?

Die Analogie der unvollständigen Erfindung kann auch bei der Klärung einer Unklarheit hilfreich sein, die sich durch das Vokabular der Auslegung zieht. Wir neigen dazu, Absicht als ein Phänomen der Individualpsychologie zu betrachten, obwohl das, was wir auslegen, ein gemeinschaftlicher Akt ist. Wir fragen also nach der Absicht des »Gesetzgebers«, obwohl wir wissen, dass es ein solches Wesen nicht gibt. Zu anderen Zeiten sprechen wir von der Absicht »des Gesetzgebers«, obwohl wir wissen, dass diejenigen, die für ein Gesetz gestimmt haben, dies oft mit unterschiedlichen Ansichten über seine Bedeutung und oft ohne wirkliches Verständnis seiner Begriffe tun. Wenn wir uns der individualpsychologischen Sicht annähern, können wir von »dem Verfasser« sprechen. Aber auch hier sind wir in Schwierigkeiten. Es mag eine Reihe von Verfassern geben, die zu unterschiedlichen Zeiten und ohne gemeinsames Verständnis des angestrebten Ziels handeln. Darüber hinaus wird jede private und nicht mitgeteilte Absicht des Verfassers eines Gesetzes zu Recht als rechtlich irrelevant für seine richtige Auslegung angesehen.[41] Wenden wir uns der Analogie der unvollständigen Erfindung zu, um zu sehen, ob sie in dieser Hinsicht irgendeine Hilfestellung bietet. Es ist klar, dass es für den Sohn bei der Ausarbeitung seines Problems hilfreich sein kann, sich sozusagen in seinen Vater hineinzuversetzen, indem er sich an seine Denkweise und seine charakteristische Art und Weise, Probleme zu lösen, erinnert. Es ist aber auch klar, dass dieses Vorgehen weder wesentlich noch hilfreich sein kann. Denn wenn der unvollständige Entwurf aus der Hand eines eher unbekannten Erfinders stammt, kann die Aufgabe des Sohnes dadurch nicht wesentlich verändert werden. Er würde auf den Plan blicken, um zu sehen, welchem Zweck die Erfindung dienen

[41] In Bezug auf die Statute of Frauds sagte Lord Nottingham in *Ash v. Abdy*, 3 Swanston 664 (1678): »Ich hätte einigen Grund, die Bedeutung dieses Gesetzes zu kennen; denn es hatte seine erste Quelle in mir.« Vgl. »Wenn Lord Nottingham es verfasst hat, war er umso weniger berufen, es auszulegen, da er als Verfasser eines Gesetzes mehr an das dachte, was er im Privaten beabsichtigte, als an die Bedeutung, die er ausgedrückt hat«. Campbells *Lives of the Lord Chancellors of England*, 3 (3. Aufl. 1848), 423 Fn.

sollte und welches allgemeine Prinzip oder welche allgemeinen Grundsätze dem geplanten Entwurf zugrunde liegen. Wir könnten in einem solchen Fall von »der Absicht des Entwurfs« sprechen. Dies mag eine Metapher beinhalten, aber es handelt sich zumindest um eine nützliche Metapher, die das Wesen der Aufgabe des Sohnes nicht falsch beschreibt. Wenn wir also von gesetzgeberischer Absicht sprechen, wäre es meiner Meinung nach besser, würden wir von »der Absicht des Gesetzes« sprechen, so wie Mansfield im Umgang mit vertraglicher Absicht einmal von »der Absicht des Rechtsgeschäfts«[42] sprach.

Die Treue zum erlassenen Recht wird oft mit einer passiven und rein rezeptiven Haltung des Richters identifiziert. Wenn er »kreativ« handelt, muss das heißen, dass er über seinen Auftrag als Interpret hinausgeht. Diejenigen, die Richterrecht Gesetzen vorziehen, begrüßen diese Abkehr und freuen sich, dass der Richter aus so wenig scheinbar so viel macht. Diejenigen, die der richterlichen Gewalt misstrauen, sind wiederum geneigt, in jeder kreativen Rolle eine Aufgabe von Grundsätzen und persönliches Machtstreben zu erkennen. Wenn man die Sache so zusammenfasst, wird das ganze Problem falsch verstanden. Im Falle der unvollständigen Erfindung, bei der der Sohn eine schöpferische Rolle übernahm, verdiente er dafür allein weder Lob noch Tadel. Er erfüllte lediglich die Anforderungen seines Auftrags, indem er tat, was er tun musste, um dem Wunsch des Vaters nachzukommen. Die Zeit für Lob oder Tadel würde kommen, wenn wir uns ansehen könnten, was er in dieser unausweichlich kreativen Rolle erreicht hat. So verhält es sich mit Richtern.

Es kann eingewendet werden, dass die Analogie, die hier ausgeschlachtet wurde, irreführend ist. Ein Gesetz, so kann man sagen, dient keinem so einfachen und leicht festzumachenden Zweck wie zum Beispiel ein Staubsauger. Der soziale Missstand, den es zu beheben sucht, ist oft subtil und komplex, und seine bloße Existenz ist nur für diejenigen wahrnehmbar, die bestimmte Werturteile teilen. Auch hier ist die Abhilfe, die ein Ge-

[42] *Kingston v. Preston*, 2 Douglas 689 (1773).

setz zur Linderung »eines Gebrechens des Gemeinwesens« einsetzt, nicht wie eine Wickelwelle, die einen Mechanismus mit einem anderen verbindet. Oft muss der Gesetzgeber aus einer Vielzahl von möglichen Abhilfen wählen, von denen einige eine sehr mittelbare Linderung verheißen.

All das kann eingeräumt werden, und doch möchte ich zu verstehen geben, dass es just dieser Punkt der offensichtlichen Unzulänglichkeit ist, an dem das Bild der unvollständigen Erfindung am nützlichsten wird. Ein gewisses Maß an Unklarheit hinsichtlich des Missstandes, dem durch das Gesetz entgegengewirkt werden soll, kann geduldet werden. Aber wenn diese Unklarheit über einen bestimmten kritischen Punkt hinausgeht, dann können weder Virtuosität der Legistik noch Geschicklichkeit der Auslegung etwas Sinnvolles aus einem davon betroffenen Gesetz machen. Auch hier gilt wieder, dass eine gewisse Lockerheit bei den Überlegungen über den Zusammenhang zwischen der Abhilfe und dem Missstand, dem sie entgegenwirken soll, ein Gesetz nicht zwangsläufig hinfällig macht. Wenn dieser Zusammenhang jedoch grundlegend falsch verstanden wird, dann geht jede Möglichkeit einer kohärenten Auslegung verloren. Anderes anzunehmen wäre gleichbedeutend mit der Annahme, eine grundlegend falsch konzipierte Erfindung könnte dadurch gerettet werden, dass sie in einer ordentlichen Blaupause abgebildet wird.

Lassen Sie mich ein historisches Beispiel für eine Vorschrift nennen, die bedingt durch einen grundlegenden Mangel in ihrer Gestaltung hinfällig war. Ich beziehe mich auf Absatz 5 des 4. Abschnitts der Statute of Frauds, erlassen 1677. Abschnitt 4 des Gesetzes beruhte auf der Annahme, dass bestimmte Arten von Verträgen nicht rechtlich durchsetzbar sein sollten, es sei denn, der Nachweis ihrer Existenz wurde durch ein unterzeichnetes Dokument erbracht. Auf der anderen Seite hielt man es für unklug, eine so strenge Anforderung auf sämtliche Verträge auszudehnen, von denen einige mündlich geschlossen rechtsgültig sein sollten. Dementsprechend sahen sich die Legisten mit der Notwendigkeit konfrontiert, zu entscheiden, welche Arten von Verträgen schriftlich vorliegen sollten und welche sicher dem mündlichen Ausdruck überlassen werden konnten. Eine dieser Entscheidungen wurde folgendermaßen formuliert: »Es soll keine Klage erhoben werden ... (5) gegen eine Vereinbarung, die nicht innerhalb eines Jahres nach ihrem Zustandekommen erfüllt werden soll; es sei denn, die Vereinbarung, gegen die eine solche Klage erhoben werden soll, ... ist schriftlich niedergelegt und von der Partei unterzeichnet, der die Erfüllung zukommt«.

Man kann wohl mit Sicherheit sagen, dass nur wenige Gesetzesbestandteile zu so vielen widersprüchlichen und bizarren Interpretationen Anlass gaben wie die soeben zitierten Worte. Wo lag der Fehler? Das Gesetz ist in einfachem, unkompliziertem Englisch abgefasst. Es ist auch ziemlich leicht zu verstehen, warum die Verfasser hier Verträge mit beträchtlicher Laufzeit auswählen sollten, da sie vor allem die Sicherheit schriftlicher Beweise benötigen; in Holts Worten: »Die Gestaltung des Gesetzes erfolgte dergestalt, dem Gedächtnis der Zeugen nicht für einen längeren Zeitraum als für ein Jahr zu trauen.«[43]

Schwierigkeiten traten auf, weil die Verfasser des Gesetzes das Verhältnis des Missstandes und der Abhilfe, die sie zu seiner Beseitigung einsetzten, einfach nicht durchdacht hatten. Zunächst einmal ist klar, dass kein direkter Zusammenhang zwischen dem Zeitpunkt, zu dem ein Zeuge zur Aussage geladen wird, und dem zur Vertragserfüllung erforderlichen Zeitraum besteht; ein Vertrag könnte in der Absicht der Erfüllung binnen Monatsfrist geschlossen werden und doch erst zwei Jahre später als Beweis vor Gericht erforderlich werden. Darüber hinaus haben es die Verfasser verabsäumt, sich die Frage zu stellen, wie die Gerichte den überaus häufigen Fall von Verträgen handhaben sollen, bei denen es unmöglich ist, im Voraus zu sagen, wie viel Zeit ihre Erfüllung erfordern wird, wie etwa bei Verträgen, jemanden auf Lebenszeit einzustellen oder ihm eine monatliche Summe zu zahlen, bis er von einer Krankheit geheilt ist. Indem man sich unerwartete Ereignisse vorstellt, die die Leistung beschleunigen oder hinausschieben, kann diese Gruppe von Verträgen beträchtlich erweitert

[43] *Smith v. Westfall*, 1 Lord Raymond 317 (1697).

werden. In einem Fall, der kurz nach der Verabschiedung des Gesetzes zur Entscheidung anstand, wurde vorgeschlagen, dass die Gültigkeit des Vertrags vom tatsächlichen Verlauf der Ereignisse abhängen sollte.[44] Sollte sich herausstellen, dass die Leistung innerhalb eines Jahres fällig wurde, war der mündliche Vertrag gültig; wenn nicht, dann war der Vertrag nicht durchsetzbar. Diese Lösung wurde jedoch nie akzeptiert und konnte nicht durchgesetzt werden. Die Parteien müssen von Anfang an oder zumindest sobald Schwierigkeiten auftreten wissen, ob sie einen Vertrag haben oder nicht. Die Existenz eines verbindlichen Vertrags von späteren Ereignissen abhängig zu machen, würde alle Arten von Scharmützeln um die Position einladen und die größte vorstellbare Verwirrung hervorrufen. Kurzum, die Gerichte sahen sich mit einem Gesetz konfrontiert, das schlicht nicht so angewandt werden konnte, dass es die lose übermittelte Absicht seiner Verfasser verwirklichen konnte. Die Briten fanden 1954 schließlich den einzigen Ausweg aus dieser Situation: die vollständige Aufhebung des fraglichen Abschnitts. Wir suchen also immer noch nach der Lösung eines Rätsels, für das es keine Lösung gibt.

Mein zweites Beispiel für eine grundlegend verfehlt umgesetzte Gesetzgebung ist um fast drei Jahrhunderte moderner. Es betrifft ein Gesetz, das unter dem Mangel leidet, dass es unmöglich klar festzumachen ist, welchem Missstand es abhelfen sollte. Mit der Aufhebung der Prohibition fassten die Amerikaner den hochstehenden Entschluss, »die Rückkehr des alten Saloons zu verhindern«. Was bedeutete das? Der alte Saloon war ein komplexes Gebilde, das architektonische, atmosphärische, künstlerische, kommerzielle, rechtliche und soziologische Aspekte miteinander verband. Es war höchst unwahrscheinlich, dass er nach einer fünfzehnjährigen Abwesenheit, in der fundamentale soziale Veränderungen stattgefunden hatten, in seiner alten Form zurückkehren würde oder auch nur könnte. Dennoch, um sich doppelt zu vergewissern, wurde in vielen Staaten vertreten, dass es »ein Gesetz geben sollte«.

44 Siehe den in der letzten Fußnote angeführten Fall.

Wie aber gegen so etwas wie »den alten Saloon« ein Gesetz erlassen? Nun, der alte Saloon hatte Schwingtüren; deshalb sollte es verboten werden, Getränke hinter allem zu servieren, was man billigerweise Schwingtüren nennen kann. Im alten Saloon standen die Gäste mit ihren Getränken; deshalb sollte verfügt werden, dass sie sich nun setzen müssen – obwohl es sicherlich als ursprünglichen Vorschlag einigen Grund für die Annahme gibt, dass das Anliegen der Mäßigung befördert würde, wenn die Trinker während ihrer Gelage stehen müssen. Im alten Saloon konnte man keine Speisen erwerben, sondern sie bloß umsonst bekommen. Lassen Sie uns deshalb im neuen Saloon die Atmosphäre eines Familienrestaurants schaffen, indem wir gesetzlich vorschreiben, dass dort Speisen serviert werden müssen. Das aber darf nicht zu weit getrieben werden. Es wäre grob unfair, den durstigen Gast zu zwingen, eine Mahlzeit zu bestellen, bevor ihm ein Getränk serviert werden kann. Vielleicht also schreiben wir gesetzlich vor, dass der neue Saloon in der Lage sein muss, jedem Essen zu servieren, der es bestellen mag, wie wenige unter den Gästen es auch sein mögen.

Die vorrangige Verantwortung für die Vollziehung dieses allopathischen Regelwerks lag natürlich nicht beim Staatsanwalt, sondern bei der Genehmigungsbehörde. Kann sich jemand vorstellen, aus der Tätigkeit in einer solchen Behörde eine nützliche soziale Funktion abzuleiten? Ist es ein Wunder, dass dieser Regulierungsbereich für Ineffizienz und Korruption bekannt ist? Selbst wenn ein gewissenhafter Bürokrat gefunden werden könnte, der sein Leben als von einer solchen Berufung erfüllt erachtete, einfach Regeln durchzusetzen, so sinnlos sie auch sein mögen, wäre das Problem noch immer nicht gelöst. Es blieben unlösbare Auslegungsprobleme, etwa bei der Entscheidung, was es bedeutet, in der Lage zu sein, einem Gast, der nie kommt, eine Mahlzeit zu servieren.

An dieser Stelle muss unsere Diskussion über das Auslegungsproblem abgebrochen werden. Das Thema ist zu reichhaltig, als dass man es mit einer einzigen Analogie oder Metapher erschöpfend behandeln könnte. Die Anforderungen hängen so sehr vom Kontext ab, dass Beispiele nur dazu dienen können, allgemeine Grundsätze zu offenbaren, aber nicht die Nuancen vermitteln können, die mit der Anwendung dieser Grundsätze auf bestimmte Rechtsgebiete verbunden sind. Das Auslegungsproblem nimmt mit all seinen Feinheiten eine heikle, zentrale Stellung in der inneren Moral des Rechts ein. Es offenbart, wie es kein anderes Problem vermag, den kooperativen Charakter der Aufgabe der Wahrung der Legalität. Wenn der Interpret das Gefühl der Nützlichkeit seiner Aufgabe bewahren soll, darf der Gesetzgeber ihm keine sinnlosen Aufgaben auferlegen. Wenn der Verfasser des Gesetzesentwurfs seine Verantwortung wahrnehmen soll, muss er seinerseits in der Lage sein, rationale und relativ stabile Interpretationsmodi zu antizipieren. Diese wechselseitige Abhängigkeit durchzieht in nicht unmittelbar zu Tage tretender Weise die gesamte Rechtsordnung. Keine einzige Konzentration von Verstand, Einsicht und gutem Willen, wie auch immer strategisch platziert, kann den Erfolg des Unterfangens sichern, menschliches Verhalten der Herrschaft von Regeln zu unterwerfen.

Legalität als praktische Kunst

Der soeben abgeschlossenen langen Analyse sollten noch einige abschließende Bemerkungen zur praktischen Anwendung der Prinzipien der Legalität hinzugefügt werden.

Erstens ist eine Warnung vor dem Wort »Gesetz« angebracht. Im Jahre 1941 wurde den Kommentierten Gesetzen von Massachusetts (Kap. 2, § 9) eine Bestimmung hinzugefügt, die besagt, dass die Meise der amtliche Vogel des Commonwealth sein sollte. Nun ist es offensichtlich, dass das Gemeinwohl keinen ernsthaften Rückschlag erlitten hätte, wenn dieses Gesetz vor der Öffentlichkeit geheim gehalten und rückwirkend zur Landung der Mayflower in Geltung gesetzt worden wäre. Und in der Tat: Wenn wir jede offizielle Handlung einer gesetzgebenden Körperschaft als Gesetz bezeichnen, dann kann es Umstände geben, unter denen die vollständigen Einzelheiten eines Gesetzes geheim gehalten werden müssen. Ein solcher Fall könnte eintreten, wenn eine Förderung des Gesetzgebers erfolgte, um die Forschung an einer neuen militärischen Waffe zu finanzieren. Es ist immer bedauerlich, wenn staatliches Handeln vor der Öffentlichkeit verborgen und damit vor öffentlicher Kritik geschützt werden muss. Aber es gibt Zeiten, in denen wir uns der düsteren Notwendigkeit beugen müssen. Die Verfassung selbst sieht in Artikel V vor, dass jedes »Haus [des Kongresses] … ein fortlaufendes Verhandlungsprotokoll [über seine Beratungen führt], das von Zeit zu Zeit zu veröffentlichen ist, ausgenommen solche Teile, die nach seinem Ermessen Geheimhaltung erfordern«. All dies ist jedoch für die Gesetze, um die es hier geht, von sehr geringer Bedeutung.[45] Ich kann mir zum Beispiel keinen Notfall vorstellen, der es rechtfertigen würde, der Öffentlichkeit die Kenntnis eines Gesetzes vorzuenthalten, mit dem eine neue Straftat geschaffen wird oder die Voraussetzungen für die Errichtung eines gültigen Testaments geändert werden.

Zweitens neigen Verstöße gegen die Moral des Rechts dazu, zu kumulieren. Eine Vernachlässigung von Klarheit, Konsistenz oder Öffentlichkeit kann dazu führen, dass rückwirkende Gesetze notwendig werden. Allzu häufige Gesetzesänderungen können die Vorteile formeller, aber langsam ablaufender Verfahren zur Kundmachung des Gesetzes zunichtemachen. Unachtsamkeit dabei, die Gesetze einhaltbar zu machen, kann die Notwendigkeit einer ermessensgeprägten Vollziehung nach sich ziehen, was wiederum die Übereinstimmung zwischen Vollzug und erlassener Regel beeinträchtigt.

Drittens: In dem Maße, in dem das Gesetz lediglich Vorstellungen von Recht und Unrecht zum Ausdruck bringt, die in der Gemeinschaft weit verbreitet sind, verliert die Notwendigkeit, die erlassenen Gesetze zu veröffentlichen und klar zu formu-

[45] Eine Erörterung einiger Probleme der Kundmachung, soweit sie staatliches Handeln abseits der Erlassung von Gesetzen im üblichen Sinn betreffen, findet sich in meinem Artikel »Governmental Secrecy and the Forms of Social Order«, in 2 *Nomos* (»Community«) 256–68 (1959).

lieren, an Bedeutung. Das gilt auch für das Problem der Rückwirkung; wo das Gesetz weitgehend ein Spiegelbild einer außerrechtlichen Moral ist, kann das, was in der Form als rückwirkende Gesetzgebung erscheint, in gewisser Weise lediglich die Bestätigung von Ansichten darstellen, die bereits weit verbreitet sind oder sich in Richtung der schließlich erlassenen Regel entwickeln. Als gegen Ende des sechzehnten Jahrhunderts die englischen Gerichte schließlich den vollstreckbaren zweiseitigen Vertrag rechtlich anerkannten, holten sie die Handelspraxis nur noch ein, indem sie Parteien gestatteten, direkt zu tun, was sie früher indirekt zu erreichen gezwungen waren.

Viertens wird die Strenge, mit der die acht Desiderata insgesamt angewendet werden, wie auch ihre Rangfolge untereinander vom jeweiligen Rechtsgebiet abhängen sowie von der Art der in Frage stehenden Rechtsnormen. Daher ist es im Allgemeinen wichtiger, dass jemand eine klare Vorstellung von seinen gesetzlichen Pflichten hat, als dass er genau weiß, welche Unannehmlichkeiten mit einem Rechtsbruch verbunden sind; ein rückwirkendes Gesetz, das eine neue Straftat schafft, ist durch und durch verwerflich, ein ähnliches Gesetz, das die Haftstrafe für eine bestehende Straftat verlängert, ist weniger verwerflich. Eine bekannte Unterscheidung zwischen Rechtsnormen ist jene von Vorschriften, die Pflichten auferlegen, und Vorschriften, die rechtliche Befugnisse verleihen. Beide Arten von Normen werden in gewissem Maße von allen acht Forderungen der Moral des Rechts berührt. Zugleich haben Normen, die rechtliche Befugnisse verleihen und definieren, selten ein Gegenstück in der Praxis des Alltags – der Handschlag über ein abgeschlossenes Geschäft wurde nie als angemessene rechtliche Formalität akzeptiert. Daher sind Regeln, die rechtliche Befugnisse definieren, besonders anspruchsvoll in Bezug auf Publizität und Klarheit. Umgekehrt wird die rückwirkende Geltung eines nach geltendem Recht vergeblichen Versuchs, eine rechtliche Befugnis auszuüben, oftmals als Beförderung des Ansinnens von Legalität angesehen werden, da sie ein rechtliches Durcheinander unterbindet.

Fünftens und letztens sollte in Erinnerung gerufen werden, dass wir bei unserer detaillierten Analyse der Anforderungen der Moral des Rechts im Allgemeinen den Standpunkt eines gewissenhaften Gesetzgebers eingenommen haben, der begierig ist, die Natur seiner Verantwortung zu verstehen, und der bereit ist, sich ihren Schwierigkeiten zu stellen. Diese Betonung von Nuancen und anspruchsvollen Problemen sollte uns nicht vergessen lassen, dass nicht alle Fälle schwierig sind. Gegen jede der hier präsentierten Forderungen der Legalität kann in einer Weise verstoßen werden, die keinen Zweifel daran lässt. Caligula zum Beispiel soll die Tradition respektiert haben, dass die römischen Gesetze an einem öffentlichen Ort ausgehängt werden, aber zugleich dafür gesorgt haben, dass die eigenen Gesetze so klein gedruckt waren und so hoch hingen, dass niemand sie lesen konnte.

Das Paradoxon, dass ein Thema gleichzeitig so einfach sein kann und so schwierig, kann durch ein Bild bei Aristoteles beleuchtet werden. Aristoteles wirft in seiner Ethik die Frage auf, ob es leicht ist, gerecht mit anderen umzugehen. Er bemerkt, dass es den Anschein haben könnte, als wäre es das, soweit es bestimmte etablierte Regeln des gerechten Umgangs gibt, die ohne Schwierigkeiten erlernt werden können. Die Anwendung einer einfachen Regel sollte selbst einfach sein. Aber dem ist nicht so, sagt Aristoteles, indem er an dieser Stelle eine beliebte Analogie anführt, nämlich die der Medizin: »Es ist leicht, die Wirkungen von Honig, Wein, Nieswurz, Ätzen und Schneiden zu kennen. Aber zu wissen, wie, für wen und wann wir diese als Heilmittel anwenden sollten, ist ein nicht weniger anspruchsvolles Unterfangen, als ein Arzt zu sein«.[46]

So können wir unsererseits sagen: Es ist leicht einzusehen, dass Gesetze klar in allgemeinen Regeln ausgedrückt werden sollten, die prospektiv in Kraft treten und dem Bürger bekannt gemacht werden. Aber zu wissen, wie, unter welchen Umständen und in welchem Gleichgewicht diese Dinge erreicht werden sollen, ist ein nicht weniger anspruchsvolles Unterfangen, als ein Gesetzgeber zu sein.

[46] *Nichomachean Ethics*, Buch V, 1137a.

III.
DER BEGRIFF DES RECHTS

Da die Vorstellungen darüber, wofür das Recht da ist, so weitgehend in den Vorstellungen darüber, was das Recht ist, implizit enthalten sind, wird ein kurzer Überblick über die Vorstellungen von der Natur des Rechts ... nützlich sein.
Roscoe Pound

*Das Vergessen der Absichten ist die häufigste Dummheit, die gemacht wird.**
Friedrich Nietzsche

Der Zweck des vorliegenden Kapitels besteht darin, die in meinem zweiten Kapitel vorgestellte Aufarbeitung in ihr richtiges Verhältnis zu den vorherrschenden Theorien vom und über das Recht zu setzen. Diese Aufgabe wird nicht in erster Linie aufgegriffen, um das, was ich gesagt habe, gegenüber gegensätzlichen Ansichten anderer zu verteidigen, sondern um eine weitere Klärung des bisher Gesagten vorzunehmen. Ich stimme zwar damit überein, dass ein Buch über Rechtstheorie nicht einfach »ein Buch [sein sollte], aus dem man lernen könne, was andere Bücher enthielten«,[1] doch bleibt es dabei, dass das, was man aus anderen Büchern gelernt hat (manchmal indirekt und ohne sie gelesen zu haben), wie ein Prisma wirkt, durch das jede neue Untersuchung betrachtet wird. Die eigenen Ansichten von jenen abzuheben, die tief in den Begriffen und im Denken des Gegenstandes verankert sind, ist ein wesentlicher Bestandteil der Darstellung.

[1] Hart, *The Concept of Law* (1961), viii.
* [Deutsch im Original.]

Rechtsmoral und Naturrecht

Wenn wir mit dieser Darlegung fortfahren, dann besteht die erste Aufgabe darin, das, was ich die innere Moral des Gesetzes genannt habe, mit der jahrhundertealten Tradition des Naturrechts in Beziehung zu setzen. Stellen die in meinem zweiten Kapitel dargelegten Prinzipien eine gewisse Unterform des Naturrechts dar? Die Antwort ist ein nachdrückliches, wenn auch eingeschränktes Ja.

Ich habe versucht, die naturrechtlichen Vorgaben eines bestimmten menschlichen Unterfangens zu erkennen und auszudrücken, das ich als »das Unterfangen, menschliches Verhalten der Herrschaft von Regeln zu unterwerfen«, beschrieben habe. Diese naturrechtlichen Vorgaben haben nichts mit einer »bedrückenden Allgegenwart am Himmel« zu tun. Sie haben auch nicht die geringste Verwandtschaft mit einer Behauptung wie, Empfängnisverhütung zu praktizieren sei eine Verletzung von Gottes Gesetz. Sie bleiben in Ursprung und Anwendung völlig irdisch. Sie sind keine »höheren« Gesetze; wenn irgendeine Metapher der Höhenangabe angemessen ist, sollten sie als »niedrigere« Gesetze bezeichnet werden. Sie sind wie die naturrechtlichen Vorgaben des Zimmermannshandwerks oder zumindest jene Vorgaben, die ein Zimmermann respektiert, der will, dass das Haus, das er baut, stehen bleibt und dem Zweck derer dient, die darin wohnen.

Obwohl diese Naturgesetze eine der lebenswichtigsten Tätigkeiten des Menschen berühren, erschöpfen sie offensichtlich nicht die gesamte Moral der Lebensführung des Menschen. Sie haben nichts zu sagen zu Themen wie Polygamie, dem Studium von Marx, der Gottesanbetung, der progressiven Einkommenssteuer oder der Unterordnung der Frau. Wenn die Frage aufgeworfen wird, ob eines dieser Themen oder andere wie sie als Objekte der Gesetzgebung betrachtet werden sollten, so bezieht sich diese Frage auf das, was ich die äußere Moral des Rechts genannt habe.

Als eine bequeme (wenn auch nicht ganz zufriedenstellende) Art und Weise, die getroffene Unterscheidung zu deuten, können wir von einem formellen im Unterschied zu einem materiellen Naturrecht sprechen. Was ich die innere Moral des Rechts genannt habe, ist in diesem Sinne eine formelle Version des Naturrechts, allerdings sollte dem Wort »formell«, um Missverständnisse zu vermeiden, eine besondere und erweiterte Bedeutung zugewiesen werden, sodass es beispielsweise eine materielle Übereinstimmung zwischen amtlichem Handeln und erlassenem Recht einschließen würde. Der Begriff »formell« ist aber weitgehend angemessen, da er darauf hinweist, dass es uns nicht um die materiellen Ziele von Rechtsnormen geht, sondern um die Art und Weise, wie ein System von Regeln zur Regelung menschlichen Verhaltens aufgebaut und vollzogen werden muss, wenn es wirksam sein und gleichzeitig bleiben soll, was es zu sein vorgibt.

Welche Verbindung zwischen den Prinzipien, die ich in meinem zweiten Kapitel dargelegt habe, und der Naturrechtslehre finden wir in der Geschichte des juristischen und politischen Denkens? Bilden diese Prinzipien einen integralen Bestandteil der Naturrechtstradition? Werden sie von den positivistischen Denkern, die sich dieser Tradition entgegenstellen, ausnahmslos abgelehnt? Eine einfache Antwort auf diese Fragen gibt es nicht.

Bei den Positivisten zeichnet sich sicherlich kein klares Muster ab. Austin definierte Recht als den Befehl eines politisch Übergeordneten. Und doch bestand er darauf, dass »Gesetze im eigentlichen Sinne« allgemeine Regeln seien und dass »gelegentliche oder einzelne Befehle« kein Gesetz seien.[2] Bentham, der sich bei der Geißelung des Naturrechts seinen bunten Wortschatz zunutze machte, war stets mit bestimmten Aspekten dessen einverstanden, was ich als innere Moral des Rechts bezeichnet habe. In der Tat schien er fast besessen von der Notwendigkeit, die Gesetze denjenigen zugänglich zu machen, die ihnen unterworfen sind. Auf der anderen Seite hat Gray in jüngerer Zeit die Frage, ob das Recht die Form allgemeiner Regeln annehmen sollte, als eine Angelegenheit von »geringer praktischer Bedeutung« behandelt, obwohl er zugab, dass spezifische und vereinzelte Aus-

[2] Siehe Fn. 6 Kapitel 2, S. 64.

übungen von Rechtsmacht kein geeignetes Thema für die Rechtswissenschaft sind.[3] Für Somló könnten rückwirkende Gesetze als ungerecht missbilligt werden, sind aber in keiner Weise als Verletzung einer allgemeinen Prämisse zu betrachten, die dem Rechtsbegriff selbst zugrunde liegt.[4]

Bei Denkern, die mit der Naturrechtstradition verbunden sind, kann man mit einiger Sicherheit sagen, dass keiner von ihnen die Beiläufigkeit eines Gray oder Somló gegenüber den Forderungen der Moral des Rechts an den Tag legen würde. Indes ist ihr Hauptanliegen das, was ich als materielles Naturrecht bezeichnet habe, mit den angemessenen Zielen, die durch Rechtsnormen zu erreichen sind. Wenn sie sich mit den Forderungen der Moral des Rechts befassen, so geschieht dies, wie ich glaube, in der Regel in einer beiläufigen Weise, obwohl gelegentlich ein Aspekt des Themas umfangreich ausgearbeitet wird. Thomas von Aquin ist in dieser Hinsicht wahrscheinlich typisch. Was die Notwendigkeit allgemeiner Regeln betrifft (im Gegensatz zu einer Einzelfallentscheidung von Streitigkeiten), so entwickelt er eine überraschend ausführliche Beweisführung, einschließlich des Arguments, dass es, da weise Männer immer Mangelware sind, eine Frage der wirtschaftlichen Klugheit ist, ihre Talente zu verbreiten, indem man sie damit beschäftigt, allgemeine Regeln zu entwerfen, die dann von geringeren Männern angewandt werden können.[5] Demgegenüber begnügt er sich bei der Erklärung, warum Isidor verlangt, Gesetze müssten »klar formuliert« sein, damit, festzuhalten, dass dies wünschenswert sei, um »jeglichen Schaden, der sich aus dem Gesetz selbst ergibt«[6], zu verhindern.

Bei Autoren aller philosophischen Überzeugungen ist es, glaube ich, richtig, zu sagen, dass, wenn sie sich mit Problemen

[3] Ebd.

[4] »Es kann somit bloss ein Rechtsinhaltsprinzip sein, das die rückwirkende Kraft von Rechtsnormen ausschliesst, nicht ein Voraussetzungsprinzip.« *Juristische Grundlehre* (2. Aufl. 1927), S. 302. [Deutsch im Original]. Siehe auch oben Fn. 13, Kapitel 2, S. 68.

[5] *Summa Theologica* I–II, q. 95, a. 1.

[6] Ebd., Art. 3.

der Moral des Rechts befassen, dies im Allgemeinen auf eine beiläufige und nebensächliche Art und Weise geschieht. Der Grund dafür ist naheliegend. Menschen sehen im Allgemeinen keine Notwendigkeit, das Offensichtliche zu erklären oder zu rechtfertigen. Es ist wahrscheinlich, dass fast jeder Rechtsphilosoph, dem ideengeschichtlich irgendeine Bedeutung zukommt, Gelegenheit hatte, darzulegen, dass Gesetze veröffentlicht werden sollten, damit die Unterworfenen wissen, wie sie lauten. Nur wenige haben sich dazu berufen gefühlt, die dieser These zugrunde liegende Argumentation auszuweiten oder sie in eine umfassendere Theorie einzubetten.

Und es mag bedauerlich sein, dass die Forderungen der Moral des Rechts im Allgemeinen so offensichtlich erscheinen. Dieser Anschein hat Feinheiten verdunkelt und die Menschen zum Glauben verleitet, dass keine sorgfältige Analyse des Themas notwendig oder gar möglich ist. Wenn beispielsweise behauptet wird, das Gesetz dürfe sich nicht selbst widersprechen, scheint es so, als wäre darüber nichts weiter zu sagen. Doch wie ich zu zeigen versucht habe, kann in einigen Situationen das Prinzip gegen den Widerspruch zu einem jener Prinzipien werden, die die innere Moral des Rechts ausmachen, die am schwierigsten anzuwenden sind.[7]

Zur Verallgemeinerung, dass in der Geschichte des politischen und juristischen Denkens die Prinzipien der Legalität eine beiläufige und nebensächliche Behandlung erfahren haben – wie es dem Selbstverständlichen entspricht –, gibt es eine erhebliche Ausnahme. Diese besteht im Schrifttum, das in England im siebzehnten Jahrhundert entstand, einem Jahrhundert der Proteste, Anschuldigungen, Komplotte und des Bürgerkriegs, einer Zeit, in der die bestehenden Institutionen einer grundlegenden Überprüfung unterzogen wurden.

Es ist jene Epoche, zu der Gelehrte die »naturrechtlichen Grundlagen« der amerikanischen Verfassung zurückverfolgen. Das Schrifttum – kurioserweise vor allem in den beiden Extre-

[7] Oben S. 84–89.

men anonymer Pamphlete und juristischer Äußerungen verkörpert – befasste sich intensiv und fast ausschließlich mit Problemen, die ich als Probleme der inneren Moral des Rechts betrachtet habe: Es sprach von Widerstreit, von Gesetzen, die unmöglich befolgt werden können, von Parlamenten, die gegen ihre eigenen Gesetze verstoßen, bevor sie diese aufgehoben haben. Zwei repräsentative Beispiele dieses Schrifttums erscheinen am Anfang meines zweiten Kapitels.[8] Aber das bekannteste Urteil, das dieser großen Epoche entstammt, ist das von Coke in *Dr. Bonham's Case*.

Heinrich VIII. gab dem Royal College of Physicians (in einer später vom Parlament bestätigten Zuweisung) weitreichende Befugnisse, um die Ausübung der ärztlichen Tätigkeit in London zuzulassen und zu regulieren. Dem College wurde das Recht eingeräumt, Verstöße gegen seine Vorschriften gerichtlich zu verhandeln und Geld- und Gefängnisstrafen zu verhängen. Im Falle einer Geldstrafe sollte eine Hälfte an den König, die andere Hälfte an das College selbst gehen. Thomas Bonham, ein Doktor der Medizin der Universität Cambridge, praktizierte in London Medizin ohne eine Zulassung des Royal College. Er wurde vom College vor Gericht gestellt, mit einer Geldstrafe belegt und später ins Gefängnis gesteckt. Er erhob Klage wegen Freiheitsberaubung.

In Cokes Urteil, das Bonhams Sicht bestätigt, scheint diese berühmte Passage auf:

> Die Zensoren [des Royal College] können nicht Richter, Bevollmächtigte und Parteien sein; Richter, die Entscheidungen treffen oder Urteile fällen; Bevollmächtigte, die Vorladungen aussprechen; und Parteien, denen die Hälfte des Eingezogenen zukommt, quia aliquis non debet esse Judes in propria causa, imo iniquum est aliquem suae rai esse judicem; und man kann nicht Richter und An-

[8] Oben S. 45. Eine hervorragende Darstellung dieses Schrifttums findet sich in Gough, *Fundamental Law in English Constitutional History* (1954); (mit geringfügigen Änderungen neu gedruckt, 1961).

> walt für eine der Parteien sein … Und es scheint in unseren Büchern auf, dass das Common Law in vielen Fällen über die Gesetze des Parlaments bestimmt und sie manchmal für gänzlich nichtig erklärt; denn, wenn ein Parlamentsakt gegen allgemeines Recht und Vernunft verstößt oder widerstreitend oder nicht durchführbar ist, wird das Common Law über das Gesetz bestimmen und dieses Gesetz für nichtig erklären.[9]

Heute wird diese Äußerung oft als Quintessenz des naturrechtlichen Standpunktes angesehen. Man beachte jedoch, wie stark sie Verfahren und institutionelle Praktiken betont. Und schließlich gibt es nur eine Passage, von der man sagen kann, dass sie sich auf materielles Recht oder Gerechtigkeit bezieht, nämlich das Sprechen von parlamentarischen Handlungen »gegen allgemeines Recht und Vernunft«. Mit dem »allgemeinen Recht« kann Coke jedoch sehr wohl Rechte im Sinn gehabt haben, die durch das Gesetz erworben und dann durch das Gesetz genommen werden, also die Art von Problemen, die mit anderen Worten oft durch rückwirkende Gesetzgebung dargestellt werden. Es mag merkwürdig erscheinen, von widerstreitenden Gesetzen in einem Kontext zu sprechen, der sich mit der Unangemessenheit der Handlungen von jemandem als Richter in eigener Sache befasst. Doch bei Coke bestand eine enge ideelle Verbindung. Genauso wie Rechtsnormen einander widerstreitend sein können, können auch Institutionen widerstreitend sein. Coke und seine Kollegen auf der Richterbank waren bestrebt, eine Atmosphäre der Unparteilichkeit in der Justiz zu schaffen, in der es undenkbar wäre, dass etwa ein Richter für Common Pleas in eigener Sache urteilt. Dann aber kamen König und Parlament und fuhren mit dem hässlichen Finger der Unvereinbarkeit dazwischen, indem sie ein »Gericht« von Ärzten schufen, die über Verstöße

[9] 8 Rep. 118a (1610). Für eine interessante Analyse der Bedeutung, die diese berühmte Passage für die tatsächliche Entscheidung der von Dr. Bonham eingereichten Klage hatte, siehe Thorne, »Dr. Bonham's Case«, 54 *Law Quarterly Review* 543–52 (1938).

gegen ihr eigenes Monopol urteilen und die Hälfte der Bußgelder für sich selbst einstreichen sollten. Als Coke diese gesetzgeberische Unanständigkeit mit Widerstreit assoziierte, drückte er damit nicht nur seine Abneigung dagegen aus; er meinte, dass dies wesentlichen zweckgerichteten Bemühungen, die sich in die entgegengesetzte Richtung bewegten, widerspreche.

Die unter modernen Gelehrten verbreitete Ansicht, dass Coke in der zitierten Passage einen naiven Glauben an das Naturrecht zur Schau stellt, trägt wenig dazu bei, das intellektuelle Klima des siebzehnten Jahrhunderts zu verstehen. Es sagt uns viel über unser eigenes Zeitalter, ein Zeitalter, das sich zuweilen zu glauben imstande sieht, dass kein Appell an die Natur des Menschen oder an die Natur der Dinge jemals mehr sein kann als ein Deckmantel für subjektive Vorlieben und dass unter der Rubrik »subjektive Vorliebe« gleichgültig Vorschläge aufgelistet werden müssen, die so weit auseinander liegen wie, dass die Gesetze klar gefasst werden sollten und dass die einzige gerechte Steuer diejenige ist, die den Bürger genau das zahlen lässt, was er selbst von der Staatsgewalt erhält.

Diejenigen, die unsere Republik und ihre Verfassung tatsächlich geschaffen haben, waren in ihrem Denken Cokes Zeitalter um einiges näher als unserem. Auch sie waren darauf bedacht, Widerstreit in ihren Institutionen zu vermeiden und dafür zu sorgen, dass diese Institutionen dem Wesen des Menschen entsprechen. Hamilton lehnte die »politische Ketzerei« des Dichters ab, der schrieb:

> Über Staatsformen lasst Narren fechten
> Die Rechtverwalteten sind die rechten.[10]

Im Zuge der Befürwortung der Befugnis der Gerichtsbarkeit, Akte des Kongresses für verfassungswidrig zu erklären, wies Hamilton darauf hin, dass die Gerichtsbarkeit niemals völlig pas-

[10] *The Federalist*, No. 68. [For forms of government let fools contest / That which is best administered is best]

siv gegenüber der Gesetzgebung sein kann; selbst in Ermangelung einer schriftlichen Verfassung sind Richter beispielsweise gezwungen, eine Regel für den Umgang mit widersprüchlichen gesetzlichen Verfügungen zu entwickeln, wobei diese Regel nicht »von irgendeinem positiven Gesetz, sondern von der Natur und dem Grund der Sache« abgeleitet ist.[11]

Eine anhaltende Debatte in diesem Land bezieht sich auf die Frage, ob die Gerichte bei der Auslegung der Verfassung von Erwägungen geleitet werden sollten, die dem »Naturrecht« entnommen sind.[12] Ich schlage vor, dass diese Debatte mehr zur Klärung gegenständlicher Fragen beitragen könnte, wenn zwischen Naturrecht mit materiellen Zielen und Naturrecht, das mit Verfahren und Institutionen befasst ist, unterschieden würde.

Es ist völlig klar, dass viele der Verfassungsbestimmungen jene Eigenschaft haben, die ich als stumpf und unvollständig beschrieben habe.[13] Das bedeutet, dass auf die eine oder andere Weise ihre Bedeutung ergänzt werden muss. Und gewiss müssen jene, deren Schicksal irgendwie vom schöpferischen Akt der Auslegung, von dem diese Bedeutung abhängt, ebenso wie jene, die für die Auslegung selbst verantwortlich sind, wünschen, dass sie auf der sichersten erreichbaren Grundlage erfolgt, dass sie, so weit wie möglich, in den Erfordernissen eines demokratischen Gemeinwesens und der menschlichen Natur selbst begründet ist.

Ich möchte nahelegen, dass dieses Ideal mit Blick auf das, was ich als die innere Moral des Rechts bezeichnet habe, am ehesten im Bereich des Verfassungsrechts in unserer Reichweite liegt. In diesem Bereich kann die Auslegung oft weit vom Wortlaut der Verfassung abweichen und dennoch in der Überzeugung ruhen, dass sie einer der gesamten Staatsstruktur impliziten Absicht gerecht wird. Die Verfassung enthält beispielsweise kein ausdrück-

[11] Ebd., Nr. 78.

[12] Innerhalb des Gerichts selbst wurde die Debatte durch einen Austausch zwischen den Richtern Black und Frankfurter in *Adamson v. California*, 332 U.S. 46 (1947), ausgelöst.

[13] Oben S. 107.

liches Verbot einer vagen oder undurchsichtigen Gesetzgebung. Dennoch bezweifle ich, dass jemand einen Ausspruch als richterliche Anmaßung ansehen würde, wonach ein Strafgesetz die Grundsätze eines »ordnungsgemäßen Verfahrens« verletzt, wenn es keine einigermaßen klare Beschreibung jener Handlungen enthält, die es verbietet.[14] Wenn man die Schwierigkeit, eine Verfassung zu entwerfen, bedenkt, wird die Rechtfertigung für diesen Ausspruch offensichtlich. Würde eine ausdrückliche Bestimmung in die Verfassung aufgenommen, die sich gegen vage Gesetze richtet, müsste ein Standard, sei er ausdrücklich, sei er stillschweigend, festlegen, welcher Grad an Unklarheit zu beanstanden wäre. Dieser Standard wiederum müsste recht allgemein gehalten sein. Ausgehend von der Prämisse, dass das Recht menschliches Handeln nach allgemeinen Regeln bestimmt und beurteilt, sollte jedes Strafgesetz hinreichend klar sein, um dem doppelten Zweck zu dienen, den Bürger angemessen zu warnen, was die Art der verbotenen Handlung anlangt, und angemessene Richtlinien für einen gesetzeskonformen Vollzug bereitzustellen. Wenn man all dies in einem Satz zusammenfassen wollte, könnte man kaum einen besseren Ausdruck finden als »ordnungsgemäßes Verfahren«.

Die Verfassung erklärt jedes »Gesetz, das Vertragsverpflichtungen *beeinträchtigt*«, für ungültig. Die Gerichte aber haben entschieden, dass ein Gesetz, das die Verpflichtung aus bestehenden Verträgen in unangemessener Weise *erhöht*, ebenso zu beanstanden und dementsprechend verfassungswidrig ist.[15] Dies scheint ein überraschendes Ergebnis zu sein, aber es ruht auf einer sicheren verfassungsrechtlichen Grundlage. Der Kontext der Minderungsklausel macht deutlich, dass sie als eine von mehreren Erscheinungsformen des allgemeinen Übels rückwirkender Gesetzgebung betrachtet wurde, wobei diejenigen, die die Verfassung entworfen haben, (klugerweise in Anbetracht der

[14] Siehe oben die Hinweise in Fn. 21, Kapitel 2, S. 81.

[15] Die Fälle werden diskutiert in Hale, »The Supreme Court and the Conctracts Clause«, 57 *Harvard Law Review* 512, 514–16 (1944).

Schwierigkeit der Aufgabe) von jedem Versuch einer umfassenden Maßnahme zu diesem Thema Abstand genommen haben. Wenn wir die Minderungsklausel vor dem Hintergrund ihres allgemeinen Zwecks beurteilen, wird deutlich, dass derselbe Einwand, der für Gesetze gilt, die die Verpflichtungen aus bestehenden Verträgen mindern, auch für Gesetze gelten kann, die diese Verpflichtungen erweitern. Bei der Übernahme der Risiken, die bei einer vertraglichen Verpflichtung inhärent sind, kann man angemessen berücksichtigen, was das geltende Recht als Verpflichtung im Falle der Nichterfüllung vorschreibt. Wenn dieses Gesetz dann radikal nachteilig geändert wird, hat der Gesetzgeber das in ihn gesetzte Vertrauen gebrochen.

Mit diesen letzten Bemerkungen mag es den Anschein haben, dass ich der inneren Moral des Rechts widersprüchliche Eigenschaften zuschlage. Ich habe bemerkt, dass sich diese Moral nur schwerlich in Formulierungen einer geschriebenen Verfassung abbilden lässt. Zugleich habe ich versichert, dass die richterliche Auslegung bei der Behandlung von Fragen, die die innere Moral des Gesetzes berühren, mit einem ungewöhnlichen Maß an Vertrauen in seine Objektivität vorgehen kann, und dies trotz des bruchstückhaften und unzulänglichen verfassungsrechtlichen Ausdrucks, auf dem sie aufbauen muss. Wie kann man für eine Aufgabe, die für den Legisten so schwierig ist, dass er sie nur zum Teil erledigen kann, relativ feste Richtlinien für die richterliche Auslegung bieten?

Die Antwort auf diese Frage ist, so glaube ich, bereits gegeben worden, wenn auch in etwas ungewohnten Begriffen. Ich habe die innere Moral des Rechts als eine Moral der Aspiration und nicht der Pflicht beschrieben.[16] Auch wenn diese Moral als aus separaten Forderungen oder »Desiderata« – ich habe acht unterschieden – zusammengesetzt betrachtet werden kann, eignen sich diese nicht für so etwas wie separate und kategorische Aussagen.[17] Sie alle sind Mittel zu einem einzigen Zweck, und unter

[16] Siehe oben S. 55–58.

[17] Siehe oben S. 55–60, et passim im zweiten Kapitel.

verschiedenen Umständen mag die optimale Kombination dieser Mittel abweichen. So kann ein unbeabsichtigtes Abweichen von einem Desiderat zum Ausgleich ein Abweichen von einem anderen Desiderat erfordern; dies ist der Fall, wenn ein neues Formerfordernis nicht angemessen öffentlich kundgemacht wird, sodass ein rückwirkendes Gesetz erforderlich wird.[18] Dann wiederum kann die Vernachlässigung eines Desiderats eine zusätzliche Belastung für ein anderes Desiderat bedeuten; wo Gesetze häufig geändert werden, werden die Anforderungen an die Publizität immer strenger. Mit anderen Worten: Unter verschiedenen Umständen müssen die Elemente der Legalität je und je neu kombiniert werden, und zwar in Übereinstimmung mit so etwas wie einem ökonomischen Kalkül, das ihnen im konkreten Fall gerecht wird.

Diese Überlegungen scheinen mir zu der Schlussfolgerung zu führen, dass in dem Bereich des Verfassungsrechts, den ich als jenen der inneren Moral des Gesetzes bezeichnet habe, die Einrichtung der richterlichen Überprüfung sowohl am notwendigsten als auch am wirksamsten ist. Wann immer das vernünftigerweise zur Wahl steht, sollte das Gericht in diesem Bereich bleiben. *Robinson v. California* ist,[19] wie ich vorbringen möchte, ein Fall, in dem der Oberste Gerichtshof ganz offensichtlich die falsche Richtung eingeschlagen hat. Der Ansicht der Richtermehrheit zufolge stellte sich in diesem Fall die Frage, ob ein Gesetz den Zustand oder die Lage, drogenabhängig zu sein, verfassungskonform zu einer Straftat machen könnte, das mit einer sechsmonatigen Haftstrafe geahndet wird. Das Gericht befand, das Gesetz verstoße gegen den Achten Verfassungszusatz, indem es eine »grausame und ungewöhnliche Strafe« verhänge.

Nun ist es mit Sicherheit offenkundig, dass eine sechsmonatige Haftstrafe normalerweise nicht als »grausame und ungewöhnliche Strafe« angesehen wird – eine Wendung, die sofort an den Peitschenpfahl und den Tauchstuhl erinnert. Bei dem

18 Siehe oben S. 116.

19 370 U.S. 660 (1962).

Versuch, diesem Einwand zu begegnen, argumentierte das Gericht, dass man bei der Entscheidung, ob eine bestimmte Strafe grausam und ungewöhnlich sei, die Art der Tat berücksichtigen müsse, für die sie verhängt wurde. So nahm das Gericht unnötigerweise eine allgemeine Verantwortung auf seine Schultern – sicher mit hoheitlicher Gewalt, auch wenn es als nobel beschrieben wurde –, um die Strafe dem Verbrechen anzupassen.

Dieser Ausflug in die materielle Gerechtigkeit war, wie ich vorbringen möchte, völlig unnötig. Wir haben ein ausdrückliches verfassungsmäßiges Verbot rückwirkender Strafgesetze und einen wohletablierten Verfassungsrechtsgrundsatz, dass eine gesetzliche Definition von Verbrechen bestimmten Mindeststandards der Klarheit genügen muss. Diese beiden Einschränkungen der Freiheit des Gesetzgebers gehen davon aus, dass das Strafrecht dem Bürger in einer Form präsentiert werden sollte, die es ihm erlaubt, sein Verhalten so zu gestalten, dass er es, kurz gesagt, befolgen kann. Unschuldig in einem Zustand oder einer Lage der Drogenabhängigkeit zu sein, kann nicht als eine Handlung und schon gar nicht als ein Akt des Ungehorsams ausgelegt werden. Die Entscheidung, im Fall *Robinson v. California* innerhalb der traditionellen Grenzen eines ordnungsgemäßen Verfahrens zu fällen, wäre sicherlich nicht schwieriger gewesen, als dies beispielsweise dort der Fall wäre, wo ein Strafgesetz von der Legislative geheim gehalten wurde, bis auf seiner Basis Anklage erhoben wurde. (Es sei daran erinnert, dass unsere Verfassung keine ausdrückliche Vorschrift enthält, dass Gesetze veröffentlicht werden müssen).

Rechtsmoral und der Begriff des positiven Rechts

Unsere nächste Aufgabe besteht darin, die diesen Kapiteln zugrunde gelegte Rechtsauffassung in die richtige Beziehung zu den gegenwärtigen Definitionen des positiven Rechts zu bringen. Die einzige Formel, die in diesen Schriften als Definition des Rechts bezeichnet werden könnte, ist inzwischen gut bekannt:

Recht ist das Unterfangen, menschliches Verhalten der Herrschaft von Regeln zu unterwerfen. Im Gegensatz zu den meisten modernen Theorien über das Recht behandelt diese Sichtweise Recht als eine Tätigkeit und betrachtet ein Rechtssystem als das Produkt einer anhaltenden zweckgerichteten Anstrengung. Vergleichen wir die Implikationen einer solchen Sichtweise mit anderen, die ihr entgegenstehen könnten.

Die erste solche Theorie, die ich in Betracht ziehen werde, ist eine, die in Stimmung und Schwerpunkt am entgegengesetzten Pol zu diesen Kapiteln steht und doch paradoxerweise eine These vorbringt, die leicht mit meiner eigenen in Einklang zu bringen ist. Dies ist Holmes' berühmte prädiktive Rechtstheorie: »Vorhersagen darüber, was die Gerichte tatsächlich tun werden, und nichts Anmaßenderes, sind das, was ich mit Recht meine«.[20]

Nun setzt die Fähigkeit, vorherzusagen, eindeutig eine gewisse Ordnung voraus. Die prädiktive Rechtstheorie muss daher eine gewisse Konstanz in den Einflüssen annehmen, die bestimmen, was »die Gerichte tatsächlich tun werden«. Holmes hat sich dafür entschieden, von jeder Untersuchung dieser Einflüsse zu abstrahieren und seine Aufmerksamkeit auf den neuesten Stand des Rechts zu konzentrieren.

Er selbst erklärte, er habe diese Abstraktion vorgenommen, um eine scharfe Unterscheidung zwischen Recht und Moral zu bewirken. Aber er konnte denken, dass ihm dieses Ziel nur dadurch gelungen sei, dass er sich jedes Versuchs enthielt, den eigentlichen Prozess der Vorhersage zu beschreiben. Wenn wir vernünftig vorhersagen wollen, was Gerichte tatsächlich tun werden, müssen wir uns fragen, was sie zu tun versuchen. Wir müssen in der Tat noch weiter gehen und uns stellvertretend am zweckgerichteten Bemühen beteiligen, das für die Schaffung und Aufrechterhaltung eines Systems zur Lenkung menschlichen Verhaltens durch Regeln aufgewendet wird. Wenn wir dieses Bemühen verstehen wollen, müssen wir verstehen, dass viele seiner charakteristischen Probleme moralischer Natur sind. Da-

20 »The Path of the Law«, 10 *Harvard Law Review* 451–18, S. 461 (1897).

her müssen wir uns in die Lage des Richters versetzen, der sich mit einem Gesetz konfrontiert sieht, das in seinen rechtswirksamen Begriffen äußerst vage ist, in seiner Präambel jedoch deutlich genug ein Ziel offenlegt, das der Richter für schlicht unklug hält. Wir müssen die Seelenqual des müden Legisten teilen, der sich um 2:00 Uhr morgens sagt: »Ich weiß, dass das richtig sein muss, und wenn es nicht so ist, werden vielleicht Leute vor Gericht gezerrt für Dinge, die wir überhaupt nicht abdecken wollen. Aber wie lange muss ich es noch umschreiben?«

Eine Konzentration auf die gesetzlich auferlegte Ordnung, die von der zweckgerichteten Anstrengung abstrahiert, mit der sie geschaffen wurde, ist keineswegs eine Besonderheit von Holmes' prädiktiver Theorie. Professor Friedmann beispielsweise schlägt in dem Versuch, einen neutralen Rechtsbegriff anzubieten, der kein bestimmtes Ideal materieller Gerechtigkeit in den Rechtsbegriff selbst importiert, die folgende Definition vor:

> Rechtsstaatlichkeit bedeutet schlicht und einfach die »Existenz der öffentlichen Ordnung«, d. h. eine organisierte Staatsgewalt, die mit den verschiedenen Instrumenten und Kanälen rechtlicher Befehlsgewalt arbeitet. In diesem Sinne leben alle modernen Gesellschaften unter der Herrschaft des Rechts, sowohl faschistische als auch sozialistische und liberale Staaten.[21]

Nun ist klar, dass ein Anschein »öffentlicher Ordnung« durch gesetzlosen Terror geschaffen werden kann, der dazu dienen kann, Menschen von den Straßen fern- und in ihren Häusern festzuhalten. Offensichtlich hat Friedmann diese Art von Ordnung nicht im Sinn, denn er spricht von einer »organisierten Staatsgewalt, die durch die verschiedenen Instrumente und Kanäle der Rechtsordnung funktioniert«. Aber über diese vage Andeutung der Art von Ordnung, die ihm vorschwebt, hinaus sagt er nichts. Er deutet jedoch offensichtlich an, dass das Recht Nazi-Deutschlands, nur »als Recht« betrachtet, genauso viel Recht war wie das

21 *Law and Social Change* (1951), S. 281.

jeder anderen Nation. Diese Behauptung steht, das brauche ich nicht zu sagen, in völligem Widerspruch zu der hier vorgelegten Untersuchung.

Die meisten Theorien des Rechts behaupten entweder ausdrücklich oder gehen stillschweigend davon aus, dass ein Unterscheidungsmerkmal des Rechts in der Anwendung von Zwang oder Gewalt besteht. Dieses Unterscheidungsmerkmal wird im vorliegenden Buch nicht anerkannt. In dieser Hinsicht widerspricht der Rechtsbegriff, für den ich hier eingetreten bin, der folgenden Definition, die von einem Anthropologen vorgeschlagen wurde, der versucht, das unterscheidungskräftige »rechtliche« Element unter den verschiedenen Formen der sozialen Ordnung zu identifizieren, die eine primitive Gesellschaft ausmachen:

> [F]ür Arbeitszwecke kann Recht folgendermaßen definiert werden: Eine soziale Norm ist eine rechtliche, wenn ihre Außerachtlassung oder Verletzung regelmäßig durch ein Individuum oder eine Gruppe, die das gesellschaftlich anerkannte Vorrecht genießt, so zu handeln, in Form physischer Gewalt bedroht oder tatsächlich sanktioniert wird.[22]

Die Vorstellung, dass ihre Ermächtigung zur Anwendung physischer Gewalt dazu dienen kann, Recht auszumachen und es von anderen sozialen Phänomenen zu unterscheiden, ist im modernen Schrifttum weit verbreitet. Meiner Meinung nach hat dies der Klarheit des Denkens über die von Recht erfüllten Funktionen großen Schaden zugefügt.

Erstens ist es in Anbetracht von Tatsachen, die die Natur des Menschen ausmachen, völlig offensichtlich, dass ein System von Rechtsnormen seine Wirksamkeit verlieren kann, wenn es sich von gesetzloser Gewalt unterminieren lässt. Manchmal kann Gewalt nur durch Gewalt eingedämmt werden. Daher ist es durchaus vorhersehbar, dass es in der Gesellschaft üblicherweise einen

22 Hoebel, *The Law of Primitive Man* (1954), S. 28.

Mechanismus geben muss, der im Bedarfsfall dazu bereitsteht, Gewalt anzuwenden, um das Recht zu stützen. Aber das rechtfertigt in keiner Weise, die Anwendung oder potenzielle Anwendung von Gewalt als kennzeichnendes Merkmal von Recht zu behandeln. Die moderne Wissenschaft ist in hohem Maße auf den Einsatz von Mess- und Prüfgeräten angewiesen; ohne diese Geräte hätte sie nicht erreichen können, was sie erreicht hat. Aber niemand würde aus diesem Grund den Schluss ziehen, dass die Wissenschaft als die Verwendung von Mess- und Prüfgeräten definiert werden sollte. So ist es mit dem Gesetz. Was das Recht in absehbarer Weise tun muss, um seine Ziele zu erreichen, ist etwas gänzlich anderes, als was das Recht selbst ist.

Es gibt einen weiteren Faktor, der zu einer Identifikation von Recht und Gewalt tendiert. Gerade dann, wenn das Rechtssystem selbst Waffengewalt einsetzt, stellen wir die strengsten Anforderungen an ein ordnungsgemäßes Verfahren. In zivilisierten Staaten drängen wir gerade in Strafsachen auf Garantien, die sicherstellen, dass das Recht sich selbst treu bleibt. Daher ist dieser Rechtsbereich, der am engsten mit Gewalt identifiziert wird, auch derjenige, den wir am engsten mit Formalität, Ritualen und feierlich durchgeführten ordnungsgemäßen Verfahren in Verbindung bringen. Diese Identifikation hat eine besondere Bedeutung für die primitive Gesellschaft, in der die ersten Schritte hin zu einer Rechtsordnung wahrscheinlich darauf ausgerichtet sind, Ausbrüche privater Gewalt zu verhindern oder wiedergutzumachen.

Diese Überlegungen erklären, rechtfertigen aber nicht die moderne Tendenz, die physische Gewaltanwendung als Erkennungsmerkmal des Rechts zu sehen. Überprüfen wir diese Identifikation anhand eines hypothetischen Falls. Ein Staat lässt ausländische Händler innerhalb seiner Grenzen nur unter der Bedingung zu, dass sie eine beträchtliche Geldsumme bei der Nationalbank hinterlegen, was die Einhaltung eines speziell auf ihre Tätigkeit anwendbaren Rechtbestandes garantieren soll. Dieser Rechtsbestand wird mit Integrität verwaltet und im Streitfall von Sondergerichten ausgelegt und angewandt. Wird eine Übertretung festgestellt, hebt der Staat aufgrund eines Gerichtsbeschlusses eine Geldstrafe in Form eines Abzugs von der Kaution des Händlers ein. Für die Durchführung dieses Abzugs ist keine körperliche Gewalt, sondern lediglich eine buchhalterische Operation erforderlich; dem Händler steht keine Gewaltanwendung zur Verfügung, die diesen Abzug verhindern könnte. Sicherlich wäre es pervers, einem solchen System den Begriff »Recht« zu verweigern, nur weil es keine Gelegenheit zur Gewaltanwendung oder zur Androhung von Gewalt zur Erfüllung seiner Anforderungen bietet. Wir könnten uns jedoch zu Recht weigern, es als Rechtssystem zu bezeichnen, wenn festgestellt würde, dass seine veröffentlichten Regeln und die in Roben gekleideten Richter eine bloße Fassade für einen in Wirklichkeit rechtlosen Akt der Beschlagnahme sind.

Die Überlegungen, die in dieser Illustration implizit enthalten sind, entbinden uns meiner Meinung nach davon, eine weitere Frage im Detail untersuchen zu müssen: Was genau ist unter Gewalt zu verstehen, wenn sie als Erkennungsmerkmal von Recht verstanden wird? Wenn in einer theokratischen Gesellschaft die Androhung des Höllenfeuers ausreicht, um den Gehorsam gegenüber ihren Gesetzen zu sichern, ist dies »eine Androhung von Gewalt«? Wenn ja, dann beginnt Gewalt eine neue Bedeutung anzunehmen und zeigt einfach an, dass ein Rechtssystem, um richtigerweise als solches bezeichnet zu werden, ein gewisses Mindestmaß an Wirksamkeit in praktischen Belangen erreichen muss, unabhängig von der Grundlage dieser Wirksamkeit – ein Vorschlag, der kaum zu beanstanden, aber auch nicht sonderlich aufsehenerregend ist.

In den meisten Theorien des Rechts wird das Element der Gewalt eng mit der Vorstellung einer formalen Befehls- oder Autoritätshierarchie verbunden. In der bei Hoebel zitierten Passage fehlte diese Assoziation, weil Hoebel als Anthropologe mit dem primitiven Recht befasst war, wo es im Allgemeinen an einer klar definierten hierarchischen Ordnung von Autorität fehlt. Seit der Entstehung des Nationalstaats haben jedoch zahlreiche Rechtsphilosophen von Hobbes über Austin bis Kelsen und

Somló das Wesen des Rechts in einem stufenbauförmigen Aufbau der Staatsmacht gesehen. Diese Sichtweise abstrahiert von der zweckgerichteten Tätigkeit, die notwendig ist, um ein System von Rechtsnormen zu schaffen und aufrechtzuerhalten, und begnügt sich mit einer Beschreibung des institutionellen Rahmens, innerhalb dessen diese Tätigkeit angenommen wird.

Die Rechtsphilosophie hat für diese Abstraktion einen hohen Preis bezahlt. Innerhalb der Schule, die sie akzeptiert, bleiben viele Streitigkeiten ohne jedes klare Prinzip zu ihrer Lösung. Nehmen Sie zum Beispiel die Frage, ob »Recht« nur Regeln einer gewissen Allgemeinheit enthält oder ob es auch »besondere oder gelegentliche Befehle« umfassen sollte. Manche sagen, dass Recht eine Art Allgemeingültigkeit impliziert, andere bestreiten dies. Diejenigen, die sich über die Notwendigkeit der Allgemeingültigkeit einig sind, sind sich nicht einig über die richtige Art und Weise, diese zu definieren; erfordert sie eine Gruppe von Handlungen, eine Gruppe von Personen oder beides?[23] Das ganze Argument, das lediglich auf Bestätigung und Gegenbestätigung beruht, endet in einer Sackgasse. Ich bin der Ansicht, dass diese Debatte ohne vernünftigen Inhalt ist, es sei denn, man beginnt mit der offensichtlichen Wahrheit, dass der Bürger sein Verhalten nicht am Gesetz ausrichten kann, wenn das, was Gesetz genannt wird, ihn lediglich mit einer Reihe sporadischer und unschematischer Ausübungen der Staatsgewalt konfrontiert.

Wenn wir fragen, welchem Zweck es dient, Recht als Befehlshierarchie aufzufassen, kann die Antwort sein, dass diese Auffassung den rechtlichen Ausdruck des politischen Nationalstaates darstellt. Eine minder vage und, wie ich glaube, sachgerechtere Antwort wäre zu sagen, dass sie eine Sorge um das Problem der Konfliktlösung innerhalb des Rechtssystems zum Ausdruck bringt. In der Tat kann man sagen, dass sie ein Prinzip der inneren Moral des Rechts – nämlich widersprüchliche Gesetze zu verurteilen – verabsolutiert und damit alle anderen vernachlässigt. Bei Kelsen und Somló wird diese Konzentration auf die innere

[23] Siehe oben Fn. 6, Kapitel 2, S. 64.

Kohärenz als grundlegendes Element ihrer Theorien deutlich.[24] Sicherlich ist es wünschenswert, dass ungelöste Widersprüche innerhalb eines Rechtssystems vermieden oder aufgelöst werden, wenn sie auftreten. Aber wenn man die Angelegenheit unvoreingenommen betrachtet, welchen Grund kann es für eine Präferenz zwischen einem Rechtssystem voller Widersprüche und einem System geben, in dem die Regeln so vage sind, dass man nicht wissen kann, ob sie einander widersprechen oder nicht?

Man kann antworten, dass gesunder Menschenverstand und das Bestreben, seine Maßnahmen wirksam zu machen, den Gesetzgeber in der Regel dazu veranlassen werden, seine Gesetze einigermaßen klar zu formulieren, während Widersprüche zwischen den von verschiedenen Staatsbehörden angewandten Regeln ein ständiges Problem darstellen. Bevor wir diese Antwort gelten lassen, sollten wir uns auf jeden Fall mit den überaus realen Versuchungen befassen, denen ein Staat ausgesetzt sein kann, seine Gesetze vage zu formulieren. Aber noch grundlegender ist, dass die ganze Angelegenheit falsch verstanden wird, wenn wir, anstatt unsere Probleme zu klären und nach geeigneten Lösungen zu suchen, versuchen, unsere Schwierigkeiten durch ein definitorisches Fiat auszuschließen. Es ist schön und gut, Recht so zu definieren, dass es sich nicht selbst widersprechen kann, denn theoretisch besteht stets eine höhere Instanz, die Streitigkeiten auf einer niedrigeren Ebene lösen kann. Aber das lässt die praktischen Probleme des Widerspruchs unangetastet, insbesondere die der Klärung dessen, was in engen Fällen als Widerspruch angesehen werden soll. Obwohl sich Kelsen und Somló intensiv mit dem Problem der Lösung von Widersprüchen beschäftigen, erörtert, soweit ich feststellen kann, keiner der beiden jemals ein einziges Problem der Art, das in der Praxis Schwierigkeiten bereiten könnte. Stattdessen befasst sich die ganze Diskussion mit solchen Abstraktionen wie dass »es logisch unmöglich ist, anzu-

[24] Siehe Kelsen, *General Theory of Law and State* (1945), S. 401–04 und Indexeintrag »Non-contradiction, principle of Somló«, *Juristische Grundlehre* (2. Aufl. 1927), Indexeintrag »Widersprüche des Rechts«.

nehmen sowohl ›A soll sein‹ und ›A soll nicht sein‹«[25] – ein Vorschlag, der kaum geeignet ist, einem Richter zu helfen, der mit einem Gesetz kämpft, das in einem Abschnitt zu sagen scheint, dass Herr A eine Steuer zahlen muss, und in einem anderen, dass er davon befreit ist. Ebenso wenig würde ein Richter, der mit einem solchen Gesetz konfrontiert ist, viel Hilfe aus Somlós Prinzip ziehen, dass bei einem »echten« Widerspruch im Gegensatz zu einem »scheinbaren« Widerspruch die gegensätzlichen Regeln als einander aufhebend angesehen werden sollten.[26]

Selbst wenn wir alle Probleme des Widerspruchs durch eine Definition lösen könnten, ist keineswegs klar, dass eine sauber definierte Hierarchie der Autorität immer der beste Weg ist, um Konflikte innerhalb eines Rechtssystems zu lösen. Bei der Diskussion darüber, wie die Rechtslage ist, wenn die unteren Gerichte uneins sind, geht Gray von einer richterlichen Hierarchie aus und gibt die offenkundige Antwort, dass in einem solchen Fall das, was das oberste Gericht sagt, gilt.[27] Aber man kann sich leicht ein System gleichberechtigter Gerichte vorstellen, in dem die Richter von Zeit zu Zeit zusammenkommen, um etwaige Konflikte unter ihnen durch einen Prozess der Diskussion und gegenseitigen Anpassung auszugleichen. Etwas Ähnliches ist zweifellos geschehen, als Berufungsrichter den Vorsitz in Verfahren führten und zweifelhafte Fälle zur Diskussion vor das gesamte Gericht brachten.

In gewerkschaftlich organisierten Industriesparten haben wir hierzulande eine Institution, die »industrielle Rechtsprechung« genannt wurde. Die Regeln, die die Beziehungen innerhalb eines Industriebetriebs regeln, werden nicht durch den Erlass einer gesetzgebenden Körperschaft, sondern durch einen Vertrag zwischen der Unternehmensleitung und einer Gewerkschaft festgelegt. Die Gerichtsbarkeit dieses Rechtssystems wird durch Schiedsrichter gebildet, die wiederum einvernehmlich gewählt

25 Kelsen, S. 374.
26 Somló, S. 383.
27 *The Nature and Sources of the Law* (2. Aufl. 1921), S. 117.

werden. In einem solchen System gibt es natürlich Möglichkeiten zu scheitern. Die Grundsatzcharta der Rechte der Parteien, der Tarifvertrag, kann aufgrund eines Scheiterns der Vereinbarung zwischen der Unternehmensleitung und der Gewerkschaft nicht zustande kommen. Wenn es im Rahmen einer erfolgreich ausgehandelten Vereinbarung zu einem Streitfall kommt, können sich die Parteien möglicherweise nicht auf die Ernennung eines Schiedsrichters einigen. Üblicherweise wird mit Blick auf diese Möglichkeit formal vorgesorgt; für den Fall, dass sich die Parteien nicht auf einen Schiedsrichter einigen können, kann beispielsweise die American Arbitration Association ermächtigt werden, einen Schiedsrichter zu benennen. Eine solche Bestimmung bietet jedoch weder den Schlüssel zum Erfolg noch Gewähr gegen Misserfolg. Alle Rechtssysteme können zusammenbrechen, auch diejenigen mit den säuberlichsten Befehlsketten.

Pashukanis stellt im Zuge seiner Diskussion von Theorien, die das Recht mit einer hierarchischen Ordnung der Autorität identifizieren, scharfsinnig fest,[28] dass wir, wenn eine ordentliche Befehlskette die wichtigste Eigenschaft des Rechts wäre, das Militär als den archetypischen Ausdruck der juristischen Ordnung betrachten sollten. Eine solche Auffassung würde jedoch den elementarsten gesunden Menschenverstand verletzen. Die Quelle dieser Spannung zwischen Theorie und Alltagsweisheit liegt ganz offensichtlich in einer Konzentration der Theorie auf die formale Struktur zum Preis der Vernachlässigung der zweckgerichteten Aktivität, die diese Struktur angeblich organisieren soll. An dieser Stelle erübrigt sich der Versuch einer ausführlichen Analyse der Unterschiede zwischen der Art der hierarchischen Ordnung, die für militärische Zwecke erforderlich ist, und dem, was man für ein Rechtssystem für wesentlich halten könnte. Man muss nur an das übliche und recht mühsame Problem einer Rechtsordnung denken, zu wissen, was zu tun ist, wenn ein juris-

[28] Pashukanis, *The General Theory of Law and Marxism* (1927), übers. Babb in *Soviet Legal Philosophy*, 20th Century Legal Philosophy Series, 5 (1951), 111–225, S. 154.

tischer Laie sich auf eine fehlerhafte Auslegung des Rechts durch eine Behörde verlässt, die eine niedrigere Stufe der Leiter des Rechts besetzt. Es liegt auf der Hand, dass sich innerhalb einer militärischen Ordnung keine ähnliche Frage stellen kann, außer in Zeiten des Kriegsrechts, wenn das Militär die Funktion übernimmt, das Verhalten von Laien zu lenken.

Unsere Diskussion der Rechtstheorien wäre unvollständig, würden wir das Prinzip der parlamentarischen Souveränität nicht erwähnen, jene Doktrin, der zufolge im Vereinigten Königreich beispielsweise dem Parlament eine uneingeschränkte Gesetzgebungskompetenz zugeschrieben wird. Diese Doktrin verdient es, hier untersucht zu werden, weil sie eng mit Theorien verbunden ist, die eine hierarchische Autoritätsordnung als wesentliches Kennzeichen eines Rechtssystems akzeptieren.

Die Parlamentssouveränität kann natürlich voll und ganz durch ein Argument politischer Vorsicht unterstützt werden, das besagt, dass es immer wünschenswert ist, über eine Reserve von Gesetzgebungsbefugnissen zu verfügen, um auf unvorhergesehene Umstände vorbereitet zu sein. Ausdrückliche Einschränkungen der Macht der Legislative, die im Zeitpunkt ihrer Verabschiedung klug und vorteilhaft erscheinen, können später dazu dienen, Maßnahmen zu blockieren, die notwendig sind, um mit drastisch veränderten Rahmenbedingungen umzugehen. Wenn der Druck der Umstände zu hoch wird, kann die Beschränkung durch Ausweichmanöver und Fiktionen umgangen werden, die ihrerseits einen hohen Preis in Gestalt der Verzerrungen fordern, die sie in die moralische Atmosphäre der Staatsgewalt und sogar in ihre institutionelle Struktur einbringen. Diese Punkte lassen sich hypothetisch durch einen Hinweis auf die striktesten Restriktionen in unserer eigenen Verfassung veranschaulichen. Dabei handelt es sich um die Bestimmung, dass keinem Staat ohne seine Zustimmung »das gleiche Wahlrecht im Senat entzogen werden darf«.[29] Dies ist die einzige derzeit in Kraft stehende

[29] Art. V.

verfassungsrechtliche Beschränkung, die sogar der Änderung der Verfassung selbst entzogen ist.

Nun ist es möglich, dass es – vielleicht als Folge einer Naturkatastrophe – zu einem radikalen Rückgang der Bevölkerung einiger Staaten kommt, so dass, sagen wir, ein Drittel der Staaten nur noch eine Bevölkerung von jeweils etwa tausend Personen umfassen würde. In einer solchen Situation könnte eine gleichberechtigte Vertretung im Senat zu einer politischen Absurdität werden. Wenn das Recht auf paritätische Vertretung respektiert wird, könnte das gesamte politische Leben der Nation tödlich verstümmelt werden. In einer solchen Situation kommt einem natürlich die Möglichkeit eines juristischen Manövers in den Sinn. Könnten wir vielleicht die Befugnis zu Verfassungsänderungen dazu nutzen, die Rolle des Senats auf etwas wie die des Oberhauses zu reduzieren? Oder den Senat zugunsten eines Einkammerparlaments abschaffen? Oder steht die öffentliche Meinung hinter uns, sodass es ausreicht, den Senat einfach in »Ältestenrat« umzubenennen und dann die Vertretung im Senat neu zu regeln?

Wenn wir die offensichtliche Rigidität einer geschriebenen Verfassung mit dem Prinzip der Parlamentssouveränität vergleichen, dürfen wir uns nicht durch den Anschein einer schroffen Einfachheit irreführen lassen, die das letztere Prinzip darstellt. Parlamentarische Souveränität bedeutet faktisch, dass das Parlament über dem Gesetz in dem Sinne steht, dass es jedes Gesetz ändern kann, das ihm nicht gefällt. Aber paradoxerweise gewinnt es diese Position der Überlegenheit über das Gesetz nur dadurch, dass es sich selbst dem Gesetz unterwirft – dem Gesetz seines eigenen internen Verfahrens. Damit eine Körperschaft Gesetze erlassen kann, muss sie sich an Gesetze halten, die bestimmen, wann ein Gesetz erlassen wird. Dieser Rechtsbestand ist selbst allen Arten von Scheitern überantwortet, die jedes andere Rechtssystem heimsuchen können – er kann zu vage oder widersprüchlich sein, um eine sichere Orientierung zu geben, und vor allem können ihre Standards in der Praxis so missachtet werden, dass sie im Bedarfsfall nicht eingehalten werden. Jede Art von

Krise, die einen Zusammenbruch rigider verfassungsrechtlicher Einschränkungen der Gesetzgebungsbefugnis verursachen kann, kann auch, und vielleicht ebenso leicht, einen Zusammenbruch der rechtmäßigen Gesetzgebungsprozesse verursachen. Sogar in England, wo Menschen dazu neigen, sich an die Regeln zu halten und geradlinig zu sein, heißt es, dass die Gerichte einst eine Maßnahme – aufgrund eines Eintrags in den Parlamentsprotokollen – als Gesetz anwendeten, die vom Parlament nie wirklich erlassen wurde.[30] Die Struktur von Autorität, so oft unbedacht für das Organisationsprinzip des Rechts gehalten, ist ihrerseits ein Produkt des Rechts.

In jenem Land, in dem die Doktrin der parlamentarischen Souveränität am energischsten gepflegt wird, werden die Diskussionen über sie nicht in Bezug auf die Klugheit der Einrichtung als solcher, sondern eher in Bezug auf Rechtsfragen geführt. Diejenigen, die die Doktrin unterstützen, haben sie im Allgemeinen als ein Rechtsprinzip angesehen, das ausschließlich durch juristische Argumente gestützt oder widerlegt werden muss; Kritiker der Doktrin haben diese thematische Zusammenführung im Allgemeinen akzeptiert. Die Theorien, die die Doktrin tatsächlich geprägt haben, sind diejenigen, die das zur Schau stellen, was ich als unheilvolle Abstraktion vom Vorhaben bezeichnet habe, ein System von Regeln zur Kontrolle menschlichen Verhaltens zu schaffen und zu vollziehen.

Die Auswirkungen dieser Abstraktion werden an einer entscheidenden Stelle in Diceys klassischer Verteidigung der Herrschaft der Parlamentssouveränität deutlich. Im abschließenden Absatz seines Hauptarguments vertritt er die Ansicht, dass bestimmte vom Parlament erlassene Gesetze »die höchste Ausübung und den krönenden Beweis souveräner Macht«[31] darstellen.

Welche Beschlüsse sind es, die diese außergewöhnlichen Qualitäten besitzen? Nach Diceys eigenen Worten handelt es sich da-

30 Dicey, *The Law of the Constitution* (10. Aufl., 1960), Einleitung, xl.
31 Ebd. S. 50.

bei um »Akte wie diejenigen, die gültige Ehen für gültig erklären, die aufgrund eines Formfehlers oder aus anderen Gründen nicht richtig geschlossen wurden«, und um Gesetze, »deren Zweck es ist, Rechtsgeschäfte, die zum Zeitpunkt ihres Zustandekommens illegal waren, für rechtmäßig zu erklären oder Einzelne von gesetzlichen Verbindlichkeiten für rechtswidriges Handeln zu befreien«.[32] Es waren solche Beschlüsse, von denen Dicey schrieb: »Da sie gleichermaßen die Legalisierung der Illegalität sind«, stellen sie »die höchste Ausübung und den krönenden Beweis souveräner Macht« dar.

Nur eine Theorie, die die Realitäten der Schaffung und Verwaltung eines Rechtssystems völlig außer Acht lässt, konnte ein solch pauschales – wenn auch glücklicherweise höchst metaphorisches – Urteil über rückwirkende Gesetze fällen. Es sei daran erinnert, dass andere Anhänger derselben allgemeinen Denkschule, der auch Dicey angehörte, rückwirkende Gesetze als eine routinemäßige Ausübung von Gesetzgebungsbefugnissen angesehen haben, die für die Rechtstheorie keine besonderen Probleme darstellen.[33] Diese diametral entgegengesetzten Ansichten, die im Rahmen derselben allgemeinen Theorie entstehen, sind, wie ich meine, symptomatisch für eine fehlende ernsthafte Befassung mit den Problemen der Rechtsetzung.

Eine ähnliche Unbekümmertheit zeigt sich in den Schlussfolgerungen, die Dicey aus der Regel der Parlamentsoberhoheit zu ziehen bereit ist. Die bekannteste dieser Schlussfolgerungen kommt in den folgenden Worten zum Ausdruck: »Das Parlament könnte sich selbst auslöschen, indem es sich dem Recht entsprechend auflöst und keine Mittel hinterlässt, mit denen ein nachfolgendes Parlament rechtmäßig einberufen werden könnte.«[34] Das ist in etwa so, als würde man sagen, dass sich die Lebenskraft sogar im Akt des Selbstmordes manifestiert – eine Aussage, die vielleicht eine gewisse existenzielle Poesie für sich hat, aber etwa

32 Ebd. S. 49–50.
33 Siehe insb. Somló, oben Fn. 4, S. 121.
34 Ebd. S. 68–70.

so weit von den gewöhnlichen Angelegenheiten und Sorgen der Menschen entfernt ist wie Diceys rechtliche Genehmigung des Selbstmordes einer Rechtsordnung.

Bei der Erörterung der rechtlichen Allmacht des Parlaments besteht die Tradition, Aussagen, die extrem bis hin zur Absurdität sind, durch ebenso absurde Illustrationen zu überprüfen. Diese Tradition wird in meinem nächsten Beispiel vollumfänglich respektiert. Fügen wir zwei von Diceys Behauptungen zusammen, dass das Parlament sich selbst legal endigen kann und »dass [das] Parlament … nach der englischen Verfassung das Recht hat, jedes beliebige Gesetz zu erlassen oder aufzuheben«.[35] Nehmen wir nun an, dass das Parlament in einer psychotischen Zukunft die folgenden Maßnahmen beschließen würde: (1) dass alle Personen, die zur Zeit Mitglieder des Parlaments sind, von nun an frei von der Beschränkung irgendwelcher Gesetze sein sollten und berechtigt sein sollten, ohne gesetzliche Strafe zu rauben, zu töten und zu vergewaltigen; (2) dass jede Einmischung in die Handlungen dieser Personen eine Straftat sein sollte, die der Todesstrafe unterliegt; (3) dass alle anderen Gesetze, welcher Art auch immer, aufgehoben werden; und (4) dass das Parlament endgültig aufgelöst werden sollte. Es ist sicherlich schwer vorstellbar, dass irgendein Anwalt, der nach Rücksprache mit Dicey einen seiner Mandanten dahingehend berät, dass »rein rechtlich betrachtet« die randalierenden und vergewaltigenden Parlamentarier innerhalb ihrer gesetzlichen Rechte handeln und dass der Mandant sich selbst der moralischen Frage stellen müsste, ob er das Gesetz verletzen sollte, indem er gegen sie die Hand erhebt. Irgendwann verabschieden wir uns von dem Gravitationsfeld, in dem die Unterscheidung zwischen Recht und Nicht-Recht Sinn macht. Ich meine, dass dieser Punkt weit hinter der von mir beschriebenen Situation zurückbleibt und in der Tat erreicht wird, wenn wir anfangen zu fragen, ob parlamentarischer Selbstmord möglich ist oder ob das Parlament alle seine Befugnisse formal einem Diktator übertragen kann oder ob das Parlament beschlie-

35 Ebd. S. 39–40.

ßen kann, dass alle zukünftigen Gesetze, die es erlässt, vor den Rechtsunterworfenen geheim gehalten werden. Die ersten beiden Fragen sind Wasser auf Diceys Mühle; mit der dritten beschäftigt er sich natürlich nicht, obwohl sie im Hinblick auf die Lehren der Geschichte die am wenigsten phantasievolle unter den dreien ist.

Damit schließe ich meine Kritik an bestimmten Theorien des Rechts, die der in diesen Kapiteln unternommenen Untersuchung entgegenstehen könnten, ab. Zusammenfassend für die von mir vorgebrachte Sichtweise kann ich wiederholen, dass ich versucht habe, das Recht als ein zweckgerichtetes Bestreben zu sehen, das typischerweise mit einigen Schwierigkeiten verbunden ist, die es überwinden muss, wenn es erfolgreich dabei sein soll, seine Ziele zu erreichen. Im Gegensatz dazu scheinen mir die Theorien, die ich zurückgewiesen habe, am Rande dieses Bestrebens zu spielen, ohne sich jemals direkt mit ihren Problemen zu befassen. So wird das Recht als »die Existenz öffentlicher Ordnung« definiert, ohne zu fragen, welche Art von Ordnung gemeint ist oder wie sie zustande kommt. Auch hier heißt es, das Unterscheidungsmerkmal des Rechts liege in einem Mittel, namentlich der »Gewalt«, das typischerweise eingesetzt wird, um seine Ziele zu erreichen. Es wird, außer dass es den Einsatz erhöht, nicht anerkannt, dass die Anwendung oder Nichtanwendung von Gewalt die wesentlichen Probleme derer, die die Gesetze erlassen und vollziehen, unverändert lässt. Schließlich gibt es Theorien, die sich auf die hierarchische Struktur konzentrieren, von der gemeinhin angenommen wird, dass sie das von mir als Recht bezeichnete Bestreben organisiert und lenkt, allerdings wiederum ohne anzuerkennen, dass diese Struktur selbst ein Produkt des Bestrebens ist, das in Ordnung zu bringen sie vorgesehen ist.

An diesem Punkt bin ich sicher, dass es manche geben wird, die zwar im Allgemeinen mit meinen Verneinungen und Ablehnungen übereinstimmen, aber dennoch ein gewisses Unbehagen gegenüber der Auffassung empfinden, die ich als meine eigene dargestellt habe. Ihnen wird der Rechtsbegriff, der dieser

Abhandlung zugrunde liegt, zu locker sein, zu nachgiebig, zu offen, was seine Anwendung auf ein zu breites Spektrum von Vorgängen anlangt, als dass er in signifikanter Weise als gesonderte Art der Betrachtung von Recht dienen könnte. Dies sind Kritikpunkte, mit denen ich mich in Kürze befassen werde. Doch zunächst möchte ich einem Vergleich nachgehen, der dazu dienen kann, die hier vorgestellte Konzeption zu unterstützen.

Der Begriff der Wissenschaft

Der Vergleich, der mir vorschwebt, ist jener mit der Wissenschaft, womit ich in erster Linie die so genannten physikalischen und biologischen Wissenschaften meine.

Auch die Wissenschaft kann als eine besondere Ausrichtung menschlicher Anstrengung betrachtet werden, die auf ihre besonderen Probleme stößt und oft in typischer Weise dabei scheitert, sie zu lösen. So wie es Rechtsphilosophien gibt, so gibt es auch Wissenschaftsphilosophien. Manche Wissenschaftsphilosophen, insbesondere Michael Polanyi, beschäftigen sich in erster Linie mit der Tätigkeit des Wissenschaftlers, im Bemühen, dessen eigentliche Ziele und die Praktiken und Institutionen auszumachen, die dazu beitragen, sie zu erreichen. Andere scheinen ihre Theorien auf verschiedene geistreiche Weise über die Peripherie der Arbeit des Wissenschaftlers auszuschmücken. In der Literatur zu stöbern, so wie ich es getan habe, würde darauf schließen lassen, dass die Parallelen zwischen Rechts- und Wissenschaftsphilosophien in der Tat frappierend sind. Holmes' Definition von Recht fehlt es im Hinblick auf ihre Schnittigkeit nicht an Affinität zu Bridgmans »Operationalismus«[36]. Ein Verfechter des »wissenschaftlichen Empirismus« hat ausdrücklich behauptet, dass seine Philosophie nichts über den Akt der wissenschaftlichen Entdeckung selbst zu sagen habe, weil dieser sich

36 *The Logic of Modern Physics* (1949), S. 3–9 et passim.

»der logischen Analyse entzieht«[37]. Man wird sofort daran erinnert, dass Kelsen alle wichtigen Probleme, die mit der Entstehung und Auslegung von Gesetzen verbunden sind, in das Reich des »Meta-Juristischen« verbannt hat.

Ich werde hier jedoch nicht versuchen, einen weiteren Exkurs in die gegenwärtige wissenschaftsphilosophische Literatur zu unternehmen. Stattdessen werde ich drei hypothetische Definitionen von Wissenschaft nach den von der Rechtstheorie vorgestellten Modellen konstruieren.

Bei der Definition von Wissenschaft ist es durchaus möglich und auch durchaus üblich, sich auf ihre Ergebnisse zu konzentrieren, statt auf die Tätigkeit, die diese Ergebnisse hervorbringt. Entsprechend der Ansicht, dass das Recht einfach »die Existenz der öffentlichen Ordnung« ist, können wir also behaupten, dass »Wissenschaft dann existiert, wenn Menschen die Fähigkeit haben, die Phänomene der Natur vorherzusagen und zu kontrollieren«. Als Parallele zur Ansicht, dass Recht durch die Anwendung von Gewalt gekennzeichnet ist, können wir, wie ich bereits vorgeschlagen habe, eine Wissenschaftstheorie annehmen, die sie als die Anwendung bestimmter Arten von Instrumenten definiert. Bei der Suche nach einem Analogon für hierarchische Theorien des Rechts stoßen wir auf die Schwierigkeit, dass wir uns Wissenschaft, außer in einem totalitären Kontext, nicht sehr gut als eine hierarchische Ordnung wissenschaftlicher Autorität vorstellen können. Aber wir können uns daran erinnern, dass bei Kelsen der Stufenbau des Rechts keine Hierarchie menschlicher Handlungsweisen, sondern eine Hierarchie von Normen darstellt. Aufbauend auf dieser Vorstellung können wir dann Wissenschaft als »eine Anordnung von Aussagen über Naturphänomene in einer aufsteigenden Reihenfolge der Allgemeinheit« definieren.

Nun kann man nicht sagen, dass irgendeine dieser Ansichten falsch ist. Es ist einfach so, dass keine von ihnen den Laien auf den Weg zu einem wirklichen Verständnis von Wissenschaft und der damit verbundenen Probleme bringen würde. Auch würden

[37] Reichenbach, *The Rise of Scientific Philosophy* (1951), S. 231.

sie dem Wissenschaftler, der die Ziele der Wissenschaft und die institutionellen Arrangements, die diesen Zielen förderlich sind, für sich selbst klären wollte, nicht nützlich sein.

Kürzlich hat es eine Reformbewegung in der wissenschaftlichen Ausbildung gegeben, insbesondere in den allgemeinen wissenschaftlichen Kursen für diejenigen, die nicht erwarten, Wissenschaftler zu werden. Ältere Kurse dieser Art boten im Allgemeinen eine Art Panoramablick auf die Errungenschaften der Wissenschaft, ergänzt durch eine weitgehend abstrakte Diskussion einiger Probleme der wissenschaftlichen Methode, insbesondere der Induktion und Verifikation. In neueren Kursen wurde versucht, den Studierenden einen Einblick in die Art und Weise zu geben, wie ein Wissenschaftler nach neuen Wahrheiten greift. In dem von Conant eingeführten Kurs geschieht dies durch das Studium von Fallbeispielen. Ziel ist es, den Studierenden indirekte Erfahrung im Akt der wissenschaftlichen Entdeckung zu vermitteln. Auf diese Weise hofft man, dass sie ein gewisses Verständnis für die »Taktik und Strategie der Wissenschaft«[38] erlangen.

Michael Polanyis größte Leistung bestand wahrscheinlich in seinen Theorien über das, was man im Großen und Ganzen die Epistemologie der wissenschaftlichen Entdeckung nennen kann. Aber soweit er das Thema der vorliegenden Schrift berührt, liegt sein markantester Beitrag in der Konzeption des wissenschaftlichen Unterfangens.[39] Mit ihm ist dieses Unterfangen ein gemeinschaftliches, das nach den institutionellen Formen und Praktiken sucht, die seinen besonderen Zielen und Problemen angemessen ist. Auch wenn geniale Menschen revolutionäre Theorien einführen mögen, können sie dies nur tun, wenn sie auf den Gedanken, den Erkenntnissen und den Fehlern ihrer Vorgänger und Zeitgenossen aufbauen. Innerhalb der wissenschaftlichen Gemeinschaft ist die Freiheit des einzelnen Wissenschaftlers nicht einfach eine Möglichkeit zur Selbstbehauptung, sondern ein

[38] *Science and Common Sense* (1951).
[39] *The Logic of Liberty* (1951); *Personal Knowledge* (1958).

unverzichtbares Mittel, um die gemeinsame Suche nach wissenschaftlicher Wahrheit effektiv zu organisieren.

Die Berufung des Wissenschaftlers hat ihr unverwechselbares Ethos, ihre innere Moral. Wie die Moral des Rechts muss sie, dem Wesen der Anforderungen entsprechend, die sie zu erfüllen hat, eine Moral der Aspiration, nicht der Pflicht sein. Ich denke, ein einziges Beispiel wird ausreichen, um deutlich zu machen, warum dies so sein muss.

Ein Wissenschaftler glaubt, dass er eine grundlegende Entdeckung gemacht hat, die die Forschungen anderer berühren und voranbringen könnte. Wann sollte er seine Ergebnisse veröffentlichen? Es ist klar, dass er, wenn er tatsächlich eine wichtige Entdeckung gemacht hat, diese der wissenschaftlichen Gemeinschaft bekannt machen muss, auch wenn er zum Beispiel voraussehen kann, dass ein rivalisierender Wissenschaftler, darauf aufbauend, vielleicht in der Lage sein könnte, eine weitere Entdeckung zu machen, die seine eigene überschattet. Auf der anderen Seite muss er sicher sein, dass er tatsächlich die Entdeckung gemacht hat, von der er glaubt, sie gemacht zu haben, denn wenn er voreilig in Druck geht, könnte er die Zeit anderer verschwenden, indem er ihren Forschungen eine falsche Richtung vorgibt.

Es sind Fragen dieser Art, die Polanyi im Sinn hat, wenn er, unter Rückgriff auf einen rechtlichen Begriff, von einem »treuhänderischen« Wissenschaftskonzept spricht. Es besteht in der Tat eine enge Übereinstimmung zwischen der Moral der Wissenschaft und der des Rechts. Unerhörte Abweichungen sind in beiden Fällen leicht zu erkennen. In beiden Bereichen kann ein Festhalten an traditionellen Vorgehensweisen oder ein Zusammentreffen von Eigeninteresse und Berufsethik verhindern, dass irgendeine moralische Frage auftaucht. Dennoch können beide Moralkonzepte zuweilen schwierige und subtile Probleme aufwerfen, die keine einfache Pflichtformel lösen kann. Was beide Moralkonzepte anlangt, so kann das allgemeine Niveau der Wahrnehmung und des Verhaltens von einem Land zum anderen oder innerhalb eines Landes von einem sozialen Kontext zum anderen erheblich variieren.

Ohne ein gewisses Verständnis für die Taktik und Strategie der wissenschaftlichen Unterfangen und für ihr unverwechselbares Ethos kann der Laie, so meine ich, keine vernünftig informierte Meinung zu Fragen wie den folgenden haben: Wie sollte die Regierungspolitik mit Blick auf die Wissenschaft aussehen? Wie kann wissenschaftliche Forschung in neu entstehenden Ländern am effektivsten eingeführt und gepflegt werden? Was genau sind die Kosten, die die Gesellschaft direkt und indirekt zu tragen hat, wenn die aus der wissenschaftlichen Moral erfließenden Verpflichtungen ignoriert oder nur lose befolgt werden? Ich denke, ich muss keine besondere Mühe aufwenden, um zu beweisen, dass all diese Fragen enge Verwandte im Recht haben. Es besteht kein Anlass, zu zeigen, dass die rechtlichen Fragen, die denen der Wissenschaft entsprechen, von jeder Rechtsphilosophie unbeantwortet bleiben müssen, die von der Art des Bestrebens abstrahiert, das wir Recht nennen.

Einwände gegen den hier vertretenen Rechtsbegriff

Ich wende mich nun einigen Einwänden zu, die gegen jede Untersuchung erhoben werden können, die Recht als »das Unterfangen, menschliches Verhalten der Herrschaft von Regeln zu unterwerfen«, behandelt.

Der erste derartige Einwand würde in etwa so lauten: Von einem Rechtssystem als einem »Unterfangen« zu sprechen, bedeutet, dass es mit unterschiedlichem Erfolg betrieben werden kann. Dies würde bedeuten, dass die Existenz eines Rechtssystems eine Frage des Ausmaßes ist. Eine solche Auffassung würde den elementarsten Voraussetzungen des Rechtsdenkens widersprechen. Weder ein Rechtsstaat noch ein Rechtssystem kann »halb existieren«.

Dem entgegne ich, dass selbstverständlich sowohl Rechtsnormen als auch Rechtssysteme nur zur Hälfte existieren können und es auch tun. Diese Bedingung ergibt sich, wenn die zweckgerichtete Anstrengung, die notwendig ist, um sie voll zur Geltung zu bringen, sozusagen nur halb erfolgreich war.

Die Wahrheit, dass es bei diesen Bemühungen unterschiedliche Grade des Erfolgs gibt, wird durch die Konventionen der gewöhnlichen Rechtssprache verdunkelt. Diese Konventionen entspringen dem lobenswerten Wunsch, in unsere Redeweise nicht eine allgegenwärtige Ermutigung zur Anarchie einzubauen. Es ist wahrscheinlich richtig, dass unsere Rechtssprache einen Richter als einen Richter behandelt, auch wenn ich von einem bestimmten Inhaber eines gerichtlichen Amtes einem anderen Juristen gegenüber ganz aufrichtig festhalten darf: »Er ist kein Richter«. Die stillschweigenden Beschränkungen, die eine Anerkennung von Unvollkommenheiten und Grauschattierungen aus unserer gewöhnlichen Weise, über Recht zu sprechen, ausschließen, haben ihren Platz und ihre Funktion. Sie haben keinen Platz und keine Funktion bei dem Versuch, die fundamentalen Probleme zu untersuchen, die dabei gelöst werden müssen, ein System von Rechtsregeln zu schaffen und zu vollziehen.

Von keinem anderen komplexen menschlichen Unterfangen wäre jemals angenommen worden, dass es anders als mit wechselndem Erfolg betrieben werden könnte. Wenn ich frage, ob Bildung in einem bestimmten Land »existiert«, wäre die erwartete Antwort, nachdem sich der Adressat meiner Frage aus einer gewissen Verwirrung über ihre Form gefangen hat, so etwas in der Art: »Nun ja, ihre Leistungen auf diesem Gebiet sind sehr gut« oder »Nun ja, aber nur in sehr rudimentärer Weise«. So wäre es mit der Wissenschaft, der Literatur, dem Schach, der Geburtshilfe, der Konversation und der Begräbnisgestaltung. Es könnte sicherlich zu Diskussionen über die richtigen Standards für die Beurteilung von Leistungen kommen und natürlich müsste jeder Versuch einer quantitativen Beurteilung (wie z. B. »halber« Erfolg) als metaphorisch betrachtet werden. Nichtsdestotrotz wäre die normale Erwartung, dass eine Leistung zwischen Null und einer theoretischen Perfektion liegt.

Nur beim Recht ist es anders. Es ist wirklich erstaunlich, wie sehr das moderne rechtsphilosophische Denken von der Annahme durchdrungen ist, dass das Recht wie ein Stück träger Materie ist – das da ist oder nicht. Nur eine solche Annahme könnte Rechtsgelehrte dazu veranlassen, beispielsweise anzunehmen, dass die »Gesetze«, die die Nationalsozialisten in ihren letzten Jahren erlassen haben, Gesetze und in Abstraktion von ihren bösen Zielen betrachtet ebenso Gesetze waren wie die Englands und der Schweiz. Eine noch groteskere Ausprägung dieser Annahme ist die Vorstellung, dass die moralische Verpflichtung des anständigen deutschen Staatsbürgers, diese Gesetze zu befolgen, in keiner Weise dadurch beeinträchtigt wurde, dass sie zum Teil seiner Kenntnis vorenthalten wurden, dass einige von ihnen rückwirkend Massenmord »geheilt« haben, dass sie weiten exekutiven Ermessensspielraum enthielten, um die von ihnen bestimmten Straftaten neu zu definieren, und dass jedenfalls ihre tatsächlichen Anforderungen weitgehend missachtet wurden, wenn es den Bedürfnissen der zu ihrer Anwendung berufenen Militärgerichte entsprach.[40]

Ein möglicher zweiter Einwand gegen die hier vertretene Ansicht besteht darin, dass sie die Existenz von mehr als einem Rechtssystem zulässt, das für dieselbe Bevölkerung gilt. Die Antwort ist natürlich, dass es solche Mehrfachsysteme gibt und dass sie in der Geschichte häufiger vorkommen als einheitliche Systeme.

In unserem Land unterliegt heute der Bürger eines jeden Staates zwei verschiedenen Rechtssystemen, dem des Bundes und dem des Landes. Selbst wenn es kein föderales System gibt, kann es ein einziges Rechtssystem geben, das Ehe und Scheidung regelt, ein weiteres, das die Handelsbeziehungen regelt, und noch ein drittes, das den Rest regelt, wobei alle drei Systeme getrennt durch Sondergerichte vollzogen werden.

Mehrere Systeme können sowohl für die Theorie als auch für die Praxis zu Schwierigkeiten führen. Schwierigkeiten der ersten Art können sich nur dann ergeben, wenn die Theorie sich der Auffassung verschrieben hat, dass der Rechtsbegriff eine sauber

[40] Siehe die Diskussion und Nachweise oben S. 53.

definierte Autoritätshierarchie mit einer obersten gesetzgebenden Gewalt an der Spitze erfordert, die selbst frei von rechtlichen Zwängen ist. Eine Möglichkeit, diese Theorie mit den Fakten des politischen Lebens zu versöhnen, besteht darin, zu sagen, dass es zwar drei Systeme A, B und C zu geben scheint, B und C aber in Wirklichkeit nur durch die rechtliche Duldung durch A existieren. Man könnte, führte man diesen Gedanken weiter, annehmen, dass die höchste Rechtsmacht das, was sie erlaubt, implizit anordnet und so das, was drei Systeme zu sein scheint, eigentlich nur eines ist – »in der gedanklichen Anschauung des Rechts«.

Praktische Schwierigkeiten können entstehen, wenn es zu echten Reibungen zwischen den Systemen kommt, weil ihre Zuständigkeitsgrenzen nicht klar definiert wurden und vielleicht auch nicht klar definiert werden können. Eine Lösung dieses Problems, soweit es die Kompetenzverteilung zwischen Gesamtstaat und Gliedstaat in einem föderalen System betrifft, besteht darin, Streitigkeiten einer gerichtlichen Entscheidung im Rahmen einer geschriebenen Verfassung zu unterwerfen. Dieses Instrument ist nützlich, aber nicht in allen Fällen unverzichtbar. In der Vergangenheit haben Doppel- und Dreifachsysteme ohne ernsthafte Reibungsverluste funktioniert und wenn es zu Konflikten kam, wurden diese oft durch eine Art freiwilliger Anpassung gelöst. Dies geschah in England, als die Common-Law-Gerichte begannen, viele der von den Handelsgerichten im Rahmen der Lex Mercatoria entwickelten Regeln in ihr eigenes System zu übernehmen, obwohl das Ende dieser Entwicklung darin bestand, dass die Handelsgerichte schließlich durch die des Common Law ersetzt wurden.

Ein möglicher dritter Kritikpunkt bezieht sich auf den gleichen grundsätzlichen Einwand wie der zweite, sieht ihn aber diesmal um ein Vielfaches vergrößert. Wenn Recht als »das Unterfangen, menschliches Verhalten der Herrschaft von Regeln zu unterwerfen«, betrachtet wird, dann wird dieses Unterfangen nicht an zwei oder drei Fronten, sondern an tausenden von Fronten betrieben. An diesem Unterfangen sind diejenigen beteiligt, die Regeln für die inneren Angelegenheiten von Clubs, Kirchen,

Schulen, Gewerkschaften, Handelsvereinigungen, Landwirtschaftsmessen und hunderteins weiterer Formen menschlicher Vereinigung entwerfen und vollziehen. Wenn wir also darauf vorbereitet sind, die in diesen Kapiteln entwickelte Rechtsauffassung konsequent anzuwenden, muss daraus folgen, dass es allein in diesem Land »Rechtsordnungen« in hunderttausenden von Fällen gibt. Da aber diese Schlussfolgerung absurd erscheint, kann man sagen, dass jede Theorie, die zu dieser Schlussfolgerung führen kann, ebenso absurd sein muss.

Bevor wir versuchen, eine allgemeine Antwort auf diese Kritik zu geben, wollen wir einen hypothetischen Fall der Funktionsweise eines solchen Rechtssystems im Kleinen betrachten. Ein College erlässt und verwaltet eine Reihe von Regeln der universitären Selbstverwaltung, die das Verhalten der Studenten in seinen Schlafsälen regeln. Ein Studenten- oder Fakultätsrat ist mit der Aufgabe betraut, Übertretungen zu melden, und wenn festgestellt wird, dass ein Verstoß stattgefunden hat, wird davon ausgegangen, dass der Rat befugt ist, Disziplinarmaßnahmen zu verhängen, die in schwerwiegenden Fällen das organisatorische Äquivalent der Todesstrafe, d. h. den Ausschluss, einschließen können.

Wenn wir aus dem Wort »Recht« jegliche Konnotation staatlicher Macht oder Autorität abziehen, gibt es nicht die geringste Schwierigkeit, dies als Rechtssystem zu bezeichnen. Darüber hinaus könnte ein Soziologe oder ein Philosoph, der sich in erster Linie für das Recht des Staates interessiert, die Regeln, Institutionen und Probleme dieses Selbstverwaltungskörpers studieren, um auf diese Weise Einblick in rechtliche Abläufe im Allgemeinen zu erhalten. Die Verbindung des Wortes »Recht« mit dem Recht des Staates ist jedoch so tief verwurzelt, dass es einen Verstoß gegen die Regeln der sprachlichen Korrektheit bedeutet, ein System von Regeln der universitären Selbstverwaltung ernsthaft als »Rechtssystem« zu bezeichnen. Wäre dies unser einziges Problem, könnten wir uns sofort mit unseren Kritikern versöhnen, indem wir eine Vereinbarung eingehen, dass sie einen solchen Gebrauch als metaphorisch betrachten und ihn nach eigenem

Belieben mit der althergebrachten impliziten Frageaufforderung »quasi« qualifizieren können.

Die Schwierigkeit reicht jedoch tiefer. Nehmen wir an, dass ein Student nach dem System der Regeln der universitären Selbstverwaltung vor dem Rat belangt und für schuldig befunden wird, einen schweren Verstoß begangen zu haben, und der Einrichtung verwiesen wird. Er reicht Klage ein und ersucht das Gericht, seine Wiedereinsetzung anzuordnen. Es gibt reichlich Belege dafür, dass den Gerichten Zuständigkeit für einen solchen Fall zukommen kann und soll, und dies ungeachtet der Frage, ob es sich um eine private oder öffentliche Einrichtung handelt.[41]

Wie wird das Gericht einen solchen Fall entscheiden? Wenn der ausgewiesene Student vorbringt, dass, obwohl seine Ausweisung in Übereinstimmung mit den veröffentlichten Regeln erfolgte, die Regeln selbst grob ungerecht sind, kann das Gericht, wenn auch üblicherweise nur widerwillig, über dieses Vorbringen entscheiden. Unter der Annahme, dass kein solcher Einwand erhoben wird, wird sich das Gericht mit einer Frage befassen, die folgendermaßen ausgedrückt werden kann: Hat die Einrichtung bei der Schaffung und beim Vollzug ihrer in Selbstverwaltung geschaffenen Regeln die innere Moral des Rechts respektiert? Wurden diese Regeln verkündet? – in diesem Fall eine Frage danach, ob der Schüler ordnungsgemäß über diese Regeln informiert wurde. Waren sie einigermaßen klar in ihrer Bedeutung, um den Schüler wissen zu lassen, welche Handlungen seinerseits eine Übertretung darstellen würden? War die Entscheidung des Rates regelkonform? Wurde das Ermittlungsverfahren so durchgeführt, dass sichergestellt war, dass das Ergebnis auf den veröffentlichten Regeln beruhte und auf einer genauen Kenntnis der relevanten Fakten beruhte?

Gleich ob das Gericht die Wiedereinsetzung des Studenten anordnet oder seinen Ausschluss aufrechterhält, entnimmt es doch

[41] Für die beste allgemeine Abhandlung siehe »Private Government on the Campus – Judicial Review of University Expulsions«, 72 *Yale Law Journal* 1362–1410 (1963).

den Entscheidungsstandard den eigenen Regeln des Colleges. Wenn diese Regeln, um Gesetzeskraft zu erlangen, der Imprimatur des Staates bedürfen, haben sie es nun erhalten, soweit es die vom Gericht entschiedene Frage betrifft. Sobald wir die in universitärer Selbstverwaltung erlassenen Regeln als das für den Fall relevante Recht anerkennen, das sowohl für die College-Behörden als auch für die Gerichte bindend ist, unterscheidet sich die Situation nicht wesentlich von der, in der ein Berufungsgericht die Entscheidung der ersten Instanz überprüft.

Warum zögern wir dann, die in universitärer Selbstverwaltung erlassenen Regeln einfach als Recht zu bezeichnen? Als einfache Antwort ist zu sagen, dass eine solche Ausdehnung der Wortbedeutung gegen den gewöhnlichen Sprachgebrauch verstoßen würde. Das wirft die Frage auf, warum sich der Sprachgebrauch in diese Richtung entwickelt hat. Ich denke, die Antwort liegt in Überlegungen wie den folgenden: Wir erkennen intuitiv, dass wir in Fällen wie in den von mir diskutierten mit heiklen Fragen der Aufrechterhaltung eines angemessenen Gleichgewichts institutioneller Funktionen innerhalb unserer Gesellschaft konfrontiert sind. Dass solche Fragen auf dem Spiel stehen, wird deutlich, wenn es in dem zur gerichtlichen Entscheidung vorgelegten Fall um einen Schüler geht, der wegen Ketzerei einer Schule, die von einem religiösen Orden betrieben wird, oder von einer privaten Militärakademie verwiesen wurde, weil »er seiner Verfassung nach nicht in der Lage ist, militärische Disziplin im richtigen Geist zu akzeptieren«. Wenn es um so delikate Fragen wie die hier angeführten geht, zögern wir, ein Wort in die Waagschale zu werfen, das so stark mit Implikationen von schierer Macht und etablierter Autorität belastet ist wie das Wort »Recht«.

Man kann die Motive, die zu dieser Zurückhaltung führen, gutheißen. Ich vermute aber, dass die wahre Quelle der Schwierigkeiten in jenen Philosophien liegt, die das Wort »Recht« mit Konnotationen versehen haben, die es genau dort für den Einsatz ungeeignet machen, wo es am meisten gebraucht wird. Denn im vorliegenden Fall wird es dringend gebraucht. Ohne es stehen wir vor folgendem Dilemma: Einerseits ist es uns verboten, die

Regeln, nach denen ein College Ausschlüsse vornimmt, als Recht zu bezeichnen. Andererseits entfalten diese Regeln in gerichtlichen Entscheidungen eindeutig rechtliche Wirkung. Dass die Gerichte Regeln, die grob ungerecht sind, aufheben können, unterscheidet sie nicht von den Gesetzen des Kongresses, die auch für nichtig erklärt werden können, wenn sie gegen verfassungsmäßige Beschränkungen der gesetzgebenden Gewalt verstoßen. Da uns der Begriff »Recht« verwehrt wird, sind wir gezwungen, uns nach einem anderen konzeptionellen Schutz umzusehen, dem wir diese Regeln unterstellen können. Dies findet sich im Allgemeinen in einem Begriff des Privatrechts: dem Vertrag. Die in universitärer Selbstverwaltung erlassenen Regeln, so heißt es, stellen einen Vertrag zwischen der Schule und dem Schüler dar, in dem ihre jeweiligen Rechte festgelegt sind.[42]

Dieser »durchwegs künstliche Nexus des Vertrages«[43] hat sehr viel Mühe bereitet. In Anbetracht seiner Unannehmlichkeiten und Mängel sollten wir in Erinnerung rufen, dass Fälle von Schulverweisen nur eine kleine Auswahl aus einem riesigen Bestand von Fällen darstellen, die sich mit ähnlichen Problemen befassen, wie sie in Gewerkschaften, Kirchen, gesellschaftlichen Vereinigungen und einer ganzen Reihe anderer institutioneller Formen auftreten. Als ein Mittel zur Bewältigung dieses breiten Problemspektrums versagt das Konzept des Vertrages in mehreren wichtigen Punkten. Zum einen weist es auf Abhilfemaßnahmen hin, die dem Kontext nicht angemessen sind. Zum anderen wird damit impliziert, dass die Institution oder Vereinigung, wenn sie es für angebracht hält, vertraglich unbeschränkte Kündigungsmöglichkeiten vorsehen kann. Es ist beispielsweise leicht zu sagen, dass die in universitärer Selbstverwaltung erlassenen

[42] Ich lasse hier den eingeschränkten Gebrauch, den Gerichte bei der Behandlung einiger Ausschlussfälle von Eigentumskonzepten und dem Recht der üblen Nachrede – insbesondere im Hinblick auf gesellschaftliche Vereinigungen – gemacht haben, beiseite.

[43] Lloyd, »Disqualifications Imposed by Trade Associations – Jurisdiction of Court and Natural Justice«, 21 *Modern Law Review* 661, S. 668 (1958).

Regeln einen Vertrag zwischen dem College und dem Studenten darstellen, aber wie soll man die Zurückhaltung der Gerichte gegenüber der Auslegung dieser Regeln durch die Behörden des Colleges im Prozess ihrer Anwendung auf einen angeblichen Verstoß erklären? Wenn sich die Parteien über die Bedeutung eines Vertrages streiten, stellen wir uns normalerweise nicht auf die Seite der von einer der beiden Parteien vorgenommenen Auslegung, sondern urteilen unparteiisch zwischen beiden. Diese Schwierigkeiten und andere, die ich unerwähnt gelassen habe, können durch die Annahme behoben werden, dass es sich bei dem fraglichen Vertrag um einen ganz besonderen Vertrag handelt, bei dem alle notwendigen Abweichungen vom üblichen Vertragsrecht als von den Parteien stillschweigend beabsichtigt zu verstehen sind. Wenn dies jedoch geschieht, wird der »Vertrag« zu einer leeren Fiktion, die eine bequeme Ablage für jedes Ergebnis, das der Situation angemessen erscheint, bietet.

Der Einwand gegen die Vertragstheorie ist, dass sie, wie jede juristische Fiktion, dazu neigt, die wirklichen Probleme zu verschleiern und eine direkte Konfrontation mit ihnen aufschiebt. Ich behaupte, dass der von mir diskutierte Rechtsbestand im Wesentlichen ein Bereich des Verfassungsrechts ist, der sich weitgehend und in angemessener Weise außerhalb des Rahmens unserer geschriebenen Verfassungen entwickelt hat. Er ist Verfassungsrecht insofern, als er die Verteilung von Rechtsmacht auf die verschiedenen Institutionen unserer Gesellschaft beinhaltet, d.h. die Befugnis, Regeln zu erlassen und Entscheidungen zu treffen, die für die Betroffenen in angemessener Weise als bindend angesehen werden. Dass dieser Verfassungsrechtsbestand außerhalb unserer geschriebenen Verfassung gewachsen ist, sollte uns nicht beunruhigen. Es wäre jenen, die unsere ersten geschriebenen Verfassungen entworfen haben, unmöglich gewesen, das reichhaltige institutionelle Wachstum, das seit ihrer Zeit eingetreten ist, vorherzusehen. Darüber hinaus war das intellektuelle Klima des späten achtzehnten Jahrhunderts so beschaffen, dass die Anerkennung von Machtzentren, die dadurch entstehen, dass Männer freiwillige Vereinigungen bilden, verdunkelt wurde.[44] Im Lichte dieser Überlegungen sollte es uns nicht mehr verstören, wenn wir feststellen, dass wir einen Bestand an ungeschriebenem Verfassungsrecht haben, als es die Briten verstört hat, zu entdecken, dass sie seit dem Statut von Westminster von 1931 die Rudimente einer geschriebenen Verfassung erworben haben, die bequem inmitten ihrer ungeschriebenen Verfassung lebt.

Eine Sichtweise, die versucht, das Recht in Bezug auf die Tätigkeit, die es stützt, zu verstehen, anstatt nur die formalen Quellen seiner Autorität zu berücksichtigen, kann manchmal einen Wortgebrauch nahelegen, der gegen die normalen Erwartungen der Sprache verstößt. Die damit verbundene Unannehmlichkeit kann, so meine ich, durch die mit einer solchen Sichtweise einhergehende Möglichkeit kompensiert werden, uns wesentliche Ähnlichkeiten erkennen zu lassen. Sie kann uns helfen, zu erkennen, dass die unvollkommenen Rechtssysteme innerhalb einer Gewerkschaft oder einer Universität oft tiefer in das Leben eines Menschen eingreifen als jedes Gerichtsurteil, das jemals gegen ihn ergehen könnte. Andererseits kann es auch dazu beitragen, zu erkennen, dass alle Rechtssysteme, ob groß oder klein, an den gleichen Gebrechen leiden. In keinem Fall kann die rechtliche Errungenschaft die Wahrnehmung der Menschen, die sie anleiten, übertreffen. Die gerichtliche Überprüfung institutioneller Disziplinarmaßnahmen leistet ihren offensichtlichsten Dienst, wenn sie unerhörte Ungerechtigkeiten berichtigt; langfristig kann sie am nützlichsten sein, wenn sie dazu beiträgt, an Institutionen und in Verbänden eine Atmosphäre zu schaffen, die sie unnötig macht.[45]

[44] Wyzanski, »The Open Window and the Open Door«, 35 *California Law Review* 336–51, S. 341–45 (1947).

[45] Für einen allgemeinen Überblick über die geltende Rechtslage, der einer kurzen Abhandlung gleichkommt, siehe den Kurzbeitrag »Developments in the Law – Judicial Control of Actions of Private Associations«, 76 *Harvard Law Review* 983–1100 (1963). Die beste allgemeine Einführung enthält nach wie vor Chafees überaus zugänglicher Artikel »The Internal Affairs of Associations Not for Profit«, 43 *Harvard Law Review* 993 (1930).

Ich komme nun zur vierten – und, soweit meine eigene Zählung reicht – abschließenden Kritik, die an der hier gehegten Auffassung von Recht geübt werden kann. Das ist jene, wonach sie nicht ausreichend zwischen Recht und Moral unterscheidet. Auch Moral ist damit befasst, menschliches Verhalten durch Regeln zu beherrschen. Auch sie ist damit befasst, dass diese Regeln klar und im Einklang miteinander stehen und von denjenigen verstanden werden, die sie befolgen sollen. Eine Ansicht, die als das Charakteristikum von Recht eine Reihe von Punkten anzuerkennen scheint, die mit der Moral gemein sind, lädt zur Kritik ein, eine wesentliche Unterscheidung zu verdecken.

Hinter dieser Kritik verbergen sich meines Erachtens mehrere unterschiedliche Angelegenheiten. Eine kommt hervor, wenn wir uns fragen, wie wir, wenn wir mit einem Regelsystem konfrontiert werden, entscheiden, ob das System als Ganzes als Rechtssystem oder als Moralsystem bezeichnet werden soll. Die einzige Antwort auf diese Frage, die hier zu äußern gewagt wird, ist jene im Wort »Unterfangen« enthaltene, wenn ich behauptet habe, Recht, als zweckgerichtete menschliche Bestrebung, bestünde in »dem Unterfangen, menschliches Verhalten der Herrschaft von Regeln zu unterwerfen«.

Man kann sich vorstellen, dass eine kleine Gruppe, die etwa auf einer tropischen Insel festgesetzt wurde, erfolgreich zusammenlebt und sich dabei nur von bestimmten gemeinsamen Verhaltensstandards leiten lässt, die auf verschiedene indirekte und informelle Weise durch Erfahrung und Bildung geprägt worden sind. Das, was man als die rechtliche Erfahrung bezeichnet, mag in einer solchen Gemeinschaft zum ersten Mal aufgekommen sein, als sie ein Gremium wählte, das eine verbindliche Erklärung über die akzeptierten Verhaltensstandards ausarbeiten sollte. Ein solches Gremium müsste sich *ex necessitate rei* auf das Unterfangen des Rechts einlassen. Widersprüche in den Normen, die bisher latent und unbemerkt vorhanden waren, müssten aufgelöst werden. In der Erkenntnis, dass eine Klärung nicht ohne eine gewisse Bedeutungsänderung erreicht werden kann, müsste sich das Gremium mit der möglichen Härte einer rückwirkenden Anwendung der in seiner Erklärung dargelegten Normen auseinandersetzen. Und indem sich die Gemeinschaft nach und nach die anderen bekannten Instrumente eines Rechtssystems aneignete – wie Richter und eine gesetzgebende Versammlung –, würde sie immer stärker in das Unterfangen des Rechts eingebunden sein. Oder aber, anstatt mit dem Versuch zu beginnen, eine verbindliche Erklärung der Regeln zu entwerfen, könnte die betreffende Gemeinschaft damit beginnen, jemanden zur Richterin zu berufen. Nichts, so scheint mir, hängt von der besonderen Art und Weise ab, in der die Gesellschaft oder einige ihrer Mitglieder in das eingetaucht sind, was ich als »Unterfangen« des Rechts bezeichnet habe.

Obwohl man sagen kann, dass das Recht und die Moral bestimmte Belange teilen – zum Beispiel, dass die Regeln klar sein sollten –, verhält es sich doch so, dass, indem diese Belange zunehmend als Gegenstand ausdrücklicher Verantwortung hervortreten, Rechtsysteme geschaffen werden. Allgemeingültigkeit, zum Beispiel, wird in der Moral als selbstverständlich vorausgesetzt und kann kaum als Problem bezeichnet werden. Zu einem Problem wird es aber, und zwar zu einem drängenden, wenn ein Richter einen Mann zu einer Gefängnisstrafe verurteilt und keinen Weg findet, irgendeinen allgemeinen Grundsatz auszudrücken, durch den seine Entscheidung erklärt oder gerechtfertigt werden kann.

Diese Beobachtungen lassen zugegebenermaßen den genauen Punkt offen, an dem ein Rechtssystem als entstanden gelten kann. Und ich sehe keinen Grund, so zu tun, als sähe man Schwarz-Weiß, wo sich die Realität in Grautönen darstellt. Sicherlich macht es wenig Sinn, der Situation irgendein definitorisches Fiat aufzuerlegen, indem man zum Beispiel sagt, dass wir davon ausgehen, dass Recht nur dort existiert, wo Gerichte bestehen.

Die soeben von der Hand gewiesene Frage ist, obwohl im rechtstheoretischen Schrifttum vieldiskutiert, für die Praxis nicht von großem Interesse. Hier besteht das schwierige Problem vielmehr darin, das richtige Verhältnis zwischen einem zweifellos etablierten und funktionierenden Rechtssystem auf der einen und den allgemeinen Anforderungen der Moral auf der anderen Seite zu bestimmen. Bei der Behandlung dieses Problems kann meines Erachtens nicht gesagt werden, dass die hier vertretene Sicht auf das Recht in irgendeiner Weise die wesentlichen Fragen verdunkelt oder verzerrt.

Im Gegenteil behaupte ich, dass die Unterscheidung zwischen der äußeren und der inneren Moral des Rechts eine hilfreiche Klarstellung bieten kann. Nehmen Sie zum Beispiel die Probleme, mit denen ein Richter bei der Auslegung eines Gesetzes konfrontiert werden kann. Soweit die äußeren Ziele des Gesetzes in Betracht gezogen werden, gehört es zum Ethos seines Amtes, dass der Richter dem Menschenmöglichen nach neutral hinsichtlich moralischer Positionen bleibt, die im Gesetz in Bezug auf Fragen wie Scheidung, Empfängnisverhütung, Glücksspiel oder die Beschlagnahme von Privateigentum zum öffentlichen Gebrauch eingenommen wurden.

Aber dieselben Überlegungen, die eine neutrale Haltung mit Blick auf die äußeren Ziele des Gesetzes erfordern, fordern auch eine Bindung des Richters an die innere Moral des Rechts ein. Es wäre zum Beispiel eine Vernachlässigung seiner Amtspflichten, würde der Richter einen neutralen Standpunkt einnehmen zwischen einer Auslegung eines Gesetzes, die eine Befolgung im Rahmen der Möglichkeiten des gewöhnlichen Bürgers gewährleisten würde, und einer Auslegung, die es ihm unmöglich machen würde, die Bedingungen des Gesetzes einzuhalten.

Die Unterscheidung zwischen der äußeren und der inneren Moral des Rechts ist natürlich ein Analyseinstrument und sollte nicht als Ersatz für die Ausübung von Urteilskraft angesehen werden. Ich habe mich bemüht, zu zeigen, dass es entlang des Spektrums, das von diesen beiden Moralvorstellungen besetzt ist, in bestimmten Belangen einen mittleren Bereich geben kann, in dem sie sich überschneiden.[46] In jedem Fall interagieren die bei-

[46] Vgl. insbesondere die Diskussion der Probleme der Allgemeinheit (oben, S. 60–63 und unten, S. 193–196), der Widersprüche (oben, S. 89–90) und der Möglichkeit der Befolgung (oben, S. 101).

den Moralvorstellungen in einer Weise miteinander, die ich im letzten Kapitel analysieren werde.[47] Für den Augenblick genügt es, darauf hinzuweisen, dass ein Richter, der mit zwei gleichermaßen plausiblen Interpretationen eines Gesetzes konfrontiert ist, in angemessener Weise das vorziehen könnte, das den Wortlaut mit den allgemein anerkannten Prinzipien von Recht und Unrecht in Einklang bringt. Auch wenn dieses Ergebnis auf einer vermuteten gesetzgeberischen Absicht beruht, kann es auch damit gerechtfertigt werden, dass eine solche Auslegung das Gesetz mit geringerer Wahrscheinlichkeit zu einer Falle für Unschuldige machen würde, und so das Problem in die für die innere Moral des Gesetzes relevanten Überlegungen einbezogen werden.

Eine beständige Debatte bezieht sich auf das Problem der »moralgelenkten Gesetzgebung«. In letzter Zeit gab es eine lebhafte Diskussion über die richtige Beziehung des Gesetzes zum Sexualverhalten und insbesondere zu homosexuellen Praktiken.[48] Ich muss gestehen, dass ich die Argumente beider Seiten eher für wenig aussagekräftig halte, soweit sie auf anfängliche Annahmen gestützt sind, die in der Auseinandersetzung selbst nicht offengelegt werden. Ich hätte jedoch keine Schwierigkeiten, festzuhalten, dass das Gesetz es nicht zu einer Straftat erklären sollte, wenn Erwachsene privat homosexuelle Handlungen vornehmen. Der Grund für diese Schlussfolgerung wäre, dass ein solches Gesetz ganz einfach nicht durchgesetzt werden kann und seine Existenz in den Gesetzbüchern eine offene Einladung zur Erpressung darstellen würde, sodass es eine klaffende Diskrepanz zwischen dem Gesetz, wie es geschrieben steht, und seiner Durchsetzung in der Praxis gäbe. Ich meine, dass viele damit verwandte Fragen in ähnlicher Weise gelöst werden können, ohne dass wir eine Einigung über die damit verbundenen moralischen Sachfragen erzielen müssten.

47 Siehe unten S. 191–205.

48 P. A. Devlin, *The Enforcement of Morals* (1959), *Law and Morals* (1961); H. L. A. Hart, *Law, Liberty and Morality* (1963).

Harts Begriff des Rechts

Bis jetzt habe ich das wichtige vor kurzem veröffentlichte Buch übergangen, dem ich den Titel dieses Kapitels entlehnt habe. *Der Begriff des Rechts*[49] von H. L. A. Hart ist sicherlich ein Beitrag zum rechtstheoretischen Schrifttum, wie es ihn seit langem nicht mehr gegeben hat. Es ist keine als Buch getarnte Essaysammlung, kein Lehrbuch im üblichen Sinne, sondern der Versuch, in knappem Umfang die eigenen Lösungen des Autors für die großen Probleme der Rechtswissenschaft darzustellen.

Vieles an dem Buch ist ausgezeichnet. Es ist wunderschön geschrieben und mit brillanten Aperçus gespickt. Ich habe Vieles daraus gelernt. Mit seiner grundlegenden Analyse des Rechtsbegriffs stehe ich jedoch in beinah vollständigem Widerspruch.

Im letzten Kapitel werde ich einige kritische Anmerkungen dazu machen, wie Hart das behandelt, was ich als »innere Moral des Rechts« bezeichnet habe. Zusammenfassend geht die Kritik, die ich vorbringen werde, dahin, dass Harts gesamte Untersuchung in einer Art voranschreitet, die systematisch jede Berücksichtigung der Probleme ausschließt, die ich in meinem zweiten Kapitel zu analysieren versucht habe.

Im gegenwärtigen Kontext gilt meine Auseinandersetzung »der Erkenntnisregel«, einem Konzept, das Hart als zentrales Thema seines Buches und dessen wesentlichen Beitrag begreift. Bei der Entwicklung dieses Konzepts beginnt Hart mit einer Unterscheidung zwischen Regeln, die Pflichten auferlegen, und Regeln, die rechtliche Befugnisse übertragen. Bis hierhin besteht kein Grund zur Beschwerde. Die Unterscheidung ist vertraut, vor allem in diesem Land, wo sie als Schlussstein der Hohfeld'schen Analyse gedient hat.[50] Offenkundig besteht ein wichtiger Unter-

[49] *Oxford University Press*, 1961 [hier im Weiteren zitiert nach der Übersetzung von Alexander von Baeyer, *Der Begriff des Rechts*, Suhrkamp 2011. Die Seitenangaben beziehen sich im Folgenden auf diese Ausgabe].

[50] Siehe Hohfeld, *Fundamental Legal Conceptions* (1923). Die beste Einführung in das Hohfeld'sche System bietet Corbin, »Legal Analysis and Ter-

schied zwischen einer Regel, die besagt: »Du sollst nicht töten«, und einer, die besagt: »Wenn du ein gültiges Testament machen willst, dann leg es schriftlich nieder und unterzeichne es vor drei Zeugen.«

Es ist zu beachten, dass diese Unterscheidung, mag sie auch in einigen Fällen nützliche Klarheit schaffen, so falsch angewandt werden kann, dass sie die einfachsten Fragen über Gut und Böse verschleiert. Dafür finden sich in einigen Schriften, die auf der Hohfeld'schen Analyse basieren, reichlich Beweise.

Lassen Sie mich kurz die Mehrdeutigkeiten, die der Unterscheidung implizit zugrunde liegen, mit Hilfe von zwei Beispielen entwickeln. Im ersten stellen wir uns dem Problem der Einordnung einer Regel, die lautet: »Wenn ein Treuhänder aus eigener Tasche Ausgaben getätigt hat, die ordnungsgemäß dem Treuhandvermögen zugerechnet werden können, hat er das Recht, sich aus den in seinem Besitz befindlichen Treuhandmitteln zu entschädigen.« Die Verwendung des Wortes »Recht« suggeriert eine entsprechende Pflicht seitens des Begünstigten, doch der Treuhänder hat keine Notwendigkeit, diese Pflicht durchzusetzen; durch eine Unterart rechtmäßiger Selbsthilfe bewirkt er einfach eine rechtsgültige Überweisung aus dem Treuhandfonds auf sein eigenes Konto. Daraus lässt sich folgern, dass wir es hier eher mit einer Regel zu tun haben, die eine Befugnis verleiht, als dass mit ihr eine Pflicht auferlegt würde. Nehmen wir aber an, dass das Instrument, mit dem der Treuhandfonds geschaffen wird, dem Begünstigten im Gegenzug die Macht gibt, bei Volljährigkeit eine Übertragung des Treuhandvermögens direkt an sich selbst zu effektuieren. Nehmen wir weiter an, dass der Begünstigte diese Befugnis ausübt, bevor der Treuhänder Gele-

minology«, 29 *Yale Law Journal* 163–73 (1919). Die Hohfeld'sche Untersuchung unterscheidet vier grundlegende Rechtsbeziehungen: Recht – Pflicht, Nicht-Recht – Privileg, Befugnis – Haftung und Befugnismangel – Immunität. Von diesen sind der zweite und vierte jedoch nur die Negationen der ersten und dritten. Dementsprechend ist die grundlegende Unterscheidung, auf der das ganze System aufgebaut ist, die zwischen Recht – Plicht und Befugnis – Haftung; diese Unterscheidung deckt sich genau mit der von Hart getroffenen.

genheit hat, sich aus dem Treuhandvermögen zu entschädigen. Offenkundig trifft den Begünstigten nun eine rechtliche Verpflichtung zur Rückerstattung an den Treuhänder. Das Grundprinzip ist jedoch in beiden Fällen dasselbe, nämlich, dass der Treuhänder einen Anspruch auf Rückerstattung zu Lasten des Begünstigten hat; ob er die Befugnis erhält, die Erstattung selbst vorzunehmen, oder ein Recht gegen den Begünstigten (mit entsprechender Pflicht), ist einfach eine Frage der geeignetsten Art und Weise, das Ergebnis zu erreichen.

Mein zweites Beispiel bezieht sich auf eine bekannte Regel zur Schadensminderung. A und B gehen einen Vertrag ein, wonach A eine speziell für B konstruierte Maschine bauen und B 10.000 Dollar zahlen soll, wenn die Arbeit abgeschlossen ist. Nachdem A mit der Arbeit an der Maschine begonnen hat, tritt B vom Vertrag zurück. Es steht außer Frage, dass B für den entstandenen Schaden haftet, der den Ersatz der A entstandenen Kosten ebenso umfasst wie den Gewinn, der A entgangen ist. Die entscheidende Frage ist, ob A den Rücktritt von B außer Acht lassen, die Arbeit an der Maschine fortsetzen und den vollen Preis erhalten kann. Das Gesetz besagt, dass er B keine Kosten für die Erfüllung des Vertrages in Rechnung stellen kann, nachdem B vom Vertrag zurückgetreten ist; ob er die Arbeit fortsetzt oder nicht, die Grenze für die Rückerstattung ist mit dem Betrag gezogen, auf den er Anspruch gehabt hätte, hätte er die Arbeit nach Bs Widerruf niedergelegt. Die Gerichte haben diesen Gedanken allgemein dergestalt zum Ausdruck gebracht, dass sie sagten, dass A nach der Ablehnung »die Pflicht zur Schadensminimierung trifft«, indem er die Arbeit an der Maschine einstellt, wobei die zugrunde liegende Vorstellung lautet, dass er die Kosten, die durch die Verletzung dieser Pflicht entstanden sind, zurückfordern kann.

Diese Sichtweise wurde heftig dafür kritisiert, den Unterschied zwischen Regeln zu verschleiern, die Pflichten auferlegen, und solchen, die rechtliche Befugnisse zubilligen oder nehmen. Wenn A nach dem Vertragsrücktritt von B leichtfertigerweise weiter an der Maschine arbeitet, hat B keinen Klagegrund gegen A, um eine »Pflicht« durchzusetzen. Die einzige Sanktion, die diese falsch benannte Pflicht beinhaltet, besteht darin, dass, wenn A die Arbeit fortsetzt, er die Kosten dafür nicht von B zurückfordern kann. Vor dem Rücktritt hatte A eine rechtliche Befugnis dahingehend, dass er die mögliche Verpflichtung von B erhöhte, indem er die Arbeit Tag für Tag fortsetzte. Diese Befugnis ist nun erloschen. Die Situation ist vergleichbar mit jener, die durch die »Statute of Frauds« entstanden ist. Vor der Verabschiedung des Gesetzes hatte man die Befugnis, mündlich verbindliche Verträge einzugehen; nach der Verabschiedung des Gesetzes wurde diese Befugnis für bestimmte Arten von Verträgen aufgehoben. Das ergibt eine Argumentation auf der Grundlage der Hohfeld'schen Analyse.[51]

Dieses Argument scheint recht überzeugend zu sein, bis wir bedenken, dass in Fällen wie dem der Maschine die Gerichte mit der Annahme beginnen, dass A die Arbeit einstellen sollte, denn indem er weitermacht, verschwendet er seine und die Ressourcen der Gemeinschaft für etwas, wofür es keinen Bedarf mehr gibt. Das ist es, was die Gerichte meinen, wenn sie sagen, A hat eine Pflicht zur Schadensminderung. B hat keinen Anlass, wegen Verletzung dieser Pflicht zu klagen; da er nicht für die nach dem Rücktritt geleistete Arbeit bezahlen muss, wird er durch die fortgesetzte Leistung von A nicht persönlich geschädigt. Die »Statute of Frauds« besagt andererseits nicht, dass man Verträge schriftlich niederlegen muss; es besagt lediglich, dass, wenn bestimmte Verträge in mündlicher Form belassen werden, sie nicht rechtlich durchgesetzt werden können. Vertragsparteien, die mit den Bestimmungen des Gesetzes vertraut sind, können in der Tat absichtlich auf die Ausführung eines schriftlichen Memorandums verzichten, um für ihren Vertrag den Status eines »Gentlemen's Agreement« zu erhalten.

In den Fällen der Maschine und des Gesetzes wird das, was als »die Sanktion der Nichtigkeit« bezeichnet wurde, eingesetzt, um ganz unterschiedliche Ziele zu erreichen. Im einen Fall wird sie eingesetzt, um A zu veranlassen, das zu tun, was er tun sollte,

[51] 5 Corbin, *Contracts*, § 1039, 205–07 (1951).

indem ihm sozusagen der Gehalt abgeschnitten wird; im anderen Fall wird sie eingesetzt, um sicherzustellen, dass die Befugnis zum Abschluss verbindlicher Verträge unter Umständen ausgeübt wird, die vor Betrug und falscher Erinnerung schützen.

Es ist unmöglich, hier angemessen mit den vielen Problemen umzugehen, die mit Blick auf die Unterscheidung zwischen Regeln, die Pflichten auferlegen, und solchen, die Befugnisse verleihen, aufkommen, insbesondere dann, wenn Analogien im Spiel sind. Sogar die hier vorgelegte skizzenhafte Darstellung macht indes deutlich, dass es für die Anwendung der Unterscheidung zwei verschiedene Standards gibt. Der eine fragt nach der grundsätzlichen gesetzgeberischen Absicht, der andere nach den rechtlichen Mechanismen, mit denen das Regelungsziel verwirklicht wird. Die fehlende Einsicht, dass es sich hierbei um unterschiedliche Normen handelt, hat viele Versuche beeinträchtigt, die Hohfelfd'sche Analyse praktisch nutzbar zu machen.[52] Auf der anderen Seite verliert die Unterscheidung, wenn man immer versucht, jenseits rechtlicher Formen bis hin zur zugrunde liegenden Absicht vorzudringen, viel von ihrer Anziehungskraft und liefert kaum noch die durchdringende Beleuchtung, die die Hohfeldianer von ihr erwarteten. Die enttäuschende Erfahrung mit der Hohfeld'schen Analyse, gemessen am Enthusiasmus, mit dem ihr ursprünglich begegnet wurde, stimmt mich geneigt, die Einschätzung, wonach die von Hart vorgeschlagene Unterscheidung »ein höchst wirkungsvolles Werkzeug für die Analyse von vielem ist, das sowohl den Juristen als auch den politischen Theoretiker verwirrt hat« (Der Begriff des Rechts, S. 95), mit einer gewissen Skepsis zu betrachten.

Diese Zweifel verfestigen sich zu so etwas wie einer Gewissheit, wenn es um Harts »Erkenntnisregel« geht. Lassen Sie mich zum Ausdruck bringen, was ich unter dieser Regel verstehe, und

52 Ein herausragendes Beispiel ist Cook, »The Utility of Jurisprudence in the Solution of Legal Problems.« Dieser Artikel erscheint in 5 *Lectures on Legal Topics* 337–90 (1928), veröffentlicht von der Association of the Bar of the City of New York.

zwar mit Hilfe einer Illustration von vielleicht grotesker Einfachheit. Ein kleines Land wird von König Rex beherrscht. Innerhalb dieses Landes herrscht Einmütigkeit darüber, dass die höchste Rechtsmacht in Rex ruht. Um dies überdeutlich zu machen, dürfen wir annehmen, dass jeder erwachsene Bürger mit fröhlicher Aufrichtigkeit eine Erklärung unterzeichnet, in der es heißt: »Ich erkenne in Rex die einzige und letzte Rechtsquelle in meinem Land an«.

Nun ist es offensichtlich, dass es in seinem Königreich eine akzeptierte Regel gibt, nach der Rex das letzte Wort darüber hat, was als Gesetz betrachtet wird. Hart schlägt vor, dies »die Erkenntnisregel« zu nennen. Mit Sicherheit kann es keine Diskussion um diesen Vorschlag geben. Aber Hart geht noch weiter und besteht darauf, dass wir auf diese Regel die Unterscheidung zwischen Regeln, die Befugnisse verleihen, und solchen, die Pflichten auferlegen, anwenden. Die Erkenntnisregel, erklärt er, müsse als befugnisverleihende Regel betrachtet werden. Auch dies scheint fast eine Binsenweisheit zu sein.

Aber Hart scheint in diese Charakterisierung die weitere Vorstellung hineinzulesen, dass die Regel keine ausdrückliche oder stillschweigende Vorgabe dahingehend enthalten kann, dass die Macht, die sie verleiht, wegen Missbrauchs der Regel entzogen werden kann. Mit Blick auf die Hintanhaltung anarchischer Tendenzen lässt sich Manches zu Gunsten dieser Position sagen und Hobbes hatte, in der Tat, einiges dazu zu sagen. Aber Hart scheint davon auszugehen, dass er es mit einer Notwendigkeit logischen Denkens zu tun hat. Wenn man darauf bedacht ist, eine scharfe Unterscheidung zwischen Regeln, die Pflichten auferlegen, und Regeln, die Befugnisse verleihen, aufrechtzuerhalten, dann gibt es Gründe für eine Kritik an der Vorstellung, man könne die Befugnis zur Rechtssetzung entziehen, sobald sie durch die Erkenntnisregel verliehen worden ist. Würde Rex ansetzen, seine Gesetze vor denjenigen geheim zu halten, die rechtlich verpflichtet sind, sie zu befolgen, und deshalb seine Krone verlieren, würde es sicherlich albern erscheinen, zu fragen, ob er abgesetzt wurde, weil er eine implizite Pflicht verletzt hat, oder weil er durch Überschreiten der stillschweigend gezogenen Grenzen seiner Macht eine automatische Verwirkung seines Amtes bewirkte und damit der »Sanktion der Nichtigkeit« unterlag. Mit anderen Worten, eine Regel, die eine Befugnis verleiht und ausdrücklich oder stillschweigend vorsieht, dass diese Befugnis bei Missbrauch widerrufen werden kann, stellt in ihrem Vorbehalt eine Bestimmung dar, die auf zweideutige Weise die Unterscheidung zwischen Regeln, die Pflichten auferlegen, und solchen, die Befugnisse verleihen, umspannt.

Daraus folgt, dass wenn Hart danach trachtet, seine wesentliche Unterscheidung aufrechtzuerhalten, er davon ausgehen muss, dass die Befugnis zur Rechtssetzung nicht rechtmäßig widerrufen werden kann. In seiner gesamten Untersuchung der Erkenntnisregel scheint mir Hart in eine vertraute Falle getappt zu sein, die wir alle auf dem Gebiet der Rechtstheorie zu Recht fürchten. Er wendet auf die Grundstellungen, die ein Rechtssystem hervorbringen und aufrechterhalten, juristische Unterscheidungen an, die in dieser Anwendung keinerlei Bedeutung haben können. Es besteht kein Zweifel daran, dass ein Rechtssystem letztlich vom Gefühl gestützt wird, dass es »richtig« ist. Dieses Gefühl, das sich aus stillschweigender Erwartung und Zustimmung ableitet, kann jedoch einfach nicht in Form von Verpflichtungen und Befugnissen ausgedrückt werden.

Angenommen, um ein berühmtes Beispiel von Wittgenstein zu entlehnen, eine Mutter, die zu einer Matinee geht, sagt zu ihrer Babysitterin: »Bringen Sie dem Kind ein Spiel bei, während ich weg bin«. Die Babysitterin fordert die Kinder auf, für Geld zu würfeln oder sich mit Küchenmessern zu duellieren. Muss sich die Mutter, bevor sie ein Urteil über diese Handlung fällt, fragen, ob die Babysitterin gegen ein stillschweigendes Versprechen verstoßen hat oder sie einfach ihre Befugnisse überschritten hat? Ich meine, dass sie mit dieser Frage ebenso wenig befasst wäre wie mit der, die Wittgenstein selbst aufwirft: Kann sie wahrheitsgemäß sagen: »Diese Art von Spiel habe ich nicht gemeint«, wenn sie nie an die Möglichkeit gedacht hat, dass ihren Kindern ein solches Spiel beigebracht werden könnte? Es gibt einige Ergebnisse in menschlichen Beziehungen, die zu absurd sind, um auf die Ebene bewusster Exklusion zu steigen. So wäre es, zumindest in der heutigen Zeit, würde ein Parlament vergessen, dass seine akzeptierte Funktion darin besteht, Gesetze zu erlassen, und anfangen, so zu agieren, als ob ihm die Macht gegeben worden wäre, Seelen zu retten oder die wissenschaftliche Wahrheit zu erklären. Und wenn die Erwartungen und die Akzeptanz, die der Macht eines Parlaments zugrunde liegen, es auf die Gesetzgebung beschränken, zieht dies dann nicht stillschweigend weitere Einschränkungen nach sich? Geht man nicht davon aus, dass das Parlament beispielsweise keine Trinkgelage veranstalten sollte im Einvernehmen darüber, dass die Mitglieder, die um Mitternacht noch auf den Beinen sind, die Befugnis haben sollen, Gesetze zu erlassen? Und geht es nicht viel weiter – oder sogar so weit – zu sagen, dass stillschweigend davon ausgegangen wird, dass das Parlament seine Entschließungen nicht der Kenntnis derer vorenthalten wird, die verpflichtet sind, sie zu befolgen, oder seine Gesetze in absichtlich unverständlich gemachten Begriffen ausdrücken wird?

Hart ist bestrebt, den Rechtsbegriff vor seiner Identifikation mit Zwangsgewalt zu retten. Ein Rechtssystem, behauptet er, ist nicht mit der Situation einer Bedrohung »durch einen Bewaffneten« gleichzusetzen. Aber wenn die Erkenntnisregel bedeutet, dass alles, was der akkreditierte Gesetzgeber als Gesetz bezeichnet, als Gesetz gilt, dann ist die Bedrängnis des Bürgers in gewisser Weise schlimmer als die des Opfers des Bewaffneten. Wenn ein Bewaffneter sagt: »Geld oder Leben«, wird sicherlich erwartet, dass er, wenn ich ihm mein Geld gebe, mein Leben verschont. Wenn er meine Geldbörse annimmt und mich dann niederschießt, sollte ich annehmen, dass sein Verhalten nicht nur von Moralisten, sondern auch von rechtschaffenen Wegelagerern verurteilt würde. In diesem Sinne ist nicht einmal eine »bedingungslose Kapitulation« wirklich bedingungslos, weil sie auf Seiten dessen, der kapituliert, mit der Erwartung verbunden sein muss, dass er den plötzlichen Tod nicht gegen langsame Folter eintauscht.

Harts eigene Unterscheidung zwischen der Bedrohung »durch einen Bewaffneten« und einem Rechtssystem (S. 20–25) enthält keinen Hinweis auf irgendein Element stillschweigender Wechselseitigkeit. Stattdessen verläuft die Unterscheidung ausschließlich in formaler oder struktureller Hinsicht. Der Bewaffnete kommuniziert die von ihm ausgehende Bedrohung in einer Situation von Angesicht zu Angesicht; das Gesetz drückt sich normalerweise in ständigen und allgemeinen Anordnungen aus, die veröffentlicht werden können, aber keine direkte Kommunikation zwischen Gesetzgeber und Rechtsunterworfenem darstellen. Über allgemeine Regeln zu agieren, ist »die übliche Art und Weise, in der das Recht funktioniert, schon allein deshalb, weil keine Gemeinschaft die Zahl der Beamten unterstützen konnte, die erforderlich ist, um sicherzustellen, dass jedes Mitglied der Gemeinschaft offiziell und gesondert über jede Handlung informiert wird, zu der es verpflichtet ist« (S. 21). Jeder Schritt in der Untersuchung scheint beinahe so gesetzt, als würde er darauf abzielen, die Vorstellung auszuschließen, dass es irgendeine berechtigte Erwartung des Bürgers geben könnte, die vom Gesetzgeber verletzt werden könnte.

Ich werde nicht versuchen, Harts Anwendung der Erkenntnisregel auf eine komplexe, konstitutionelle Demokratie im Detail nachzuvollziehen. Es genügt zu sagen, dass er einräumt, dass es in diesem Fall nicht eine einzige Erkenntnisregel gibt, sondern einen ganzen Komplex von Regeln, Praktiken und Konventionen, die bestimmen, wie die Gesetzgeber gewählt werden, welche Qualifikationen und Zuständigkeiten die Richter haben sollen und all die neueren Angelegenheiten, die in einem bestimmten Fall die Feststellung beeinflussen, was als Gesetz gilt und was nicht (S. 59, 75, 242, et passim). Er räumt auch ein, »dass ein großer Teil der Durchschnittsbürger – vielleicht die Mehrheit – keine allgemeine Vorstellung von der Rechtsstruktur oder von den Gültigkeitskriterien des Rechts hat« (S. 111). Schließlich räumt er ein, dass es nicht immer möglich ist, eine scharfe Trennlinie zwischen gewöhnlichen Rechtsnormen und solchen, die Rechtsetzungsbefugnisse gewähren, zu ziehen (S. 144). Dennoch scheint er trotz all dieser Zugeständnisse darauf zu bestehen, dass *die* Erkenntnisregel, die der Königin im Parlament die rechtliche Souveränität zuschreibt, in gewisser Weise all die kleinen Regeln zusammenfassen und absorbieren kann, die es Juristen ermöglichen, Recht in hundert verschiedenen speziellen Kontexten zu erkennen. Er scheint ferner zu behaupten, dass diese Sicht der Dinge weder eine von außen auferlegte juristische Konstruktion noch ein Ausdruck des Vertrauens in die politische Macht des Parlaments darstellt, alle denkbaren Konflikte, die innerhalb des Systems auftreten können, zu lösen, sondern vielmehr etwas, das in der täglichen Staatspraxis empirisch nachweisbar ist.

Ich habe Schwierigkeiten zu erkennen, wie das sein kann. »Parlament« ist schließlich nur ein Name für eine Institution, die im Laufe der Jahrhunderte ihre Struktur drastisch verändert hat. Die Erinnerung an eine solche Veränderung ist in der gnädigen Fiktion bewahrt, dass auch heute noch nicht von der Gesetzgebung durch das Parlament, sondern von »der Königin im Parlament« gesprochen wird. Von *einer* Erkenntnisregel zu sprechen, die auf etwas hinweist, das sich ständig ändert, kommt mir fast so vor, als würde man sagen, dass nach der Erkenntnisregel in einem bestimmten Land die oberste gesetzgebende Gewalt immer *Dem Großen X* zugekommen ist, wobei *X* in einem Jahrzehnt einen gewählten Beamten, im nächsten den ältesten Sohn des letzten *X* und in einem dritten ein durch das Los aus Armee, Klerus und Gewerkschaft bestimmtes Triumvirat bedeutete.

Es scheint also in Harts Darstellung, dass der Zeigefinger, den die Erkenntnisregel auf die Quelle des Rechts ausrichtet, einen weiten Bogen machen kann, ohne das Ziel zu verlieren. Wie weit kann dieser Bogen werden? Es ist vielleicht eine Frage der politischen Klugheit, keine allzu präzise Antwort auf diese Frage zu fordern. Es ist schön und gut, in der Betrachtung der Vergangenheit seines Landes dort Kontinuitäten zu erkennen, wo Zeitgenossen Revolutionen gesehen haben. Aber wenn die Erkenntnisregel als »leistungsfähiges Analyseinstrument« verwendet wird, wird es wesentlich, zu wissen, wann es etwas gibt, auf das es zeigen kann, und wann es sich von A nach einem ganz bestimmten B verschoben hat.

Ein grundlegender methodischer Fehler durchzieht, so meine ich, Harts gesamte Behandlung der Erkenntnisregel. Er versucht durchgehend, mit Hilfe dieser Regel saubere juristische Antworten auf Fragen zu geben, die im Wesentlichen Fragen soziologischer Fakten sind. Diese Fehlanwendung der Regel wird am deutlichsten bei der Diskussion dessen, was er das Problem der »Kontinuität des Rechts« nennt (S. 60–64).

Ein absoluter Monarch, König Rex V., besteigt den Thron im Gefolge des Todes seines Vaters, Rex IV. Trotz dieser Verschiebung in der menschlichen Quelle des Rechts werden die von Rex IV. erlassenen Gesetze allgemein als fortdauernd und unverändert betrachtet bis Rex V. eine Änderung in ihnen ankündigt. Dies ist die soziologische Tatsache, die Hart zu erklären sucht. Sie wurde vor mehr als anderthalb Jahrhunderten von Portalis mit diesen Worten beschrieben: »L'experience prouve que les hommes changent plus facilement de domination que de lois.«[53]

Harts Erklärung für diese Erfahrungstatsache ist, dass die Erkenntnisregel nicht auf den Mann, sondern auf das Amt verweist und die Regeln der rechtmäßigen Erbfolge in sich einschließt. In ähnlicher Weise sind wir in der Lage, zu erklären, legt Hart nahe, warum ein Gesetz, das 1735 vom Parlament erlassen wurde, auch 1944 noch Gesetz sein kann.

Aber nehmen wir an, dass in unserem hypothetischen Fall Rex IV. nicht von seinem Sohn, Rex V., sondern von Brutus I. abgelöst wird, der Rex IV. ohne den geringsten Vorwand eines Anrechts und in offener Verletzung der akzeptierten Regeln der Thronfolge verdrängt. Sollen wir sagen, dass es eine notwendige Folge dieses Ereignisses ist, dass alle bisherigen Gesetze einschließlich des Eigentums-, des Vertrags- und des Eherechts ihre Kraft verloren haben? Dies ist das von Harts Untersuchung geforderte Ergebnis, das freilich gegen die Erfahrung der Geschichte verstößt. In diesem Fall müsste Hart vermutlich ein Ar-

53 »Discours preliminaire«, in Locre, *La Législation de la France* (1827) S. 251. [Die Erfahrung zeigt, dass die Menschen einfacher die Herrscher als die Gesetze wechseln.]

gument wie dasjenige anführen, dass Brutus I., indem er nichts über diese Angelegenheit gesagt hat, stillschweigend das frühere Gesetz wieder in Kraft gesetzt hat – genau das Argument, das Hart selbst bei Hobbes, Bentham und Austin kritisiert, und ein Argument, das Harts Analyse obsolet machen soll.

Es liegt vielleicht eine Ironie darin, dass der altmodische, militärische, nicht-ideologische Staatsstreich das deutlichste Modell einer Veränderung der »Erkenntnisregel«, zugleich aber vielleicht die geringste Bedrohung für die »Kontinuität des Rechts« darstellt. Die moderne ideologische Revolution, die sich der Macht über eine Manipulation der Rechtsformen unterstellt, stellt genau die Art von Veränderung dar, die am ehesten Zweifel daran aufkommen lässt, ob die früheren Gesetze (z. B. die Befreiung der Kirchen von der Besteuerung) in Kraft bleiben. Als Erklärung für die Kontinuität des Rechts verschiebt die Erkenntnisregel das Gewicht genau in die falsche Richtung.

Eine ebenso unglückliche Anwendung der Erkenntnisregel vollzieht sich, so scheint es mir, wenn Hart versucht, sie dazu zu nutzen, um zu erklären, wie und wann eine primitive Gesellschaft den »Übergang von der vorrechtlichen zur rechtlichen Welt« (S. 41) vollzieht. Eine Gesellschaft, die in der vorrechtlichen Welt lebt, kennt nur primäre Rechtspflichten, d. h. pflichtauferlegende Regeln (S. 89). Ein solches Regelsystem ist in mehrfacher Hinsicht mangelhaft: Es bietet keine Mechanismen zur Lösung von Zweifeln und Widersprüchen oder zur bewussten Veränderung; die Wirksamkeit seiner Regeln hängt von diffusem sozialem Druck ab (S. 90–91). Ein Übergang in die rechtliche Welt vollzieht sich, wenn eine Gesellschaft zum ersten Mal die Vorstellung entwickelt und auf ihre Angelegenheiten anwendet, dass eine Regel die Befugnis zur Aufstellung oder Änderung von Pflichtregeln verleihen kann (S. 61). Diese Unterscheidung »ist ein Schritt vorwärts, der für die Gesellschaft so wichtig ist wie die Erfindung des Rades« (S. 41).

Nun scheint mir, dass diese im Wesentlichen Austin'sche Konzeption wiederum eine falsche Anwendung juristischer Unterscheidungen auf einen Kontext darstellt, der sie nicht stützen wird. Zum einen ist es in einer Gesellschaft, in der der Glaube an Magie allgegenwärtig ist und in der die Natur durch eine Formel beschworen wird, offensichtlich, dass es keine klare Unterscheidung zwischen »natürlichen« und »rechtlichen« Befugnissen geben kann. Der charismatische Gesetzgeber ist durch keine von Menschen gemachte Erkenntnisregel autorisiert, Recht zu setzen. Vielmehr leitet sich die Autorität, die er in der Gesellschaft genießt, aus dem Glauben ab, dass er eine besondere Fähigkeit besitzt, das Recht zu erkennen und zu verkünden.[54] Wenn wir von der Entstehung von so etwas wie einer expliziten Erkenntnisregel sprechen können, so geschah dies über Jahrhunderte hinweg und beinhaltete eine allmähliche Verschiebung von der Vorstellung von Befugnissen als Attribut der Person hin zu Befugnissen, die durch eine zugewiesene gesellschaftliche Rolle verliehen werden. Schon längst bevor dieser Übergang abgeschlossen ist, haben wir alles hinter uns gelassen, was man einen primitiven Zustand der Gesellschaft nennen könnte. Man kann in der Tat sagen, dass dieser Übergang nie sicher vor einem Rückfall in primitivere Vorstellungen ist. Der Persönlichkeitskult bleibt in gewissem Maße immer bei uns.

Es ist darüber hinaus zweifelhaft, ob die primitive Gesellschaft von einer Art modernem Pflichtverständnis beherrscht wurde. Zumindest kann argumentiert werden, dass zwischen Macht und Pflicht die Macht das primitivere Konzept darstellt. Was wir heute als »Bestrafung« bezeichnen würden, nahm in der primitiven Gesellschaft ganz allgemein die Form einer Ausübung magischer Kräfte über den Täter an, um die Gemeinschaft von Unreinheiten zu säubern. Eine ähnliche Säuberung wurde durch die großzügige Inanspruchnahme der Ächtung bewerkstelligt.

[54] Siehe Weber, *Law in Economy and Society*, übers. Shils und Rheinstein (1954), S. 73–82. Die in der chinesischen Philosophie getroffene Unterscheidung zwischen einer Regierung durch Menschen und einer Regierung durch Gesetze ist ebenfalls bemerkenswert, da sie dazu dienen kann, Webers Beharren auf dem nicht-rationalen Charakter des »Charismas« etwas entgegenzuwirken. Siehe Escarra, *Le droit chinois* (1936), S. 7–57.

Anstelle einer allgemeinen Vorstellung von Pflicht begegnen wir Taten, die erlaubt und nicht erlaubt, angemessen und unangemessen, *fas et nefas* sind. Die ersten Rechtsverfahren nahmen oft nicht die Form einer gerichtlichen Schuldfeststellung, sondern einer rituellen Selbsthilfe an. Jede Missetat neigte dazu, zu ihrer Remedur ein unverwechselbares und gesondert entworfenes Heilmittel zu fordern. Man kann vielleicht sagen, dass eine verallgemeinerte Pflichtkonzeption nur dann entsteht, wenn mehrere Rechtsbehelfe bei Verletzung einer einzigen Pflicht zur Verfügung stehen oder mehrere Pflichten mit Hilfe eines einzigen Rechtsbehelfs durchgesetzt werden können. Solange die Folgen einer Missetat mit den formalen Schritten gleichgesetzt werden, die notwendig sind, um ihr abzuhelfen, scheinen wir eher mit einem Begriff der Macht als der Pflicht konfrontiert zu sein.

Es wird nützlich sein, Harts Hypothese über den Übergang zur »rechtlichen Welt« an der tatsächlichen Erfahrung eines primitiven Volkes zu testen, das diesen Übergang in vergleichsweise modernen Zeiten vollzieht. Die fragliche Erfahrung ist die des Volkes der Manus auf den Admiralitätsinseln, wie sie von Margaret Mead berichtet wird.[55]

Nach dem Zweiten Weltkrieg erfuhren die Menschen in Manus von ihren australischen Gouverneuren, dass es eine Art des Umgangs mit Konflikten gab, von denen sie keine Vorkenntnisse hatten. Dies war das Verfahren des Richterspruchs. Ihre eigenen Methoden zur Beilegung von Streitigkeiten waren höchst unbefriedigend, da sie aus »Fehden, Razzien und anschließenden kurzlebigen Friedenszeremonien, oft mit Sühnezahlungen«, bestanden. Nun gelangten sie zur Erkenntnis, dass ein Streitfall dadurch entschieden und beigelegt werden konnte, dass er einem unparteiischen Schiedsrichter vorgelegt wird. Daraufhin kam die Gerichtsbarkeit regelrecht in Mode, wobei ihre eigenen Ältesten eine recht ungewohnte soziale Rolle wahrnahmen oder wahrzunehmen angehalten wurden – die des Richters. Bemer-

[55] *New Lives for Old* (1956). Die Zitate im Text sind den S. 306 und 307 entnommen.

kenswerterweise war die auf diese Weise hervorgebrachte Gerichtsbarkeit eine Art Schwarzmarktware, da den »Richtern«, die über ihre Streitigkeiten entschieden, keine Rechtsstandschaft gegenüber dem australischen Staat zukam; ihre Macht wurde von keiner Erkenntnisregel unterstützt, außer einer sehr informellen und wechselnden Regel unter dem Volk von Manus selbst.

Die Haltung der Ureinwohner gegenüber dieser Innovation wird von Frau Mead folgendermaßen beschrieben:

> für den gebürtigen Neuguineer, vom Wunsch angetrieben, seine Gesellschaft auf der »rechten Bahn« zu halten, sieht das gesamte Rechtssystem frisch und schön aus. Er hält es für eine großartige Erfindung, so wunderbar wie das Flugzeug, sodass sich bis weit ins Innere des eigentlichen Neuguinea die Einrichtung illegaler »Gerichte« ausbreitet.

Wenn Frau Meads Schilderung richtig ist, dann verlief die Anerkennungsregel unter dem Volk der Manus in erster Linie nicht auf eine menschliche Instanz hinaus, die befugt ist, Recht zu setzen, sondern auf ein Verfahren. Und wenn man von einer Erfindung vergleichbar mit dem Rad oder dem Flugzeug spricht, ist es sicher angebracht, an ein Verfahren zu denken und nicht an eine bloße Gewährung von Autorität.

Recht als zweckgerichtetes Unterfangen und Recht als manifeste Tatsache sozialer Macht

Man kann sagen, dass die vielen verschiedenen Standpunkte, die in diesem Kapitel untersucht wurden, in wechselnden Kontexten eine einzige zugrundeliegende Meinungsverschiedenheit widerspiegeln. Die Art dieser grundlegenden Divergenz lässt sich folgendermaßen ausdrücken: Ich habe darauf bestanden, dass das Recht als ein zweckgerichtetes Unterfangen betrachtet wird, dessen Erfolg von der Energie, der Einsicht, der Intelligenz und der Gewissenhaftigkeit derer abhängt, die es betreiben, und das aufgrund dieser Abhängigkeit dazu verurteilt ist, immer etwas hinter der vollständigen Realisierung seiner Ziele zurückzubleiben. Im Gegensatz zu dieser Ansicht wird darauf bestanden, dass das Recht als eine manifeste Tatsache sozialer Autorität oder Macht zu behandeln ist, die auf das hin untersucht werden muss, was sie ist und tut, und nicht auf das, was sie zu tun oder zu werden versucht.

Bei der Auseinandersetzung mit diesem grundsätzlichen Widerspruch möchte ich mit einer Darlegung der Überlegungen beginnen, die meines Erachtens zu der Auffassung geführt haben, die ich ablehne. Da ich nicht befugt bin, für die Opposition zu sprechen, muss diese Erklärung hypothetischer Natur sein. Ich werde jedoch versuchen, sie so überzeugend zu formulieren, wie ich kann.

Eine solche Erklärung würde mit einem Zugeständnis dahingehend beginnen, dass dem Zweck eine angemessene Rolle bei der Auslegung einzelner Rechtsakte zuzukommen hat. Ein Gesetz ist offensichtlich eine zweckgerichtete Sache, die einem Zweck oder einer Ansammlung verbundener Ziele dient. Was beanstandet wird, ist nicht die Zuordnung von Zwecken zu bestimmten Gesetzen, sondern zum Recht insgesamt.

Jede Ansicht, die einem gesamten institutionellen Komplex einen Zweck oder ein Ziel zuschreibt, hat, so kann man sagen, sehr unattraktive Vorläufer in der Geschichte der Philosophie. Sie erinnert an die Auswüchse des deutschen und britischen Idealismus und legt nahe, dass, wenn wir anfangen, über den Zweck des Rechts zu sprechen, wir am Ende vielleicht über den Zweck des Staates sprechen. Selbst wenn wir die Gefahr, dass der Geist von Hegel wieder seine Umtriebe entfalten könnte, als unwirklich abtun, so hat die in Betracht gezogene Sichtweise doch andere Verwandtschaften, die alles andere als beruhigend sind. Sie erinnert zum Beispiel an die feierlichen Diskussionen über den Zweck der Sümpfe, die Thomas Jefferson mit Mitarbeitern der American Philosophical Society führte.[56] Man kann sagen,

[56] Boorstin, *The Lost World of Thomas Jefferson* (1948), S. 45–47.

dass sich eine naive Teleologie als der schlimmste Feind erwiesen hat, den das wissenschaftliche Streben nach objektiver Wahrheit haben kann.

Selbst wenn ihre historischen Verwandtschaften weniger beunruhigend wären, ist jede Theorie, die versucht, den Zweck in Großbuchstaben über eine ganze Institution zu schreiben, von Natur aus abenteuerlich. Institutionen setzen sich aus einer Vielzahl individueller menschlicher Handlungen zusammen. Viele von ihnen folgen Furchen der Gewohnheit und können kaum als zweckgerichtet bezeichnet werden. Von jenen, die zweckgerichtet sind, sind die von den Akteuren angestrebten Ziele unterschiedlichster Art. Selbst jene, die sich an der Schaffung von Institutionen beteiligen, können sehr unterschiedliche Ansichten über den Zweck oder die Funktion der Institutionen haben, die sie ins Leben rufen.

Als Antwort auf diese Kritik möchte ich zunächst daran erinnern, dass der Zweck, den ich der Institution des Rechts zugeschrieben habe, ein bescheidener und nüchterner ist, nämlich das menschliche Verhalten der Lenkung und Kontrolle durch allgemeine Regeln zu unterwerfen. Ein solcher Zweck eignet sich kaum für hegelianische Exzesse. Ihn dem Recht zuzuschreiben, würde in der Tat als harmlose Binsenweisheit erscheinen, wären seine Implikationen nicht, wie ich glaube in meinem zweiten Kapitel gezeigt zu haben, weit entfernt von selbstverständlich und unbedeutend.

Ehe wir uns den bescheidenen teleologischen Genuss versagen, habe ich vorgeschlagen, dass wir die Kosten, die damit verbunden sind, sorgfältig abwägen. Das wichtigste Element dieser Kosten besteht darin, dass wir jeden Standard für die Definition von Legalität verlieren. Wenn Recht einfach eine manifeste Tatsache von Autorität oder sozialer Macht ist, können wir zwar immer noch über die materielle Gerechtigkeit oder Ungerechtigkeit bestimmter Erlässe sprechen, aber wir können nicht mehr über den Grad sprechen, in dem ein Rechtssystem als Ganzes das Ideal der Legalität erreicht; wenn wir mit unseren Prämissen übereinstimmen, können wir zum Beispiel nicht behaupten, dass das Rechtssystem von Land X mehr an Legalität bietet als das von Land Y. Wir können zwar über Widersprüche im Recht sprechen, aber wir haben keinen Standard, um zu definieren, was ein Widerspruch ist. Wir können zwar einige Arten rückwirkender Gesetze beklagen, aber wir können nicht einmal erklären, was an einem System von Gesetzen, die völlig rückwirkend sind, falsch wäre. Wenn wir feststellen, dass sich die Macht des Rechts normalerweise in der Anwendung allgemeiner Regeln ausdrückt, können wir uns keine bessere Erklärung dafür vorstellen, als zu sagen, dass die oberste Rechtsgewalt es sich kaum leisten kann, an jeder Straßenecke einen Untergebenen zu postieren, um die Menschen zu beraten, was sie tun sollen. Kurz gesagt, wir können die Probleme, denen mein zweites Kapitel gewidmet war, weder formulieren noch lösen.

Man kann sagen, dass wir, wenn diese Probleme in Wahrheit nicht in einer Art formuliert werden können, die uns erlaubt, sie zu lösen, diesem Umstand mutig begegnen müssen und uns nicht mit Hilfe von Fiktionen täuschen dürfen. Dies ist der Punkt, an dem der Gegenstand am deutlichsten zutage tritt. Es geht nicht darum, welche Ansicht am tröstlichsten und beruhigendsten ist, sondern welche Ansicht richtig ist, welche Ansicht der Realität, mit der wir uns befassen müssen, am besten entspricht. Im verbleibenden Teil dieses Kapitels werde ich versuchen, zu zeigen, dass die Ansicht, die vorgibt, vom Zweck des Rechts zu abstrahieren und Recht einfach als eine manifeste Tatsache sozialer Macht zu behandeln, nicht ohne Verfälschung der Realität gestützt werden kann, auf der sie angeblich aufbaut.

Die Ansicht, die ich kritisiere, sieht die Realität des Rechts in der Tatsache einer eingerichteten gesetzgebenden Autorität. Was diese Autorität als Recht bestimmt, ist Recht. Bei dieser Bestimmung besteht keine Frage des Grades; man kann darauf nicht die Adjektive »erfolgreich« oder »nicht erfolgreich« anwenden. Dies, so scheint mir, ist der Kern jener Theorie, die der diesen Kapiteln zugrunde liegenden entgegensteht.

Nun kann diese Theorie, so meine ich, nur dann haltbar erscheinen, wenn wir zwei Elemente in der Realität, die sie zu beschreiben vorgibt, systematisch aus dem Blickfeld streichen. Das erste besteht darin, dass die eingerichtete Instanz, die uns sagt, was Recht ist, selbst Produkt des Rechts ist.[57] In der modernen Gesellschaft wird Recht typischerweise durch körperschaftliches Handeln geschaffen. Körperschaftliches Handeln – durch ein Parlament, zum Beispiel – ist nur durch die Annahme und Befolgung einer Geschäftsordnung möglich, die es einer Gesamtheit von Menschen ermöglicht, rechtlich mit einer Stimme zu sprechen. Diese Geschäftsordnung kann auf allen acht Wegen, die jedem Rechtssystem offenstehen, Schiffbruch erleiden. Wenn wir also annehmen, dass im Vereinigten Königreich das Parlament das letzte Wort darüber hat, was Recht ist, gehen wir stillschweigend von einem gewissen Maß an Erfolg in mindestens einem rechtlichen Unterfangen aus, das darauf abzielt, dem Parlament die körperschaftliche Befugnis zu geben, Dinge zu »sagen«. Diese Erfolgsannahme ist in Ländern mit einer langen parlamentarischen Tradition normalerweise durchaus gerechtfertigt. Aber wenn wir der Realität, die wir zu beschreiben vorgeben, treu bleiben, werden wir erkennen, dass die Fähigkeit eines Parlaments, Gesetze zu erlassen, selbst eine Errungenschaft zweckgerichteter Bemühungen ist und nicht nur ein Datum der Natur.

Die zweite Verfälschung der Realität besteht darin, die Tatsache zu ignorieren, dass eine formale Autoritätsstruktur selbst in der Regel von menschlicher Anstrengung abhängt, die von keinem Gesetz oder Befehl verlangt wird. Weber weist darauf hin, dass alle formalen gesellschaftlichen Strukturen – ob sie nun in einer Tradition oder in einer schriftlichen Verfassung verankert sind – wahrscheinlich Lücken aufweisen, die nicht als solche erscheinen, weil sie durch entsprechende Maßnahmen gefüllt werden, die oft ohne das Bewusstsein, dass eine Alternative offensteht, ergriffen werden.[58] Menschen tun, mit anderen Worten, im

[57] Ich hatte Gelegenheit, diesen Punkt bei der Diskussion der Parlamentssouveränität anzusprechen; siehe oben S. 143.

[58] Weber, *Law in Economy and Society*, S. 31–33. Weber bemerkt: »daß oft gerade ›grundlegende‹ Fragen einer sonst sehr stark durchrationalisier-

Allgemeinen nicht absurde Dinge, die das gesamte Unterfangen, mit dem sie befasst sind, zunichtemachen würden, auch wenn die formalen Richtlinien, nach denen sie arbeiten, diese Absurditäten zulassen.

Ein gutes Beispiel für eine Lücke in der formalen Struktur findet sich in der Verfassung der Vereinigten Staaten. Dass Gesetze verkündet werden sollten, ist wohl die offensichtlichste Forderung der Legalität. Es ist auch die Forderung, die am ehesten auf eine formale verfassungsrechtliche Anforderung reduziert wird. Dennoch sagt die Verfassung nichts über die Veröffentlichung von Gesetzen aus. Trotzdem bezweifle ich, dass einem Kongressabgeordneten jemals in den Sinn gekommen ist, dass er sich bei den Steuerzahlern durch das Versprechen, ihnen Geld zu sparen, indem er dafür sorgt, dass die Gesetze nicht veröffentlicht werden, einschmeicheln könnte. Man kann natürlich argumentieren, dass ein verfassungsmäßiges Erfordernis der Veröffentlichung durch Auslegung erreicht werden kann, da sonst die Bestimmungen gegen bestimmte rückwirkende Gesetze wenig Sinn machen würden. Aber der Punkt ist, dass in Wirklichkeit keine solche Auslegung von denjenigen, die von Anfang an selbstverständlich davon ausgingen, dass Gesetze veröffentlicht werden müssten, vorgenommen wurde.

Der Gelehrte kann sich weigern, Recht als ein Unterfangen zu betrachten, und es einfach als Emanation gesellschaftlicher Macht behandeln. Diejenigen, deren Handlungen diese Macht konstituieren, erachten sich jedoch an einem Unterfangen beteiligt und tun in der Regel die für den Erfolg des Unterfangens wesentlichen Dinge. In dem Maße, in dem ihr Handeln von Einsicht und nicht von formaler Regel geleitet werden muss, sind Abstufungen im Erreichen von Erfolg unvermeidlich.

Harts Problem der »Kontinuität des Rechts« – wie kann das von Rex IV. geschaffene Recht noch Recht sein, wenn Rex V. auf

ten Rechtsordnung rechtlich überhaupt gar nicht geregelt zu sein pflegen«. Er fährt damit fort, dass Menschen im Allgemeinen so handeln, dass »der rechtlich mögliche ›absurde‹ Tatbestand« in der Praxis eben nie eintreten werde.

den Thron kommt? – ist ein weiteres Beispiel für eine Lücke in der postulierten formalen Struktur, die in der Praxis nicht als solche erscheint. Die Notwendigkeit der Kontinuität des Rechts trotz eines Regierungswechsels ist so offensichtlich, dass jeder diese Kontinuität normalerweise als selbstverständlich annimmt. Sie wird nur dann zum Problem, wenn man versucht, Recht als Emanation formaler Autorität zu definieren, und von seinen Abläufen den möglichen Einfluss menschlicher Urteilskraft und Einsicht ausschließt.

Die starke Betonung, die die Theorie auf eine exakte Definition der höchsten rechtlichen Macht zu lenken neigt, drückt zweifellos Bedenken dahingehend aus, dass eine Unklarheit in diesem Punkt dazu führen kann, dass das Rechtssystem insgesamt zerfällt. Auch hier wird wieder vergessen, dass keine Reihe von oben kommender Anweisungen jemals von der Notwendigkeit eines intelligenten, zielbewussten Handelns absehen kann. Selbst der niedrigstehende Friedensrichter, der keinen Sinn aus der Anordnung machen kann, die seine Zuständigkeit einschränkt, wird gewöhnlich die Einsicht haben, dass seine Befugnisse aus einem Amt herrühren, das Teil eines größeren Systems ist. Er wird zumindest die Urteilskraft haben, vorsichtig vorzugehen. Koordination zwischen den Elementen eines Rechtssystems kann nicht einfach aufgezwungen werden; sie muss erreicht werden. Glücklicherweise wird ein richtiges Rollenverständnis, verstärkt durch ein Mindestmaß an Intelligenz, in der Regel ausreichen, um etwaige Mängel des formalen Systems zu beseitigen.

Ich denke, es liegt eine seltsame Ironie in jeder Sichtweise, die sich weigert, dem Recht als Ganzem irgendeinen Zweck zuzuschreiben, wie bescheiden oder eingeschränkt er auch sein mag. Keine Denkschule hat es je gewagt, zu behaupten, sie könne die Wirklichkeit verstehen, ohne in ihrer Struktur Verwandtschaft oder Muster zu erkennen. Wenn wir von einem formlosen Regen einzelner und unverbundener Geschehnisse umgeben wären, gäbe es nichts, das wir verstehen oder worüber wir sprechen könnten. Wenn wir das Recht als »Tatsache« behandeln, müssen wir davon ausgehen, dass es eine besondere Art von Tatsache ist, die bestimmte festlegbare Eigenschaften besitzt, die sie von anderen Tatsachen unterscheiden. In der Tat bemühen sich alle Rechtstheoretiker sehr, uns mitzuteilen, um welche Art von Tatsache es sich handeln möge, es ist doch nicht die »Bedrohung durch einen Bewaffneten« im Großformat, es geht normalerweise um die Anwendung allgemeiner Regeln auf menschliches Verhalten.

Die Bemühungen, die Merkmale, die Recht kennzeichnen, zu entdecken und zu beschreiben, sind in der Regel mit einem gewissen Erfolg verbunden. Warum sollte dies der Fall sein? Der Grund dafür ist keineswegs rätselhaft. Er liegt darin, dass in fast allen Gesellschaften Menschen die Notwendigkeit sehen, bestimmte Arten menschlichen Verhaltens der ausdrücklichen Kontrolle von Regeln zu unterwerfen. Wenn sie sich auf das Unterfangen einlassen, diese Unterwerfung zu erreichen, stellen sie fest, dass diesem Unterfangen eine gewisse eigene innere Logik dahingehend zukommt, dass es Forderungen auferlegt, denen genügt werden muss (zuweilen unter erheblichen Unannehmlichkeiten), wenn seine Ziele erreicht werden sollen. Es liegt daran, dass Menschen generell in bestimmtem Maß diese Forderungen wahrnehmen und respektieren, dass Rechtssysteme eine bestimmte Ähnlichkeit auch zwischen Gesellschaften aufweisen, die anderweitig recht verschieden sind.

Eben weil Recht ein zweckgerichtetes Unterfangen ist, weist es strukturelle Konstanten auf, die der Rechtstheoretiker entdecken und als Gleichförmigkeiten im Faktischen behandeln kann. Wenn er erkennt, worauf er seine Theorie errichtet hat, mag er minder geneigt sein, sich als Wissenschaftler zu begreifen, der eine Gleichförmigkeit lebloser Art entdeckt hat. Vielleicht aber kommt in ihm, im Überdenken seines Gegenstandes, ein neu gewonnener Respekt für seine eigene Spezies auf und er sieht ein, dass auch sie, und nicht nur das Elektron, ein erkennbares Muster zurücklassen kann.

IV.
DIE MATERIELLEN ZIELE DES RECHTS

Und rechtstreue Gelehrte schreiben doch
richtig und falsch ist Recht weder noch
*W. H. Auden**

*Wir dürfen nicht eine gute Verfassung erwarten, weil jene, die sie entwerfen, moralisch hochstehende Menschen sind. Vielmehr liegt es an einer guten Verfassung, dass wir eine Gesellschaft aus moralisch hochstehenden Menschen erwarten dürfen.***
Immanuel Kant

Holmes' Rechtsphilosophie hatte die Notwendigkeit der Aufrechterhaltung einer scharfen Unterscheidung zwischen Recht und Moral zum zentralen Thema. Dennoch schrieb er in *The Path of the Law*:

> Ich sage nicht, dass es keinen breiteren Blickwinkel gibt, von dem aus die Unterscheidung von Recht und Moral zweitrangig wird, da alle mathematischen Unterscheidungen in der Gegenwart des Unendlichen verschwinden.[1]

[1] 10 *Harvard Law Review* 451–81, S. 459 (1897).

* [Yet law-abiding scholars write
Law is neither wrong nor right]

** [We must not expect a good constitution because those who make it are moral men. Rather it is because of a good constitution that we may expect a society composed of moral men.

Wohl paraphrasiert wiedergegeben aus ›Zum ewigen Frieden‹, Erster Zusatz: »Man kann dieses auch an den wirklich vorhandenen, noch sehr unvollkommen organisierten Staaten sehen, daß sie sich doch im äußeren Verhalten dem, was die Rechtsidee vorschreibt, schon sehr nähern, ob gleich das Innere der Moralität davon sicherlich nicht die Ursache ist (wie denn auch nicht von dieser die gute Staatsverfassung, sondern vielmehr, umgekehrt, von der letzteren allererst die gute moralische Bildung eines Volks zu erwarten ist).«]

Daher ist es jetzt an der Zeit, in diesen Untersuchungen – ohne sich dabei freilich auf das Unendliche zu berufen – zu prüfen, ob es nicht Zusammenhänge gibt, in denen Unterscheidungen, auf die zuvor bestanden wurde, nicht von sekundärer Bedeutung sind. Die beiden wichtigsten Unterscheidungen, auf denen die Diskussion bisher aufgebaut hat, sind, wie wir uns erinnern werden, die Unterscheidung zwischen der Moral der Pflicht und der Aspiration und die Unterscheidung zwischen der inneren und äußeren Moral des Rechts.

Die Neutralität der inneren Moral des Rechts gegenüber materiellen Zielen

Bei der Darstellung meiner Untersuchung der inneren Moral des Rechts habe ich darauf bestanden, dass sie in einem breiten Spektrum von Fragen den materiellen Zielen des Rechts gegenüber gleichgültig und bereit ist, einer Vielzahl solcher Ziele mit gleicher Wirksamkeit zu dienen. Eine moralische Frage, die heute lebhaft diskutiert wird, ist die der Empfängnisverhütung. Nun ist durchaus klar, dass die Prinzipien der Legalität ihrerseits außerstande sind, diese Frage zu lösen. Es ist auch klar, dass ein Rechtssystem seine innere Integrität bewahren kann, unabhängig davon, ob seine Regeln dazu angetan sind, Empfängnisverhütung zu verbieten oder zu fördern.

Aber die Einsicht, dass die innere Moral des Rechts eine Vielzahl materieller Ziele unterstützen und ihnen Wirksamkeit verleihen kann, sollte uns nicht zu der irrigen Annahme verleiten, dass *jedes* materielle Ziel ohne Beeinträchtigung der Legalität verfolgt werden kann. Selbst die Annahme eines Ziels wie der rechtlichen Unterdrückung der Empfängnisverhütung kann unter Umständen die Moral des Rechts beeinträchtigen. Wenn Vorschriften, die den Verkauf von Empfängnisverhütungsmitteln verbieten, wie es manchmal der Fall zu sein scheint, als eine Art symbolischer Akt in den Gesetzbüchern geführt werden, mit dem Wissen, dass sie nicht durchgesetzt werden und werden können, ist die Moral des Rechts ernsthaft beeinträchtigt. Es gibt keine Möglichkeit, eine Ansteckung anderer Teile des Rechtssystems durch Quarantäne zu vermeiden. Es ist unglücklicherweise eine vertraute politische Technik, ein Interesse durch die Verabschiedung eines Gesetzes zu besänftigen und ein entgegengesetztes Interesse zu befrieden, indem man das Gesetz kaum durchsetzt.

Eine der Aufgaben des vorliegenden Kapitels ist es, die Art und Weise, wie die innere und äußere Moral des Rechts zusammenwirken, allgemein zu untersuchen. Bevor diese Untersuchung vorgestellt wird, wird es nützlich sein, ihr die Ansicht von H. L. A. Hart in »Begriff des Rechts« entgegenzusetzen.[2] In seinem Kapitel über »Gesetz und Moral« schreibt Hart:

> Wenn soziale Kontrolle [durch gesetzliche Regeln] funktionieren soll, müssen die Regeln bestimmte Bedingungen erfüllen: Sie müssen einsehbar sein, die meisten Menschen müssen ihnen gehorchen können, und im allgemeinen dürfen sie keine rückwirkenden Regeln sein, obwohl dies ausnahmsweise auch einmal vorkommen kann … Selbstverständlich haben diese Grundelemente der geregelten Kontrolle eine enge Verbindung mit den Voraussetzungen der Gerechtigkeit, die die Juristen Rechtsprinzipien nennen. In der Tat hat ein Kritiker des Positivismus in diesen Aspekten der geregelten Kontrolle etwas gesehen, das zu einer notwendigen Verbindung von Recht und Moral führt, und vorgeschlagen, dass man diese Rechtsprinzipien »die innere Moral des Rechts« nennen sollte. Wenn dies die notwendige Verbindung von Recht und Moral bedeutet, können wir wiederum zustimmen. Leider verträgt sie sich jedoch mit sehr viel Ungerechtigkeit.[3]

[2] Dieses Buch wurde bereits zuvor ausführlich diskutiert; siehe oben S. 165–179.

[3] Ebd., S. 246. Der in der zitierten Passage erwähnte nicht identifizierte »Kritiker des Positivismus« bin ich.

Sicherlich könnte man sich keine explizitere Leugnung einer möglichen Wechselwirkung zwischen der inneren und äußeren Moral des Rechts wünschen, als sie in diesem letzten Satz enthalten ist. Ich muss gestehen, dass ich mich darüber wundere. Meint Hart lediglich, dass es möglich ist, sich durch Ausdehnung der Vorstellungskraft den Fall eines bösen Monarchen vorzustellen, der die bösartigsten Ziele verfolgt, aber zugleich einen echten Respekt für die Prinzipien der Legalität bewahrt? Wenn dem so ist, erscheint die Beobachtung in einem Buch, das darauf abzielt, »den Begriff des Rechts« in eine engere Beziehung zum Leben zu bringen, fehl am Platz. Will Hart behaupten, dass die Geschichte tatsächlich signifikante Beispiele für Regime liefert, die ein treues Festhalten an der inneren Moral des Rechts mit einer brutalen Gleichgültigkeit gegenüber Gerechtigkeit und menschlichem Wohlergehen verbunden haben? Wenn ja, wäre man dankbar für Beispiele gewesen, über die sich eine sinnvolle Diskussion hätte entwickeln können.

Harts Ansicht, dass Probleme der Legalität nicht mehr als eine beiläufige und flüchtige Betrachtung verdienen, zeigt sich keineswegs nur in den wenigen Sätzen, die ich zitiert habe. Sie durchdringt das Buch als Ganzes. In seiner Diskussion über das, was er »den guten Sinn der Naturrechtslehre« (S. 189–95) nennt, beschäftigt er sich ausschließlich mit materiellen Zielen und übergeht schweigend die feine englische Tradition des »Grundgesetzes«, eine Tradition, die sich weitgehend mit dem befasst, was man die Gesetze der Gesetzmäßigkeit nennen kann.[4] Wenn er dazu kommt, »[d]ie Pathologie eines Rechtssystems« (S. 114–20) zu behandeln, beschränken sich die diskutierten Themen umgangssprachlich weitgehend auf die Frage: »Wer ist hier überhaupt der Boss?« Die Zwangslage Nachkriegsdeutschlands im Versuch, den moralischen und rechtlichen Schutt, den die Nazis hinterlassen hatten, zu beseitigen, bringt schließlich nicht die drastische Verschlechterung der Rechtsmoral unter Hitler in Anschlag (S. 204). Kurz gesagt scheint Hart, während er beiläufig anerkennt, dass es

[4] Siehe oben S. 124–126.

etwas gibt, das man eine innere Moral des Gesetzes nennen kann, doch der Ansicht zu sein, dass sie keinen signifikanten Einfluss auf die ernsthafteren Belange der Jurisprudenz hat.

Gegen diese Sichtweise Harts – die nicht untypisch für das moderne Rechtsdenken ist – werde ich im Folgenden versuchen, die intellektuellen Kanäle wiederherzustellen, die meiner Meinung nach das Problem der Legalität mit den anderen großen Fragen der Rechtsphilosophie verbinden sollten.

Legalität als Bedingung der Wirksamkeit

Ich denke, ich muss hier nicht das in meinem ganzen zweiten Kapitel implizite Argument wiederholen, dass die innere Moral des Rechts nicht etwas ist, das zur Wirkmacht des Rechts hinzugefügt oder ihr auferlegt wird, sondern eine wesentliche Bedingung dieser Wirkmacht selbst ist. Wenn diese Schlussfolgerung akzeptiert wird, dann ist die erste Beobachtung, die gemacht werden muss, dass Recht eine Voraussetzung für gutes Recht ist. Ein gewissenhafter Zimmermann, der sein Handwerk gelernt hat und sein Werkzeug scharf hält, könnte, so dürfen wir annehmen, sich ebenso gut dem Bau eines Diebestreffs wie dem eines Waisenhauses widmen. Aber es ist nach wie vor zutreffend, dass es eines Zimmermanns oder der Hilfe eines Zimmermanns bedarf, um ein Waisenhaus zu bauen, und dass es ein besseres Waisenhaus sein wird, wenn es ein geschickter Handwerker ist, der mit Werkzeugen ausgestattet ist, die mit Sorgfalt benutzt und in gutem Zustand gehalten wurden.

Gäbe es keine Zimmermänner, wäre klar, dass wir zunächst einmal keine Entwürfe für Krankenhäuser und Heime anfertigen oder über die Prinzipien guten Designs diskutieren, sondern Zimmerleute einstellen und ausbilden müssten. In diesem Sinne brauchen weite Teile der Welt heute Recht mehr, als sie gutes Recht brauchen.

Es lohnt sich in Erinnerung zu rufen, dass in der Anklageschrift, die in der Unabhängigkeitserklärung dargelegt ist,

George III. sowohl der Rechtsverweigerung als auch der Auferlegung ungerechter Gesetze beschuldigt wurde.

> Er hat seine Einstimmung zu den heilsamsten und zum Oeffentlichen Wohl nöthigsten Gesetzen versagt … Er hat seinen Gouverneuren verboten, Gesetze von unverzüglicher und dringender Wichtigkeit herauszugeben … Er hat die Häuser der Repräsentanten zu wiederholten Malen aufgelöst … Er hat, nach solchen Auflösungen, sich eine lange Zeit widersetzt, dass andere erwählt werden sollten … Er ist der Rechtsprechung hinderlich gewesen, indem er seine Einstimmung zu Gesetzen versagt hat, gerichtliche Gewalt einzusetzen … Er hat die Regierung allhier niedergelegt, indem er uns außerhalb seines Schutzes stehend erklärt hat, und gegen uns Krieg führt.*

Als diese Worte geschrieben wurden, waren die Amerikaner auf dem Weg, »entkolonialisiert« zu werden. Wir hatten das Glück, dass wir von unseren britischen Lehrern etwas über der Notwendigkeit des Rechts und der Bewahrung seiner Integrität und Stärke gelernt haben. Ein großer Teil der heutigen Welt sehnt sich nach Gerechtigkeit, ohne eine ähnliche Vormundschaft durchlaufen zu haben. Es gab nie eine Zeit, in der die Leere der Auffassung deutlicher zutage trat, dass das Recht lediglich ein Datum legitimierter gesellschaftlicher Macht zum Ausdruck bringt. Und es gab nie eine Zeit, in der es gefährlicher war, diese Ansicht ernst zu nehmen.

Ich sollte mich dafür entschuldigen, dass ich auf einer so offensichtlichen Proposition beharre, wie dass ein Mindestmaß an Rechtsmoral für die praktische Wirksamkeit von Recht unerlässlich ist, würde dieser Punkt nicht so oft gerade in Kontexten übergangen, in denen er am deutlichsten gemacht werden muss. Ein bemerkenswertes Beispiel dafür findet sich, so glaube ich, in Harts Behandlung (S. 114–20) der »Pathologie eines Rechtssystems«. Alle Situationen, die er unter dieser Überschrift erörtert,

* [Nach der Übersetzung vom 6. Juli 1776.]

beinhalten entweder einen Konflikt der letzten Autorität oder »den einfachen Zusammenbruch der rechtlichen Kontrolle angesichts von Anarchie oder Banditentum ohne jede politische Herrschaftsabsicht«. Hier, wie an anderer Stelle in Harts Buch, wird das Recht ganz im Sinne seiner formalen Quelle begriffen und nicht als ein komplexes Unterfangen, das zu verschiedenen Graden des Erfolgs fähig ist. Es wird nicht anerkannt, dass es eine anhaltende öffentliche Akzeptanz einer einzigen Quelle rechtlicher Macht geben kann und dennoch diese Macht so ungeschickt oder korrupt ausgeübt werden kann, dass ein wirksames Rechtssystem nicht erreicht wird. Ebenso wenig wird anerkannt, dass ein gewisser Grad an »Pathologie« in allen Rechtssystemen auftritt, auch in den vorbildlichsten. Selbst wenn man nur an Verschiebungen von einer formellen Quelle der Rechtsgewalt zu einer anderen interessiert ist, kann keine realistische Darstellung gegeben werden, wenn Probleme der Rechtsmoral ausgeschlossen werden. Im Laufe der Geschichte sind rechtmäßig eingerichtete Regierungen im Namen des Rechts gestürzt worden. Die Bedrohung durch eine rechtlose Revolution kann es schwierig machen, die genuin der Legalität gewidmeten Handlungen einer Regierung aufrechtzuerhalten. Diese Antinomien, die das eigentliche Drama der Geschichte beherrschen, gleiten in einem Bericht aus dem Blickfeld, der sich im Ergebnis damit bescheidet, zu sagen: »Zuerst gab es Akt I, dann gab es Akt II«.

Legalität und Gerechtigkeit

Eine tiefe Verwandtschaft zwischen Legalität und Gerechtigkeit ist oft bemerkt und der Sache nach von Hart selbst ausdrücklich anerkannt worden (S. 202). Diese liegt in einer Eigenschaft, die beide teilen, nämlich dass sie mit Hilfe bekannter Regeln agieren. Die innere Moral des Rechts verlangt, dass es Regeln gibt, dass sie bekannt gemacht werden und dass sie in der Praxis von den mit ihrer Vollziehung betrauten Personen eingehalten werden. Diese Forderungen mögen ethisch neutral erscheinen, soweit es um die äußeren Ziele des Rechts geht. Doch so wie Recht eine Voraussetzung für gutes Recht ist, ist das Handeln nach bekannter Regel eine Voraussetzung für jede sinnvolle Beurteilung der Gerechtigkeit des Rechts. »Eine gesetzlose unbegrenzte Macht«, die sich ausschließlich in unvorhersehbaren und musterlosen Eingriffen in menschliche Angelegenheiten ausdrückt, könnte man nur in dem Sinne als ungerecht bezeichnen, dass sie nicht nach bekannten Regeln handelt. Es wäre schwer, sie in einem spezifischeren Sinne als ungerecht zu bezeichnen, ehe man entdeckt, welches verborgene Prinzip, so es eines gibt, ihre Eingriffe geleitet hat. Es ist die Tugend einer gewissenhaft konstruierten und vollzogenen Rechtsordnung, dass sie die Regeln, nach denen sie handelt, öffentlicher Kontrolle aussetzt.

Es ist nunmehr allgemein in Vergessenheit geraten, mit Hilfe welcher Winkelzüge die Nazis Publizität vermieden haben. Während ihres Regimes hing in vielen deutschen Schaufenstern ein Schild mit der Aufschrift »Jüdisches Geschäft«. Es wurde nie ein Gesetz erlassen, das die Anbringung solcher Schilder vorschrieb. Sie wurden auf »Ersuchen« von Parteimitgliedern aufgestellt, die sie in den Geschäften verteilten, in denen ihre Auslage für angebracht gehalten wurde. Die Erklärung für dieses in der deutschen Bevölkerung gängige Verfahren war, dass die Nazis wussten, dass ein formeller und veröffentlichter Rechtsakt ausländische Kritik hervorrufen würde. Dieser Trick war in der Tat teilweise erfolgreich. Zu Zeiten, in denen ein Zustrom von Ausländern erwartet wurde, z. B. während einer Handelsmesse, wurden die Schilder, wiederum auf Antrag der Partei, vorübergehend entfernt. In Berlin, wo zu jeder Zeit sehr viele ausländische Besucher kamen und gingen, wurden die Schilder überhaupt nicht benutzt. Stattdessen wurden Geschäfte jüdischen Besitzes von der Partei »ersucht«, eine besondere Farbe für den Rahmen der Schaufenster zu verwenden. Gelegentliche ausländische Besucher würden wahrscheinlich die Häufigkeit beobachten, mit der diese Farbe verwendet wurde, blieben aber im Allgemeinen unwissend um ihre Bedeutung und darüber, dass sie in Übereinstimmung mit einer Regel zur Anwendung kam, die nie öffentlich erlassen wurde.

In unserem eigenen Land ist es durchaus üblich, dass die Praktiken der Staatsbehörden durch ungeschriebene und nicht veröffentlichte Regeln kontrolliert werden. Manchmal sind diese Regeln der Sache nach recht harmlos, obwohl Unkenntnis den Bürger im Umgang mit der Behörde behindern kann. Zu anderen Zeiten sind diese ungeschriebenen Regeln alles andere als harmlos. Ein besonders brutaler Fall einer solchen Regel wurde kürzlich in Boston aufgedeckt. Es scheint, dass es üblich ist, von einer festgenommenen Person, wenn sie über Nacht im Gefängnis festgehalten wird, zu verlangen, dass sie ein Papier unterschreibt, das die Polizei von jeglicher zivilrechtlichen Haftung für Handlungen im Zusammenhang mit ihrer Festnahme und Inhaftierung befreit.

Die Unterzeichnung eines solchen Papiers ist eine Bedingung für die Entlassung aus der Haft. Zweifellos hat so mancher Polizeibeamte, der an diese Praxis recht unreflektiert herangeht, sie mit dem Gefühl der gewissenhaften Einhaltung der Standardarbeitsanweisung angewendet. Es ist schwer vorstellbar, dass irgendein Gesetzgeber bereit wäre, ein solches Verfahren durch eine veröffentlichte Vorschrift zu genehmigen.

Bisher habe ich so gesprochen, als ob die Verwandtschaft zwischen Legalität und Gerechtigkeit einfach darin besteht, dass eine artikulierte und bekannt gemachte Regel es der Öffentlichkeit erlaubt, über ihre Fairness zu urteilen. Die Verwandtschaft hat jedoch tiefere Wurzeln. Selbst wenn ein Mensch nur seinem eigenen Gewissen verantwortlich ist, wird er verantwortungsbewusster agieren, wenn er gezwungen ist, die Prinzipien zu nennen, nach denen er handelt. Viele Personen, die Machtpositionen innehaben, verraten in ihren Beziehungen mit Untergebenen gleichförmige Verhaltensweisen, von denen man sagen kann, dass sie ungeschriebene Regeln darstellen. Es ist nicht immer klar, dass diejenigen, die diese Regeln in ihren Handlungen zum Ausdruck bringen, sich selbst dieser Regeln bewusst sind. Es ist gesagt worden, dass die meisten Ungerechtigkeiten in der Welt nicht mit den Fäusten, sondern mit den Ellenbogen zugefügt werden. Wenn wir unsere Fäuste benutzen, benutzen wir sie für einen bestimmten Zweck und wir sind den anderen und uns selbst gegenüber für diese Zwecke verantwortlich. Unsere Ellenbogen, so können wir bequem annehmen, folgen einem zufälligen Muster, für das wir nicht verantwortlich sind, auch wenn unserem Nachbar schmerzlich bewusst sein mag, dass er systematisch vom Sitz gestoßen wird. Ein starkes Bekenntnis zu den Prinzipien der Legalität zwingt einen Herrscher dazu, sich vor sich selbst zu verantworten, nicht nur für seine Fäuste, sondern auch für seine Ellenbogen.

Rechtsmoral und Gesetze, die auf angebliche, nicht definierbare Übel abzielen

Die einfache Forderung, dass Rechtsvorschriften in verständlichen Worten ausgedrückt werden, scheint auf den ersten Blick ethisch neutral gegenüber den materiellen Zielen zu sein, denen das Recht dienen kann. Wenn irgendein Prinzip der Rechtsmoral, in Harts Worten, »mit sehr großer Ungerechtigkeit vereinbar« ist, dann scheint es dieses zu sein. Wenn jedoch ein Gesetzgeber versucht, einen Missstand zu beseitigen, und nicht klar benennen kann, auf welches Ziel sein Gesetz gerichtet ist, ist es offensichtlich, dass er Schwierigkeiten haben wird, seine Gesetze klar zu fassen. Ich habe bereits versucht, diesen Punkt durch einen Verweis auf Gesetze zu illustrieren, die »eine Rückkehr des alten Saloons« verhindern sollen.[5] In diesem Fall handelt es sich jedoch eher um eine Dummheit des Gesetzgebers als um etwas, das die Ungerechtigkeit berührt.

Ganz anders verhält es sich mit Gesetzen, die versuchen, Rechte von der Rasse abhängig zu machen. Es ist heute üblich, sich die Verwaltung Südafrikas so vorzustellen, dass sie strikte Beachtung von Legalität mit der Verabschiedung eines Gesetzeswerks verbindet, das brutal und unmenschlich ist. Diese Ansicht konnte nur aufgrund der inzwischen verfestigten Vermengung

[5] Siehe oben S. 113–115.

der Achtung der konstituierten Autorität und der Treue zum Gesetz entstehen. Eine Untersuchung der Gesetzgebung, durch die die Rassendiskriminierung in Südafrika aufrechterhalten wird, zeigt eine grobe Abweichung von den Forderungen der inneren Rechtsmoral.

Die folgenden Auszüge sind einer sorgfältigen und objektiven Untersuchung der von der Südafrikanischen Union erlassenen Rassengesetze entnommen:

> Die Gesetzgebung ist voller Anomalien und ein und dieselbe Person kann im Ergebnis unter verschiedenen Gesetzen verschiedenen Rassenkategorien unterfallen. … der Minister für Inneres erklärte am 22. März 1957, dass etwa 100.000 Rassenklassifizierungsfälle vor dem Direktor für Volkszählung und Statistik anhängig waren, die als »Grenzfälle« betrachtet wurden … Wie die vorliegende Studie gezeigt hat, ist die fehlende Einheitlichkeit der Definition in erster Linie auf das Fehlen einer einheitlichen oder wissenschaftlichen Grundlage der Rassenklassifizierung zurückzuführen … Letztlich versucht der Gesetzgeber, das Undefinierbare zu definieren.[6]

Selbst der südafrikanische Richter, der im Privaten die Vorurteile teilt, die das Gesetz geprägt haben, zu dessen Auslegung und Anwendung er verpflichtet ist, muss doch, wenn er das Ethos seiner Berufung respektiert, eine tiefe Abneigung gegen die willkürlichen Manipulationen empfinden, die dieses Gesetzeswerk von ihm verlangt.

Es sollte nicht angenommen werden, dass nur in Südafrika Gesetze, die Rechtsfolgen an Rassenunterschiede knüpfen, zu ernsthaften Schwierigkeiten bei der Auslegung geführt haben. Im Jahr 1948 befand der Oberste Gerichtshof Kaliforniens in der Rechtssache *Perez v. Sharp*[7] ein Gesetz für verfassungswidrig, das vor-

[6] Suzman, »Race Classification and Definition in the Legislation of the Union of South Africa, 1910–1960«, *Acta Jurídica* (1960), S. 339–67; die im Text zitierten Auszüge sind den S. 339, 333 und 367 entnommen.

[7] 32 Cal. 2d 711.

sah, dass »keine Heiratserlaubnis für die Heirat einer weißen Person mit einem Schwarzen, Mulatten, Mongolen oder Angehörigen der malaiischen Rasse erteilt werden darf«. Der Ausspruch, dass das Gesetz ungültig ist, wurde teilweise damit begründet, dass es die verfassungsmäßige Anforderung nicht erfülle, »dass ein Gesetz bestimmt zu sein hat und seine Bedeutung von denjenigen festgestellt werden kann, deren Rechte und Pflichten dadurch geregelt werden«.

Unsere Einbürgerungsgesetze sehen nun ausdrücklich vor, dass das »Recht einer Person auf Verleihung der Staatsbürgerschaft … nicht … wegen ihrer Rasse … verweigert werden darf«.[8] Der Oberste Gerichtshof ist somit vor der Gefahr sicher, sich wie 1922 und 1923 in seine eigenen Interpretationen zu verstricken. In der Rechtssache *Ozawa v. United States*[9] musste der Gerichtshof einer Bestimmung, die die Einbürgerung auf »weiße Personen« beschränkt, einen gewissen Sinn geben. Der Gerichtshof stellte fest: »Augenscheinlich ist die Überprüfung bloß anhand der Hautfarbe jedes Individuums nicht praktikabel, da diese bei Personen derselben Rasse sehr unterschiedlich ist«. In einem Versuch, so etwas wie wissenschaftliche Exaktheit zu erreichen, erklärte der Gerichtshof, dass »weiße Person« so ausgelegt werden sollte, dass damit eine Person der kaukasischen Rasse gemeint ist. In einem Fall, der einige Monate nach dieser Entscheidung verhandelt wurde, war der Antragsteller für die Staatsbürgerschaft ein Hindu aus einer hohen Kaste.[10] Sein Anwalt brachte ziemlich überzeugende Beweise dafür vor, dass er unter Anthropologen, die den Begriff »Kaukasier« verwenden, dieser Rasse zugeordnet werden würde. Der Gerichtshof wies darauf hin, dass der Begriff »Kaukasier« jenen, die 1790 das Gesetz verfassten, unbekannt war und dass »die Konnotation des Wortes, wie es in der Wissenschaft der Ethnologie verwendet wird, keineswegs klar ist und dass die Verwendung des Begriffs in seinem wissenschaftli-

[8] USCA, Tit. 8, § 1422.

[9] 260 U.S. 178 (1922).

[10] *United States v. Thind*, 261 U.S. 204 (1923).

chen Sinn als Äquivalent für die Worte des Gesetzes ... bedeuten würde, eine Verwirrung durch eine andere zu ersetzen ... Die Worte der vertrauten Rede, die von den ursprünglichen Verfassern des Gesetzes verwendet wurden, sollten nur den Typ Mann umfassen, den sie als weiß kannten«.

Schließlich war der israelische Oberste Gerichtshof im Wege bitterer Ironie auf nahezu unlösbare Probleme gestoßen, als er versuchte, eine einfache und verständliche Interpretation des Gesetzes über die Wiedereinbürgerung zu finden, das Einwanderern, die »Juden« sind, automatisch die Staatsbürgerschaft gewährte. Am 6. Dezember 1962 entschied ein nach Stimmen geteilter Gerichtshof, dass ein römisch-katholischer Mönch kein Jude im Sinne dieses Gesetzes sei. Sein Rechtsbeistand brachte vor, dass er jüdischer Abstammung und nach dem rabbinischen Gesetz immer noch Jude sei. Das Gericht räumte ein, dass dies zutraf, sagte jedoch, dass es sich nicht um eine Frage eines religiösen Gesetzes, sondern um eine Frage des säkularen Gesetzes Israels handle. Nach diesem Gesetz war er kein Jude mehr, weil er sich die christliche Religion angeeignet hatte.[11]

Das der Rechtsmoral implizite Menschenbild

Ich komme nun zum wichtigsten Aspekt, in dem die Einhaltung der Anforderungen der Rechtsmoral den größeren Zielen des menschlichen Lebens im Allgemeinen dienen kann. Dieser liegt im Menschenbild, das in der inneren Moral des Rechts implizit enthalten ist. Ich habe wiederholt beobachtet, dass man von der Rechtsmoral sagen kann, dass sie in einem breiten Spektrum ethischer Fragen neutral ist. Sie kann in ihrem Menschenbild selbst nicht neutral sein. Das Unterfangen, menschliches Verhalten der Herrschaft von Regeln zu unterwerfen, beinhaltet notwendigerweise ein Bekenntnis zu der Auffassung, dass der

[11] Siehe die *New York Times* vom 7. Dez. 1962, S. 1 und 15, und 8. Dez., 1962, S. 13.

Mensch ein verantwortungsfähiger Akteur ist oder werden kann, der in der Lage ist, Regeln zu verstehen und zu befolgen, und der für seine Versäumnisse verantwortlich ist.

Jede Abweichung von den Prinzipien der inneren Moral des Rechts ist eine Beleidigung der Würde des Menschen als verantwortungsfähigem Akteur. Seine Handlungen nach unveröffentlichten oder rückwirkenden Gesetzen zu beurteilen oder ihm eine unmögliche Handlung zu befehlen, bedeutet, ihm ihre Gleichgültigkeit gegenüber seinen Möglichkeiten der Selbstbestimmung zu vermitteln. Umgekehrt verliert die Rechtsmoral, wenn die Ansicht akzeptiert wird, dass der Mensch nicht in der Lage ist, verantwortlich zu handeln, ihre Daseinsberechtigung. Seine Handlungen nach unveröffentlichten oder rückwirkenden Gesetzen zu beurteilen, ist keine Beleidigung mehr, denn es gibt nichts mehr zu beleidigen, sogar das Wort »beurteilen« ist mit diesem Zusammenhang unvereinbar; wir beurteilen einen Menschen nicht mehr, wir behandeln ihn.

Heute scheint uns ein ganzer Komplex von Haltungen, Praktiken und Theorien auf eine Sichtweise zuzulaufen, die leugnet, dass der Mensch ein verantwortlicher, selbstbestimmender Mittelpunkt seines Handelns ist oder sinnvoll danach streben kann, es zu sein. Die Ursachen für diese Entwicklung sind vielfältigster Art; in ihrer Motivation scheinen sie vom Niedrigsten bis zum Edelsten zu reichen.

Ein Strom von Einflüssen kommt aus der Wissenschaft, und zwar insbesondere von bestimmten doktrinären Denkschulen der Sozialwissenschaften. Erlauben Sie mir an dieser Stelle, den angesehenen Psychologen B. F. Skinner für sich selbst sprechen zu lassen:

> Wenn wir die Methoden der Wissenschaft auf dem Gebiet der menschlichen Belange anwenden wollen, müssen wir davon ausgehen, dass das Verhalten gesetzmäßig und vorbestimmt ist. Wir müssen erwarten, dass wir entdecken, dass das, was ein Mensch tut, das Ergebnis spezifizierbarer Bedingungen ist und dass wir, wenn diese Bedingungen einmal entdeckt sind, seine Handlungen

vorhersehen und bis zu einem gewissen Grad bestimmen können. Diese Möglichkeit ist für viele Menschen anstößig. Sie steht im Gegensatz zu einer langjährigen Tradition, die den Menschen als freien Akteur betrachtet ... Niemand, der ein Produkt der westlichen Zivilisation ist, kann [die wissenschaftliche Sicht auf menschliches Verhalten] kampflos akzeptieren.

Die Vorstellung von einem freien, verantwortungsfähigen Individuum ist in unsere Sprache eingebettet und durchdringt unsere Praktiken, Codes und Überzeugungen. Wenn man ein Beispiel für menschliches Verhalten gibt, können die meisten Menschen es sofort als eine solche Vorstellung beschreiben. Die Praxis ist so natürlich, dass sie nur selten untersucht wird. Eine wissenschaftliche Formulierung ist demgegenüber neu und fremd.

Wir machen Menschen nicht für ihre Reflexe verantwortlich, zum Beispiel für das Husten in der Kirche. Wir machen sie für ihr gewillkürtes Verhalten verantwortlich, zum Beispiel dafür, in der Kirche zu flüstern oder während eines Hustenanfalls in der Kirche zu verweilen. Aber es gibt Variablen, die sowohl für das Flüstern als auch für das Husten verantwortlich sind, und diese können ebenso unerbittlich sein. Wenn wir dies erkennen, werden wir aller Wahrscheinlichkeit nach den Begriff der Verantwortlichkeit ganz fallen lassen und damit auch die Lehre vom freien Willen als innerem Kausalfaktor. Dies kann einen großen Unterschied in unserer Praxis ausmachen. Die Doktrin persönlicher Verantwortung ist mit bestimmten Techniken zur Kontrolle von Verhaltensweisen verbunden, die »ein Verantwortungsgefühl« erzeugen oder auf »eine Verpflichtung der Gesellschaft gegenüber« hinweisen. Diese Techniken sind an ihren Zweck schlecht angepasst.[12]

Dass Ansichten wie die soeben zitierten eine Überbewertung der »Wissenschaft« darstellen und auf einer äußerst naiven Erkenntnistheorie beruhen,[13] scheint ihre Anziehungskraft nicht

[12] *Science and Human Behavior* (1953); die Zitate sind den S. 6–7, 10 und 115–16 entnommen.

[13] Zwei Themen, die den Denkbogen von Skinner durchziehen, sind:

ernsthaft zu schmälern. Obwohl niemand, einschließlich Professor Skinner, sie wirklich in dem Maße glaubt, dass sie als konsistente Handlungsgrundlage übernommen werden, anerkennen wir, dass sie eine Teilwahrheit ausdrücken. Indem sie diese Wahrheit überbewerten und ihre eigentlichen Grenzen undefiniert lassen, fördern sie eine Haltung der Gleichgültigkeit gegenüber dem Verfall des Begriffs der Verantwortung, der vielen Rechtsentwicklungen implizit ist, von denen die meisten sicherlich nicht den Zielen dienen, die Professor Skinner so konsequent verfolgt hat.

Denn um Professor Skinner gerecht zu werden, sei angemerkt, dass er nicht einfach die Gültigkeit des Konzepts der Verantwortung anzweifelt, sondern dass er einen alternativen Modus der sozialen Kontrolle konstruiert. Mit sehr einfachen Worten formuliert, schlägt er vor, dass wir den Menschen nicht sagen, sie sollen gut sein, sondern sie konditionieren, gut zu sein. Was auch immer die Vorzüge oder Fehler dieses Programms sein mögen, es hat keine Verwandtschaft zum überarbeiteten Staatsanwalt, der versucht, seinen Job durch Gesetze zu vereinfachen, die die strafrechtliche Verantwortung unabhängig von jeglichem Beweis für Schuld oder Vorsatz machen.

Ich habe von »edlen« Impulsen gesprochen, die eine Rolle dabei gespielt haben, das Konzept der Verantwortung zu verwirren. Ein herausragendes Beispiel sind die Missbräuche des Rehabilitationsideals im Strafrecht. Wie Francis Allen gezeigt hat,[14] kann die falsche Anwendung dieses Ideals das Strafrecht, statt es humaner zu machen, verrohen lassen. Wenn beispielsweise die Rehabilitierung zum ausschließlichen Ziel des Strafrechts ge-

(1) »Absicht« muss aus der wissenschaftlichen Erklärung ausgeschlossen werden, da sie eine erdachte Zukunft als die Gegenwart beherrschend beinhaltet, während es ein anerkannter Lehrsatz der Wissenschaft ist, dass die Vergangenheit die Gegenwart beherrscht; (2) menschliches Verhalten muss so weit wie möglich in Form von Ursachen »außerhalb« des Organismus erklärt werden, anstatt operativ »innerhalb« dieses Organismus.

14 »Criminal Justice, Legal Values and the Rehabilitative Ideal«, 50 *Journal of Criminal Law and Criminology* 226–32 (1959).

macht wird, können alle Befassungen mit dem ordnungsgemäßen Verfahren und einer klaren Definition dessen, was strafbar ist, vergeblich sein. Wenn das Schlimmste, das dem Angeklagten widerfahren kann, darin besteht, dass er die Chance erhalten soll, sich auf öffentliche Kosten zu bessern, warum dann die ganze Sorge um ein faires Verfahren?

Seit Professor Allen seinen Artikel veröffentlicht hat, wurden die von ihm geäußerten Befürchtungen durch das von Justice Clark im Fall *Robinson v. California* abgegebene Sondervotum erneut bestätigt.[15] Für den überwiegenden Teil des Gerichtshofs war Gegenstand des Falles die Frage, ob Drogenabhängigkeit – ein Zustand, der unverschuldet eintreten könnte – aus verfassungsrechtlicher Sicht zu einer Straftat erklärt werden könnte. Die Richtermehrheit war der Ansicht, dies sei unzulässig. Von dieser Entscheidung abweichend argumentierte Richter Clark, dass das fragliche Gesetz als Rehabilitationsmaßnahme angesehen werden könne. Soweit zugestanden wird, dass der Staat im Wege eines Zivilverfahrens einen Abhängigen zum Zweck der Behandlung in ein Krankenhaus einweisen kann, sah er keinen Grund, warum er nicht auch zu sechs Monaten Gefängnis verurteilt werden könnte, wo Rauschgift vermutlich außerhalb seiner Reichweite liegen würde.

Welche Relevanz hätten aus dieser Sicht auf das Strafrecht die Prinzipien der Legalität für ein solches Gesetz wie das im Fall *Robinson v. California*? Müssen Rehabilitationsmaßnahmen durch formale Regeln begrenzt und beherrscht werden? Müssen die Art dieser Maßnahmen und die Fälle, auf die sie anwendbar sind, verkündet werden? Dürfen Rehabilitationsmaßnahmen nicht auf Fälle angewendet werden, bevor sie offiziell angenommen wurden?

Es gibt einigen Grund zur Annahme, dass unsere Herangehensweise an das Problem der Drogensucht falsch ist und dass durch medizinische und rehabilitierende Maßnahmen mehr er-

[15] 370 U.S. 660 S. 679–86 (1962); die Entscheidung der Richtermehrheit wurde oben diskutiert, S. 105–06.

reicht werden könnte als durch das Strafrecht. Aber ein solches Reformprogramm muss, wenn es erfolgreich sein soll, die zu seiner Verwirklichung notwendigen Institutionen schaffen. Es kann sich nicht inkongruent in Institutionen projizieren, die mit ganz anderen Zielen geschaffen wurden; man kann ein Gefängnis nicht zu einem Krankenhaus machen, indem man es so nennt, oder einen Strafprozess zu einer ärztlichen Untersuchung machen, indem man so tut, als ob er das wäre.

Es gibt andere Tendenzen im Recht, die dazu dienen, die Rolle des Bürgers als selbstbestimmenden Akteur zu verschleiern. Nicht zuletzt wird Besteuerung zunehmend als eine Art allzuständige Dienstbotin eingesetzt. In jüngster Zeit ist die Besteuerung zu einem Mittel geworden, das einer Vielzahl schräger Zwecke dient. Steuern wurden auferlegt, um den Wirtschaftskreislauf zu kontrollieren, um professionelle Spieler zu identifizieren, um wirtschaftliche Ressourcen zuzuweisen, um vom Alkoholkonsum abzuschrecken, um die Verkäufer von Kosmetika einen Teil des hohen Preises mit dem Staat teilen zu lassen, den Frauen für ihre unnatürliche Schönheit zu zahlen bereit sind, um von Reisen abzuschrecken, um die Bundesgerichtsbarkeit zu erweitern – und wer weiß, für welche anderen Ziele? Unterdessen entdecken Staatsanwälte, dass Steuergesetze ein bequemes Mittel sind, um Verurteilungen zu erreichen, die aus anderen Gründen nicht erlangt werden können.

Kein Wunder also, dass das Objekt und Opfer des Ganzen manchmal ratlos wird und sich zu fragen beginnt, was vor ihm liegt. Der korpulente Bürger, der ohnehin schon von der Schuld des Überessens besessen ist, wird vielleicht besorgt sein, ob die Regierung nicht etwas gegen seine überschüssigen Pfunde unternehmen wollte. Natürlich wird er sich wahrscheinlich ziemlich sicher fühlen, wenn er davon ausgeht, dass ihm keine Strafe wegen zu hohen Gewichts auferlegt werden wird. Aber kann er sicher sein, dass er morgen nicht vielleicht Gegenstand einer Sondersteuer sein wird, die mit der Theorie gerechtfertigt wird, dass es teurer ist, ihn über staatlich subventionierte Fluglinien zu transportieren, obwohl er in Wirklichkeit nie mit dem Flugzeug reist? Und darf er sich nicht fragen, was schließlich der Unterschied zwischen einer Steuer und einer Geldstrafe ist? Seine Gemütslage stiller Verzweiflung wird sich wahrscheinlich nicht verbessern, wenn er hinreichend glücklos ist, zu erfahren, dass ein berühmter Richter des Obersten Gerichtshofs der Vereinigten Staaten früher darauf bestand, dass es keinen Unterschied gibt.

Ich werde nicht länger auf diese Ungereimtheiten der modernen Rechtsordnung eingehen. Ich möchte vielmehr daran erinnern, was wir verlieren würden, wenn der Begriff der Verantwortung jemals vollständig aus dem Gesetz verschwinden würde. Der gesamte Rechtsbestand ist von zwei wiederkehrenden Entscheidungsstandards durchdrungen: Schuld und Vorsatz. Die philosophische Diskussion dieser Begriffe hat sich gezielt auf ihre Rolle im Strafrecht konzentriert, wo sie abstrusesten Argumenten Auftrieb gegeben hat, darunter auch jenen zur Willensfreiheit. Aber diese beiden Standards spielen im Vertrags-, Delikts- und Sachenrecht eine ebenso wichtige Rolle. Bei näherer Betrachtung erweisen sie sich als schwierige und schwer fassbare Vorstellungen in jedem Rechtsgebiet, in dem sie auftauchen. Doch ohne sie hätten wir keinen roten Faden, der uns durch das Labyrinth führt. Wenn eine von ihnen scheitert, sind wir in der Lage, uns ihr so weit wie möglich anzunähern. Wenn es keinen eindeutig festgestellten Vorsatz gibt, fragen wir, welche Absicht die Parteien gehabt hätten, wenn sie die entstandene Situation schlecht vorhergesehen hätten. Wenn keine der beiden Parteien direkt für das Verschulden verantwortlich zu sein scheint, fragen wir, wer von ihnen am ehesten Gelegenheit hatte, den Schaden abzuwenden, wer also, mit anderen Worten, am ehesten schuldig war.

Beachten Sie, was passiert, wenn diese beiden Tests und ihre Verwandten vollständig scheitern. Dies ist im Vertragsrecht der Fall, wenn die Erfüllung einer Vereinbarung behindert wird oder ihre Bedeutung durch ein äußeres Ereignis, wie z. B. die Absage eines Krönungszuges, verändert wird. Im Sachenrecht versagen unsere gewohnten Standards, wenn die Natur eingreift und die Kontrolle übernimmt, wie etwa wenn ein Fluss seinen Lauf verschiebt, indem er A zwanzig Acre Land entzieht und B fünfundzwanzig Acre Land hinzufügt. In Fällen wie diesen erscheinen die Prozessparteien nicht als verantwortliche Agenten, sondern als hilflose Opfer äußerer Kräfte. Wir können nicht mehr fragen: Wer war schuld? Was hatten sie vor? Da unsere gewohnten Maßstäbe der Gerechtigkeit versagen, wissen wir nicht, was die Gerechtigkeit erfordert. Wenn wir durch das Gesetz die Auffassung vom Menschen als verantwortliches Zentrum seines Handelns verlieren würden, würden alle rechtlichen Probleme zu solchen werden, wie ich sie gerade angeführt habe.

Das Problem der Grenzen effektiven rechtlichen Handelns

Bisher habe ich in diesem Kapitel zu zeigen versucht, dass die innere Moral des Rechts tatsächlich die Bezeichnung »Moral« verdient. Ich hoffe, ich habe nachgewiesen, dass diese Moral zu akzeptieren eine notwendige, wenn auch nicht hinreichende Bedingung für die Verwirklichung von Gerechtigkeit ist, dass diese Moral selbst verletzt wird, wenn versucht wird, blinden Hass durch gesetzliche Vorschriften auszudrücken, und dass die spezifische Moral des Rechts schließlich eine Auffassung von der Natur des Menschen artikuliert und uns vor Augen führt, die sowohl für das Gesetz als auch für die Moral unverzichtbar ist.

Es ist nun an der Zeit, sich den Grenzen der gesetzlichen Moral und einer Untersuchung jener Situationen zuzuwenden, in denen die Anwendung dieser Moral unangemessen und schädlich sein kann.

Zunächst muss jedoch eine Verwirrung zur Kenntnis genommen werden, die unser Thema umgibt. Lassen Sie mich einen historischen Fall dieser Verwirrung nennen. In seiner Abhandlung *On Liberty* hat Mill geschrieben:

> Der Zweck dieser Abhandlung ist es, einen sehr einfachen Grundsatz aufzustellen, welcher den Anspruch erhebt, das Verhältnis der Gesellschaft zum Individuum in Bezug auf Zwang oder Bevor-

> mundung zu regeln, gleichgültig, ob die dabei gebrauchten Mittel physische Gewalt in der Form von gerichtlichen Strafen oder moralischer Zwang durch öffentliche Meinung sind. Dies Prinzip lautet: dass ... der einzige Zweck, um dessentwillen man Zwang gegen den Willen eines Mitglieds einer zivilisierten Gemeinschaft rechtmäßig ausüben darf, der ist: die Schädigung anderer zu verhüten. Das eigene Wohl, sei es das physische oder das moralische, ist keine genügende Rechtfertigung.[16]

In seiner berühmten Antwort auf Mill versuchte James Fitzjames Stephen, Mills »einfaches Prinzip« zu widerlegen, indem er darauf hinwies, dass über den britischen Bürger Macht ausgeübt wird, um Steuern zu erheben, die dazu eingesetzt werden, das British Museum zu unterstützen, eine Institution, die nicht dazu angetan ist, den Bürger vor Schaden zu schützen, sondern ihn zu verbessern.

Was hier veranschaulicht wird, ist eine Verwechslung des Rechts im üblichen Sinne von Verhaltensregeln, die sich an den Bürger richten, mit staatlichen Akten im Allgemeinen. Mill argumentierte, dass »physische Gewalt in Form *gesetzlicher Strafen*« selbst nicht als direktes Instrument zur Verbesserung des Bürgers eingesetzt werden sollte. Sicherlich hatte er nicht die Absicht, zu behaupten, dass der Staat niemals Gelder, die durch Steuern aufgebracht werden – notfalls durch Zwangsmaßnahmen erzwungen –, verwenden sollte, um Einrichtungen bereitzustellen, die es dem Bürger ermöglichen, sich zu verbessern.[17]

Die Verwirrung, die Stephen in seiner Kontroverse mit Mill einführte, stellt einen recht subtilen Vertreter ihrer Klasse dar. Ein gründlicheres Stück Verwirrung findet sich in der folgenden Passage eines berühmten Anthropologen:

[16] Die zitierte Passage erscheint in Kap. I. [Übersetzung nach Bruno Lemke.]

[17] *Liberty, Equality, Fraternity* (1873), S. 16. »Eine unwillige Person zu zwingen, zur Unterstützung des British Museum beizutragen, ist eine ebenso eindeutige Verletzung von Mr. Mills Prinzip wie religiöse Verfolgung«.

> Recht wurde oft als Instrument der legislativen Allmacht eingesetzt. Es gab den Versuch, eine ganze Nation durch Gesetz nüchtern zu machen. Es scheiterte. [An diesem Punkt mögen wir sagen: so weit, so gut.] In Nazi-Deutschland wird eine ganze Nation unter anderem mit Hilfe des Rechts in eine Bande blutrünstiger Weltbanditen verwandelt. Dies wird, so hoffen wir, erneut scheitern. Der italienische Diktator versucht, sein intelligentes, zynisches und friedliebendes Volk zu mutigen Helden zu machen. Die Fundamentalisten haben in einigen Staaten dieser Union versucht, die Menschen per Gesetz gottesfürchtig und schriftanbetend zu machen. Eine große kommunistische Union hat versucht, Gott, die Ehe und die Familie, wiederum per Gesetz, abzuschaffen.[18]

Diese Identifikation des Rechts mit allen denkbaren Arten staatlicher Akte ist so üblich geworden, dass man, wenn man einen Autor findet, der, in Pounds berühmter Formulierung, »die Grenzen wirksamer rechtlicher Akte« diskutiert, nicht sicher ist, ob das Thema die versuchte rechtliche Unterdrückung von Homosexualität oder das Scheitern der Regierung bei der Umwandlung der Energie der Gezeiten bei Passamaquoddy sein wird.

Rechtsmoral und die Allokation wirtschaftlicher Ressourcen

So viel zum Versuch einer intellektuellen Prophylaxe. Lassen Sie mich nun direkt auf Situationen zu sprechen kommen, in denen die innere Moral des Rechts über ihren eigentlichen Bereich hinausreicht.

Sie werden sich daran erinnern, wie ich in meinem ersten Kapitel die Analogie einer Art Skala beschworen habe, die unten mit den Pflichten beginnt, die für die gesellschaftliche Existenz am offensichtlichsten notwendig sind, und oben mit den

[18] Malinowski, »A New Instrument for the Interpretation of Law – Especially Primitive«, 51 *Yale Law Journal* 1237–54, S. 1247 (1942).

höchsten und schwierigsten Errungenschaften endet, zu denen der Mensch fähig ist. Ich sprach auch von einer unsichtbaren Schwelle, die die Trennlinie markiert, an der der Druck der Pflicht endet und die Herausforderung der Vortrefflichkeit beginnt. Ich habe die richtige Verortung dieser Schwelle als ein Grundproblem der Sozialphilosophie betrachtet. Wenn die Schwelle zu niedrig angesetzt wird, kann der Begriff der Pflicht selbst unter dem Einfluss von Denkweisen zerfallen, die nur den höheren Ebenen einer moralischen Anspruchshaltung angemessen sind. Wenn die Schwelle zu hoch angesetzt wird, können die Rigiditäten der Pflicht so weit hinaufreichen, dass sie den Drang nach Vortrefflichkeit ersticken und wirklich wirksames Handeln durch eine Routine pflichtgemäßer Handlungen ersetzen.

Die Vorstellung der Skala und der Schwelle ist meines Erachtens nützlich, um den Handlungsspielraum des Staates zu überblicken. Ganz unten haben wir einen Staat, der Pflichtregeln für die Kontrolle menschlichen Verhaltens aufstellt. Am anderen Ende der Skala haben wir zum Beispiel den Präsidenten, der (mit Hilfe des Rats und der Zustimmung des Senats) unsere Beziehungen mit dem Ausland pflegt, Beziehungen, die offensichtlich nicht durch starre Pflichtregeln festgelegt werden können, wenn auch aus keinem anderen Grund, als dass sie Entscheidungen von Mächten beinhalten, die außerhalb der Reichweite unseres Gesetzes liegen.

Im zweiten Kapitel habe ich darauf hingewiesen, dass die innere Moral des Rechts selbst weitgehend eine Moral der Aspiration ist. Zugleich bezieht sie ihre Eigenart aus der Tatsache, dass sie mit der Schaffung und Durchsetzung rechtlicher Pflichten zu tun hat. Die innere Moral des Rechts, mit anderen Worten, ist keine Moral und kann keine sein, die für jede Art staatlicher Akte geeignet ist. Die Armee ist ein Geschöpf des Rechts, und ihre Offiziere sind in gewisser Weise Angehörige der Vollziehung. Daraus folgt jedoch keineswegs, dass sich jede Ausübung militärischer Befehlsgewalt den entsprechenden Zwängen unterwerfen muss, die zum Beispiel der Erfüllung der richterlichen Funktion angemessen sind.

Es ist vor allem im wirtschaftlichen Bereich der Fall, dass solche Binsenweisheiten allgemein ignoriert wurden. Man wird sich daran erinnern, dass ich im ersten Kapitel darauf hingewiesen habe, dass die private Wirtschaftstätigkeit in einem vom Recht und der Moral des Eigentums und des Vertrags vorgegebenen, einschränkenden Rahmen stattfindet. Gleichzeitig kann und soll diese Tätigkeit nicht in Übereinstimmung mit irgendetwas, das der inneren Rechtsmoral ähnelt, ausgeübt werden. Sie kennt nur einen allgemeinen Grundsatz, nämlich den, aus begrenzten Ressourcen eine maximale Rendite zu erzielen. Dies gilt auch dann, wenn die Beschränkungen, die das wirtschaftliche Kalkül umgeben, ausgeweitet werden auf, sagen wir, die Verpflichtung zur Zahlung eines Mindestlohns, die Verpflichtung zu irgendeiner Form von Arbeitsplatzsicherung und die Verpflichtung, Kündigungen vor ein Schiedsgericht zu bringen. Verpflichtungen wie diese dienen lediglich dazu, den Rahmen zu verkleinern, in dem sich das wirtschaftliche Kalkül abspielt; sie ändern nichts an der wesentlichen Natur dieses Kalküls.

Die Art dieses Kalküls ändert sich auch nicht, wenn der Staat selbst unmittelbar an wirtschaftlichen Aktivitäten beteiligt ist. Sozialistische Volkswirtschaften hatten in der Vergangenheit Schwierigkeiten, ein sinnvolles Preissystem zu entwickeln. Ohne ein solches System wird die Anwendung des Grenznutzenprinzips schwierig und von Mutmaßungen geprägt. Aber das Prinzip selbst bleibt unangetastet, so wie es auch immer und überall dort zu sein hat, wo Menschen versuchen, die ihnen zur Verfügung stehenden Ressourcen so effektiv wie möglich einzusetzen. Und es ist offensichtlich, dass dieses Prinzip nicht durch festgelegte Pflichtregeln verwirklicht werden kann.

Nun werden alle Überlegungen, die ich soeben skizziert habe, ignoriert, wenn wir versuchen, in unserer gemischten Wirtschaft mit Hilfe richterlicher Herangehensweisen zu erreichen, die im Wesentlichen Aufgaben wirtschaftlicher Allokation sind. Dies geschieht vor allem im Fall des Civil Aeronautics Board und der Federal Communications Commission. Ihrem Wesen nach muss richterliche Tätigkeit durch offengelegte Regeln oder Prinzipien handeln und die Gründe, aus denen sie handelt, müssen eine gewisse zeitliche Kontinuität aufweisen. Ohne solche ist die Verbindung von Argumenten unmöglich und alle konventionellen Schutzvorkehrungen, die eine Entscheidung umgeben (wie z. B. das Verbot privater Unterredungen zwischen einer streitverfangenen Partei und dem Richter des Rechtsstreits), verlieren ihre Bedeutung.

Um klug zu handeln, muss eine Führungskraft alle Umstände berücksichtigen, die für seine Entscheidung relevant sind, und selbst die Initiative ergreifen, um auszumachen, welche Umstände relevant sind. Seine Entscheidungen müssen aufgehoben oder geändert werden, wenn sich die Bedingungen ändern. Der Richter hingegen handelt auf Grundlage jener Tatsachen, die im Voraus gemäß den erklärten Entscheidungsgrundsätzen als relevant erachtet werden. Seine Entscheidung lenkt nicht einfach nur Ressourcen und Energien; sie stellt Rechte fest; und damit Rechten Bedeutung zukommt, müssen diese in gewissem Maße auch unter sich ändernden Umständen Bestand haben. Wenn wir daher versuchen, Aufgaben wirtschaftlichen Managements durch Unterformen der Rechtsprechung zu erfüllen, besteht ein ernsthaftes Missverhältnis zwischen dem angewandten Verfahren und dem zu lösenden Problem.

Nirgendwo wird dieser Gedanke besser vermittelt als in einem Beispiel, das Henry J. Friendly in seinen Holmes Lectures, *The Federal Administrative Agencies: The Need for Better Definition of Standards*, gegeben hat:[19] Richter Friendly spricht von der »frustrierenden Natur« der Aufgabe, die der Kongress der Federal Communications Commission zugewiesen hat. Er fährt fort:

> Die Aufgabe, die der Kongress der Kommission übertragen hat, ist vergleichbar damit, den Vorstand der Metropolitan Opera Association aufzufordern, nach öffentlicher Anhörung und mit einer begründeten Stellungnahme zu entscheiden, ob der öffentlichen Annehmlichkeit, dem Interesse oder der Notwendigkeit gedient

[19] *Harvard University Press*, 1962.

> wäre, wenn die Primadonna-Rolle am Eröffnungsabend von Tebaldi, Sutherland, oder einer von mehreren Gewinnerinnen hoher amerikanischer Auszeichnungen gesungen würde. Vervielfachen Sie dies mehrhundertfach; fügen Sie das scheinbar launengelenkte Element hinzu, das diejenige, die für die Rolle ausgewählt wurde, sie einer beliebigen anderen qualifizierten Kandidatin zuweisen könnte; verbieten Sie dem Vorstand, den Rat zahlreicher Personen einzuholen, die am besten in der Lage sind, zu helfen; gehen Sie weiter davon aus, dass die Entscheidungsträger wissen, dass ihre Vorgehensweise die für ihr Verweilen im Amt verantwortlichen Personen, die gelegentlich Ansichten kommunizieren während die Entscheidung im Gange ist, erfreuen oder verärgern könnten – und Sie werden ein größeres Maß an mitfühlendem Verständnis für das Problem der Kommission haben (S. 55–56).

Das »mitfühlende Verständnis«, das in dieser Passage so wirkungsvoll vermittelt wird, scheint sich im verbleibenden Teil von Richter Friendlys Lectures wenig durchgesetzt zu haben. Er klagt darüber, dass die Bundesverwaltungsbehörden das, was hier als die innere Moral des Rechts bezeichnet wurde, nicht ausreichend respektiert haben. Bei der Darlegung der Gründe, warum die Behörden die Normen, nach denen sie handeln, klar definieren sollten, stellt Richter Friendly Überlegungen vor, die eng mit denen übereinstimmen, die ich als Bestandteile der Rechtsmoral behandelt habe, und sie in mancher Hinsicht sinnvoll ergänzen (S. 19–26). Dennoch dehnt er diese Überlegungen unterschiedslos auf den gesamten Verwaltungsprozess aus und unternimmt wenige Versuche, zwischen den Arten wirtschaftlicher Aufgaben zu unterscheiden, die einer Einrichtung übertragen werden können.

Die Behauptung, die ich hier vorbringe, ist, dass Aufgaben wirtschaftlicher Allokation innerhalb der von der inneren Moral des Rechts gesetzten Grenzen nicht wirksam erfüllt werden können. Der Versuch, solche Aufgaben durch Unterformen der Rechtsprechung zu erfüllen, wird mit Sicherheit zu Ineffizienz, Heuchelei, moralischer Verwirrung und Frustration führen.

Diese Behauptung findet meines Erachtens zwischen den Zeilen in den Vorträgen von Richter Friendly Bestätigung. Die beiden Institutionen, an die sich die schärfste Kritik richtet, sind die Federal Communications Commission und das Civil Aeronautics Board, Einrichtungen, deren Hauptaufgaben explizit allokativ sind. Er lobt das National Labor Relations Board für die Klarheit, mit der es unlautere Arbeitspraktiken definiert hat, mit anderen Worten, für die Art und Weise, in der sie eine richterliche Tätigkeit ausgeübt hat, die eng mit dem Strafrecht verwandt und weit entfernt von allem ist, was einer Zuteilung von Ressourcen durch Führungskräfte ähnelt. Ganz allgemein wird man feststellen, dass Lob und Tadel in Richter Friendlys Vorträgen einen Weg aufzeigen, der sich eng an die Unterscheidung zwischen allokativen und nicht allokativen Funktionen hält. Sowohl Lob als auch Tadel sind jedoch weitgehend fehl am Platz, wenn sie sich an Einzelpersonen richten; sie sollten stattdessen auf die Eignung der institutionellen Gestaltung der Einrichtung zur Erfüllung der ihr übertragenen Aufgabe gerichtet sein.

In einem Versuch, die Inkongruenz zwischen Verfahren und Aufgabenzuweisung, die so viele Verwaltungseinrichtungen betrifft, zu mildern, haben Hector[20] und Redford[21] auf etwas unterschiedliche Weise eine Trennung zwischen der Funktion der Erlassung allgemeiner Richtlinien und der täglichen Entscheidung bestimmter Fälle vorgeschlagen. Der Vorschlag von Redford wird von Richter Friendly keineswegs mit »mitfühlendem Verständnis« aufgenommen; er lehnt ihn sogar kategorisch ab: »Es fällt mir ganz einfach schwer, mir etwas Schlimmeres vorzustellen« (S. 153). Doch der Vorschlag, die Funktion, allgemeine Strategien festzulegen, gesondert wahrzunehmen, stellt einen ernsthaften und klugen Versuch dar, dem Problem der Anpassung der

20 »Problems of the CAB and the Independent Regulatory Commissions«, 69 *Yale Law Journal* 931–64 (1960).

21 *The President and the Regulatory Commissions* (1960), ein Bericht übermittelt an das President's Advisory Committee on Government Organization.

institutionellen Gestaltung der Verwaltungsbehörden an die ihnen übertragenen wirtschaftlichen Aufgaben gerecht zu werden. Man kann sich zum Beispiel eine nationale Strategie zur Steigerung der Kohleförderung vorstellen. Niemand würde behaupten, dass eine solche Strategie durch ein gerichtliches Verfahren innerhalb seiner normalen Grenzen erreicht werden sollte. Was eine solche Strategie in bestimmten Zusammenhängen erfordern würde, müsste natürlich von Fall zu Fall entschieden werden. In dieser Hinsicht sind die Vorschläge von Hector und Redford von seltener wirtschaftlicher Sinnhaftigkeit. Sie haben freilich nicht das Problem des Missverhältnisses zwischen der institutionellen Gestaltung der mit der Allokation befassten Einrichtung und der Aufgabe, die sie zu erfüllen hat, gelöst. Die Entscheidung darüber, was eine allgemeine wirtschaftliche Strategie im Einzelfall erfordert, bleibt eine missliche, richterlich wahrzunehmende Aufgabe. Eine nationale Strategie zur Steigerung der Kohleförderung könnte etwa einer richterlichen Einrichtung nicht vorschreiben, ob sie eine Verluste einbringende Mine zu schließen oder zu subventionieren hat. Eine kluge Entscheidung in dieser Frage könnte erst nach einer Untersuchung über alternative Verwendungsmöglichkeiten für die durch die Stilllegung freigesetzten Arbeitskräfte und über andere Möglichkeiten für die Verwendung der Subventionsmittel getroffen werden.

Indem ich die besondere Bedeutung der allokativen Funktion betone, möchte ich natürlich nicht implizieren, dass es keine Abstufungen bei der Unterscheidung zwischen allokativen und nicht allokativen Aufgaben gibt. Selbst eine gerichtliche Entscheidung, die eine Steuer für verfassungswidrig erklärt, kann dazu führen, dass Investitionen in den zuvor von der Steuer betroffenen Bereich gelenkt werden. Dieser allokative Nebeneffekt wird theoretisch als für die Entscheidung irrelevant außer Acht gelassen. In ähnlicher Weise kann ein Verwaltungsgericht auf der Basis von Standards vorgehen, die die allokativen Auswirkungen seiner Entscheidungen ignorieren. Dies wird von einer Regulierungsbehörde getan, wenn sie den Grundsatz einer angemessenen Rendite für eine bestimmte Investition als Maßstab nimmt.

Nimmt die Behörde demgegenüber einen Satz als Standard, der einen ausreichenden Kapitalzufluss in die regulierte Industrie insgesamt herbeiführt, wird ihre allokative Funktion expliziter, kann aber durch die Annahme gedämpft werden, dass die Industrie einen »normalen« Investitionszufluss benötigt, obwohl eine breitere Sicht auf die Volkswirtschaft diese Annahme verfälschen könnte. Aufgaben, die früher nur beiläufig allokativ waren, können infolge einer Änderung der Umstände direkter werden. Dies geschah bei der Interstate Commerce Commission, als die Eisenbahn in Konkurrenz zum Lastwagen und zum Flugzeug trat. Es ist interessant festzustellen, dass Richter Friendly einige der früheren Entscheidungen der ICC lobt (S. 27–35) und neuere Entscheidungen wegen des Mangels an »klaren Standards« verurteilt (S. 106–40).

Das Problem, die geeignetste institutionelle Gestaltung für die staatliche Kontrolle der Volkswirtschaft zu finden, ist schon seit langem akut. In der Zukunft wird dieses Problem meiner Meinung nach zwangsläufig noch drängender und allgegenwärtiger werden. Unverzichtbare Einrichtungen, wie manche unserer Eisenbahnen, werden auf die eine oder andere Weise aus ihrer wirtschaftlichen Notlage gerettet werden müssen, eine Notlage, die im Falle der Eisenbahnen zum Teil durch die allokativen Effekte (für die niemand ausdrücklich die Verantwortung übernimmt) von Subventionen für konkurrierende Formen des Transports herbeigeführt wurde. Im Bereich der Arbeitswelt sind viele erfahrene Schiedsrichter, die einst unbeugsam gegen die Zwangsschlichtung waren, empfänglicher dafür geworden, einige halten sie sogar für unvermeidlich. Fast aus Unachtsamkeit – einer Unachtsamkeit in der Höhe mehrerer Milliarden Dollar – haben wir in diesem riesigen Industriesegment, das von Verträgen mit den Streitkräften abhängt, eine neue Form der Mischwirtschaft entwickelt. Da diese neue Unternehmensform als »privat« eingestuft wird, entzieht sie sich der Prüfung, der direkte staatliche Operationen unterworfen wären. Gleichzeitig ist es töricht zu glauben, sie sei in signifikanter Weise der Disziplin des Marktes unterworfen. Wenn und falls unsere Rüstungsausgaben ernsthaft reduziert werden, müssen die ineinandergreifenden Zahnräder mit großem Aufwand getrennt werden. Schließlich gibt es noch jene Verwerfungen, denen man sich bislang überwiegend nicht gestellt hat, die die zunehmende Automatisierung mit sich bringen wird.

Wenn man diesen Vorzeichen dessen, was vor uns liegt, trauen kann, dann ist es klar, dass wir mit Problemen institutioneller Gestaltung konfrontiert sein werden, die in Umfang und Bedeutung beispiellos sind. Es ist unvermeidlich, dass den rechtsberatenden Berufen bei der Lösung dieser Probleme eine große Rolle zukommen wird. Die große Gefahr besteht darin, dass wir unreflektiert traditionelle Institutionen und Verfahren, die die in ihrer Einrichtung geborgenen Fehler bereits unter Beweis gestellt haben, auf neue Bedingungen übertragen. Als Juristen haben wir eine natürliche Neigung, jede Staatsfunktion zu »judizialisieren«. Rechtsprechung ist ein Prozess, mit dem wir vertraut sind und der es uns ermöglicht, unsere besonderen Talente zur Geltung zu bringen. Dennoch müssen wir uns der schlichten Wahrheit stellen, dass Rechtsprechung ein unwirksames Instrument für die Wirtschaftsführung und für die staatliche Beteiligung an der Allokation wirtschaftlicher Ressourcen ist.

Es mag eingewendet werden, dass die Staatsgewalt ohne die Garantien, die durch gerichtliche Verfahren geboten werden, schwerem Missbrauch ausgesetzt ist. Diese Befürchtung unterschätzt möglicherweise die treuhänderische Gesinnung, die damit einhergeht, eine Aufgabe zu erhalten, die Sinn macht, und sie auf vernünftige Weise ausführen zu dürfen. Heute finden Gier und Machthunger ihren Ausdruck gemeinhin in der Ausbeutung institutioneller Formen, die nicht länger von einem klaren Bewusstsein für ihren Zweck beseelt sind. Auf der Suche nach institutionellen Schutzmechanismen gegen Missbrauch müssen wir uns nicht auf justizielle Verfahren im engeren Sinne beschränken, sondern können auch die vom französischen Conseil d'Etat, dem skandinavischen Ombudsmann, dem British Council on Tribunals und den einst von mehreren amerikanischen Staaten eingerichteten Zensurkommissionen vorgeschlagenen Modelle in Betracht ziehen, Zensoren, deren Aufgabe es nicht war, die private Moral zu überwachen, sondern wachsam zu sein, um Missbräuche und Mängel in der Verwaltung aufzudecken.

Rechtsmoral und das Problem der institutionellen Gestaltung

Bei der Erörterung der Grenzen der Rechtsmoral habe ich bisher zu zeigen versucht, dass eine effektive Allokation ökonomischer Ressourcen nicht innerhalb der durch diese Moral auferlegten Beschränkungen erfolgen kann. Dies wiederum bedeutet, dass eine solche Allokation nicht zufriedenstellend mit Hilfe gerichtlicher Verfahren vorgenommen werden kann. Es ist wichtig zu beachten, dass die Überlegungen, die ich zur Unterstützung dieser Ausführungen vorgebracht habe, keineswegs nur für den Bereich der Ökonomie im engeren Sinne relevant sind. In einem weiten Sinne ist wirtschaftliches Kalkül ein allgegenwärtiger Teil unseres Lebens. Keine Ausrichtung schöpferischer menschlicher Anstrengung kann völlig frei davon sein.

Die beiden grundlegenden Entscheidungsprozesse, die eine demokratische Gesellschaft charakterisieren, sind: Entscheidung durch unparteiische Richter und Entscheidung durch das Votum der Wählerschaft oder eines repräsentativen Organs. Es ist wichtig, in Erinnerung zu rufen, dass keiner dieser Entscheidungsprozesse allein komplexe Fragen lösen kann, für die eine Vielzahl von Lösungsmöglichkeiten besteht. So war selbst das mathematische Genie Charles Dodgson nicht in der Lage, eine Abstimmungsmethode zu entwickeln, mit der die Differenzen gelöst werden konnten, die aufkamen, als die Lehrenden des Christ Church College eine Vielzahl an Meinungen hinsichtlich des besten Entwurfs für einen neuen Glockenturm vertrat.[22] Sowohl das

[22] Black, *The Theory of Committees and Elections* (1958), Kap. XX, »The Circumstances in which Rev. C. L. Dodgson (Lewis Carroll) Wrote his Three Pamphlets«, S. 189–213. (Dieses faszinierende, etwas Freud'sche Kapitel be-

Urteil als auch die Mehrheitsentscheidung sind in solchen Fällen von einem Vorverfahren abhängig, das die Bandbreite der möglichen Lösungen einschränkt. Dieses Verfahren beinhaltet normalerweise eine Reihe von Zugeständnissen und Kompromissen zwischen denjenigen, die von der endgültigen Entscheidung betroffen sind.

Die Architektur der rechtlichen Institutionen und Verfahren kann offenkundig nicht richterlichen Entscheidungen entstammen. Aus diesem Grund hat der Oberste Gerichtshof die Durchsetzung der Verfassungsbestimmung, die den Bundesstaaten eine republikanische Staatsform garantiert, klugerweise als über seine Zuständigkeit hinausgehend betrachtet. Ein Gericht, das als solches handelt, kann weder eine Verfassung schreiben noch eine allgemeine Verwaltungsaufsicht über ihre Vollziehung ausüben.

Die Entscheidung *Baker v. Carr*[23] stellt eine Wette darauf dar, dass außergerichtliche Verfahren politischer Zugeständnisse und Kompromissfindung eine Sache hervorbringen werden, die für den Gerichtshof sozusagen verdaulich ist. Bei der Erfüllung der Verpflichtung, die er in der Rechtssache *Baker v. Carr* eingegangen ist, wird sich der Gerichtshof, so glaube ich, gezwungen sehen, einen schwierigen Mittelweg zu beschreiten. Wenn er zu strenge und umfassende Standards festlegt, wird er die unverzichtbaren vorbereitenden Verfahren vorläufiger Zugeständnisse und Kompromissfindung im Keim ersticken. Wenn seine Standards zu locker sind, werden diese Verfahren wahrscheinlich nicht zu einer für das Gericht akzeptablen Lösung führen.

schreibt, wie Dodgson durch die Abneigung gegen seinen Dekan, den Vater der wahrhaftigen Alice, dazu getrieben wurde, ein Pionier der mathematischen Wahltheorie zu werden).

[23] 82 Sup. Ct. 691 (1962).

Institutionelle Gestaltung als Problem der Ökonomisierung

Implizit liegt diesen letzten Bemerkungen wie auch diesem Werk insgesamt die Annahme zugrunde, dass der Mensch, so wie er durch die von der physischen Natur auferlegten Grenzen in dem, was er tun kann, eingeschränkt ist, so auch in den Wahlmöglichkeiten eingeschränkt ist, die ihm bei der Gestaltung der Formen seines Soziallebens offenstehen. Hier wie überall sieht er sich mit Knappheit konfrontiert und ist gezwungen, die ihm zur Verfügung stehenden Ressourcen mit Geschick und Umsicht zu ordnen.

Auch auf die Gefahr hin, das Offensichtliche herauszuarbeiten, möchte ich den Punkt, den ich zu machen versuche, mit einem rein hypothetischen Fall illustrieren. Nehmen wir an, dass sich unter den Eltern von Kindern, die eine Grundschule besuchen, Unzufriedenheit über die Art einstellt, in der einigen Schülern die Versetzung verweigert wird und sie dazu gezwungen werden, eine Klasse zu wiederholen. Die Unzufriedenheit der Eltern ist eine zweifache: (1) Sie sind nicht sicher, dass die Entscheidungen in dieser Angelegenheit korrekt getroffen werden – es gab vielmehr Gerüchte über Günstlingswirtschaft und Unachtsamkeit bei der Durchsicht von Aufzeichnungen; (2) die Eltern sind der Meinung, dass auf jeden Fall zu viel aus einer Nichtversetzung gemacht wird und dass eine unverhältnismäßige Stigmatisierung damit verbunden ist, zur Wiederholung einer Klasse gezwungen zu werden. Um dem ersten Einwand zu begegnen, fordern die Eltern, dass alle Empfehlungen von Klassenlehrern gegen eine Versetzung einem Gremium von Oberlehrern vorgelegt werden und dass bei seiner endgültigen Entscheidung ein richterliches Verfahren befolgt wird, in dem den betroffenen Eltern das Erscheinen und der Zugang zu allen relevanten Aufzeichnungen gestattet wird. Um dem zweiten Einwand zu begegnen, fordern die Eltern, dass eine gemeinsame Anstrengung unternommen wird, um das Stigma zu mindern, das mit einer Versagung der Versetzung verbunden ist, und dass alle Lehrer bei der Erörterung von Fällen, in denen ein Schüler zurückgestuft wird, sich bemühen, die Bedeutung der Entscheidung zu minimieren.

Nun zeigt sich, dass dieses Programm Elemente miteinander kombiniert, zwischen denen eine beachtliche Unvereinbarkeit besteht. Geschick und Fingerspitzengefühl bei der Anwendung des Programms können diesen Konflikt verringern, aber es bleibt dabei, dass, je wirksamer die prozeduralen Garantien gegen Fehler und Günstlingswirtschaft sind, desto eindeutiger der Fingerzeig auf den zurückgesetzten Schüler erfolgen wird. Ein öffentliches Verfahren mag ihn zwar vor Ungerechtigkeit schützen, das aber zum Preis des Trostes, zu glauben, dass diejenigen, die ihn zurückgestuft haben, nicht wussten, was sie taten.

Ähnliche Probleme der Abwägung von Kosten ziehen sich durch unser gesamtes rechtliches und politisches Leben. Wenn zum Beispiel die Frage gestellt wird: »Wie viel Aufwand sollte betrieben werden, um sicherzustellen, dass kein Unschuldiger jemals wegen eines Verbrechens verurteilt wird?«, dann ist die Antwort geeignet, ins Absolute zu verlaufen, und es könnte sogar der Vorschlag gemacht werden, dass dort, wo es um grundlegende Menschenrechte geht, eine so unanständig berechnende Frage gar nicht erst gestellt werden sollte. Wenn wir jedoch darüber nachdenken, dass wir, um sicherzustellen, dass eine Entscheidung richtig ist, das knappe Gut Zeit verbrauchen müssen und dass eine zu lange hinausgezögerte richtige Entscheidung dem Angeklagten selbst mehr Schaden zufügen kann als eine falsche, unverzüglich getroffene Entscheidung, erfährt die Angelegenheit eine Neuausrichtung. Wir stellen dann fest, dass wir auch in diesem Fall gezwungen sind, eine im weitesten Sinne »wirtschaftliche« Rechnung anzustellen, auch wenn die Fragen des Geldes völlig außer Acht gelassen werden.

Es ist ein großer Fehler, Fragen der Gestaltung und Verwaltung unserer Institutionen so zu behandeln, als ginge es nur darum, die inhaltlichen Ziele gegeneinander abzuwägen. Denn Institutionen haben eine eigene Integrität, die respektiert werden muss, wenn sie überhaupt effektiv sein sollen. Ich habe diesen Punkt im Hinblick auf die innere Moral des Rechts sehr ausführlich dargelegt. In der folgenden Passage bei Henry M. Hart wird der Punkt angemessen auf Institutionen und Verfahren im Allgemeinen ausgedehnt:

> Im Strafrecht, wie im Recht allgemein, stellen sich Fragen über die zu ergreifenden Maßnahmen nicht zur Entscheidung in einem institutionellen Vakuum. Sie stellen sich vielmehr im Zusammenhang mit einem festgelegten und spezifischen Verfahren der Entscheidungsfindung: in einem Verfassungskonvent, in einer gesetzgebenden Versammlung, in einer Staatsanwaltschaft, in einem Gericht, das mit der Feststellung von Schuld oder Unschuld befasst ist, in einem Strafgericht, vor einem Bewährungsausschuss und so weiter. Dies bedeutet, dass jede Entscheidungsinstanz stets auf ihren eigenen Platz im institutionellen System und das, was zur Aufrechterhaltung der Integrität und Funktionsfähigkeit des Systems insgesamt erforderlich ist, berücksichtigen muss. Mit anderen Worten, ein Komplex institutioneller Ziele muss ebenso bedient werden wie ein Komplex materieller sozialer Ziele. Es ist axiomatisch, dass jede Entscheidungsinstanz jene Entscheidungen treffen sollte, die zu treffen ihrer Position in der institutionellen Struktur am besten gerecht wird.[24]

Obwohl Professor Hart mit besonderem Bezug auf das Strafrecht spricht, macht er deutlich, dass die von ihm angesprochenen Probleme durch das gesamte Staatswesen laufen. Ich glaube, aus Gründen, die bereits umrissen wurden, dass diese Probleme der ordnungsgemäßen Gestaltung und Koordinierung unserer rechtlichen Institutionen in den kommenden Jahren mit Sicherheit immer drängender werden. Ihre Lösung wird eine ernsthafte gemeinsame Anstrengung derjenigen erfordern, die in der Lage sind, sie zu verstehen. Etwas in der Art des Geistes der Federalist Papers wird unerlässlich werden – ein Geist, der zugleich forschend und konstruktiv ist.

[24] »The Aims of Criminal Law«, 23 *Law and Contemporary Problems* 401–41, S. 402 (1958).

Leider scheint dieser Geist in unserem gegenwärtigen intellektuellen Klima weitgehend zu fehlen. Einerseits gibt es kompetente Gelehrte, die Probleme der institutionellen Gestaltung an sich zu leugnen scheinen. Ihr Programm scheint eine maximale Ausbeutung der Staatsgewalt zu sein – ohne jegliche Untersuchung ihrer moralischen Quellen –, zu jeglichem Zweck, der zu einem gegebenen Zeitpunkt würdig scheint. Andererseits gibt es diejenigen, die diese Probleme – entlang der Terminologie meiner Darlegung – eher der Moral der Pflicht als der Moral der Aspiration zuordnen. Sie widersetzen sich der Behauptung, die Lösung dieser Probleme erfordere so etwas wie ein ökonomisches Kalkül oder die Anwendung des Grenznutzenprinzips. Aus dieser festgefahrenen Position heraus ist es wahrscheinlich, dass sie jene, die nicht mit ihnen übereinstimmen, nicht nur für fehlgeleitet, sondern für prinzipienlos und unmoralisch halten.

Glücklicherweise sind die Linien der Kontroverse nicht ganz so düster gezeichnet, wie es die hier gegebene Darstellung vermuten lässt. Man hofft, dass die Zukunft eine weitere Überbrückung der Extreme bringen wird, denn die Fähigkeit, Institutionen und Verfahren zu entwickeln, die ihren Problemen angemessen sind, ist wohl das wichtigste Kennzeichen einer zivilisierten Gesellschaft. Diese Fähigkeit ist in jedem Fall das wichtigste Instrument, mit dem die Zivilisation hoffen kann, in einer sich radikal verändernden Welt zu überleben.

Das Problem der Definition der moralischen Gemeinschaft

Bisher wurde auf diesen Seiten eine grundlegende Frage schweigend übergangen. Es handelt sich um die Frage: Wer wird in die moralische Gemeinschaft aufgenommen, eine Gemeinschaft, in der die Menschen einander Pflichten schulden und in der sie ihre Bestrebungen sinnvoll teilen können? Im einfachen, geradlinigen, modernen Jargon lautet die Frage: »Wer soll als Mitglied der Eigengruppe zählen?« Dies ist ein Problem, das alle Moralphilosophen beschäftigt hat. In einer funktionierenden Gemeinschaft, die durch Bande gegenseitigen Interesses zusammengehalten wird, ist die Aufgabe, einen Moralkodex zu entwerfen, nicht schwierig. Es ist vergleichsweise einfach, in dieser Situation bestimmte Regeln der Rücksichtnahme und Kooperation zu erkennen, die für ein zufriedenstellendes Leben innerhalb der Gemeinschaft und für den Erfolg der Gemeinschaft als Ganzes unerlässlich sind. Aber dieses Vertrauen in das moralische Urteilsvermögen ist teuer erkauft, denn wenn es keine rationalen Prinzipien gibt, um zu bestimmen, wer in die Gemeinschaft aufgenommen werden soll, beruht der innere Kodex selbst auf einer scheinbar im Wesentlichen willkürlichen Prämisse.

Gibt es eine Lösung für dieses Dilemma? Wenn ja, kann sie nicht aus der Moral der Pflicht abgeleitet werden, denn diese Moral ist im Wesentlichen eine Moral der Eigengruppe. Sie setzt voraus, dass die Menschen in lebendigem Kontakt miteinander stehen, entweder durch eine ausdrückliche Wechselseitigkeit oder durch Beziehungen stillschweigender Wechselseitigkeit, die in den Formen einer organisierten Gesellschaft verkörpert sind.

Eine Lösung lässt sich jedoch zu einem gewissen Grad aus der Moral der Aspiration gewinnen. Den beredtsten Ausdruck dieser Möglichkeit findet man in der Bibel. Die im Alten Testament dargelegte Pflichtmoral schließt das Gebot ein: Du sollst deinen Nächsten lieben wie dich selbst. Das Neue Testament berichtet von einer Begegnung zwischen einem Rechtsgelehrten und Jesus, die dieses Gebot auf den Kopf stellte. Der Rechtsgelehrte, der erkannte, dass der Abschnitt eine Schwierigkeit enthielt, wollte Jesu exegetische Fähigkeiten testen. Er fragte: »Und wer ist mein Nächster?«

Bei dieser Gelegenheit antwortet Jesus nicht: »Dein Nächster ist jedermann; du bist verpflichtet, alle Menschen überall zu lieben, auch deine Feinde«, sondern er erzählt das Gleichnis vom barmherzigen Samariter.[25] Ein gewisser böser Mann wurde von Räubern niedergeschlagen und halb tot zurückgelassen. Zwei Brüder seiner Gemeinde gingen an ihm vorbei, ohne ihm Hilfe

[25] Lukas 10,25–37.

anzubieten. Dann verband einer der verachteten Samariter – definitiv ein Mitglied der Fremdgruppe – seine Wunden und nahm ihn in Pflege. Jesus endet mit der Frage: »Welcher von diesen dreien ist deiner Meinung nach nun der Nächste dessen gewesen, der unter die Räuber gefallen ist?«

Die Bedeutung dieses Gleichnisses besteht meines Erachtens nicht darin, dass wir alle Menschen in die moralische Gemeinschaft einbeziehen müssen, sondern, dass wir danach streben sollten, diese Gemeinschaft bei jeder Gelegenheit zu erweitern und letztlich, wenn wir können, guten Willens sein sollen, alle Menschen in sie einzubeziehen.

Aber das hinterlässt immer noch eine gewisse Schwierigkeit. Die Moral der Aspiration spricht nicht gebietend, sondern in Form von Lob, gutem Rat und Ermutigung. Gibt es keine solidere Grundlage für die Entscheidung über die Frage der Mitgliedschaft in der moralischen Gemeinschaft?

Ich glaube, dass dies in einer Situation der Fall ist. Ich werde diese Situation abstrakt formulieren, auch wenn sie weit davon entfernt ist, hypothetisch zu sein. In einer bestimmten politischen Gesellschaft gibt es Menschen, die gemeinhin als Angehörige verschiedener Rassen beschrieben werden. Diese Menschen haben viele Jahre lang zusammengelebt. Jede Gruppe hat das Idiom, den Gedanken, die Musik, den Humor und das künstlerische Leben der anderen bereichert. Zusammen haben sie eine gemeinsame Kultur hervorgebracht. Gibt es kein moralisches Prinzip, das es unbedingt verurteilen kann, eine Grenze zwischen ihnen zu ziehen und einer Gruppe den Zugang zum Wesentlichen zu verwehren, auf dem ein zufriedenstellendes und würdiges Leben aufgebaut werden kann?

Ich glaube, das gibt es. In diesem Fall spricht die Moral der Aspiration in Begriffen, die ebenso gebietend sind wie jene, die für die Moral der Pflicht charakteristisch sind, so dass die Unterscheidung zwischen den beiden an diesem Punkt zusammenbricht. Die Moral der Aspiration ist schließlich eine Moral der *menschlichen* Aspiration. Sie kann dem Menschen die menschliche Eigenschaft nicht verweigern, ohne sich selbst zu verleugnen.

Im Talmud gibt es eine Passage, in der es heißt: »Wenn ich nicht für mich bin, wer soll dann für mich sein? Wenn ich aber für mich bin, was bin ich?«[26] Wenn wir dies im Plural formulieren, heißt es: »Wenn wir nicht für uns sind, wer soll dann für uns sein? Wenn wir für uns sind, was sind wir dann?« Welche Antwort wir auch immer auf diese letzte Frage geben mögen, sie muss von der Annahme ausgehen, dass wir vor allem Menschen sind. Wenn wir unsere Antwort relativieren müssen, indem wir unserem eigenen Prädikat einen biologischen Leitsatz hinzufügen, sprechen wir uns selbst die menschliche Qualität ab, im Bemühen zu rechtfertigen, dass wir sie anderen absprechen.

Der Mindestinhalt eines materiellen Naturrechts

Auf der Suche nach der Frage, ob es möglich ist, aus der Moral der Aspiration mehr als ein Gebot des bloßen Rates und der Ermutigung abzuleiten, bin ich bisher zum Schluss gekommen, dass die Moral der Aspiration, da sie notwendigerweise eine Moral der *menschlichen* Aspiration ist, jenen die menschliche Qualität nicht absprechen kann, die sie besitzen, ohne darüber ihre Integrität vorzugeben. Können wir mehr als das ableiten?

Das Problem kann in einer anderen Form ausgedrückt werden. In meinem dritten Kapitel habe ich das, was ich als die innere Moral des Rechts bezeichnet habe, als Darstellung einer Unterart des Naturrechts behandelt. Es handelt sich jedoch um eine prozedurale oder institutionelle Art des Naturrechts, obwohl es, wie ich in diesem Kapitel mit Mühe zu zeigen versucht habe, die materiellen Ziele, die durch das Recht erreicht werden können, beeinflusst und begrenzt. Aber können wir aus der Moral der Aspiration selbst ableiten, dass jede Proposition des Naturrechts eher materieller als prozeduraler Natur ist? In seinem *Begriff des Rechts* stellt H. L. A. Hart vor, was er den »Minimalinhalt des Na-

[26] Aboth, Kap. 1, Mishnah 14 (Übersetzung nach Paul Rießler, *Altjüdisches Schrifttum außerhalb der Bibel* [1928] 1060).

turrechts« nennt (S. 189–95). Ausgehend von dem einzigen Ziel des menschlichen Überlebens, das vonstatten zugehen innerhalb bestimmter, von außen auferlegter Bedingungen begriffen wird, leitet Hart durch einen Prozess, den ich als zweckgerichtete Implikation beschreiben würde, ein ziemlich umfassendes Regelwerk ab, das man als jenes des Naturrechts bezeichnen kann. Was in seiner interessanten Diskussion dargelegt wird, ist eine Art moralisches Minimum der Pflicht.

Wie jede Moral der Pflicht sagt auch dieses Mindestnaturrecht nichts über die Frage aus, wer in die Gemeinschaft aufgenommen werden soll, die das gemeinsame Ziel des Überlebens akzeptiert und kooperativ zu verwirklichen sucht. Kurzum, wer soll überleben? Es wird kein Versuch unternommen, diese Frage zu beantworten. Hart stellt lediglich fest, dass »wir [...] uns mit den sozialen Gegebenheiten für die bestmögliche Fortsetzung der Existenz, nicht mit den sozialen Gegebenheiten eines Selbstmordclubs befassen«.

Bei der Rechtfertigung, Überleben zum Ausgangspunkt genommen zu haben, führt Hart zwei Arten von Gründen ins Treffen. Einer läuft darauf hinaus, zu sagen, dass das Überleben eine notwendige Bedingung für jede andere menschliche Leistung und Bedürfnisbefriedigung ist. Über diese Behauptung lässt sich nicht streiten.

Aber zusätzlich dazu, Überleben als Voraussetzung für jedes andere menschliche Gut zu behandeln, führt Hart eine zweite Gruppe von Gründen für seinen Ansatzpunkt an – Gründe einer ganz anderen Art. Er behauptet, dass die Menschen richtig erkannt haben, im »bescheidenen Ziel des Überlebens [liege] das zentrale und unwidersprochene Element, das dem empirischen Gut in der Terminologie des Naturrechts Sinn verleiht«. Er behauptet ferner, dass in den teleologischen Elementen, die das gesamte moralische und rechtliche Denken durchziehen, »die stillschweigende Annahme besteht, dass das eigentliche Ziel menschlicher Tätigkeit das Überleben ist«. Er stellt fest, dass »eine überwältigende Mehrheit der Menschen zu leben wünscht, selbst um den Preis schrecklichen Elends«.

Mit diesen Behauptungen betritt Hart, so meine ich, unsichereren Boden. Denn er behauptet nicht mehr, dass das Überleben eine notwendige Voraussetzung für das Erreichen anderer Ziele ist, sondern er scheint zu sagen, dass es den Kern und das zentrale Element aller menschlichen Aspiration bereitstellt. Das, denke ich, kann nicht akzeptiert werden. Wie Thomas von Aquin vor langer Zeit bemerkte, würde ein Kapitän, wenn sein höchstes Ziel darin bestünde, sein Schiff zu erhalten, es für immer im Hafen belassen.[27] Was die Behauptung betrifft, dass die überwältigende Mehrheit der Menschen selbst um den Preis schrecklichen Elends überleben möchte, so scheint mir dies von zweifelhafter Wahrheit zu sein. Wenn es wahr wäre, frage ich mich, ob es für die Moraltheorie von besonderer Bedeutung wäre.

Harts Suche nach einem »zentralen unbestreitbaren Element« menschlicher Aspiration wirft die Frage auf, ob diese Suche tatsächlich erfolgreich sein kann. Ich glaube, wenn wir gezwungen wären, das Prinzip zu wählen, das alle menschlichen Bestrebungen unterstützt und durchdringt, würden wir es in dem Ziel finden, die Kommunikation mit unseren Mitmenschen aufrechtzuerhalten. In erster Linie – innerhalb der Grenzen von Harts eigenem Argument – war der Mensch aufgrund seiner Kommunikationsfähigkeit in der Lage, bis jetzt zu überleben. Im Wettbewerb mit anderen Geschöpfen, oft mächtiger als er und manchmal mit schärferen Sinnen begabt, ist der Mensch bisher als Sieger hervorgegangen. Sein Sieg ist zustande gekommen, weil er sich Wissen aneignen und weitergeben kann und weil er bewusst und absichtsvoll eine Koordination der Anstrengungen mit anderen Menschen bewirken kann. Wenn es dem Menschen in Zukunft gelingt, seine eigenen Kräfte der Selbstzerstörung zu überleben, dann deshalb, weil er mit seinen Mitmenschen kommunizieren und eine Verständigung mit ihnen erreichen kann. Schließlich bezweifle ich, dass die meisten von uns ein Über-

[27] *Summa Theologica*, I–II, q. 2, a. 5: »Damit aber verfolgt ein Kapitän nicht als letztes Ziel die Erhaltung des Schiffes, das ihm anvertraut ist, soweit ein Schiff zu einem anderen Ziel eingesetzt ist, nämlich zur Schifffahrt.«

leben in einer Art pflanzlicher Existenz, in der wir keinen sinnvollen Kontakt mit anderen Menschen aufnehmen können, als wünschenswert ansehen würden.

Kommunikation ist mehr als nur ein Mittel, um am Leben zu bleiben. Es ist eine Art, lebendig zu sein. Durch Kommunikation erben wir die Errungenschaften vergangener menschlicher Anstrengungen. Die Möglichkeit der Kommunikation kann uns mit dem Gedanken an den Tod versöhnen, indem sie uns versichert, dass das, was wir erreichen, das Leben jener bereichern wird, die nach uns kommen. Wie und wann wir Kommunikation miteinander erreichen, kann die Grenzen des Lebens selbst erweitern oder verkleinern. Mit den Worten Wittgensteins: »Die Grenzen meiner Sprache sind die Grenzen meiner Welt«.

Wenn ich also gefragt würde, ein zentrales unbestreitbares Prinzip dessen zu nennen, das man materielles Naturrecht nennen kann – Naturrecht in Großbuchstaben –, dann würde ich es im Aufruf finden: Öffnet, erhaltet und bewahrt die Kanäle der Kommunikation, über die Menschen einander übermitteln, was sie wahrnehmen, empfinden und wünschen. In dieser Angelegenheit bietet die Moral der Aspiration mehr als guten Rat und die Herausforderung der Exzellenz. Sie spricht hier mit der gebieterischen Stimme, die wir von der Moral der Pflicht zu hören gewohnt sind. Und wenn die Menschen zuhören, dann kann diese Stimme, anders als die der Moral der Pflicht, jenseits der Grenzen und über die Barrieren hinweg gehört werden, die die Menschen jetzt voneinander trennen.

V.
EINE ENTGEGNUNG AUF KRITIKER

In der internen Debatte, die der Entscheidung vorausging, dieses Kapitel meinem Buch hinzuzufügen, waren mir Erwägungen nur allzu gewärtig, die schwer gegen mein Vorhaben wogen. Zum einen entspricht es meiner Beobachtung, dass Autoren sich im Allgemeinen einen schlechten Dienst erweisen, wenn sie versuchen, ihre Bücher gegen kritische Rezensionen zu verteidigen. Der Rezensent hat den Vorteil, dass er eine recht gut verstandene Rolle einnimmt. Die Erwartungen seiner Leser machen es angemessen, dass er die Rolle eines energischen Anklägers übernimmt; wenn er einigermaßen fair ist und sich an die Beweismittel hält, wird ihm gerne beträchtlicher advokatorischer Freiraum zugebilligt, was wiederum tatsächlich so erscheinen wird, als würde es letztlich der Sache der Wahrheit dienlich sein.

Der Autor, der sein Werk verteidigt, sieht sich mit ganz anderen Erwartungen konfrontiert. Er hat sein Buch veröffentlicht, er hatte bereits seinen Auftritt vor Gericht und die ihm angemessene Haltung scheint die zu sein, ruhig das Urteil des intelligenten und desinteressierten Lesers abzuwarten. Darüber hinaus kann jede Antwort auf kritische Rezensionen zu einer verworrenen Sache werden, die den Vorwurf der Fehlinterpretation mit Neuartikulierungen dessen, was der Autor behauptet, gesagt haben zu wollen, vermischt, unbeholfene Verteidigung und Gegenoffensive vereint und mit dunklen Andeutungen endet, dass ihn nur Platzgründe daran hindern, mit verheerender Endgültigkeit zu demonstrieren, wie völlig falsch seine Kritiker liegen. Im Allgemeinen sind die Bemühungen um eine Rechtfertigung für alle Betroffenen schmerzhaft; in meinem Beruf gibt es ein Sprichwort, das besagt, dass ein Anwalt nie einen schlimmeren Vorteil zu haben scheint, als wenn er bis zur eigenen Sache plädiert.

Im vorliegenden Fall gab es auch die Überlegung, dass jegliche Entgegnung auf Kritiker die Fortsetzung einer Debatte zwischen H. L. A. Hart und mir markieren würde, die sich bereits über mehr als ein Jahrzehnt erstreckt. Es begann damit, dass Professor Hart im April 1957 die Holmes Lectures veröffentlichte, die er an der Harvard Law School im April 1957 gehalten hatte.[1]

In diesem Vortrag unternahm er es, den Rechtspositivismus gegen Kritik von mir und anderen zu verteidigen. Der erste Versuch eines Gegenschlags war mein kritischer Kommentar zu diesem Vortrag.[2] Runde drei war durch die Veröffentlichung von Harts »Der Begriff des Rechts« gekennzeichnet; Runde vier fand statt, als die erste Auflage des vorliegenden Werkes veröffentlicht wurde; Runde fünf ging vonstatten, als Hart seine Rezension veröffentlichte.[3] Man hatte das Gefühl, dass ein solcher Austausch irgendwann enden muss. *Interest reipublicae ut sit finis litium.* Wie Ernest Nagel in der vierten und letzten Runde einer Debatte bemerkte, die wir 1958 und 1959 führten: »Es findet sich im Allgemeinen wenig intellektueller Nährstoff in Entgegnungen auf Erwiderungen auf Repliken«.[4]

Ein letztes Mittel der Abschreckung lag in der schieren Zahl der Rezensionen und der darin zum Ausdruck gebrachten Meinungsvielfalt,[5] ganz zu schweigen von den Beiträgen zu einem Symposium, das am 2. April 1965 stattfand,[6] oder von beiläufigen Beurteilungen des Buches, die in Artikeln größerer Reichweite

[1] »Positivism and the Separation of Law and Morals«, 71 *Harvard Law Review* 593–629 (1958).

[2] »Positivism and Fidelity to Law – A Reply to Professor Hart«, 71 *Harvard Law Review* 630–72 (1958).

[3] 78 *Harvard Law Review* 1281–96 (1965).

[4] Fact, Value and Human Purpose«, 4 *Natural Law Forum* 26–43, at p. 26 (1959).

[5] Es gab um die 46 Rezensionen. Siehe die Liste S. 295.

[6] »The Morality of Law – A Symposium«, 10 *Villanova Law Review* 631–78 (1965). Einzelbeiträge waren Murray, »Introduction to the Morality of Law«, 624–30; Dworkin, »The Elusive Morality of Law«, 631–39; Cohen, »Law, Morality and Purpose«, 640–54; Fuller, »A Reply to Professors Cohen and Dworkin«, 655–66; mit Anmerkungen von John E. Murray, Jr., 667–70; E. Russell Naughton, 671–72; Francis H. Parker, 673–75; and Donald A. Giannella, 676–78.

enthalten sind.[7] Allen in diesen Rezensionen und Kommentaren angesprochenen Punkten gerecht zu werden, würde ein sehr langes Kapitel erforderlich machen.

Ungeachtet der soeben dargelegten Bedenken habe ich mich entschlossen, in diesem neuen und letzten Kapitel nicht nur eine Fortsetzung meiner Debatte mit Hart, sondern auch eine Entgegnung auf bestimmte andere Kritiker zu geben. Mehrere Überlegungen haben zu dieser Entscheidung geführt.

Eine davon lag in bestimmten Aussagen, die in Harts Rezension enthalten waren. In seinem ersten Absatz bemerkt er, es könnte sein, dass »unsere Ausgangspunkte und unser Interesse an Rechtstheorie so unterschiedlich sind«, dass es ihm und mir »zum Schicksal wird, niemals die Werke des anderen zu verstehen«. Als kritische Rezensionen meines Buches eintrafen, wurde mir selbst zunehmend bewusst, wie sehr die Debatte tatsächlich von »Ausgangspunkten« abhing – nicht von dem, was die Disputanten sagten, sondern von dem, was zu betonen sie für unnötig hielten, nicht von artikulierten Prinzipien, sondern von stillschweigenden Annahmen. Was daher notwendig war, so schien es mir, war, diese stillschweigenden Annahmen zu einem angemesseneren Ausdruck zu bringen, als beide Seiten bisher dazu in der Lage waren.

Die Schlussworte von Harts Rezension, die seine Sicht auf den grundlegenden Unterschied in unseren »Ausgangspunkten« zu verdeutlichen scheinen, haben mich weiter ermutigt, diese Klärungsbemühungen zu unternehmen:

[7] Anastaplo, »Natural Right and the American Lawyer«, *Wisconsin Law Review* 322–43 (1965); Dworkin, »Philosophy, Morality, and Law – Observations Prompted by Professor Fuller's Novel Claim«, 113 *University of Pennsylvania Law Review* 668–90 (1965); Hughes, 1964 *Annual Survey of American Law – Jurisprudence* (1965), New York University, 693–97; King, »The Concept, The Idea, and The Morality of Law«, *Cambridge Law Journal* 106–28 (1966); Lewan, »Die Rechtsphilosophie Lon Fullers«, *Archiv fur Rechts- und Sozialphilosophie*, 377–413 (1966); Sturm, »Lon Fuller's Multidimensional Natural Law Theory«, 18 *Stanford Law Review* 612–39 (1966).

> Abschließend möchte ich Folgendes sagen: Die Tugenden und Laster dieses Buches scheinen mir aus ein und derselben Quelle zu stammen. Der Autor war sein ganzes Leben lang in den Begriff des Zwecks verliebt und diese Leidenschaft kann, wie jede andere auch, einen Mann sowohl inspirieren als auch blenden. Ich habe versucht zu zeigen, wie beides dem Autor widerfahren ist. Die Inspiration ist so groß, dass ich mir nicht wünschen würde, dass er die seit langem bestehende Verbindung mit dieser *idée maitresse* beendet. Aber ich wünsche mir, dass die hohe Romantik sich zu einer kühleren Form der Wertschätzung herabbegibt. Wenn dies geschieht, werden die vielen Leser des Autors den Temperaturrückgang spüren; aber sie werden durch eine Zunahme des Lichts reichlich entschädigt werden.[8]

Das amouröse Bild – wenn auch zwangsläufig ein wenig lebhaft für den Geschmack seines Opfers – akzeptiere ich als legitimes literarisches Mittel. Ich nehme an, was Hart zu vermitteln versucht, ist, dass ich mir zu viel aus dem Zweck mache und dass ich gut daran tun würde, ihn in meinem Denken herunterzuspielen. Meiner Ansicht nach macht Hart zu wenig aus dem Zweck; er leidet an der positivistischen Wahnvorstellung, dass einiges an – wenn auch nicht dargelegtem oder analysierten – Gewinn erzielt werden kann, wenn wir nur, soweit wir können, zweckgerichtete Arrangements so behandeln, als würden sie keinem Zweck dienen.

Eine weitere Entwicklung, die mich zu dieser Entgegnung auf Kritiker veranlasste, ereignete sich im November 1966, als ein Artikel erschien, in dem die Entstehung einer neuen Schule der Rechtsphilosophie angekündigt wurde, die als die der Neuen Analytischen Juristen bezeichnet wird.[9] Der anerkannte Anführer dieser Denkschule ist H. L. A. Hart.

[8] Oben Fn. 3, bei 1295–96.

[9] Summers, »The New Analytical Jurists«, 41 *New York University Law Review* 861–96 (1966).

Die Schule selbst wird als »weniger positivistisch« beschrieben als ihre Vorläufer, obwohl die meisten ihrer Mitglieder Positivisten bleiben sollen, in dem Sinne, dass ihr zentrales Bekenntnis der Aussage gilt, dass »das Recht, wie es ist, sich klar vom Recht, wie es sein sollte, unterscheiden lässt«. Für den Laien dürfte diese Aussage zu offensichtlich sein, als dass sie ein philosophisches Banner rechtfertigen würde. Für den in Auslegungsfragen erfahrenen Juristen wird sie eine Fülle von Problemen aufzeigen, die in Summers Artikel kaum angedeutet werden.

Obwohl Summers am Ende seines Artikels behauptet, dass »das professionelle Interesse an der neuen analytischen Rechtslehre von Jahr zu Jahr wächst«, scheint er durchwegs einige Schwierigkeiten dabei zu haben, auszusprechen, welches philosophische Glaubensbekenntnis diese neue Schule des Denkens vereint. Ich glaube, ich kann ihm dabei helfen. Laut Summers zählen zu den Vertretern der Neuen Analytischen Rechtslehre Hart, Ronald Dworkin und er selbst. Er hält auch Marshall Cohen für einen Philosophen, der in einer ähnlichen Weise denkt und schreibt wie die Neuen Analytischen Juristen. Diese vier Männer haben insgesamt etwa neunzig Seiten mit kritischen Kommentaren zu meinem Buch geschrieben. Ich kann eine erstaunliche Einheitlichkeit in ihren Reaktionen bezeugen; ganze Absätze ließen sich ohne spürbaren Bruch in der Kontinuität des Denkens von einer Abhandlung in eine andere übertragen. Es ist offensichtlich, dass wir es auch hier nicht mit expliziten Theorien zu tun haben, sondern mit dem, was Hart »Ausgangspunkte« nannte. Vielleicht kann ich im Folgenden diese Ausgangspunkte klarer ausmachen, als es die Neuen Analytischen Juristen selbst zu tun vermochten.

Die Struktur des Analytischen Rechtspositivismus

Was ich hier versuchen werde, ist, die wesentlichen intellektuellen Bekenntnisse, die dem analytischen Rechtspositivismus zugrunde liegen, darzulegen. Mit dem Adjektiv »analytisch« meine ich, den Verhaltensmuster-Positivismus auszuschließen, wie er auf dem Höhepunkt der als »Amerikanischer Rechtsrealismus« bezeichneten Bewegung ins Treffen geführt wurde, Recht als »die Verhaltensmuster von Richtern und anderen Amtsträgern« zu definieren.[10] Der Begriff »analytisch« ist auch geeignet, eine intellektuelle Stimmung zu vermitteln, die mehr Befriedigung darin findet, Dinge auseinander zu nehmen, als darin, zu sehen, wie sie zusammenpassen und funktionieren; es gibt unter den analytischen Positivisten in der Tat wenig Interesse daran, Elemente stillschweigenden Wechselbezugs zu entdecken, die – wenn auch stets unvollkommen – das durchziehen, was wir nicht zufällig ein Rechts*system* nennen.

Die Denkstruktur, die ich zu beschreiben versuche, wird im Allgemeinen von Austin, Hart und Kelsen geteilt. In meiner Darstellung werde ich mich nur am Rande mit internen Debatten unter den Anhängern der positivistischen Position beschäftigen. In meiner Beschränkung auf die grundlegenden »Ausgangspunkte«, die das positivistische Credo prägen, möchte ich fünf davon unterscheiden.

Erstens sieht der analytische Positivist das Recht als eine einseitige Autoritätsprojektion, die von einer befugten Quelle ausgeht und sich dem Bürger aufdrängt. Als wesentliches Element bei der Schaffung eines Rechtssystems sieht er nicht die stillschweigende Zusammenarbeit zwischen Gesetzgeber und Bürger; das Recht wird einfach als auf den Bürger einwirkend erachtet – moralisch oder unmoralisch, gerecht oder ungerecht, je nachdem, was zutrifft.

Zweitens fragt die positivistische Philosophie das Recht nicht danach, was es ist oder was es tut, sondern woher es kommt; ihr Grundanliegen besteht in der Frage: *Wer* kann Recht machen? Interne Auseinandersetzungen innerhalb der Schule des Rechtspositivismus beziehen sich fast ausschließlich auf das Problem der Definition des Prinzips oder der Prinzipien, nach denen die Befugnis zur Schaffung von Recht vergeben wird. So haben wir

10 Bezugnahmen auf den Verhaltensmusterrechtsrealismus finden sich in meinem Buch *The Law in Quest of Itself* (1940, 1966), S. 53–57.

Austins »Souverän oder viele, die habituellen Gehorsam genießen«, Kelsens postulierte »Grundnorm« und Harts »empirisch« begründete »Erkenntnisregel«.[11] Positivismus kann natürlich anerkennen, dass es dem autorisierten Rechtsetzer an der Befugnis fehlen kann, bestimmte Arten von Recht zu erlassen, wie zum Beispiel, wenn eine schriftliche Verfassung bestimmte Ausübungen der gesetzgebenden Gewalt verbietet. Aber für keinen modernen Positivisten nehmen in seinem Denken Beschränkungen, die im »law job« selbst enthalten sind, um einen der Lieblingsausdrücke von Karl Llewellyn zu entlehnen, eine zentrale Stellung ein.

Drittens sieht der Rechtspositivist den Gesetzgeber tatsächlich nicht so, dass er ein bestimmtes Amt, eine bestimmte Rolle oder Funktion innehat. Würden wir davon sprechen, dass er eine Rolle erfüllte, würde das bedeuten, dass seine Rolle an die komplementären Rollen anderer, einschließlich der des einfachen Bürgers, angepasst werden sollte. Eine solche Sichtweise würde den Versuch gefährden, das Recht als einseitige Autoritätsprojektion zu betrachten.

Viertens, da der Gesetzgeber nicht als jemand gesehen wird, der eine abgrenzbare und beschränkte Rolle einnimmt, ist nichts mit dem, was man als »Rollenmoral« bezeichnen könnte, mit der Ausübung seiner Funktionen verbunden. Ein gewöhnlicher Anwalt unterliegt natürlich einem Ethikkodex, der sein Verhalten gegenüber Klienten, Kollegen, Gerichten und der Öffentlichkeit bestimmt. Dieser Kodex ist keine bloße Neuformulierung des moralischen Prinzips, das das menschliche Verhalten im Allge-

[11] Ich habe nicht versucht, hier oder an anderer Stelle eine kritische Bewertung von Harts Konzept der Erkenntnisregel vorzunehmen. Der geneigte Leser findet eine solche Beurteilung in Sartorius, »The Concept of Law«, *Archiv für Rechts und Sozialphilosophie* 161–90 (1966); und Dworkin, »The Model of Rules«, 35 *University of Chicago Law Review* 14–46 (1967). Diese beiden Artikel machen deutlich, dass die »Erkenntnisregel« keineswegs ein so einfacher Begriff ist, wie er sich aus Harts Darstellung ergeben könnte. Wie sie »empirisch« festgestellt werden soll, anstatt nach der Art von Kelsens Grundnorm »postuliert« zu werden, bleibt weitgehend ungeprüft und unerklärt.

meinen steuert, sondern legt besondere Normen fest, die auf die Erfüllung einer bestimmten sozialen Funktion anwendbar sind. In der positivistischen Philosophie ist jedoch kein Platz für einen ähnlichen ethischen Kodex, der die Rolle des Gesetzgebers regelt. Wenn der Gesetzgeber das erlässt, was Hart als »ungerechte« Gesetze bezeichnet, verstößt er natürlich gegen die allgemeine Moral, aber es gibt keine gesonderte Moral, die auf seine Aufgabe selbst anwendbar ist.

Ich denke, ich muss nicht darauf hinweisen, dass die vier Elemente des soeben skizzierten positivistischen Credos voneinander abhängig sind; jedes impliziert gewissermaßen die anderen. Sie lassen sich alle in der Feststellung zusammenfassen, dass der Positivist in der Funktionsweise eines Rechtssystems nichts erkennt, was man wirklich als *soziale Dimension* bezeichnen kann. Der Positivist sieht das Recht an dem Punkt, an dem es vom Gesetzgeber abgefertigt wird, und erneut an dem Punkt, an dem es sich auf das Rechtssubjekt auswirkt. Er sieht den Gesetzgeber und den Bürger nicht in Interaktion miteinander und aufgrund dieses Versagens sieht er nicht, dass die Schaffung einer effektiven Interaktion zwischen ihnen ein wesentlicher Bestandteil des Rechts selbst ist.

Bislang habe ich den fünften und zentralsten Glaubensartikel im Credo des Positivismus ausgelassen. Dieser liegt in der Überzeugung begründet, dass klares Denken unmöglich ist, wenn wir nicht eine saubere Trennung zwischen der zweckgerichteten Anstrengung, die in die Rechtsetzung eingeht, und dem Gesetz vornehmen, das tatsächlich aus dieser Anstrengung hervorgeht. Dieser Aspekt der positivistischen Philosophie – er ist in der Tat das, was ihren Namen rechtfertigt – mag mit den anderen vier unverbunden scheinen. Er steht aber in enger Beziehung zu ihnen.

Im Umgang mit menschlicher Interaktion wird es am schwierigsten, die positivistische Haltung gegenüber der Realität aufrechtzuerhalten. Im Gegensatz dazu werden die Peinlichkeiten eines Bekenntnisses zum Positivismus auf ein Minimum reduziert, wann immer menschliches Handeln plausibel als einseitig vorherbestimmt angesehen werden kann. Wenn A versucht, irgendeinen Zweck zu erreichen, indem er auf einen trägen B einwirkt, dann können wir erwarten, mit einem gewissen Maß an Erfolg zwischen der Zwecksetzung von A – was er zu erreichen versuchte – und dem Ergebnis seiner Handlung – einer Veränderung in der äußeren Welt – unterscheiden zu können. Wenn A ein Chirurg ist, der an einem betäubten B operiert, können wir sagen, dass A versucht, ein bestimmtes Ergebnis zu erzielen, und wir können uns auf sinnvolle Weise fragen, ob das Ergebnis tatsächlich erreicht wird. Wenn ich selbst kein Chirurg bin, kann es sein, dass ich, während ich der Operation zusehe, nicht wirklich verstehe, was vor sich geht, außer in groben Zügen; die spezifischen Bewegungen der Hände des Chirurgen, die verwendeten Instrumente und andere Details werden von meiner Wahrnehmung nicht wirklich erfasst. All diese Details wären für einen Chirurgenkollegen, der Zeuge derselben Operation ist, von Bedeutung, einfach weil er das zweckgerichtete *Warum* wahrnehmen könnte und in der Lage wäre, daran teilzuhaben. Aber wenn ich diese Einschränkung meines Verständnisses ignoriere, kann ich immer noch darauf bestehen, dass ich als Laie zumindest ein allgemeines Verständnis des Zwecks der Operation hatte und dass dies etwas ganz anderes war als ihr tatsächliches Ergebnis, gleich ob dieses Ergebnis als Erfolg oder als Misserfolg in Bezug auf den vom Chirurgen verfolgten Zweck angesehen werden kann.

Nehmen wir aber an, dass A nicht auf einen trägen B einwirkt, sondern dass A und B zwei Personen sind, die bewusst und lebendig miteinander interagieren. A und B könnten zum Beispiel eine gemeinsame Unternehmung eingegangen sein. Sie haben sich noch nicht über die Bedingungen ihrer Zusammenarbeit geeinigt, aber während sich das Vorhaben entfaltet, beginnen sie, durch ausdrückliche Worte und stillschweigende Taten eine Art Verfassung auszuhandeln, die ihre Beziehungen zueinander regelt. Jeder orientiert seine Worte, Zeichen und Taten an dem, was der andere seiner Meinung nach anstrebt, und zum Teil auch an dem, was der andere seiner Meinung nach meint, dass *er* anstrebt. Hier ergibt sich aus den Interaktionen der Parteien kein hartes sachliches Datum, das mit den Zwecken, die es ins Leben gerufen haben, verrechnet werden kann. Die Qualität und die Bedingungen der sich herausbildenden Beziehung zwischen den Parteien – ihre »Gesetze«, wenn man so will – stellen eine wichtige soziale Realität dar, aber sie sind eine Realität, die durch zweckgerichtete Anstrengungen und die Art und Weise, wie jede der Parteien die Ziele des anderen interpretiert, ins Leben gerufen und am Leben erhalten wird.

Was ich gerade zu vermitteln versucht habe, kommt eloquent in der folgenden Passage aus einer Abhandlung über interaktionale Soziologie zum Ausdruck: »Die Realität ist also in dieser unverwechselbar menschlichen Welt keine harte, unveränderliche Sache, sondern zerbrechlich und ausverhandelt« – eine Sache, die zu diskutieren ist und über die Kompromisse geschlossen und Gesetze erlassen werden müssen.[12] Es ist also, so meine ich, kein Zufall, dass die Elemente der Interaktion, die das Gesetz schaffen und ihm Bedeutung verleihen, vom analytischen Positivisten beiseitegeschoben und weitgehend ignoriert werden. Wären sie es nicht, hätte er ernsthafte Schwierigkeiten, seine grundlegenden Glaubenssätze beizubehalten.

Die soeben gegebenen Bemerkungen wurden nicht im Glauben angeboten, dass sie eine Lösung für das, was gemeinhin als das Problem der Sein-Sollen-Dichotomie bezeichnet wird, darstellen. Was ich hier vorgestellt habe, war lediglich dazu gedacht, diese Frage mit den anderen Grundsätzen des Positivismus in Beziehung zu setzen. Sollte ich in diesem Bemühen die positivistische Position im Allgemeinen oder die Ansichten bestimmter Positivisten, insbesondere derjenigen, die als die Neuen Analytischen Juristen bezeichnet werden, falsch dargestellt haben, bin ich bereit, mich korrigieren zu lassen. Es ist eine gefährliche Angelegenheit, die stillschweigenden Annahmen des anderen auszusprechen, aber manchmal ist ein gewisser Versuch dazu notwendig, wenn eine effektive Kommunikation überhaupt stattfinden soll.

[12] McCall and Simmons, *Identities and Interactions* (1966), S. 42.

Bevor ich direkt zu meiner Antwort übergehe, möchte ich den soeben gegebenen Bericht ergänzen, indem ich auf zwei intellektuelle Einflüsse verweise, die meiner Meinung nach auf das Denken der Neuen Analytischen Juristen eingewirkt und dazu beigetragen haben, es zu prägen. Einer davon ist die mit dem Namen J. L. Austin verbundene Philosophie der Alltagssprache; der andere ist der Utilitarismus.

Im Allgemeinen besteht die Praxis der Philosophie der Alltagssprache darin, die im alltäglichen Sprachgebrauch eingebetteten Unterscheidungen auszugraben und zu klären. In welchem Bereich diese Unterscheidungen auch immer liegen, es scheint eine Art Vermutung zu geben, dass sie sich als gültig und nützlich erweisen werden und dass, sobald sie vollständig artikuliert sind, kein Grund besteht, darüber hinaus zu gehen. Ein Beispiel für diese Methode bietet Harts intensives Interesse an der Unterscheidung zwischen »etwas tun müssen« und »eine normative Verpflichtung haben«. Durch diese Methode sind einige nützliche Einsichten gewonnen worden; in der Tat ist viel stillschweigende und subtile Weisheit in den Floskeln der Alltagssprache verborgen. Aber die Praktizierenden dieser Methode neigen dazu, das, was als nützliche Ergänzung zum philosophischen Denken angesehen werden sollte, als Selbstzweck zu betrachten. Wie Stuart Hampshire beobachtet hat, scheint unter Sprachphilosophen die Annahme zu bestehen, dass von der Alltagssprache losgelöste Unterscheidungen einen Nutzen haben, der unabhängig vom Kontext eines bestimmten Problems ist, und dass diese Unterscheidungen frei von einem Problem auf ein anderes übertragen werden können.[13] Ich stimme mit Hampshire darin überein, dass das ein schwerer Fehler ist.

Ich werde später auf einige Fälle aufmerksam machen, in denen die Annahmen der Alltagssprache meiner Meinung nach einige meiner Kritiker in die Irre geführt haben. Lassen Sie mich vorerst nur ein Beispiel geben, das den Geist dieser Philosophie zum Ausdruck bringt. Auf den Seiten 154–160 habe ich angedeu-

13 »J. L. Austin and Philosophy«, 62 *Journal of Philosophy* 511–13 (1965).

tet, dass die Probleme, die mit der Aufrechterhaltung der Integrität eines Rechtssystems verbunden sind, nicht nur charakteristisch für bundestaatliches und gesamtstaatliches Recht sind, sondern auch die Schaffung und Verwaltung des inneren Rechts solcher Formen von Vereinigungen wie Kirchen, Vereinen, Universitäten und Gewerkschaften betreffen. Ich habe daher festgehalten, für die Zwecke meiner Analyse seien die internen Regelungen dieser Körperschaften »Recht«. Hart nennt diese Behauptung »schamlos«,[14] während Summers demgegenüber davon so enerviert war, dass er nichts Besseres zu sagen fand, als dass es sich um einen weiteren Fall von dem handle, was er als meine lebenslange intellektuelle Hingabe ansieht, d. h. um eine Aktivität, die er als »Axt-Schleifen«[15] bezeichnet. Sicherlich sollte man bei einer leidenschaftslosen Analyse den Eindruck erwecken dürfen, dass die gewöhnliche Verwendung des Wortes »Recht« wesentliche Ähnlichkeiten verdecken oder gar offenbaren könnte.

Ein zweiter großer Einfluss auf das Denken der Neuen Analytischen Juristen geht von der utilitaristischen Philosophie aus: Oft wird die Auffassung vertreten, dass der grundlegende Fehler des Utilitarismus in seiner Tendenz zur Trivialisierung der Ziele liegt. Ein grundlegenderer Fehler liegt meines Erachtens in der Verfälschung des Verhältnisses von Mitteln und Zielen – ein Fehler, der durch den sogenannten Regel-Utilitarismus gemildert, aber sicher nicht ausgemerzt wird. Die utilitaristische Philosophie bestärkt uns in der intellektuell bequemen Vorstellung, dass die Mittel eine bloße Angelegenheit der Zweckmäßigkeit sind und dass über sie nichts von allgemeiner Bedeutung gesagt werden kann; sie lässt uns vergessen, dass in einem Rechtssystem und in den institutionellen Formen der Gesellschaft im

14 »Diese weite Fassung von Recht, eingestanden und schamlos, beinhaltet die Regeln von Clubs, Kirchen, Schulen und hundert und eine andere Form menschlicher Vereinigung.« Oben Fn. 3, S. 1281.

15 Summers, Besprechung, angeführt S. 244 und S. 22. In dieser Besprechung findet Professor Summers sechs Mal Gelegenheit, Passagen in meinem Buch als »Axt-Schleifen« zu charakterisieren; siehe S. 15, 18, 19, 20, 22 und 24.

Allgemeinen das, was von einem Standpunkt aus Mittel ist, von einem anderen Standpunkt aus Zweck ist und dass Mittel und Zweck in einem Verhältnis durchdringender Interaktion stehen.

Ist eine gewisse Mindestachtung der Prinzipien der Legalität für die Existenz einer Rechtsordnung unerlässlich?

In meinem zweiten Kapitel habe ich darauf hingewiesen, dass ein hinreichend grobes Abgehen von den darin dargelegten Prinzipien der Legalität zu etwas führen würde, das nicht einfach nur schlechtes Recht, sondern überhaupt kein Recht ist. Stimmen meine Kritiker dieser Schlussfolgerung zu? Es scheint so.

In seinem *Begriff des Rechts*, das teilweise auf die Punkte antwortet, die ich in unserem Austausch von 1958 vorgebracht hatte, bekundete Hart seine Zustimmung zur Aussage, dass es, um Recht zu schaffen, ein Mindestmaß an Respekt für das geben müsse, was »Juristen Rechtsprinzipien nennen«.[16] In ähnlicher Weise schreibt Cohen: »Fullers ›Canones‹ … sind … ein akzeptabler Anfang, um eine Reihe von Bedingungen zu schaffen, die für die Existenz eines (modernen) Rechtssystems notwendig sind. Man könnte Einwände gegen Fullers Auflistung erheben, aber es kann kein Zweifel daran bestehen, dass eine Liste dieser Art korrekt ist.«[17]

Dworkin drückt es so aus: »Ich akzeptiere Fullers Schlussfolgerung, dass ein gewisses Maß an Übereinstimmung mit seinen acht Canones notwendig ist, um Recht, und sei es schlechtes Recht, zu schaffen (oder, was ebenso wichtig ist, um es anzuwenden).«[18] Summers ist vorsichtiger: »Zumindest einige von [Fullers] Gegnern würden nicht abstreiten, dass, damit es überhaupt Recht geben kann, eine gewisse Übereinstimmung mit [seinen] ›Prinzipien der Legalität‹ bestehen muss.«[19]

[16] S. 246.
[17] Oben Fn. 6, S. 648.
[18] Siehe den Beitrag zitiert oben bei Fn. 7, S. 669.
[19] Siehe S. 25 der 296 angeführten Rezension.

Meine vier Kritiker vertreten also nicht die Kelsen'sche Doktrin der Identität von Recht und Staat; sie behaupten nicht, dass irgendein Ding – selbst ein Grunzen oder Stöhnen – Gesetz ist, vorausgesetzt, dass es nur aus einer Quelle stammt, die durch die Erkenntnisregel identifiziert wird; sie teilen die Ansicht, dass das, was aus dieser Quelle kommt, bevor es Gesetz genannt werden kann, bestimmten Normen entsprechen muss, die es befähigen, eine sinnvolle Funktion im Leben der Menschen zu erfüllen.

In dieser allgemeinen Frage scheint zwischen meinen Kritikern und mir zumindest *verbis* vollständige Übereinstimmung zu herrschen. Inwieweit dieser Anschein von Übereinstimmung die zugrunde liegenden Unterschiede verdeckt, kann leider nicht beantwortet werden, ohne auf den verbotenen Begriff des Zwecks zurückzugreifen; wir müssen, mit anderen Worten, fragen, *zu welchem Zweck* das Recht so definiert ist, dass es nicht ohne ein Mindestmaß an Respekt vor den Prinzipien der Legalität »existieren« kann. Ich fürchte, wenn wir diese Frage weiterverfolgen, werden wir feststellen, dass meine Kritiker und ich ganz unterschiedliche Antworten auf die Frage nach dem »Warum« haben. Ich werde diese Untersuchung, die im nächsten Abschnitt ein angemesseneres Umfeld finden wird, jedoch zunächst vertagen.

In der Zwischenzeit möchte ich kurz auf einen von Dworkin angesprochenen Nebenpunkt eingehen. Dieser liegt in der Behauptung, dass die Existenz von Recht keine Frage des Grades sein kann; Recht existiert oder es existiert nicht, es kann nicht halb existieren. »Einige Konzepte sind fast immer eine Frage des Grades (Kahlköpfigkeit ist ein Beispiel)«, aber das Recht gehört nicht zu dieser Kategorie. Wenn wir über die Existenz und Nicht-Existenz von Recht sprechen wollen, müssen wir »in gewissem Maße den Rechtsbegriff kalibrieren«, indem wir eine Art »Schwelle« festlegen, die die Grenze zwischen Recht und Nicht-Recht markiert.[20] Wenn, bedingt durch eine Minderung der staatlichen Achtung für Legalität, Recht diese Schwelle überschreitet, hört es mit einem Mal auf zu existieren; mit anderen

[20] Oben Fn. 7, S. 677–78.

Worten, das Gesetz verblasst nicht einfach, sondern endet mit einem Knall.

Dworkin versucht nicht zu erklären, warum das so sein sollte – warum seiner Ansicht nach ein Mann halb kahlköpfig sein kann, aber ein Land nicht von einem System beherrscht werden kann, das halb Recht ist. Ich vermute, dass die von Dworkin getroffene Unterscheidung stillschweigend aus dem gewöhnlichen Sprachgebrauch gezogen wird. In der Gemeinsprache ist das Wort »Gesetz« in der Tat ein Entweder-oder-Wort; es steht in dieser Hinsicht im Gegensatz auch zu einem so engen Vetter wie dem Wort »Gerechtigkeit«. Betrachten wir zum Beispiel diese beiden Aussagen: »Die von Ihnen vorgeschlagene Handlung wäre ein wenig ungerecht«. »Die Handlung, die Sie vorschlagen, wäre ein wenig illegal.« Der zweite Satz ist mit einem unvermeidlichen Hauch von Ironie behaftet, die im ersten Satz nicht oder nicht in gleichem Maße vorhanden ist. Wir sind daran gewöhnt, uns Gerechtigkeit als etwas vorzustellen, das vielleicht schwierig zu definieren ist; wir schrecken nicht davor zurück, offen anzuerkennen, dass ihre Grenzen schattiert und ungewiss sein können. Das Wort »Recht« hingegen enthält eine eingebaute Neigung zum Schwarz-Weißen. Da das Recht eine menschengemachte Sache ist, nehmen wir an – und diese Annahme prägt unseren Gebrauch von Wörtern –, dass wir, wenn wir uns nur genug Mühe geben, genau definieren können, was rechtmäßig ist und was nicht. Der Sprachgebrauch drückt im Ergebnis den Entschluss aus, in diesem Bemühen nicht nachzulassen. Wir wissen vielleicht genau, dass ein bestimmtes Gesetz so vage gezeichnet ist, dass es unmöglich ist, genau zu bestimmen, wo seine Grenzen liegen, aber die Art, wie wir über die Angelegenheit sprechen, wird normalerweise weiterhin in Entweder-oder-Begriffen verlaufen. Und dies gilt nicht nur für die Rechtmäßigkeit oder Unrechtmäßigkeit von Handlungen, sondern für die »Existenz« eines Rechtssystems insgesamt.

Fairerweise muss ich Dworkin gegenüber sagen, dass er offenbar den Punkt, den er gemacht hat, nicht sehr ernst nimmt, auch wenn er nicht ansteht, mich eines »Fehlers« zu bezichtigen, weil ich den wesentlichen Unterschied zwischen Kahlheit und Legalität nicht erkannt habe. In jedem Fall müssen weder die Anforderungen der Gemeinsprache noch die Beharrlichkeit der Neuen Analytischen Rechtslehre ernsthafte Unbill verursachen; will man nicht sagen, dass das Recht von *Land A* wahrhafteres Recht ist als das von *Land B*, kann man einfach bekräftigen, dass die Staatsgewalt in *A* die Prinzipien der Legalität stärker respektiert als die Staatsgewalt in *B*. Wenn man sich an ein Publikum wendet, dessen Toleranz gegenüber Metapher und Oxymoron durch den Umgang mit linguistischer Philosophie eingeschränkt ist, wird man sich klugerweise für die zweite und üblichere Ausdrucksform entscheiden.

Konstituieren die Prinzipien der Legalität eine »innere Moral des Rechts«?

Der Titel meines zweiten Kapitels, *Die Moral, die Recht möglich macht*, stellt eine These dar, die meine vier Rezensenten für völlig inakzeptabel halten. Bei dem Versuch, auf ihre Kritik zu antworten, werde ich mich bemühen, eine Eskalation der Polemik zu vermeiden, zumal das Niveau in diesem Zusammenhang bereits unangenehm hoch ist. »Axt-Schleifen«, »absurd«, »bizarr«, »grotesk« – das sind einige der Begriffe, die meine Kritiker für notwendig halten, um meine These zu charakterisieren, dass es so etwas wie eine innere Moral des Rechts gibt.

Meinen vier Kritikern zufolge offenbart der Begriff der inneren Moral des Rechts eine grundlegende Verwechslung zwischen Wirksamkeit und Moral. Ein gewisser Respekt für die acht Prinzipien der Legalität ist unerlässlich, wenn das Recht wirksam sein soll, aber das bedeutet nicht, dass diese Prinzipien moralischer Natur sind, genauso wenig wie es eine Frage der Moral ist, einen Nagel gerade zu halten, um ihn richtig zu treffen. Man wird den Nagel nicht richtig einschlagen, wenn man ihn nicht gerade hält, und so wird man auch kein wirksames Rechtssystem erreichen, wenn man nicht auf das achtet, das ich Prinzipien der Legalität genannt habe. Keines dieser beiden Gebote der allgemeinen Vorsicht hat etwas mit Moral zu tun.

So lautet das Argument meiner Kritiker. Sie begnügen sich jedoch nicht mit einem solch prosaischen Vergleich wie dem, den das Eintreiben von Nägeln bietet. Stattdessen behaupten sie, dass, wenn es so etwas wie eine innere Moral der Rechtsetzung und Rechtspflege gäbe, dann müsse es auch eine innere Moral selbst der anrüchigsten und tadelnswertesten menschlichen Aktivitäten geben. Cohen fragt, ob es eine moralische Verfehlung sei, wenn ein Möchtegern-Attentäter vergisst, seine Waffe zu laden;[21] Dworkin wirft eine ähnliche Frage mit Blick auf einen untauglichen Erpressungsversuch auf.[22] Wie üblich ist Hart der eloquenteste und deutlichste meiner Kritiker:

> Das Beharren des Autors, diese Prinzipien der Legalität als »Moral« einzustufen, stiftet sowohl bei ihm als auch bei seinen Lesern Verwirrung … Der entscheidende Einwand gegen die Bezeichnung dieser Prinzipien guten juristischen Handwerks als Moral liegt trotz der Qualifikation »innere« darin, dass sie eine Vermengung zweier Begriffe mit sich bringt, die unbedingt auseinandergehalten werden müssen: die Begriffe der zweckgerichteten Tätigkeit und der Moral. Giftmord ist zweifellos eine zweckgerichtete Tätigkeit und Überlegungen zu ihrem Zweck können zeigen, dass sie ihre inneren Prinzipien hat. (»Vermeiden Sie Gifte, so tödlich sie auch sein mögen, wenn sie das Opfer zum Erbrechen bringen« oder »Vermeiden Sie Gifte, so tödlich sie auch sein mögen, wenn ihre Form, Farbe oder Größe wahrscheinlich Aufmerksamkeit erregen wird«). Aber diese Prinzipien der Kunst des Giftmörders als »Moral der Vergiftung« zu bezeichnen, würde einfach die Unterscheidung zwischen dem Begriff der Wirksamkeit für einen Zweck und jenem endgültiger Urteile über Aktivitäten und Zwecke verwischen, mit denen die Moral in ihren verschiedenen Formen befasst ist.[23]

21 Oben Fn. 6, S. 651.
22 Oben Fn. 6, S. 634.
23 Oben Fn. 3, S. 1285–86.

Ich muss gestehen, dass mir diese Argumentation zunächst so bizarr, ja sogar pervers erschien, dass sie keine Antwort verdient hätte. Näheres Nachdenken hat mich jedoch davon überzeugt, dass ich mich darin geirrt habe. So wie ich die Angelegenheit jetzt sehe, offenbart kein Punkt im Austausch zwischen mir und meinen Kritikern deutlicher die stillschweigenden Voorannahmen, die jede Seite in die Debatte einbringt; das Argument ernst zu nehmen, die angebliche innere Moral des Rechts sei nur eine Frage der Wirksamkeit, hat mir geholfen, nicht nur die unausgesprochenen »Ausgangspunkte« meiner Kritiker zu klären, sondern auch meine eigenen.

Dass es hier um etwas Grundlegenderes geht als um eine bloße Spitzfindigkeit hinsichtlich des Wortes »Moral«, wird deutlich, wenn wir die grundlegende Obskurität der Position meiner Kritiker feststellen. Es ist nicht schwer zu erkennen, was mit Wirksamkeit gemeint ist, wenn man versucht, einen Menschen mit Gift zu töten; wenn er am Ende tot ist, ist es gelungen; wenn er noch am Leben ist und zurückschlagen kann, hat man versagt. Aber wie wenden wir den Begriff der Wirksamkeit auf die Schaffung und Vollziehung einer Sache an, die so komplex ist wie ein ganzes Rechtssystem? Lassen Sie mich ein Beispiel aus der jüngsten Geschichte der Sowjetunion anführen, das einige der Schwierigkeiten bei der Beantwortung dieser Frage aufzeigen wird.

Zu Beginn der 1960er Jahre erreichte das Problem der Wirtschaftsverbrechen (einschließlich illegaler Transaktionen in Fremdwährungen) in Russland zum Teil solche Ausmaße, dass die sowjetischen Behörden drastische Gegenmaßnahmen für angebracht hielten. Entsprechend wurden im Mai und Juli 1961 Gesetze erlassen, die solche Verbrechen der Todesstrafe unterwarfen. Diese Gesetze wurden dann rückwirkend angewendet und verurteilte Männer wurden für Taten hingerichtet, die zwar zum Zeitpunkt ihrer Begehung nicht rechtmäßig, aber nicht mit der Todesstrafe belegt waren.

Das Ziel der sowjetischen Behörden war offensichtlich, die Menschen dazu zu bringen, den Staat nicht länger zu bestehlen. War eine rückwirkende Anwendung der Todesstrafe zu diesem

Zweck »unwirksam«? Eines der Probleme des Strafrechts besteht darin, dem angehenden Kriminellen zu vermitteln, dass man kein Spiel mit leeren Drohungen betreibt, dass man meint, was man sagt. Gibt es einen wirksameren Weg, diese Botschaft zu vermitteln, als die rückwirkende Anwendung einer Strafe? Allein die Tatsache, dass sie eine drastische Abweichung von der üblichen Praxis darstellt, ist in der Tat ein Unterpfand der Ernsthaftigkeit des Gesetzgebers. Dennoch gab es Russen, die durch dieses Vorgehen der Behörden beunruhigt waren, wie mein Kollege Harold Berman im folgenden Abschnitt berichtet:

> Ich fragte einen führenden sowjetischen Juristen, ob er die Entscheidung des Obersten Gerichts der Russischen Republik, das Gesetz aus dem Juli rückwirkend anzuwenden – in klarem Verstoß, wie mir schien, gegen die 1958 festgelegten Grundprinzipien des Strafverfahrens –, erklären könnte. Er antwortete: »Das gefiel uns Juristen nicht« – eine Aussage, bei der »uns Juristen« ebenso interessant ist wie »das gefiel uns nicht«.[24]

Nun kann man meines Erachtens vernünftigerweise davon ausgehen, dass der sowjetische Jurist nicht behauptet hat, das Vorgehen der Behörden wäre eine unwirksame Maßnahme zur Bekämpfung der Wirtschaftskriminalität gewesen. Er sagte, es handele sich um eine grundsätzliche Kompromittierung, um eine Beeinträchtigung der Integrität des Gesetzes. Wie Berman unter Bezugnahme auf dieses Gespräch bemerkt, »sind es die Juristen, die die Integrität des Rechts, die Universalität der Rechtsnormen – mit anderen Worten, die Bedrohung der Legalität *im Allgemeinen* – am besten verstehen, die von jeder *einzelnen* Verletzung der Legalität ausgeht«.[25]

An diesem Punkt kann ich mir vorstellen, wie mich meine Kritiker am Ärmel ziehen: »Ah, aber Sie haben missverstanden, was

[24] Berman, »The Struggle of Soviet Jurists Against a Return to Stalinist Terror«, 22 *Slavic Review* 314–20, S. 315 (1963).

[25] Ebd., S. 320.

wir mit Wirksamkeit gemeint haben. Wir hatten nicht die kurzfristige Wirksamkeit im Sinn, um einer vorübergehenden Notlage zu begegnen. Das sowjetische Vorgehen beeinträchtigte die Wirksamkeit des Rechts, weil es dazu neigte, das Vertrauen der Öffentlichkeit in die Rechtsnormen im Allgemeinen zu untergraben und den Anreiz, ihnen zu gehorchen, zu verringern. Es erzielte einen unmittelbaren Ertrag auf Kosten des Schadens an der Einrichtung des Rechts überhaupt.« Aber wenn meine Kritiker beginnen, den Begriff der Wirksamkeit in diese Richtung zu erweitern, werden sie sich bald über die Grenze hinwegsetzen, die sie so mühsam errichtet haben, um Moral und Wirksamkeit voneinander zu unterscheiden. Sie werden sich wahrscheinlich in die missliche Lage derer begeben, die versuchen, alle Moral in aufgeklärte Selbstsucht umzuwandeln, und die am Ende so viel aufgeklärten Geist und so wenig Selbstsucht haben, dass sie sich selbst eine Menge Ärger erspart hätten, hätten sie von Anfang an einfach von Moral gesprochen.

Ich glaube daher nicht, dass bei der Erörterung von Problemen der Legalität eine sinnvolle Verbindung von Fragen dadurch erreicht wird, dass man Wirksamkeit und Moral entgegensetzt; mit Sicherheit wird nichts erreicht, das es rechtfertigt, den Gebrauch des Wortes »Moral« in diesem Zusammenhang als eine Verschleierungsübung zu behandeln. In Wahrheit liegt der Reiz des Wortes »Wirksamkeit« nicht in der Bestimmtheit seiner Bedeutung, sondern in dem hart klingenden, positivistischen Beigeschmack des Wortes; es suggeriert einen ergebnisorientierten Beobachter mit klarem Blick, der nicht leicht durch verschwommene Zweckkonzepte in die Irre geführt werden kann. Mit anderen Worten, die Vorliebe meiner Kritiker für »Wirksamkeit« gegenüber »Moral« spiegelt den Einfluss tiefsitzender und weitgehend unartikulierter geistiger Ratschlüsse wider und nicht irgendeine durchdachte Schlussfolgerung zu einem bestimmten Thema.

Ich stelle mich daher der höchst unwillkommenen Aufgabe, zu zeigen, dass die Ablehnung einer inneren Rechtsmoral durch meine Kritiker auf Prämissen beruht, die sie nicht selbst in ihren

Schriften zum Ausdruck gebracht haben. Lassen Sie mich jedoch klarstellen, dass ich nicht behaupte, unbekannte emotionale Befangenheiten zu erforschen; meine Bemühungen liegen im Reich des Intellekts, in der Erforschung einer impliziten Struktur, die die Denkprozesse meiner Kritiker prägt. Wenn ihre Verwirrungen nicht die Prämissen implizieren, die ich ihnen zuschreibe, steht es ihnen frei, mich zu korrigieren.

Wenn ich mich dann der zu bewältigenden Aufgabe zuwende, werde ich *zwei* Vermutungen sehen, die der Ablehnung »der inneren Moral des Rechts« durch meine Kritiker zugrunde liegen. Die *erste* davon ist die Überzeugung, dass die Existenz oder Nichtexistenz des Rechts aus moralischer Sicht eine Frage ohne Belang ist. Die *zweite* ist die Annahme, die ich bereits als charakteristisch für den Rechtspositivismus im Allgemeinen beschrieben habe. Es handelt sich dabei um die Annahme, dass das Recht nicht als das Produkt eines Zusammenspiels zweckgerichteter Zielvorgaben zwischen dem Bürger und seiner Staatsgewalt, sondern als eine einseitige Autoritätsprojektion betrachtet werden sollte, die von der Staatsgewalt ausgeht und sich dem Bürger aufdrängt.

Im rechtspositivistischen Schrifttum ist es natürlich gängige Praxis, das Verhältnis von Recht und Moral eingehend zu untersuchen. Im Hinblick auf den Einfluss der Moral auf das Recht ist es üblich, darauf hinzuweisen, dass Moralvorstellungen die Gesetzgebung leiten, Anhaltspunkte für die Kritik am bestehenden Recht liefern und bei der Auslegung des Rechts angemessen berücksichtigt werden können. Die Behandlung des umgekehrten Einflusses – jenes des Rechts auf die Moral – ist im Allgemeinen eher spärlich und beschränkt sich auf die Beobachtung, dass seit langem etablierte gesetzliche Regeln durch eine Art kulturelle Konditionierung dazu neigen, für moralisch richtig erachtet zu werden.

Was in diesen Darstellungen im Allgemeinen fehlt, ist die Anerkennung der Rolle, die gesetzliche Regeln dabei spielen, eine wirksame Realisierung der Moral im tatsächlichen Verhalten der Menschen zu ermöglichen. Moralische Prinzipien können nicht in einem gesellschaftlichen Vakuum oder in einem Krieg aller gegen alle funktionieren. Um ein gutes Leben zu führen, bedarf es mehr als nur guter Absichten, auch wenn diese im Allgemeinen geteilt werden; es bedarf der Unterstützung fester Grundlagen für die menschliche Interaktion, etwas, das – jedenfalls in der modernen Gesellschaft – nur ein solides Rechtssystem liefern kann.

»Nimm nicht, was einem anderen gehört«, ist etwa ein so banales Beispiel für ein moralisches Gebot, wie es eben in den Büchern zu finden ist. Aber wie entscheiden wir, was einem anderen gehört? Um diese Frage zu beantworten, greifen wir nicht auf die Moral, sondern auf das Recht zurück. In manchen Zusammenhängen können wir natürlich sinnvollerweise davon sprechen, dass eine Person ein moralisches Recht auf ein Eigentumsobjekt hat. Nehmen wir eine kranke Mutter, die zwei Töchter hat, als Beispiel. Die eine verzichtet auf die Ehe und widmet sich viele Jahre lang der Pflege des kranken Elternteils; die andere weigert sich selbstsüchtig, sich ihrer Mutter zu nähern oder irgendetwas zu ihrer Pflege beizutragen. Beim Tod der Mutter wird festgestellt, dass sie kein Testament hinterlassen hat; nach dem Gesetz treten die beiden Töchter zu gleichen Teilen in den kargen Nachlass ihrer Mutter ein. Hier kann man sagen, dass die treue Tochter moralisch Anspruch auf den gesamten Nachlass hat, auch wenn das Gesetz ihn gleich aufteilt. In der Tat kann in Gerichtsentscheidungen, die Situationen wie die von mir beschriebenen betreffen, eine Belastung des Verfahrens oft klar erkannt werden und manchmal werden zweifelhafte Interpretationen von Tatsachen und Gesetzen vorgenommen, um der verdienstvollen Tochter das zu geben, was ihr zusteht. Zugleich ist völlig klar, dass keine Gesellschaft auf der Grundlage des Prinzips »Alles Eigentum soll nach moralischem Verdienst aufgeteilt werden« funktionieren kann. Daher muss das moralische Gebot »Nimm niemandem das, was einem anderen gehört!« notwendigerweise auf Normen beruhen, die dem Gesetz entlehnt sind; ohne diese Unterstützung könnte es keine Realität in der Leitung menschlicher Belange erreichen.

Auch würden wohl alle darin zustimmen, dass die Institution der Ehe moralische Implikationen hat – und zwar nicht wenige. Aber diese Institution kann kaum funktionieren – weder moralisch noch rechtlich – ohne eine ziemlich eindeutige Regel, die es uns ermöglicht zu wissen, wann der Ehestand gegeben ist. Eine Illustration aus Hoebels Kapitel »Der Eskimo: Das rudimentäre Recht in einer primitiven Anarchie«* mag hier aufschlussreich sein.[26] Es scheint, dass unter den Eskimos das Konzept der Ehe existiert, aber es fehlt an klaren Markierungen, »die den Beginn und das Ende einer ehelichen Beziehung abgrenzen könnten.« Das Ergebnis ist, dass das, was der eine als einen fairen Kampf um die Gunst der Dame ansieht, der andere vielleicht als eine ehebrecherische Invasion seines Hauses ansieht; in Hoebels Worten gibt es »keine kulturellen Vorrichtungen, die die Ehe so zum Ausdruck bringen, dass Eindringlinge ferngehalten werden«. Folglich wird die Eskimogesellschaft von einer nicht unerheblichen Zahl gewalttätiger Auseinandersetzungen aus sexueller Eifersucht heimgesucht, die wiederum eine hohe Mordrate zur Folge haben. Hier ist Abhilfe offensichtlich nicht im bloßen Appell zu finden, sondern in einer expliziten gesetzgeberischen Maßnahme, die die eheliche Beziehung definieren und um sie herum sichtbare Grenzen ziehen wird. Den Eskimos fehlt schlicht die soziale Maschinerie, die zur Erfüllung dieser Aufgabe erforderlich ist; das daraus resultierende Fehlen notwendiger Gesetze kann als ernsthafte Minderung ihrer Lebensqualität angesehen werden.

Wenn wir also von der »moralischen Neutralität des Rechts« sprechen, können wir nicht meinen, dass die Existenz und gewissenhafte Verwaltung eines Rechtssystems nicht mit der Verwirklichung moralischer Ziele in den einzelnen Lebensbereichen zusammenhängt. Wenn die Achtung der Prinzipien der Legalität für die Schaffung eines solchen Systems unerlässlich ist, dann erscheint es sicherlich nicht absurd, zu behaupten, dass diese Prin-

26 *The Law of Primitive Man*, Kap. 5, S. 83–85 (1954).

* [»The Eskimo: Rudimentary Law in a Primitive Anarchy«].

zipien eine besondere moralische Rolle erfüllen, die den Funktionen der Gesetzgebung und der Vollziehung zukommt. In jedem Fall verdienen die Träger dieser Funktionen einen etwas schmeichelhafteren Vergleich als jenen der Praktiken des umsichtigen und gewissenhaften Giftmörders, der nie vergisst, das Etikett des Apothekers abzureißen, bevor er die Flasche seinem Opfer aushändigt.

Die Existenz oder Nichtexistenz von Recht als moralisch gleichgültig zu betrachten, bedeutet anzunehmen, dass moralische Gebote unabhängig vom sozialen Kontext, in den sie projiziert werden, dieselbe Bedeutung behalten. Es veranschaulicht damit das, was ich zuvor als Abstraktion von der sozialen Dimension beschrieben habe; es bringt eine für das positivistische Denken charakteristische Abneigung gegen Phänomene der Interaktion zum Ausdruck. Diese Geisteshaltung tritt in der zweiten Annahme offen in den Vordergrund, die der Ablehnung des Begriffs der inneren Rechtsmoral durch meine Kritiker zugrunde liegt. Es handelt sich dabei um die Annahme, dass die wesentliche Realität des Rechts wahrgenommen wird, wenn wir es uns als eine einseitige, von der Staatsgewalt ausgehende und sich dem Bürger aufdrängende Autoritätsprojektion vorstellen. Da diese Annahme von einem unreflektierten gesunden Menschenverstand geteilt wird und stillschweigende Anerkennung im Alltagsgebrauch der Sprache findet, wird es gut sein, im Detail zu untersuchen, was daran falsch ist.

Lassen Sie mich damit beginnen, zwei Formen sozialer Ordnung einander gegenüberzustellen, die oft verwechselt werden. Eine davon ist die *Unternehmensführung*, die andere das *Recht*. Bei beiden geht es um die Anleitung und Kontrolle menschlicher Aktivitäten; beide implizieren die Unterordnung unter Autorität. Beide Formen teilen ein umfangreiches Vokabular: »Autorität«, »Befehle«, »Kontrolle«, »Zuständigkeit«, »Gehorsam«, »Befolgung«, »Legitimität« – dies sind nur einige der Begriffe, deren doppelter Wohnsitz Verwirrung stiftet.

Eine allgemeine und zusammenfassende Aussage über die Unterscheidung der beiden Formen sozialer Ordnung könnte in etwa wie folgt lauten: Die in einem betrieblichen Kontext erlassenen Anweisungen werden vom Untergebenen *angewendet*, um einem von seinem Vorgesetzten gesetzten Zweck zu dienen. Der gesetzestreue Bürger *wendet* demgegenüber die gesetzlichen Vorschriften nicht *an*, um bestimmten, vom Gesetzgeber festgelegten Zielen zu dienen, sondern folgt ihnen bei der Besorgung der eigenen Angelegenheiten, wobei die Interessen, von denen erachtet wird, dass er diesen bei der Befolgung der gesetzlichen Vorschriften dient, die der Gesellschaft im Allgemeinen sind. Die Anweisungen eines betrieblichen Systems regeln in erster Linie die Beziehungen zwischen dem Untergebenen und seinem Vorgesetzten und nur beiläufig die Beziehungen des Untergebenen zu dritten Personen. Die Regeln eines Rechtssystems dienen demgegenüber in der Regel dem primären Zweck, die Beziehungen des Bürgers zu anderen Bürgern und nur beiläufig seine Beziehungen zum Sitz der Autorität zu regeln, von dem die Regeln ausgehen. (Obwohl wir zuweilen denken, dass das Strafrecht die Pflichten des Bürgers gegenüber seiner Staatsgewalt festlegt, besteht seine Hauptfunktion darin, einen soliden und stabilen Rahmen für die Interaktionen der Bürger untereinander zu schaffen.)

Die soeben gegebene Darstellung könnte einiges an Ausdehnung und Präzisierung vertragen; die beiden Formen sozialer Ordnung präsentieren sich in Wirklichkeit in vielen gemischten, mehrdeutigen und verzerrten Formen. Für unsere gegenwärtigen Zwecke werden wir jedoch versuchen, den wesentlichen Unterschied zwischen ihnen zu klären, indem wir von so genannten »Idealtypen« ausgehen. Wir schreiten fort, indem wir fragen, welche Implikationen die acht Prinzipien der Legalität (oder Analogien davon) für ein System der Unternehmensführung im Vergleich zu ihren Auswirkungen auf eine Rechtsordnung haben.

Nun sind fünf der acht Prinzipien im betrieblichen Kontext ganz zu Hause. Wenn der Vorgesetzte das, was er will, mit dem Untergebenen als Instrument erreichen will, muss er zunächst seine Wünsche mitteilen oder sie »verkünden«, indem er dem Untergebenen die Möglichkeit gibt, sie zu erfahren, z. B. durch Aushang an einem Schwarzen Brett. Seine Anweisungen müssen auch hinreichend klar, widerspruchsfrei und durchführbar sein und sie dürfen nicht so oft geändert werden, dass die Bemühungen des Untergebenen, auf ihrer Basis zu handeln, vereitelt werden. Unachtsamkeit in diesen Angelegenheiten kann die »Wirksamkeit« des betrieblichen Unterfangens ernsthaft in Frage stellen.

Was aber ist mit den anderen drei Prinzipien? Was die Forderung nach Allgemeingültigkeit anbelangt, so wird dies in einem betrieblichen Kontext zu einer Frage der Zweckmäßigkeit. In der Praxis wird die betriebliche Kontrolle normalerweise durch allgemeine Anordnungen erreicht, die den Vorgesetzten davon befreien, Schritt für Schritt Anweisungen für die Leistung der Untergebenen geben zu müssen. Der Untergebene ist freilich zu keiner Beanstandung berechtigt, wenn der Vorgesetzte ihn in einem bestimmten Fall anweist, von den durch eine allgemeine Anordnung vorgeschriebenen Verfahren abzuweichen. Das wiederum bedeutet, dass es in einer Führungsbeziehung keinen Raum für ein formales Prinzip gibt, das verlangt, dass die Handlungen des Vorgesetzten den von ihm selbst angekündigten Regeln entsprechen; in diesem Zusammenhang verliert das Prinzip der »Übereinstimmung von Vollzug und erklärter Regel« seine Bedeutung. Was das Prinzip wider die Rückwirkung betrifft, so stellt sich das Problem einfach nicht; keine Führungskraft, die einen Anschein von Vernunft bewahrt, würde ihren Mitarbeiter heute anweisen, gestern etwas für ihn zu tun.

Aus der soeben vorgenommen Kurzanalyse geht hervor, dass die betriebliche Beziehung ganz bequem zum Bild einer einseitigen Autoritätsprojektion passt. Soweit die Prinzipien der Legalität (oder vielleicht sollte ich sagen, ihre betrieblichen Analoga) hier anwendbar sind, handelt es sich in der Tat um »Prinzipien der Wirksamkeit«; sie dienen als Instrumente zur Erreichung der Ziele des Vorgesetzten. Das bedeutet nicht, dass Elemente der Interaktion oder Wechselseitigkeit in einer betrieblichen Beziehung jemals gänzlich fehlen. Wenn der Vorgesetzte diejenigen, die unter seiner Leitung stehen, gewohnheitsmäßig überlastet, durch häufig wechselnde Zeichen verwirrt oder sie fälschlicherweise beschuldigt, von Anweisungen abzuweichen, die sie tatsächlich getreulich befolgt haben, wird die Moral seiner Untergebenen leiden und sie werden möglicherweise keine gute Arbeit für ihn leisten; ja, wenn seine Rücksichtslosigkeit zu weit geht, können seine Mitarbeiter seinen Dienst kündigen oder sich in offener Revolte gegen ihn wenden. Aber diese stillschweigende Wechselseitigkeit von Vernunft und Zurückhaltung ist etwas, das dem grundlegenden Verhältnis von Befehlsgeber und Befehlsausführer beiläufig ist.

Bei einer Rechtsordnung steht die Sache ganz anders, denn hier gehört die Existenz einer relativ stabilen Wechselseitigkeit in der Erwartung zwischen Gesetzgeber und Subjekt zur eigentlichen Idee einer funktionierenden Rechtsordnung. Um zu verstehen, warum und in welchem Sinne dies zutrifft, ist es unerlässlich, unsere Untersuchung der Implikationen der acht Prinzipien fortzusetzen und nun zu ihren Implikationen für ein Rechtssystem überzugehen. Auch wenn die Prinzipien der Legalität in hohem Maße voneinander abhängig sind, ist bei der Unterscheidung zwischen Recht und Unternehmensführung das Schlüsselprinzip jenes, das ich als »Übereinstimmung von Vollzug und erklärter Regel« beschrieben habe.

Mit Sicherheit besteht das Wesen der Rechtsstaatlichkeit darin, dass die Staatsgewalt, wenn sie auf den Bürger einwirkt (indem sie ihn z. B. ins Gefängnis steckt oder eine Urkunde für ungültig erklärt, mit der er Eigentumsansprüche geltend macht), getreulich die Regeln anwendet, die zuvor als jene erklärt wurden, die vom Bürger zu befolgen und für seine Rechte und Pflichten bestimmend sind. Wenn Rechtsstaatlichkeit das nicht bedeutet, bedeutet sie nichts. Die getreuliche Anwendung von Regeln impliziert wiederum, dass Regeln die Form allgemeiner Erklärungen annehmen; es wäre zum Beispiel wenig sinnvoll, würde die Staatsgewalt heute ein Sondergesetz erlassen, wonach Jones ins Gefängnis gesteckt werden sollte, und dann morgen »getreulich« diese »Regel« befolgen würde, indem sie ihn tatsächlich ins Gefängnis steckt. Wenn das Gesetz außerdem darauf abzielt, jemanden dazu zu zwingen, seine eigenen Angelegenheiten unter der

Bedingung zu regeln, dass er bestimmte, von der übergeordneten Behörde auferlegte Auflagen einhält, bedeutet dies, dass ihm nicht bei jedem Schritt gesagt wird, was er zu tun hat; das Gesetz liefert eine Grundlage für selbstbestimmtes Handeln, keine detaillierten Anweisungen, um bestimmte Ziele zu erreichen.

Die beiden Prinzipien der Allgemeinheit und der getreulichen Befolgung der von der Staatsgewalt erklärten eigenen Regeln können nicht als bloße Ratschläge zur Zweckmäßigkeit angesehen werden. Dies ergibt sich aus dem grundsätzlichen Unterschied zwischen Recht und Unternehmensführung; das Recht ist nicht, wie das Management, eine Angelegenheit, andere Personen dazu anzuleiten, wie die von einem Vorgesetzten gestellten Aufgaben zu erfüllen sind, sondern es geht im Grunde darum, der Bürgerschaft einen soliden und stabilen Rahmen für ihren Umgang miteinander zu bieten, wobei die Rolle der Staatsgewalt darin besteht, als Wächter über die Integrität dieses Systems zu fungieren.

Ich habe bereits gesagt, dass das Prinzip gegen rückwirkende Regelsetzung im Zusammenhang mit der Unternehmensführung ohne Bedeutung ist, einfach weil keine Führungskraft, die bei klarem Verstand ist, versucht wäre, ihren Untergebenen heute anzuweisen, etwas gestern zu tun. Warum stehen die Dinge in einem Rechtssystem anders? Die Antwort ist, glaube ich, sowohl etwas komplex als auch nützlich wegen des Lichts, das sie auf die Unterschiede zwischen Unternehmensführung und Recht wirft.

Der erste Bestandteil der Erklärung liegt im Konzept der Legitimation. Wenn *A* vorgibt, *B* Befehle zu erteilen oder Regeln für sein Verhalten aufzustellen, mag *B* verlangen, zu erfahren, mit welchem Titel *A* die Befugnis beansprucht, Anweisungen über das Verhalten anderer Personen zu geben. Dies ist die Art von Problem, die Hart für die Formulierung der Erkenntnisregel im Sinn hatte. Es ist ein Problem, das sowohl die Rechtsetzung als auch die Unternehmensführung betrifft und von dem man sagen kann, dass es ein Prinzip externer Legitimation beinhaltet. Aber die Rechtsstaatlichkeit verlangt von der Staatsgewalt, dass sie ihr Handeln gegenüber den Bürgern auch durch einen zweiten und *internen* Maßstab legitimiert. Dieser Standard verlangt, dass innerhalb des allgemeinen Bereichs, der durch das Recht abgedeckt ist, Handlungen der Staatsorgane gegenüber dem Bürger im Einklang mit den allgemeinen Regeln stehen, die zuvor von der Staatsgewalt selbst erklärt wurden (d. h. autorisiert oder gültig sind). Man kann also sagen, dass eine rechtmäßige Staatsgewalt eine interne Validierung ihrer Handlungen durch die Ausübung ihrer eigenen gesetzgebenden Gewalt durchführt. Wenn eine vorherige Ausübung dieser Befugnis diese Bestätigung bewirken kann, kann man leicht in den Glauben verfallen, dass dieselbe Bestätigung auch rückwirkend erfolgen kann.

Das eben Gesagte mag erklären, warum eine rückwirkende Gesetzgebung nicht von vornherein als völlig unsinnig abgelehnt wird. Es erklärt jedoch nicht, warum rückwirkende Rechtsetzung zuweilen tatsächlich der Sache der Rechtsstaatlichkeit dienen kann. Um zu verstehen, warum dies so ist, müssen wir uns in Erinnerung rufen, dass rechtsstaatliche Kontrolle der Handlungen der Bürger nicht durch spezifische Anweisungen, sondern durch *allgemeine* Regeln bewerkstelligt wird, die das Prinzip ausdrücken, dass gleiche Fälle gleichbehandelt werden sollen. Nun können Missbräuche und Pannen in der Funktionsweise eines Rechtssystems dieses Prinzip beeinträchtigen und als Heilmittel rückwirkende Gesetzgebung erfordern. Ein rückwirkendes Gesetz kann nicht als Grundlage für die Interaktion der Bürger untereinander dienen, aber es kann dazu dienen, Verstößen gegen den Grundsatz abzuhelfen, dass gleiche Fälle gleichbehandelt werden sollen. Ich habe dies in meinem zweiten Kapitel illustriert. Als weiteres Beispiel kann man sich eine Situation vorstellen, in der eine Gesetzesnovelle erlassen und allen Gerichten des Landes mitgeteilt wird, mit Ausnahme der Gerichte in der *Provinz X*, in der die Gerichte durch ein gewisses Kommunikationsversagen über die Änderung nicht informiert werden. Die Gerichte dieser Provinz wenden weiterhin das alte Gesetz an; die Gerichte in den übrigen Teilen des Landes entscheiden Fälle nach dem neuen Gesetz. Der Grundsatz, dass gleichartige Fälle gleichbehandelt werden sollen, wird ernsthaft verletzt und die einzige

Abhilfe (im besten Fall unter einer Auswahl von Übeln) kann in rückwirkender Gesetzgebung liegen.[27] Offenkundig können Probleme dieser Art nicht im Kontext der Unternehmensführung auftreten, weil betriebsführende Anweisung dem Grunde nach nicht allgemeinen Regeln unterworfen ist und keine Veranlassung besteht, gesonderte Befehle dadurch zu legitimieren, dass sie vorab verkündeten allgemeinen Regeln entsprechen.

Wir haben bereits bemerkt, dass es in einem Unternehmensführungskontext schwierig ist, in den übrigen Prinzipien der Legalität etwas anderes als Zweckmäßigkeitsratschläge zu erkennen – nämlich die Forderung, dass Regeln oder Anordnungen verkündet werden müssen, klar in ihrer Bedeutung, nicht widersprüchlich, möglich in ihrer Einhaltung und nicht zu häufigen Änderungen unterworfen sind. Wer Recht im Sinne des Unternehmensführungsmodells denkt, wird selbstverständlich davon ausgehen, dass diese fünf Prinzipien dieselbe Bedeutung für das Recht behalten. Dies trifft insbesondere auf das Desiderat der Klarheit zu. Welches mögliche Motiv, so kann man fragen, außer schierer Schlamperei würde einen Gesetzgeber dazu veranlassen, seine Verfügungen vage und unbestimmt in ihrer Reichweite zu belassen?

Die Antwort ist, dass es durchaus verständliche Motive gibt, die ihn in diese Richtung bewegen. Die Staatsgewalt möchte, dass ihre Gesetze klar genug sind, um befolgt zu werden, aber sie möchte auch ihren Freiraum bewahren, um mit Situationen umgehen zu können, die bei der Verabschiedung der Gesetze nicht ohne weiteres vorhersehbar sind. Durch die Veröffentlichung eines Strafgesetzes erteilt die staatliche Gewalt dem Bürger nicht nur eine Weisung, sondern sie erlegt sich selbst auch eine Charta auf, die ihre Befugnisse für einen bestimmten Bereich menschlichen Verhaltens begrenzt. Das locker formulierte Strafgesetz mag die Möglichkeit des Bürgers mindern, zu erfahren, was von

[27] In *Anatomy of the Law* (1968), S. 14–15, habe ich ein historisches Beispiel für rückwirkende (und »gesonderte«) Gesetzgebung gegeben, die dazu angetan war, einer gerichtlichen Abweichung von Legalität abzuhelfen.

ihm erwartet wird, aber es erweitert die Befugnisse der Staatsgewalt, mit Formen von Fehlverhalten umzugehen, die im Voraus nicht absehbar waren. Wenn man die Frage rein unter dem Gesichtspunkt der »Wirksamkeit« der Erreichung staatlicher Ziele betrachtet, könnte man von einer Art optimaler Position zwischen einer Bestimmtheit der Reichweite, die staatliches Ermessen unangemessen einschränkt, und einer Vagheit sprechen, die so ausgeprägt ist, dass sie nicht nur ungeeignet ist, den Bürger von einem allgemeinen, als unerwünscht erachteten Verhaltensbereich abzuschrecken, sondern auch das Gesetz seiner Macht beraubt, den Maßnahmen, die in seinem Namen ergriffen werden, eine sinnvolle Legitimation zu verleihen.

Solche gegensätzlichen Motivationen werden am deutlichsten in einem bürokratischen Kontext sichtbar, in dem Menschen zu einem gewissen Grad von Angesicht zu Angesicht miteinander umgehen. Häufig wird Unternehmensführung von Miniaturrechtssystemen begleitet, die sich auf Angelegenheiten wie Disziplinarmaßnahmen und besondere Privilegien auswirken, und ist mit diesen verflochten. In einem solchen Kontext ist es eine gängige soziologische Beobachtung, dass sich die Inhaber von Autoritätspositionen oft nicht nur gegen die Klärung von Regeln, sondern sogar gegen deren effektive Veröffentlichung sträuben. Die Kenntnis der Regeln und die Freiheit, sie so zu interpretieren, dass sie dem gegebenen Fall entsprechen, sind wichtige Quellen der Macht. Ein Forscher auf diesem Gebiet kam sogar zu dem Schluss, dass »die Duldung illegaler Praktiken die Kontrollbefugnis der Vorgesetzten stärkt, so paradox es auch erscheinen mag«.[28] Es stärkt natürlich die Macht des Vorgesetzten, indem es ihm die Möglichkeit gibt, durch die Gewährung von Absolutionen Dankbarkeit und Loyalität zu erlangen, und ihm zugleich die Freiheit lässt, die volle Härte des Rechts auf diejenigen anzuwenden, die seiner Ansicht nach auf Linie gebracht werden müssen. Diese willkommene Handlungsfreiheit wäre ihm nicht gegeben, könnte er nicht auf Regeln verweisen, die seinen Hand-

28 Blau, *The Dynamics of Bureaucracy* (2. Aufl. 1963), S. 215.

lungen Bedeutung verleihen; man kann zum Beispiel keinen Regelverstoß verzeihen, wenn es keine Regel gibt, gegen die man verstoßen kann. Das bedeutet jedoch nicht, dass die Regel frei von Unklarheiten sein muss oder dass sie weithin publik gemacht oder konsequent durchgesetzt werden muss. In der Tat kann jede dieser Bedingungen den Ermessensspielraum des Mannes, der die Kontrolle ausübt, einschränken – ein Ermessensspielraum, aus dem sich nicht nur ein Gefühl persönlicher Macht ableiten lässt, sondern auch ein – vielleicht nicht ganz abwegiges – Gefühl, dem Unternehmen zu dienen, dem er angehört.

Es mag den Anschein haben, dass es in breiteren, unpersönlicheren Prozessen eines gesamt- oder teilstaatlichen Rechtssystems an Impulsen zu Deformationen oder Anpassungen der soeben bedeuteten Art mangelt. Das ist keineswegs der Fall. Es sei daran erinnert, dass etwa bei der Ausarbeitung beinahe aller Gesetze, insbesondere im Bereich des Strafrechts und der Wirtschaftsregulierung, ein Kampf zwischen denjenigen stattfinden kann, die der Staatsgewalt eine breite Handlungsfreiheit erhalten wollen, und denjenigen, deren primäres Anliegen es ist, den Bürger im Voraus wissen zu lassen, wo er steht. Bei der Bewältigung dieser Art von Problem gibt es Raum für Zweifelsfälle ehrlicher Meinungsverschiedenheiten, aber es können auch akute Gewissensprobleme auftreten, die die grundlegende Integrität rechtlicher Verfahren berühren. Zu weiten Bereichen staatlichen Handelns kann eine noch grundlegendere Frage aufgeworfen werden: ob es nicht eine schädliche und zersetzende Heuchelei ist, vorzugeben, in Übereinstimmung mit vorher festgelegten Regeln zu handeln, wenn in Wirklichkeit die ausgeübten Funktionen im Wesentlichen jene einer Führungskraft sind und aus diesem Grund eine regelfreie Reaktion auf sich ändernde Bedingungen verlangen – und eine solche bei näherer Betrachtung auch ausstrahlen.

Das eben Gesagte kann nur einen flüchtigen Einblick in die Verantwortlichkeiten, Dilemmata und Versuchungen geben, mit denen diejenigen konfrontiert sind, die mit der Erlassung und der Vollziehung von Gesetzen befasst sind. Diese Probleme werden von Gesetzgebern, Richtern, Staatsanwälten, Kommissaren,

Polizeipräsidenten, Bewährungshelfern, Bauinspektoren und einer Reihe anderer Beamter geteilt, darunter – vor allen anderen – dem Streifenpolizisten auf Patrouille. Der Versuch, diese Probleme auf Fragen der »Wirksamkeit« zu reduzieren, bedeutet, sie bis zur Unkenntlichkeit zu trivialisieren.

Warum sind meine Kritiker dann so sehr darauf bedacht, an der Auffassung festzuhalten, dass die Prinzipien der Legalität nichts anderes als Effizienzmaximen für die Erreichung der Ziele der Staatsgewalt darstellen? Die Antwort ist einfach. Die Hauptbestandteile ihrer Analyse sind keineswegs dem Recht entnommen, sondern dem, was hier als »Unternehmensführung« bezeichnet worden ist. Man sucht in ihren Schriften vergeblich nach einer Anerkennung des grundlegenden Prinzips jeder Rechtsstaatlichkeit – dass die Handlungen einer Behörde gegenüber dem Bürger dadurch legitimiert sein müssen, dass sie in Einklang mit den Anforderungen einer früheren Erklärung allgemeiner Regeln gebracht werden müssen.

Dieses Versäumnis ist in Harts *Begriff des Rechts* augenfällig. Seine einzige umfassende Behandlung des Prinzips der Allgemeinheit etwa scheint klar vom Unternehmensführungsmodell inspiriert zu sein:

> Sogar in einer großen und komplexen Gesellschaft, wie der eines modernen Staates, kommt es vor, dass ein Beamter einem Individuum von Angesicht zu Angesicht befiehlt, etwas zu tun. Ein Polizist befiehlt einem einzelnen Autofahrer zu halten oder einem Bettler weiterzugehen. Aber diese einfachen Situationen sind nicht (und können es auch gar nicht sein) die Standardfunktion des Rechts; schon deshalb nicht, weil keine Gesellschaft die nötige Anzahl von Beamten unterhalten könnte, um mit Sicherheit jedes Mitglied der Gesellschaft offiziell und separat über alles, was es tun soll, zu informieren. Stattdessen sind solche partikularen Kontrollformen entweder außergewöhnliche oder hilfreiche Begleitumstände bzw. Verstärkungen genereller Anleitungen, die selbst nicht an einzelne Individuen gerichtet sind und auch keine besonderen Handlungen vorschreiben. (S. 20–21.)

Andere Bemerkungen Harts zum Prinzip der Allgemeinheit, wenngleich weniger explizit, schränken die soeben zitierte Aussage in keiner Weise ein. (Siehe S. 38, 121, 202, 236.) Alle laufen darauf hinaus, »Instrumente der sozialen Kontrolle« bereitzustellen und zu ermöglichen, dass »die soziale Kontrolle funktioniert«.

In Bezug auf das, wie ich es nannte, Prinzip der »Übereinstimmung von Vollzug und erklärter Regel« beziehen sich Harts Bemerkungen wiederum auf das Problem der »effektiven Kontrolle« des Handelns des Bürgers; das Scheitern dieser Kontrolle soll sich dann erweisen, wenn das Strafrecht so lax durchgesetzt wird, dass die Öffentlichkeit es am Ende ignoriert (siehe S. 23, 82, 141). Die einzige Abweichung von dem, was man als den betriebsführenden Bezugsrahmen bezeichnen kann, findet sich in einigen Bemerkungen (S. 156, 202) über eine abstrakte Affinität zwischen dem Ideal der Gerechtigkeit und einem effizient geführten Rechtssystem; beide stehen im Ansehen, das Prinzip zu respektieren, dass gleiche Fälle gleichbehandelt werden sollen. So »haben wir im bloßen Begriff der Anwendung einer allgemeinen Rechtsregel zumindest den Kern der Gerechtigkeit« (S. 156, 202). Es gibt keine Andeutung, dass die Staatsgewalt dem Bürger gegenüber verpflichtet ist, diesen »Kern der Gerechtigkeit« in der Art und Weise, wie sie Gesetze macht und anwendet, zu verwirklichen; der Punkt scheint einfach der zu sein, dass wir, wenn wir zufällig ein gut geführtes Rechtssystem in vollem Gang beobachten, in ihm eine gewisse formale Ähnlichkeit zu Gerechtigkeit entdecken werden.

So wird man sehen, dass Harts Rechtsbegriff, der im Wesentlichen auf dem Unternehmensführungsmodell basiert,[29] kein

[29] Es mag angezeigt sein, an dieser Stelle kurz eine mögliche Quelle von Missverständnissen zu erwähnen. Ein Leser, der allgemein mit Harts *Begriff des Rechts* vertraut ist, mag sich daran erinnern, dass er Austins »Befehlstheorie des Rechts« ausdrücklich ablehnt. Für jemanden, der nicht weiß, was diese Ablehnung impliziert, mag es den Anschein haben, dass Hart in der Missbilligung der Befehlstheorie auch das ablehnt, was ich als Unternehmensführungstheorie des Rechts beschrieben habe. Damit freilich wäre Harts Argument

Element enthält, das mit der Ansicht, dass Recht eine einseitige Autoritätsprojektion ist, unvereinbar ist. Das bedeutet natürlich nicht, dass der Gesetzgeber ein Rechtssystem selbst ins Leben rufen kann; so wie die Führungskraft bedarf auch er der Duldung und Mitwirkung der seiner Leitung unterstellten Personen. Dies wird von Hart selbst ganz explizit und mit seinem üblichen Formulierungsgeschick anerkannt:

> wenn ein Regelsystem jedem mit Gewalt auferlegt werden soll, [muss] es eine genügende Anzahl von Menschen geben, die es freiwillig anerkennen. Ohne deren freiwillige Kooperation, durch die sie Autorität schaffen, gibt es keine Zwangsgewalt des Rechts und der Regierung. (S. 196.)

Es gibt hier keinen Hinweis darauf, dass der freiwilligen Zusammenarbeit der Bürger eine entsprechende Kooperationsbereitschaft der Staatsgewalt gegenüberstehen muss. Es wird in Harts Analyse nicht anerkannt, dass die Aufrechterhaltung eines Rechtssystems von der Erfüllung ineinandergreifender Verantwortlichkeiten – der Staatsgewalt gegenüber dem Bürger und des Bürgers gegenüber der Staatsgewalt – abhängt.

Wenn wir, wie ich es hier tue, davon ausgehen, dass ein Element der Verpflichtung seitens des Gesetzgebers im Rechtsbegriff implizit enthalten ist, tut man gut daran, auszusprechen zu

missverstanden. Hart lehnt die Befehlstheorie im Wesentlichen aus zwei Gründen ab: (1) Sie erachtet als Sitz der besonderen Macht des Rechts eher die Sanktionsdrohung als die Akzeptanz von Autorität; (2) Austins Theorie setzt direkte Kommunikation zwischen Rechtssetzer und Rechtssubjekt voraus. Aber offenkundig ruht Unternehmensführung, weit deutlicher als das Recht, auf der Bereitschaft, autoritative Anleitung zu akzeptieren. Weiters müssen betriebsführende Anleitungen nicht von Angesicht zu Angesicht übermittelt werden; sie werden vielmehr gemeinhin in etwas wie einer Betriebsanleitung oder auf einem schwarzen Brett zum Ausdruck gebracht. Der entscheidende Punkt, Recht von Unternehmensführung zu unterscheiden, liegt in der Verpflichtung der rechtlichen Autorität, sich in der Beurteilung der Handlungen der Subjekte den Regeln zu unterwerfen, die sie selbst verkündet hat. Ich kann keine Anerkennung dieser grundlegenden Vorstellung in *Begriff des Rechts* finden.

versuchen, in welcher Form sich diese Verpflichtung manifestiert. In einer Passage, die von seinem Übersetzer mit »Interaktion in der Idee des Rechts«* überschrieben wird, geht Simmel von dem einem Rechtssystem zugrunde liegenden Vertrag zwischen Gesetzgeber und Subjekt aus.[30] Durch den Erlass von Gesetzen sagt die Staatsgewalt zum Bürger: »Dies sind die Regeln, die einzuhalten wir Dich ersuchen. Wenn Du sie befolgst, hast Du unser Versprechen, dass es die Regeln sind, die wir auf Dein Verhalten anwenden werden.« Sicherlich enthält eine solche Konstruktion zumindest so viel Wahrheit: Wüsste der Bürger im Voraus, dass die Staatsgewalt im Umgang mit ihm keine Rücksicht auf die von ihr selbsterklärten Regeln nehmen würde, hätte er wenig Anreiz, sich an sie zu halten. Die Veröffentlichung von Regeln trägt ganz offensichtlich die »soziale Bedeutung« in sich, dass der Regelgeber selbst seine eigenen Regeln einhalten wird. Auf der anderen Seite weckt jeder Versuch, eine Rechtsordnung so zu verstehen, dass sie auf einem Vertrag zwischen Gesetzgeber und Subjekt beruht, nicht nur unbequeme historische Assoziationen, sondern hat auch eine gewisse Inkonsequenz für sich, vor allem wenn wir uns daran erinnern, dass in einer demokratischen Gesellschaft ein und derselbe Bürger sowohl Gesetzgeber als auch Rechtssubjekt sein kann.

Es gibt einen altmodischen Rechtsbegriff, der einen Ausweg aus unserer misslichen Lage bieten könnte. Dies ist das Wort »Absicht«**. Unsere Institutionen und unsere formalisierten Interaktionen miteinander werden von bestimmten ineinandergreifenden Erwartungen begleitet, die man Absichten nennen kann, auch wenn es selten Gelegenheit gibt, diese zugrunde liegenden Erwartungen über die Schwelle des Bewusstseins zu bringen. Wenn ich bei einer Wahl meine Stimme abgebe, ist mein Verhalten in einem sehr realen Sinne von der Erwartung geleitet und bedingt, dass mein Stimmzettel zugunsten des Kan-

[30] Siehe oben die Nachweise S. 52–3.

* [»Interaction in the Idea of Law«]

** [*Intendment*: »wahre« Absicht].

didaten ausgezählt wird, für den ich tatsächlich stimme. Dies ist wahr, auch wenn die Möglichkeit, dass mein Stimmzettel in den Papierkorb geworfen oder für den Falschen gezählt wird, sich meinem Verstand niemals als Objekt der bewussten Aufmerksamkeit eröffnet. In diesem Sinne kann man von der Institution der Wahlen sagen, dass sie die Absicht enthält, dass die abgegebenen Stimmen getreulich ausgezählt werden, obwohl ich zögern würde, zu sagen, es sei denn rhetorisch gemeint, dass die Wahlbehörde einen Vertrag mit mir abgeschlossen hat, meine Stimme so zu zählen, wie ich sie abgegeben habe.

Eine Passage bei Lilburne, die am Anfang meines zweiten Kapitels zitiert wird, ist ein beredtes Beispiel für diese Frage der institutionellen Absichten. Dies ist die Passage, in der Lilburne verlangt, zu erfahren, »ob das Commonwealth ihnen jemals, als sie das Parlament wählten, eine rechtsfreie und unbegrenzte Macht und ihnen nach Belieben die Möglichkeit gab, gegen ihre eigenen Gesetze und Verordnungen zu verstoßen, bevor sie diese aufgehoben haben«. Lilburne will damit sagen, dass der Institution eines parlamentarischen Regierungssystems eine Absicht zugrunde liegt, d. h. eine allgemein geteilte stillschweigende Erwartung, dass das Parlament gegenüber dem Bürger in Übereinstimmung mit seinen eigenen Gesetzen handeln wird, solange diese Gesetze nicht aufgehoben werden. Ein stillschweigendes Bekenntnis des Parlaments dazu wird als so selbstverständlich vorausgesetzt, dass es, außer wenn die Dinge ins Wanken geraten, keinen Anlass gibt, darüber zu sprechen oder auch nur darüber nachzudenken.

Ich bin mir bewusst, dass es heute weitgehend aus der Mode gekommen ist, so etwas zu sagen wie, dass Institutionen Absichten haben oder enthalten können. Man könnte sprachlichen Schutz hinter Zuschreibungen suchen, die dem modernen Geschmack eher entsprechen, und zum Beispiel von den »Rollenerwartungen« sprechen, die mit der Übernahme von Gesetzgebungsbefugnissen einhergehen. Aber wie auch immer wir es nennen mögen, wir dürfen die Realität der Verpflichtung, die in der Gesetzgebung impliziert ist, nicht ignorieren und auch nicht vergessen, dass sie ihren Ausdruck in empirisch beobachtbaren gesellschaftlichen Prozessen findet; sie ist nicht etwas, das von einem moralistischen Beobachter von außen auf diese Prozesse projiziert wird.

Das stille Zeugnis für die Kraft dieser Verpflichtung findet sich in den Anstrengungen, die Menschen oft unternehmen, um sich ihrem Zugriff zu entziehen. Wenn wir jemanden sagen hören, er werde jemand anderem das »Recht auseinandersetzen«, neigen wir dazu, von ihm als jemandem zu denken, der ein relativ uneingeschränktes Recht beansprucht, anderen zu sagen, was sie tun sollen. Es ist daher interessant zu beobachten, wie sehr sich Menschen oft bemühen, nicht das »Recht auseinanderzusetzen«. Wenn eine Person in einer Autoritätsposition aufgefordert wird, in einem bestimmten Fall ein gewisses Zugeständnis zu machen, wird sie nicht selten auf der Einsicht bestehen, dass ihre Handlung nicht dazu dienen soll, »einen Präzedenzfall zu schaffen«. Was er fürchtet und zu vermeiden sucht, ist die in jeder Rechtsstaatlichkeit enthaltene Verpflichtung, seine Handlungen gegenüber denjenigen, die unter seiner Leitung stehen, an allgemeine Regeln anzupassen, die er ihnen ausdrücklich oder stillschweigend mitgeteilt hat. Dass sich die Verfügung gegen die Schaffung eines Präzedenzfalls in der Praxis oft als ineffektiv erweist, ist einfach ein weiterer Beweis für die Kraft der Verpflichtung, die Menschen in die Akte, die über sie Autorität haben, hineinzulesen neigen.

Ein ähnlicher Kampf um die Bedeutung, die der Ausübung von Autorität zugeschrieben wird, ist eine vertraute Begleiterscheinung der betrieblichen Aufgabenverteilung unter den Untergebenen. Ein Arbeitgeber weist z. B. *A* an, bestimmte Aufgaben zu erfüllen, und weist *B* gleichzeitig eine andere Reihe von Aufgaben zu. Wenn diese Arbeitsteilung einige Zeit andauert, kann jede Neuzuweisung von Funktionen Ressentiments und ein Gefühl der Verletzung hervorrufen. Ein Mitarbeiter mag sich der Zuweisung neuer Aufgaben widersetzen und sagen: »Das ist nicht meine Aufgabe«. Umgekehrt kann er sich der Zuweisung von Aufgaben an jemand anderen widersetzen, die er zu erledigen gewohnt ist, da diese Aufgaben in »seine Zuständigkeit« fallen. Hier sieht sich der Arbeitgeber in Ausübung einer rein leitenden Funktion, frei von den Einschränkungen, die von den Einschränkungen, die mit einer legislativen Rolle verbunden sind. Die Arbeitnehmer wiederum sind in der Lage, in die Handlungen des Arbeitgebers ein Element juristischer Verpflichtung hineinzulesen; sie versuchen, Entscheidungen mit rechtsstaatlichen Anforderungen in Einklang zu bringen.

Die in der Gesetzgebung implizierte Verpflichtung ist also nicht einfach nur ein Element in jemandes »konzeptuellem Modell«; sie ist Teil der gesellschaftlichen Realität. Ich habe schon betont, dass der Gehorsam gegenüber Regeln seinen Sinn verliert, wenn der Mensch, der sich ihnen unterwirft, weiß, dass der Regelsetzer sich nicht um seine eigenen Anordnungen kümmern wird. Man muss auch das Umgekehrte dieser Aussage im Auge behalten, nämlich, dass der Regelsetzer keinen Anreiz hat, für sich selbst rechtsstaatliche Einschränkungen zu akzeptieren, wenn er weiß, dass seine Subjekte keine Bereitschaft aufweisen oder nicht die Fähigkeit haben, sich an seine Regeln zu halten; es würde wenig Sinn ergeben, zum Beispiel den Versuch einer juristischen Ordnung der Beziehungen unter den Insassen einer Irrenanstalt zu unternehmen. In diesem Sinne hängt das Funktionieren eines Rechtssystems von einer kooperativen Anstrengung ab; einer effektiven und verantwortungsvollen Interaktion zwischen Rechtsgeber und Subjekt.

Ein völliges Scheitern in dieser Interaktion ist so weit entfernt von jeglicher Erfahrung, dass die Bedeutung der Interaktion sogar aus unserer intellektuellen Perspektive tendenziell verloren geht. Dennoch können wir in unzähligen Fällen, die uns umgeben, die Art und Weise wahrnehmen, in der der Erfolg des Rechts von der freiwilligen Zusammenarbeit zwischen dem Bürger und der Staatsgewalt abhängt sowie von der Koordination der Bemühungen der verschiedenen staatlichen Einrichtungen, die mit der Schaffung und Durchsetzung des Rechts befasst sind.

Bei der Verkehrsregelung wird die Abhängigkeit des Rechts von der freiwilligen Zusammenarbeit oft schmerzhaft sichtbar.

Das Beispiel, das ich jetzt gebe, ist keineswegs rein hypothetisch. In einer Universitätsstadt an der Atlantikküste hat die Verkehrsüberlastung in den letzten dreißig Jahren ein zunehmendes Problem dargestellt; insbesondere an einer Straßenkreuzung nähert sich die Situation seit einiger Zeit einem Krisenzustand. An dieser Kreuzung gab es bis vor kurzem keine Fußgängerampeln und die allgemeine rechtliche Situation – wie sie sowohl von der Polizei als auch von den Fußgängern verstanden wurde – sah vor, dass es dem Fußgänger freistand, beim Überqueren der Kreuzung seine eigene Chance gegen den Autoverkehr zu nutzen, obwohl er, wenn er besonders tollkühn war, vom zuständigen Beamten eine verbale Abfuhr erhalten konnte. Vor etwa drei Jahren fand eine Reform statt; es wurden Fußgängersignale installiert und Schilder aufgestellt, auf denen »unachtsame Fußgänger« darauf hingewiesen wurden, dass sie verhaftet und mit einer Geldstrafe belegt würden.

Für kurze Zeit brachte diese Maßnahme eine Verbesserung der Situation. Bald jedoch begann eine Verschlechterung, als die Fußgänger entdeckten, dass bei mäßigem Autoverkehr kein Beamter anwesend war, und begannen, die an sie gerichteten Haltesignale zu missachten. Diese Missachtung breitete sich dann in die Stunden mit dichtem Verkehr hinein aus und erreichte schnell ein solches Ausmaß, dass jede polizeiliche Maßnahme zu ihrer Eindämmung, selbst wenn sie nur ein Mindestmaß an Übereinstimmung mit dem Grundsatz der »Gleichheit vor dem Gesetz« mit sich gebracht hätte, Festnahmen in einem solchen Ausmaß erforderlich gemacht hätte, dass sie die Verkehrsgerichte überfordert hätten. Trotz dieser Epidemie von Rechtsverstößen durch Fußgänger achteten die Autofahrer noch eine Zeit lang auf die an sie gerichteten Verkehrszeichen. Mit der Zeit schritt die Verschlechterung jedoch so weit voran, dass der Autofahrer, der von unbefugten Fußgängern angehalten wurde, während die Ampel zu seinen Gunsten geschaltet war, oft seine erste Gelegenheit zum Überqueren fand als die Ampel gerade auf Rot schaltete und diese Gelegenheit zunehmend zu nutzen begann. Schließlich konnte der rechtstreue Fußgänger, der auf seine körperliche Unversehrtheit bedacht war, entdecken, dass der einzig sichere Weg für ihn darin bestand, sich einer Phalanx hartnäckiger Rechtsbrecher anzuschließen, anstatt ängstlich auf das Signal zur Legalisierung seiner Überquerung zu warten, die er allein, ungeschützt und häppchenweise gegen eine Flut verspäteter Autofahrer hätte aushandeln müssen, die ihre erste Gelegenheit zur Überfahrt ergriffen.

Hat ein System rechtlicher Kontrollen diesen Grad von Zusammenbruch erlitten, ist es oft schwierig, Schuld zuzuweisen oder zu erkennen, welche Abhilfemaßnahmen wirksam sein werden. Jedes beteiligte menschliche Element wird behaupten, dass die Besserung seines eigenen Verhaltens durch ein Versagen bei der Ausübung komplementärer Rollen sinnlos gemacht würde. Und es sollte angemerkt werden, dass im Fall der gerade beschriebenen Straßenkreuzung die Liste der Betroffenen weit über die bereits erwähnten hinausgehen kann. Es mag sein, dass die grundlegende Schwierigkeit aus einer unklugen Verkehrslenkung durch die Stadt insgesamt entsteht oder aus dem Versagen der Steuerzahler, eine Polizei zu finanzieren, die ihrer Aufgabe in Anzahl und Ausbildung angemessen ist, oder aus der Handlung einer Verkehrsbehörde, die einen Busstandplatz so verlegt, dass die bestehende Anordnung von Verkehrszeichen unangemessen wird. Sogar die Leistung des städtischen Elektrikers kann in die Rechnung eingehen. Wenn er es nicht schafft, die automatische Ampelanlage funktionstüchtig zu halten, und sie infolgedessen unregelmäßig funktioniert, können Fußgänger, Autofahrer und die Polizei jeglichen Anreiz verlieren, den Signalen entsprechend zu handeln; umgekehrt, wenn der Elektriker weiß, dass die Signale ignoriert werden, auch wenn sie in einwandfreiem Zustand sind, wird es für ihn sinnlos, seinen Job richtig zu machen.

Es ist bedauerlich, dass die Interdependenzen, die im erfolgreichen Funktionieren eines Rechtssystems am Werk sind, bei weitem nicht so allgemein sichtbar sind wie die bei der Verkehrsregelung. Würden wir uns auf eine so genannte interaktionale Sichtweise des Rechts im weitesten Sinne verständigen, würde vieles deutlich werden, das heute von der vorherrschenden

Rechtsauffassung als einseitige Autoritätsprojektion verdunkelt wird. Es würde zum Beispiel deutlich werden, dass eine Missachtung der Prinzipien der Legalität der Institution des Rechts selbst Schaden zufügen kann, auch wenn niemandem unmittelbar Schaden zugefügt wird. Dieser Punkt wird, wie auch einige andere, in einer rhetorischen Frage ignoriert, die Dworkin zur Widerlegung meiner Einlassung gestellt hat, dass die Rechtsmoral ein Prinzip gegen widersprüchliche Gesetze umfasst: »Ein Gesetzgeber erlässt ein Gesetz mit einer übersehenen Inkonsequenz, die so grundlegend ist, dass das Gesetz zu einer leeren Form wird. Wo ist die Sittenlosigkeit oder der Verfall des moralischen Ideals?«[31]

Nun erfordert selbst die Vorstellung eines Falles, wie ihn Dworkin voraussetzt, in erster Linie eine fantastische Reihe von Annahmen. Nehmen wir zum Beispiel an, dass ein Gesetz erlassen wird, das die Gültigkeit ausländischer Scheidungen berührt; auf eine bestimmte Situation angewandt, scheint das Gesetz in einem Absatz zu besagen, dass *A* mit *Y* verheiratet ist, während es nach den Bedingungen einer anderen Bestimmung den Anschein hat, dass er noch mit *X* verheiratet ist. Um aus einem solchen Gesetz eine harmlose Platzpatrone zu machen, müssten wir annehmen, dass jeder Laie, ohne einen Anwalt bezahlen zu müssen, sehen könnte, dass das Gesetz sich selbst aufhebt, dass er zuversichtlich voraussehen konnte, dass kein richterlicher Einfallsreichtum ausreichen würde, um es vor der Nichtigkeit zu retten, und dass mit der Entfernung des Gesetzesleichnams von der Bildfläche die wahre Rechtslage sofort offensichtlich würde. Aber lassen Sie uns, zugunsten von Dworkins Standpunkt, in Launenhaftigkeit all diesen Übungen frönen. Der Fall wird dann wie der eines Mannes, der mir eine gemeingefährliche Unwahrheit erzählt, mich aber im Ergebnis unbehelligt lässt, weil ich, bevor ich nach dem handle, was er mir gesagt hat, zufällig die Wahrheit selbst erfahre. In einem solchen Fall habe ich zwar keinen unmittelbaren Schaden erlitten, aber meine Beziehungen zu dem

[31] Oben Fn. 7, S. 675.

Mann, der mir die Unwahrheit gesagt hat, sind sicherlich geschädigt worden, und mein Vertrauen in ihn bei künftigen Geschäften wird beeinträchtigt worden sein.

Wenn wir das Recht als Wegweiser für menschliches Handeln betrachten, können wir feststellen, dass jeder Verstoß gegen Anforderungen der Legalität dazu neigt, das Vertrauen der Menschen in das Gesetz und ihre Achtung vor dem Gesetz im Allgemeinen zu untergraben. Es lohnt sich, in diesem Zusammenhang daran zu erinnern, dass es eine uralte Straftat ist, Grenzmarkierungen durcheinanderzubringen, und eine überaus moderne Straftat, offizielle Straßenschilder zu verschieben, zu zerstören oder zu verunstalten. Keine dieser Taten setzt voraus, dass die Handlung des Täters jemandem direkten Schaden zufügt. Ein Teil der Grundlage für solche Gesetze ist, dass, wenn die physischen Anzeiger, nach denen Menschen ihre Handlungen zueinander ausrichten, mit denen sie sich hinreichend vertraut machen, hinreichend manipuliert werden, diejenigen, die intakt bleiben, ihre Bedeutung verlieren werden und die Menschen sich nicht mehr sicher dabei fühlen werden, sich auf sie zu verlassen. Wenn dies zutrifft, wenn Menschen an gut platzierten Markierungen herumhantieren, was sollen wir dann über den Ingenieur sagen, der die Schilder überhaupt an den falschen Stellen anbringt, oder über den Gesetzgeber, der die Aufgabe verpfuscht, die wesentlichen schriftlichen Paragraphen, durch die die Rechte und Pflichten der Menschen untereinander definiert werden, zu entwerfen?

Mein Kollege Henry M. Hart bietet uns eine erfrischende Neuausrichtung unserer gewohnten Art und Weise, über das Recht zu denken und zu sprechen, wenn er uns daran erinnert, dass das Recht als eine *Einrichtung* betrachtet werden kann, die es den Menschen ermöglicht, ein zufriedenstellendes gemeinsames Leben zu führen.[32] Wenn diese Einrichtung den vorgesehenen Nutznießern dienen soll, müssen sie guten Gebrauch davon

[32] »The Relations between State and Federal Law«, 54 *Columbia Law Review* 489,490 (1954).

machen. Aber diejenigen, deren Aufgabe es ist, die Einrichtung selbst zu entwerfen und anzulegen, haben eine noch größere Verantwortung, nämlich die, ihre Arbeit überhaupt richtig zu machen. Es ist diese lästige und oft komplexe Verantwortung, die ich versucht habe, mit dem Ausdruck »die innere Moral des Rechts« zu beschreiben.

Dass eine solche Moral überhaupt eine verständliche Bedeutung haben könnte, ist eine Idee, die von meinen Kritikern nachdrücklich – um nicht zu sagen, vehement – zurückgewiesen wird. Ich habe zu zeigen versucht, dass unsere Meinungsverschiedenheiten in dieser Frage auf eine grundsätzliche Meinungsverschiedenheit über das Recht selbst zurückzuführen sind. Diese Uneinigkeit habe ich auszudrücken versucht, indem ich eine Sichtweise des Rechts, die es als einen interaktionalen Prozess betrachtet, und eine Sichtweise, die darin nur eine einseitige Ausübung von Autorität sieht, einander gegenübergestellt habe. Meine Rezensenten haben natürlich eine Reihe von Positionen zu bestimmten Fragen in meinem Buch kritisiert, die ich hier unerwähnt und unverteidigt gelassen habe. Ich glaube, dass die meisten, wenn auch nicht alle dieser Meinungsverschiedenheiten zu untergeordneten Fragen ihren Ursprung in derselben grundlegenden Divergenz der Ausgangspunkte haben, die ich gerade ausführlich untersucht habe. Dies gilt insbesondere für die Ablehnung meiner Kritiker der Aussage gegenüber, dass der Respekt der Staatsgewalt vor der inneren Moral des Rechts im Allgemeinen dem Respekt vor dem förderlich ist, was man als die materielle oder äußere Moral des Rechts bezeichnen kann. Der interessierte Leser wird eine Verteidigung meiner Position zu diesem Thema in einem Aufsatz finden, den ich im April 1965 vorgelegt habe.[33]

[33] Oben Fn. 6, S. 661–66.

Einige Implikationen der Debatte

Abschließend möchte ich kurz einige Punkte ergründen, die nicht direkt in der Kritik, die die Neuen Analytischen Juristen an meinem Buch geübt haben, aufgeworfen wurden. Ich gehe auf diese Punkte ein, weil ich glaube, dass ihre Untersuchung dazu dienen wird, die grundlegenden Meinungsverschiedenheiten, die unserer gesamten Debatte zugrunde liegen, weiter zu klären. Das erste Problem, das ich zur Diskussion stelle, ist das der *Auslegung.*[34]

Dieses Thema wurde in meinem zweiten Kapitel ausführlich behandelt, wo ich es als einen Aspekt der Aufgabe betrachtet habe, die »Übereinstimmung von Vollzug und erklärter Regel« aufrechtzuerhalten. Am Schluss meiner Diskussion (Seite 115) habe ich geschrieben: »Das Auslegungsproblem nimmt mit all seinen Feinheiten eine heikle, zentrale Stellung in der inneren

[34] Drei kürzlich erschienene Publikationen befassen sich auf hilfreiche Weise mit dem Problem der Auslegung: Dworkin, »The Model of Rules«, 35 *University of Chicago Law Review* 14–46 (1967); Gottlieb, *The Logic of Choice* (1968); und Hughes, »Rules, Policy and Decision Making«, 77 *Yale Law Journal* 411–39 (1968).

Es gibt ein entscheidendes Auslegungsproblem, das ich hier nicht zu behandeln versucht bin und das in den Artikeln von Dworkin und Hughes nicht erwähnt wird. Dies ist das Problem, das die Interaktionssoziologen als »Definition der Situation« bezeichnen. (Siehe z. B. McHugh, *Defining the Situation*, 1968.) Wenn ein Gericht eine Regel oder ein Regelwerk auf die Entscheidung eines Falles anwendet, kann man zwei Operationen unterscheiden: (1) Bestimmung der relevanten Tatsachen; (2) Bestimmung der Bedeutung der relevanten Regeln für diese Tatsachen. Wir neigen zur Annahme, dass es unsere Kenntnis der Regeln ist, die es uns ermöglicht, Irrelevantes auszusortieren und zu bestimmen, was die rechtlich erheblichen Tatsachen sind. In Wirklichkeit ist unsere Definition der Situation jedoch im Allgemeinen durch eine Vielzahl stillschweigender Annahmen bedingt, die aus den Regeln gar nicht explizit hervorgehen. Gottliebs Buch beinhaltet einige wertvolle Beobachtungen zu diesem Punkt in Kapitel IV, »The Facts«, insbesondere auf den Seiten 56–57, wo er bemerkt, dass »nicht-rechtliche Standards in einem entscheidenden Schritt [also dabei, die relevanten Fakten zu bestimmen] in den Prozess der Anwendung rechtlicher Regeln eingespeist werden.«

Moral des Rechts ein. Es offenbart, wie es kein anderes Problem vermag, den kooperativen Charakter der Aufgabe der Wahrung der Legalität.«

Trotz der grundsätzlichen Bedeutung der Auslegung für jeden Aspekt des rechtlichen Unterfangens war sie nie ein Thema, mit dem sich der analytische Positivismus wohlgefühlt hat. Das liegt daran, dass sie »den kooperativen Charakter der Aufgabe der Wahrung der Legalität« offen zum Ausdruck bringt. Die genaue Beachtung von Auslegungsproblemen ist etwas, das sich schwer mit jedem Versuch verträgt, Recht als eine einseitige Ausübung von Kontrolle über menschliches Verhalten zu begreifen.

Es wird aufschlussreich sein, kurz festzuhalten, wie sich Autoren positivistischen Zuschnitts mit dem Problem der Auslegung auseinandergesetzt und versucht haben, es in Begriffen neu zu definieren, die ihren intellektuellen Verpflichtungen entgegenkommen. In seinem Vortrag von 1957[35] schien Hart zu behaupten, dass die Anwendung eines Gesetzes im gewöhnlichen Lauf der Dinge mehr oder weniger reibungslos durch die gewöhnliche oder wörterbuchmäßige Bedeutung seiner Wörter beherrscht wird. In diesen üblichen oder normalen Fällen gibt es keine Gelegenheit, Vermutungen über die durch das Gesetz zu befördernde politische Agenda oder die Absichten seiner Verfasser anzustellen. Es ist nur die gelegentlich grenzwertige oder »unklare«* Situation, in der es überhaupt notwendig wird, die gesetzgeberische Zielsetzung zu ergründen. In diesem Vortrag wandte sich Hart gegen eine Krankheit des rechtswissenschaftlichen Denkens, die er als »Beschäftigung mit dem Unklaren« bezeichnete. Seine These schien zu sein, dass wir unser rechtsphilosophisches Gebäude auf Routine- oder Allerweltsfällen aufbauen und gelegentliche Schwierigkeiten, die in unklaren Situationen auftreten, als irrelevant für die grundlegende Analyse juristischer Phänomene betrachten sollten. Im *Begriff des Rechts* ist das Wort »Auslegung« nicht im Index zu finden, obwohl die Gedanken der

[35] Oben Fn. 1, S. 606–15.

* [»penumral«]

Holmes-Lecture mit einigen Modifikationen auf den Seiten 120–32 und 200–01 wiederholt werden; der Standpunkt unterscheidet sich von dem im Vortrag ausgedrückten hauptsächlich dadurch, dass er etwas weniger explizit ist.

Wie Hart schloss auch sein großer Vorgänger, John Austin, die Auslegung von der Grundstruktur seiner Theorie weitgehend aus. Anders als bei Hart war Austins Behandlung des Themas, als er sich schließlich damit auseinandersetzte, komplex und von internen Spannungen durchsetzt. Er unterschied die Auslegung des Gesetzesrechts von der Methode der »Induktion« bei der Anwendung des »Richterrechts«.[36] Zu keinem Zeitpunkt argumentierte er, dass ein Gesetz ohne Bezug auf den gesetzgeberischen Zweck angewendet werden kann oder sollte, obwohl er behauptete, dass die »wörtliche Bedeutung« eines Gesetzes als »Primärindikator« der gesetzgeberischen Absicht angesehen werden sollte.[37] Weit davon entfernt, eine teleologische Interpretation aufzugeben, schrieb er: »Wenn die Ursachen der Gesetze und der durch sie geschaffenen Rechte und Pflichten nicht festgemacht werden, sind die Gesetze selbst unverständlich«.[38]

In der *Reinen Rechtslehre*[39] widmet Kelsen einige abschließende Seiten dem Thema der Auslegung, die im Ergebnis behaupten, dass die richterliche Auslegung, außer wenn ein bestimmtes Ergebnis durch die logische Struktur eines Gesetzes ausgeschlossen werden kann, einfach eine Form der Gesetzgebung ist, wobei die Motive, die die Gesetzgebung durch Richter prägen, für den analytischen Positivismus ebenso irrelevant sind wie diejenigen, die den Gesetzgeber dazu bewegen, eine Art von Gesetz statt einer anderen zu erlassen. Für Kelsen ist die Auslegung, kurz gesagt, überhaupt kein Teil der juristischen Analyse, sondern gehört vielmehr zur Politik und Soziologie.

36 II *Lectures on Jurisprudence* (1879), S. 648–51.

37 Ebd., S. 644–45.

38 Ebd., S. 1113.

39 (1967), Kap. VIII, S. 348–56. (Das ist eine Übersetzung der zweiten deutschen Auflage).

Einen anderen Ansatz im Umgang mit der Verlegenheit, die Fragen der Auslegung umgibt, verfolgten Gray und einige der amerikanischen Rechtsrealisten. Da ein Gesetz erst dann zum »harten Recht« wird, wenn seine Bedeutung gerichtlich bestimmt wird, schlug Gray vor, dass wir Gesetze nicht als Recht, sondern nur als Rechtsquellen behandeln sollten.[40] Damit sollte die Definition von Recht nach unten verschoben werden, so dass sie mit seiner Anwendung auf menschliche Belange zusammenfällt. Grays Realismus wurde jedoch durch die Tatsache getrübt, dass viele Gesetze von Bürokraten, Sheriffs, Streifenpolizisten und anderen ohne richterliche Führung angewendet werden. Dementsprechend haben einige Realisten vorgeschlagen, Recht als »Verhaltensmuster von Richtern und anderen öffentlichen Amtsträgern« zu definieren.[41] Dieser Dünkel war die endgültige Ausfallserscheinung, da es dergestalt dem Betrachter überlassen blieb, selbst zu entscheiden, nach welchen Maßstäben er die »Verhaltensmuster«, die die letztendliche Realität des Rechts ausmachen, erkennen und interpretieren sollte.

Diese verschiedenen Wege, einer gemeinsamen misslichen Lage zu begegnen, deuten darauf hin, dass mit den Prämissen, die zur Definition des Problems dienen, etwas grundlegend falsch ist. Ich meine, dass die Schwierigkeit deshalb entsteht, weil alle Autoren, deren Ansichten soeben zusammengefasst wurden, von der Annahme ausgehen, dass das Recht als eine einseitige Autoritätsprojektion betrachtet werden muss, anstatt als ein gemeinschaftliches Unterfangen aufgefasst zu werden. Wenn wir als ein Grundelement des Rechts die Verpflichtung der Staatsgewalt erkennen, sich bei der Beurteilung der Handlungen ihrer Rechtsunterworfenen an ihr eigenes Gesetz zu halten, dann wird die Auslegung in der Theorie den zentralen Platz einnehmen, den sie in unserem alltäglichen Denken über das Recht immer eingenommen hat. Das bedeutet keineswegs, dass das Problem einfach wird; im Gegenteil, seine verborgenen Komplexitäten wer-

[40] *Nature and Sources of Law* (2. Aufl. 1921), Lap. IV, S. 300–25 et passim.

[41] Siehe den Verweis oben Fn. 10.

den ans Tageslicht kommen und wir werden nicht mehr so tun können, als sei es eine periphere Angelegenheit, die man dem unreflektierten gesunden Menschenverstand überlassen sollte.

Bei der Suche nach einem fruchtbareren Ansatz für die Auslegung mag es nützlich sein, vielleicht mit einigen Beobachtungen über die Sprache selbst zu beginnen. Die erste dieser Beobachtungen ist, dass Sprache unter den menschlichen Aktivitäten das Interaktionsphänomen schlechthin darstellt; ihre Formen entstehen aus der und leben durch die Interaktion. Verbale Kommunikation besteht nicht darin, Bedeutungspakete von einem Kopf zum anderen zu verschicken; es geht darum, in einem anderen Geist Wahrnehmungsprozesse zu initiieren, die so weit wie möglich mit denen übereinstimmen, die im Geist der kommunizierenden Partei stattfinden. Wenn ich in einer Situation, in der eine gewisse kommunikative Präzision gefordert ist, Worte an Sie richte, werde ich mich fragen müssen, was ich genau mit den Worten, die ich gebrauche, meine, was Sie meinen würden, wenn Sie dieselben Worte benutzen würden, und was Sie annehmen würden, dass ich wahrscheinlich mit ihnen im Kontext unserer Beziehung meinen würde – ganz zu schweigen von noch komplexeren Linien wechselseitiger Erwartungen.

Autoren positivistischen Zuschnitts haben im Allgemeinen die Flucht vor Komplexitäten der gerade angedeuteten Art ergriffen, indem sie eine simplistische Sichtweise auf Sprache einnahmen, die ich (Seite 107) als »eine Anzeigertheorie der Bedeutung« beschrieben habe. Für gegenwärtige Zwecke wird es nützlich sein, die Komplikationen, die durch die Intervention der Sprache verursacht werden, vorerst außer Acht zu lassen und zu überlegen, wie das Problem der Auslegung erscheint, wenn es darum geht, die Bedeutung nicht von Worten, sondern von Handlungen zu erkennen.

Nehmen wir zum Beispiel an, dass in einem Bereich des Handelsbrauchs bestimmte Arten von Geschäften seit langem von stillschweigend akzeptierten und komplementären Erwartungen geleitet werden, wobei jeder Beteiligte sein Verhalten gegenüber dem anderen durch diese Erwartungen lenkt. Eine etwas ungewöhnliche Situation kommt auf und es kommt zu einem Streit zwischen den Parteien über die Auswirkungen der etablierten Praxis auf ihre jeweiligen Rechte. Ein Richter oder Schiedsrichter wird aufgefordert, den Streitfall zu entscheiden. Seine Aufgabe besteht darin, die Bedeutung der etablierten Praxis für eine besondere tatsächliche Gegebenheit zu interpretieren, die die Erwartungen der Parteien der Transaktion nicht vorher direkt beeinflusst hat.

Nun ist es klar, dass in einem solchen Fall die wichtigste Richtschnur für die Entscheidung des Schiedsrichters in einem Prinzip zu finden wäre, das in positivistischen Auslegungsdiskussionen kaum angedeutet wird, nämlich dass das erzielte Ergebnis sich harmonisch in das System komplementärer Erwartungen einfügt, die in der Vergangenheit geäußert wurden. Das Problem wäre nicht eines der »logischen« Konsistenz, sondern das, was man als zielorientierte Kompatibilität bezeichnen könnte; die Frage wäre: Welche Entscheidung dient bestmöglich dazu, die etablierten Praktiken als »spielbares Spiel« zu erhalten? Ein Ergebnis zu erzwingen, das nicht mit den etablierten Erwartungen übereinstimmt, hieße, ein funktionierendes und akzeptiertes System zu stören, das dazu diente, die Beziehungen der Parteien untereinander zu regulieren. Es liegt auf der Hand, dass der Schiedsrichter, um eine zufriedenstellende Lösung des Streitfalls zu erreichen, in der Lage sein muss, die in der bestehenden Praxis enthaltenen Implikationen zu erkennen und zu verstehen; seine Entscheidung kann keine gerechte und passende sein, wenn ihm die Phantasie fehlt, die nötig ist, um sich in die Position derer zu versetzen, deren vergangenes Verhalten zueinander er interpretiert.

In der gerade besprochenen Situation würde eine gute Entscheidung also zwei miteinander verbundene Qualitäten veranschaulichen: Respekt vor der systematischen Struktur und Verständnis für den sozialen Kontext. Nun möchte ich vorbringen, dass diese Desiderata auch auf die Auslegung geschriebenen Rechts anwendbar sind. Freilich: Wenn wir an ein Gesetz nach der Analogie eines militärischen Befehls denken, das darauf abzielt, die Handlungen von jemandem zu kontrollieren, der nicht in die größere Strategie eingebunden ist, dann wird es sicherlich die Aufgabe des Interpreten sein, die Wünsche des Oberkommandos so gut wie möglich zu erkennen. Wenn aber die Funktion des Rechts darin besteht, eine geordnete Interaktion zwischen den Bürgern zu schaffen und verlässliche Wegweiser für selbstgeleitetes Handeln zu liefern, nimmt das Problem einen anderen Aspekt an, und die Prinzipien, die für die Interpretation von Wörtern gelten, werden sich nicht radikal von denen unterscheiden, die für die Auslegung interaktiven Verhaltens gelten. Insbesondere der Respekt vor der systematischen Struktur und die Fähigkeit, die Bedürfnisse der jeweiligen Situation zu erkennen, werden beide als wesentlich für die kluge Interpretation des geschriebenen Rechts angesehen.

Es mag eingewendet werden, dass eine versteckte Voreingenommenheit unweigerlich jede Analyse infizieren muss, die, wie die gerade abgeschlossene, mit einem Beispiel aus dem Handelsbrauch beginnt. Es mag pervers erscheinen, nahezulegen, dass das Gesetz gegen Mord, außer in einem fernen und weitgehend irrelevanten Sinn, darauf abzielt, »zuverlässige Wegweiser für die menschliche Interaktion« zu schaffen. Sicherlich ist es wahr, wie ich durchwegs betont habe, dass die angemessene Lösung von Auslegungsproblemen vom Kontext abhängt. Aber selbst im Falle eines Mordes dürften sich die entscheidenden Auslegungsfragen auf Dinge wie die Einrede der Selbstverteidigung beziehen. Jede gesetzliche Regelung dieser Frage wird vage und allgemein gehalten sein. Diejenigen, die das Gesetz interpretieren (was in diesem Fall in Wirklichkeit sowohl Richter als auch Geschworene einschließt), müssen sich in die Lage versetzen, in der sich der Angeklagte befand, wenn sie ihre Aufgabe gut verrichten wollen, und sich fragen, was von einem Menschen, der sich in dieser Lage befindet, vernünftig erwartet werden kann. Lebenserfahrung, Einfühlungsvermögen und ein Gefühl dafür, welche Art von Regel einen praktikablen Handlungsleitfaden bietet, sind für eine richtige Entscheidung unerlässlich.

In meinem zweiten Kapitel habe ich mich ausführlich mit den »Antinomien« befasst, die jenen begegnen können, die für die

Aufrechterhaltung der Legalität verantwortlich sind. Regelmäßig wird ein Misslingen des rechtlichen Unterfangens eine Situation schaffen, in der es unmöglich ist, irgendeiner Beeinträchtigung der Legalität zu entgehen, sodass die wesentliche Aufgabe darin besteht, die Dimensionen dieser Beeinträchtigung zu reduzieren. Das offensichtlichste Beispiel für diese missliche Lage sind Situationen, in denen der Rückgriff auf rückwirkende Gesetzgebung als das kleinere Übel erscheinen wird.

Auf subtile Weise wird die Interpretation von Problemen dieser Art durchdrungen. Nehmen wir zum Beispiel an, dass ein Gesetz erlassen wird, um einen Bereich zwischenmenschlicher Beziehungen besser zu ordnen. Auf den ersten Blick mag man annehmen, dass der Beschluss einigermaßen klar ist, aber er leidet am grundlegenden Mangel, dass er auf einer falschen Vorstellung von der Situation beruht, die er korrigieren soll, wobei der Gesetzgeber in dieser Hinsicht einem Arzt gleicht, der einen Behandlungsablauf für eine Krankheit vorschreibt, während der Patient tatsächlich an einer anderen leidet. Nach welchen Maßstäben sollte ein Gericht ein solches Gesetz auslegen? Eine tragfähige wörtliche Anwendung seiner Bestimmungen mag als jene angesehen werden, die die tatsächliche gesetzgeberische Absicht verwirklicht, wenn auch nicht so, wie sie gewesen wäre, wenn der Gesetzgeber gewusst hätte, was er tut. Darüber hinaus muss der Interpret das Interesse des vereinzelt anzutreffenden Bürgers berücksichtigen, der als Außenstehender in der geregelten Situation das Gesetz für bare Münze nehmen kann und dabei keine Skrupel verspürt, gerade weil er so unwissend wie der Gesetzgeber über die tatsächliche Natur der durch das Gesetz geregelten Situation ist. Auf der anderen Seite können diejenigen, die die Hauptadressaten des Gesetzes sind, d.h. diejenigen, die tatsächlich in und mit der Situation leben, die das Gesetz korrigieren soll, in ihm vielleicht nur Unklarheit, Verwirrung und Perversität sehen. Im Licht ihrer verständigeren Einschätzung der Situation, die Teil ihres eigenen Lebens ist, könnten sie das Gesetz als eine Art Nicht-Recht betrachten. Hier gibt es für das Gericht keinen einfachen Ausweg.

Fälle von der Art, wie sie gerade angenommen wurden, sind nur ein Beispiel für die Verwirrung, die entsteht, wenn ein Gericht sich fragen muss, wie weit es ihm freisteht, die Fehler der Legislative zu korrigieren. Ein offensichtlicher Druckfehler darf keine Schwierigkeiten bereiten. Aber die Entscheidung darüber, was der Gesetzgeber gesagt hätte, wenn er in der Lage gewesen wäre, seine Absicht präziser auszudrücken, oder wenn er die Wechselwirkung seines Gesetzes mit anderen bereits bestehenden Gesetzen nicht übersehen hätte oder wenn er erkannt hätte, dass der Oberste Gerichtshof im Begriff war, einen einschlägigen Präzedenzfall rückgängig zu machen, und ähnliche Fragen können uns daran erinnern, dass die Aufgabe der Auslegung von Gesetzen mehr ist als nur die »Ausführung der Absicht des Gesetzgebers«.

Die soeben abgeschlossenen Bemerkungen scheinen darauf hinzudeuten, dass von einem Interpreten nur verlangt wird, die Balance zwischen Zurückhaltung und Initiative bei der Korrektur von Fehlern und Versehen der übergeordneten Autorität zu wahren. Aber natürlich ist das Problem komplexer. Der Interpret muss sich z. B. daran erinnern, dass die von ihm wahrgenommenen Interpretationsstandards Erwartungen bei den Betroffenen wecken können und dass plötzliche Änderungen dieser Standards die kollaborative Anstrengung beeinträchtigen können, die für das Erreichen und Aufrechterhalten der Legalität unerlässlich ist. Nehmen wir beispielsweise an, dass die Gerichte eines bestimmten Bezirks Gesetze traditionell eng und restriktiv entlang des Wortlauts ausgelegt haben. Die Erwartung, dass diese Praxis fortbestehen wird, wird mit ziemlicher Sicherheit in das Kalkül der Legislative einfließen; der Verfasser des Entwurfs wird wahrscheinlich sein Gesetz so formulieren, dass das richtige Ergebnis herauskommen wird, nachdem sein Anwendungsbereich durch die restriktive richterliche Auslegung reduziert wurde. Eine plötzliche Hinwendung der Gerichte zu einer freieren Auslegung kann die Bedeutung eines Gesetzes in einer Weise verändern, die der Absicht derjenigen, die es erlassen haben, zuwiderläuft, und vielleicht in einer Weise, die für alle Beteiligten verwirrend ist.

Ebenso reicht es nicht aus, wenn ein Gericht Anlass hat, das Recht eines ausländischen Rechtsraums anzuwenden, den Gesetzestext zu kennen; dieser Text muss so gelesen werden, wie er von einheimischen Juristen gelesen würde, d. h. so, wie er von denjenigen verstanden würde, die die stillschweigenden Annahmen teilen, die in das Funktionieren des Rechtssystems einfließen, dessen Teil er ist. Diese Überlegung wurde in einer Entscheidung des US-Bezirksgerichts in Massachusetts ungewohnt deutlich zum Ausdruck gebracht. Die Entscheidung des Falles erforderte nicht die Anwendung von Bundesrecht, sondern des Rechts des Bundesstaats Massachusetts. Es ging um mehrere Präzedenzfälle des Obersten Gerichtshofs von Massachusetts und die Frage, ob dieses Gericht, wenn der Fall vor ihm anhängig wäre, die Aussagen seiner Präzedenzfälle einschränken und eine Ausnahme für den vorliegenden Fall machen würde. Bei der Verneinung dieser Frage hielt es Richter Charles Wyzanski für wesentlich, sich nicht nur auf den Text der Entscheidungen in Massachusetts zu beziehen, sondern auf den allgemeinen Geist, in dem diese Entscheidungen vom Gericht, das sie gefällt hat, behandelt würden:

> Subtile Variationen und verschwommene Linien sind nicht charakteristisch für [den Obersten Gerichtshof von Massachusetts]. Grundsätze werden in gebieterischer Manier verkündet und aufrechterhalten. Die Betonung liegt auf Präzedenzfällen und dem Festhalten an den alten Wegen, nicht auf der Schaffung neuer Klagegründe oder der Förderung des Einsatzes neuartiger Rechtsmittel, die in weniger konservativen Gemeinschaften hervorgekommen sind.[42]

Diese Übung in angewandter Anthropologie ist nicht die Art von Dingen, die man normalerweise in Gerichtsurteilen antrifft. Sie kann aber dazu dienen, uns daran zu erinnern, wie viel von unserem geschriebenen Recht in Wirklichkeit ungeschrieben ist; sie

[42] *Pomerantz v. Clark*, 101 F. Supp. 341, 346 (1951).

kann uns helfen, zu erkennen, dass ein Verständnis des Rechts in den Gesetzbüchern ein Verständnis der gemeinsamen Annahmen erfordert, die in die Erstellung und Auslegung des Gesetzes einfließen.[43]

Die Erwähnung der Anthropologie bietet einen leichten Übergang zu meinem nächsten allgemeinen Thema, das sich mit *Gewohnheitsrecht* und *Völkerrecht* befasst. Ebenso wie das Problem der Interpretation hat keines dieser Themen jemals einen behaglichen Zufluchtsort in der positivistischen Theorie gefunden. Wie bei der Auslegung schwanken Rechtspositivisten in ihrer Haltung gegenüber diesen Rechtsformen zwischen eisiger Ablehnung und Akzeptanz in einer knochenbrechenden Umarmung. Für Austin waren das Gewohnheitsrecht und das Völkerrecht einfach überhaupt kein Recht, sondern eine Art Pseudo-Recht, das man eigentlich als positive Moral bezeichnen sollte. Kelsen nimmt die entgegengesetzte Bahn, diese beiden Formen des Rechts so umzugestalten, dass sie in seiner Theorie Platz finden können, allerdings um den Preis, dass ihre Prämissen so verzerrt werden, dass die Subjekte selbst weitgehend unkenntlich werden.

Offensichtlich ist die Auffassung von Recht als einer einseitigen Behauptung der Kontrolle über menschliches Verhalten keine Sichtweise, die leicht auf Gewohnheitsrecht und Völkerrecht übertragen werden kann. Diese beiden Manifestationen des Rechts wurden als *horizontale* Formen der Ordnung beschrieben, während wir dazu neigen, anzunehmen, dass das Recht, das ein Staat seinen Bürgern auferlegt, nur eine vertikale Dimension hat. Anders ausgedrückt rührt die Schwierigkeit, Gewohnheits- und Völkerrecht als richtiges Recht zu begreifen, aus der Vorstellung, dass der Begriff des Rechts mindestens drei Elemente umfasst: einen Gesetzgeber und mindestens zwei Subjekte, deren Beziehungen durch Regeln, die ihnen von der gesetzgebenden Autorität auferlegt werden, geordnet werden. Die Frage,

[43] In *Anatomy of the Law* (1968) habe ich versucht, einige der Interaktionen zwischen dem, was ich dort »gemachtes Recht« und »implizites Recht« genannt habe, nachzuverfolgen (siehe insbesondere S. 43–84).

die Schwierigkeiten bereitet, lautet: Wie kann eine Person, eine Familie, ein Stamm oder eine Nation sich selbst ein Gesetz auferlegen, das ihre Beziehungen zu anderen Personen, Söhnen, Familien, Stämmen oder Nationen regelt? Im Gegensatz zur Moral kann Recht nicht eine Sache sein, die sich selbst auferlegt wird; es muss von einer höheren Autorität ausgehen.

Nun bringe ich vor, dass all diese Fragen eine radikale Neudefinition erfordern würden, wenn wir eine einfache, grundlegende Realität anerkennen würden, nämlich dass das erlassene Recht selbst die Verpflichtung der Staatsgewalt voraussetzt, sich im Umgang mit ihren Subjekten an ihre eigenen Regeln zu halten. In diesem Sinne gibt es ein horizontales Element in dem, was der Positivismus als vertikal auferlegtes Recht betrachtet. Würde dieses Grundprinzip der Rechtsetzung und Rechtspflege akzeptiert, dann würden die meisten Verlegenheiten, die Diskussionen über Völkerrecht und Gewohnheitsrecht belasten, auch als Auswirkungen auf »wirkliches« Recht angesehen werden. Beruht zum Beispiel die Verpflichtung der Staatsgewalt, sich an ihre eigenen Regeln zu halten, auf einer »rechtlichen« oder einer »moralischen« Verpflichtung? Wenn die Verpflichtung als »rechtlich« bezeichnet wird, dann stellt sich die Frage: Wie kann sich die Instanz, die Recht schafft und aufhebt, durch Recht binden? Wenn die Verpflichtung »moralischer« Natur ist, dann werden wir mit einer anderen Art von Verlegenheit konfrontiert sein. Es wird dann hervorkommen, dass die entscheidende Eigenschaft, die dazu dient, Recht von der Unternehmensführung, dem militärischen Kommando oder der schieren Macht zu unterscheiden, selbst mit einem moralischen Element infiziert ist, sodass der wesentliche Unterschied zwischen Recht und Moral schwerwiegend kompromittiert ist.

Wenn wir jedoch diese konzeptionellen Verwicklungen außer Acht lassen und unseren Verstand stellvertretend an den Aufgaben teilhaben lassen, die mit der Aufrechterhaltung der Rechtsstaatlichkeit in einem modernen Staat verbunden sind, werden wir sehen, dass die Erfüllung dieser Aufgaben eine komplexe, kollaborative Anstrengung erfordert, die sich in ihrer Art nicht von der unterscheidet, die von Systemen des Gewohnheitsrechts und des Völkerrechts verlangt wird. Wir werden uns auch gezwungen sehen, uns mit der Rolle des Gewohnheitsrechts in Rechtssystemen auseinanderzusetzen, die vorgeben, vollständig gesatzt zu sein. Diese Rolle wird dort deutlich, wo Gewohnheit ausdrücklich zum Entscheidungsmaßstab gemacht wird, wie es hierzulande in den häufigen Verweisen auf den Handelsbrauch im Uniform Commercial Code der Fall ist. Aber das Gewohnheitsrecht (womit in erster Linie die stillschweigenden Verpflichtungen gemeint sind, die sich aus Interaktion ergeben) spielt eine wichtige, wenn auch meist stillschweigende Rolle, nicht nur bei der Auslegung des geschriebenen Rechts, sondern es trägt auch dazu bei, die Lücken zu schließen, die in jedem Rechtsbestand stets wahrgenommen werden.

Unter den verschiedenen Systemen gesatzten Rechts wird die im Allgemeinen nicht sonderlich auffällige Rolle der Gewohnheit sehr unterschiedlich sein, aber man kann mit Sicherheit sagen, dass die stillschweigenden Erwartungen, die das Gewohnheitsrecht ausmachen, immer in jede praktische Verwirklichung des Legalitätsideals einfließen werden. Die Treue zur Rechtsstaatlichkeit erfordert nicht nur, dass die Staatsgewalt sich an ihre in Worte gegossenen und veröffentlichten Regeln hält, sondern auch, dass sie die berechtigten Erwartungen respektiert, die durch ihren Umgang mit Situationen entstehen, die nicht von explizit verkündeten Regeln beherrscht werden. Noch offensichtlicher verlangt sie, dass die Staatsgewalt schriftliche Regeln in Übereinstimmung mit den allgemein akzeptierten Fußnoten anwendet, die im Laufe ihres Vollzugs in diese Regeln geschrieben wurden. All diese Komplikationen in Betracht zu ziehen, wird natürlich die Konstruktion sauberer juristischer Theorien in Verlegenheit bringen. Aber es wird den Übergang des juristischen Denkens von staatlich auferlegten Kodizes zu den etwas unordentlicher erscheinenden Manifestationen des Rechts erleichtern, wie sie im Völkerrecht und Gewohnheitsrecht exemplifiziert sind.

In der heutigen Welt ist Gewohnheitsrecht nicht mehr nur eine Frage theoretischen Interesses. Die neu entstehenden Nationen in Afrika, Asien und anderswo befinden sich in einem schmerzhaften und oft gefährlichen Übergang von Stammes- und Gewohnheitsrecht zu nationalen Systemen gesatzten Rechts. Rechtsexperten aus den westlichen Staaten, insbesondere aus den Vereinigten Staaten, spielen als Berater eine wichtige Rolle bei der Erleichterung dieses Übergangs. Diejenigen, die diese Aufgabe wahrgenommen haben, haben oft bedauert, dass sie nicht durch ein tieferes Verständnis der Rechtsanthropologie besser vorbereitet wurden. Hätten sie eine bessere Ausbildung in diesem Fachgebiet genossen, glauben sie, dass sie ein besseres Verständnis der Bedeutung des Gewohnheitsrechts für diejenigen, die danach leben, aufbringen würden.

Ich meine, dass eine angemessenere Anthropologie unseres eigenen Rechtssystems ebenso notwendig ist. In meinem zweiten Kapitel spreche ich wiederholt vom Recht als einem »Unterfangen« und bemerke nunmehr, dass diese Äußerung auf Widerspruch gestoßen ist. Aber für diejenigen, die nie versucht haben, ein System explizit gesatzter Regeln zu schaffen oder nach ihnen zu leben, ist das Recht in der Tat ein Unterfangen, ein sehr riskantes noch dazu. In einem solchen Kontext ist die saubere Geometrie des Rechtspositivismus nicht nur weitgehend irrelevant, sondern geradezu gefährlich.

Es sollte nicht angenommen werden, dass Theorien des Rechts keine Rolle spielen, wenn es in der Praxis darum geht, Stammesvölkern dabei zu helfen, sich selbst einem Regime des gesatzten Rechts zu unterwerfen. Offensichtlich benötigen sie eine Definition des Ziels, auf das hingearbeitet werden soll. Kürzlich wurde ein Symposium mit dem Titel »Africa and Law – Developing Legal Systems in African Commonwealth Nations« veröffentlicht.[44] Der Leitartikel in dieser Sammlung enthält auf der ersten Seite die folgende Aussage:

[44] T. W. Hutchinson, Hg., 1968. Das Zitat ist S. 3 des Artikels von Robert B. Seidman entnommen.

> Professor Harvey hat das Recht als »eine spezifische Technik der sozialen Ordnung [definiert], die ihren wesentlichen Charakter aus der Berufung auf das Prestige, die Autorität und letztlich auf das der politisch organisierten Gesellschaft vorbehaltene Gewaltmonopol ableitet«. Es ist ein wertneutrales Instrument. In dieser Sichtweise hat das Recht keine moralische Autorität, nur weil es Gesetz ist, sondern es umfasst jeden Aspekt der Staatsmacht. In der Tat gibt es, wie Hans Kelsen betont hat, keinen Unterschied zwischen Staat und Recht; sie sind lediglich verschiedene Seiten derselben Medaille. Jede staatliche Institution ist eine Manifestation der Staatsmacht und kann entweder institutionell oder rechtlich betrachtet werden.

Die genaue Rolle, die diese Rechtsauffassung im Denken des Autors spielt, ist nicht klar; er kommt schließlich zum Schluss, dass weder das Gewohnheitsrecht noch das rezipierte englische Recht den Bedürfnissen der neuen afrikanischen Nationen gerecht wird. Zugleich muss ich sagen, dass ich mir keinen unangemesseneren Kontext für die Rechtsauffassung vorstellen kann, die in den eben zitierten Worten vermittelt wird. (Ich bin mir durchaus bewusst, dass meine Kritiker unter den Neuen Analytischen Juristen die Doktrin der Identität von Recht und Staat nicht ausdrücklich aufgreifen. Aber ich frage in aller Ernsthaftigkeit, welcher Grundsatz ihrer Philosophie, welches Prinzip oder welcher Standard, den sie verkünden, einen Halt vor dieser letzten reductio ad absurdum der positivistischen Sichtweise bietet?)

Unter denen, die in diesem Land mit Programmen für den Weltfrieden befasst sind, scheint sich eine gewisse Polarität der Standpunkte entwickelt zu haben. Die eine Seite optiert für die frühestmögliche Realisierung von so etwas wie einer Weltrechtsordnung im »vertikalen Stil«. Die entgegengesetzte Ansicht wird von denjenigen vertreten, die als sichersten Weg zum Frieden Bemühungen um gegenseitige Annäherung zwischen den Nationen empfehlen; Annäherung, die die Form ausdrücklicher Verträge annimmt, sich aber auch durch stillschweigende Anpassungen entwickeln kann, die sich allmählich zu Gesetzen verhärten. Soweit der Unterschied zwischen diesen Strategien auf einer offenen und realistischen Einschätzung der Alternativen beruht, ist er nützlich und die Debatte darüber sollte fortgeführt werden. Ich kann mich jedoch nicht der Schlussfolgerung entziehen, dass zumindest einige jener, die sich mit nichts Geringerem als einer Weltrechtsbehörde zufriedengeben, nicht von politischen und soziologischen Realitäten beeinflusst sind, sondern von einem Impuls zu konzeptioneller Sauberkeit, von der Überzeugung, dass nichts als Gesetz zählt, was nicht unseren gewohnten Definitionen staatlichen Rechts entspricht. Eine erneute Überprüfung dieser Definitionen könnte das Problem der internationalen Ordnung in ein anderes Licht rücken und einiges von dem aufweichen, was die gegenwärtige Opposition der Standpunkte betrifft.

Es wäre unangemessen, die Beschäftigung mit den Zwillingsgegenständen Völkerrecht und Gewohnheitsrecht zu verlassen, ohne die Aufmerksamkeit auf ein kürzlich erschienenes Buch von Michael Barkun, *Law without Sanctions: Order in Primitive Societies and the World Community* (1968), zu lenken. Barkun hat viele scharfsinnige Dinge über den Schaden zu sagen, der dem Denken in den Bereichen, denen seine Aufmerksamkeit gilt, durch simplistische Theorien über das Recht im Allgemeinen zugefügt wird. Er weist insbesondere auf die Gefahren hin, die sich ergeben, wenn Soziologen und Anthropologen ihre Rechtsdefinitionen auf diejenigen stützen, die im Umgang mit dem innerstaatlichen Recht aktuell geworden sind:

> Trotz der Abscheu des Sozialwissenschaftlers vor Vermischungen von Fakten und Werten neigt er dazu, staatenlose Gesellschaften, sowohl internationale als auch primitive, aus der rezipierten Perspektive des staatlichen Rechts zu betrachten. Das staatliche Recht ist unweigerlich ein unübersehbarer Teil seiner Umwelt. Wir haben es hier mit einer Art unbewusster kultureller Voreingenommenheit zu tun, in der der theoretische Rahmen des Juristenstandes, der das Recht angemessen zu erfassen scheint (wie wir es normalerweise sehen), unhinterfragt in die Sozialwissenschaften importiert wurde. Doch sobald wir die Prämisse akzeptieren, dass Theo-

rien konstruiert und nicht in einer Sphäre platonischer Archetypen entdeckt werden, gibt es wenig, um diese Art der unkritischen Aneignung zu rechtfertigen. (S. 11.)

Bisher habe ich die Implikationen meiner Debatte mit den Neuen Analytischen Juristen diskutiert, die innerhalb eines weitgehend »rechtlichen« Rahmens zu Tage treten. Ich möchte mich nun kurz den Implikationen dieser Debatte für *das Konzept der Moral* zuwenden.

In den einleitenden Teilen dieser Antwort habe ich nahegelegt, dass es dem analytischen Rechtspositivismus an »einer sozialen Dimension fehlt«. Als Abhilfe für diesen Mangel habe ich »eine interaktionale Theorie des Rechts« empfohlen. Ich bin überzeugt, dass der von meinen Kritikern vertretene Moralbegriff zumindest in gewissem Maße unter demselben Mangel leidet und von derselben Korrektur profitieren würde.

Indem er meine Vorstellung einer internen Moral des Rechts zurückweist, scheint Hart einen Punkt anzudeuten, dass das Nützlichkeitsprinzip selbst weitgehend in der Lage ist, sämtliche Funktionen zu übernehmen, die ich den acht Prinzipien der Legalität zugewiesen habe. Diese Prinzipien sollten, so Hart, »nur so weit wertgeschätzt werden, als sie zum menschlichen Glück und zu anderen wesentlichen moralischen Zielen des Rechts beitragen«.[45] In derselben Passage weist er darauf hin, dass rückwirkende Gesetze im Allgemeinen verurteilenswert sind, einfach weil sie »keinen Beitrag zum menschlichen Glück leisten« und, wenn sie zu Bestrafung führen, »nutzloses Elend verursachen«. Als Kommentar zu diesen Einlassungen möchte ich anmerken, dass selbst wenn wir bereit wären, das Nützlichkeitsprinzip als den ultimativen Gütetest zu akzeptieren, jede sinnvolle Anwendung dieses Prinzips eine gewisse Stabilität der Interaktionsprozesse innerhalb einer Gesellschaft voraussetzen muss und diese Stabilität wiederum stark von den Richtlinien abhängig ist, die von einem gewissenhaft verwalteten Rechtssystem beigesteuert

45 Oben Fn. 3, S. 1291.

werden. Man kann die Folgen einer bestimmten Handlung nicht durch das Gefüge der Gesellschaft verfolgen, wenn dieses Gefüge selbst nicht ein gewisses Maß an Integrität bewahrt.

Eine Vernachlässigung der interaktionalen Dimensionen der Moral findet sich meiner Meinung nach generell in der Behandlung dessen, was ich als die innere Moral des Rechts bezeichnet habe, durch meine Kritiker. Keiner von ihnen scheint bereit zu sein, ein negatives moralisches Urteil über den Gesetzgeber zu fällen, der durch Gleichgültigkeit gegenüber den Anforderungen an seine Rolle die rechtlichen Wegweiser, an denen Menschen ihr Handeln aufeinander abstimmen, verwechselt oder falsch anbringt. Cohen behauptet zum Beispiel, es wäre nichts in Bezug auf die

> Verabschiedung widersprüchlicher Gesetze moralisch empörend. Das heißt natürlich nicht, dass solche Gesetze nicht aus Gründen erlassen werden könnten, die sie unmoralisch machen würden, oder dass eine versehentlich geschaffene Situation nicht in unmoralischer Weise missbraucht werden könnte.[46]

Im gleichen Sinne verurteilt Dworkin den Gesetzgeber, der von den Prinzipien der Legalität abweicht, um die »absichtliche Verstrickung« irgendeines unschuldigen Opfers zu erreichen,[47] aber er ist nicht bereit, den Gesetzgeber zu verurteilen, der durch eine Vernachlässigung seiner Aufgabe rechtliche Unsicherheit mit sich bringt, die jemand anderem die Gelegenheit gibt, eine solche Verstrickung herbeizuführen.

Dorothy Emmet hat der Ethik mit ihrem Buch »Rules, Roles and Relations« (1966) einen großen Dienst erwiesen, indem sie auf schlüssige und scharfsinnige Weise das alte Konzept der sozialen Rolle neu einführte. Rollenmoral ist offenkundig eine Moral der Interaktion. Aber die Analysemodi, die den Problemen der Rollenmoral angemessen sind, sind auch für moralische Pro-

46 Oben Fn. 6, S. 652.
47 Oben Fn. 6, S. 637.

bleme relevant, die nicht die Ausfüllung von Rollen betreffen, die als solche anerkannt sind. Aus diesem Grund glaube ich, dass eine Untersuchung der komplexen Anforderungen der inneren Moral des Rechts unser Verständnis moralischer Probleme insgesamt vertiefen würde.

Insbesondere würde uns eine genaue Untersuchung der Probleme, die bei dem Versuch auftreten, Legalität zu erreichen und aufrechtzuerhalten, auf unmissverständliche Weise mit dem Problem konfrontieren, das ich als »Antinomien« bezeichnet habe, d. h. mit der Art von Dilemma, in dem wir uns befinden, wenn es notwendig ist, von einem Prinzip der Rechtsmoral abzuweichen, um ein anderes zu retten. In meinem zweiten Kapitel habe ich dieses Phänomen vor allem anhand von Fällen illustriert, in denen die Korrektur eines Missgeschicks oder eines Versehens ein Abweichen von den normalen Praktiken der Legalität erfordert, wie z. B. die Forderung nach einer abhelfenden Gesetzgebung, die notwendigerweise retrospektiv ist.

Dass Ethiker nicht universell bereit sind, mit dieser Art von Dilemma umzugehen, zeigt sich, wenn Cohen die Frage aufwirft, ob ich denn nicht »meinen Punkt preisgebe«, wenn ich »zugestehe«, dass eine rückwirkende Gesetzgebung unter Umständen vorteilhaft sein kann.[48] Hätte ich gesagt, dass es meiner Meinung nach unmoralisch ist, zu lügen, dass aber eine Ausnahme gemacht werden sollte, wenn eine Lüge erzählt wird, um ein unschuldiges Leben zu retten, hätte Cohen wohl kaum gesagt, dass ich bei der Anerkennung dieser Ausnahme schlecht »meinen Punkt« gegen die Lüge »preisgebe«. In beiden Fällen leitet sich die Qualifikation aus einem speziellen sozialen Kontext ab. Der Unterschied besteht darin, dass in einem Fall die Forderungen dieses Kontextes gut sichtbar und leicht verständlich sind – man kann sich vorstellen, dass ein Wahnsinniger auf die Bildfläche tritt und zu wissen verlangt, wo sich sein beabsichtigtes Opfer versteckt – während im anderen Fall der Sozialkontext komplex ist und die Wechselwirkungen indirekt und unscheinbar sind.

[48] Oben Fn. 5, S. 652.

Wenngleich Cohen Schwierigkeiten mit meinem »Eingeständnis« hat, dass rückwirkende Gesetze, die vergangenen Abweichungen von der Legalität abhelfen, per Saldo vorteilhaft sein können, hat er doch noch größere Schwierigkeiten mit der Vorstellung, dass bei der Gestaltung von Rechtsinstitutionen Antinomien unter den Prinzipien der Rechtsmoral auftreten können. Nach seiner Befassung mit dem »Eingeständnis«, das in meinen Bemerkungen zu den abhelfenden Gesetzen enthalten ist, fährt Cohen fort:

> Aber Fullers Zugeständnisse gehen weiter. Er räumt ein, dass immer dann, wenn ein Richter einen Fall entscheidet, für den die Standards unklar sind, er rückwirkend Recht spricht. Diese rechtsrealistische Deformation kommt bei Fuller unerwartet und steht nicht ganz im Einklang mit seiner stichhaltigen Behauptung, dass, wenn der Richter in solchen Fällen nicht entscheidet, »er gegen seine Pflicht verstößt, Streitigkeiten auf Basis des geltenden Rechts zu entscheiden«.[49]

Die soeben zitierte Aussage könnte kaum von jemandem stammen, der in der Lage ist, sich einen Kontext vorzustellen, in dem zwei Prozessparteien in einer Auseinandersetzung über die Bedeutung eines Gesetzes für ihre jeweiligen Rechte ihren Streit vor einen Richter bringen und ihn bitten, ihn zu lösen. Würde Cohen den Richter sagen lassen: »Sie, meine Herren, haben der Gemeinschaft einen Dienst erwiesen, indem Sie die Aufmerksamkeit auf eine erhebliche Unbestimmtheit in diesem Gesetz gelenkt haben. Obwohl die Argumente in etwa gleichwertig sind, entscheide ich hiermit Ihren Streit über die Bedeutung des Gesetzes zugunsten der von *A* gemachten Einlassung. Da ich jedoch kein rückwirkendes Gesetz erlassen möchte, gilt diese Auslegung nur für Situationen, die sich in der Zukunft ergeben können. Was die spezifische Kontroverse zwischen Ihnen beiden betrifft, so lasse ich das unentschieden.« Eine im Selbstgespräch verfangene

[49] Ebd.

Ethik wird natürlich wenig Gelegenheit haben, Probleme dieser Art zu erkennen oder sich mit ihnen auseinanderzusetzen; eine Moral, die mit sozialer Interaktion einhergeht, wird sich ihnen zwangsläufig stellen und sie so gut wie möglich lösen, was bedeutet, dass sie oft gezwungen sein wird, die Vor- und Nachteile einer Handlungsweise oder einer institutionellen Gestaltung gegen eine andere abzuwägen.[50]

Ich komme nun schließlich, und mit gewisser Zurückhaltung, zu einer kurzen Erwähnung des Themas *Positivismus vs. Naturrecht*. Wenn die gegenwärtige Kontroverse vor dreißig Jahren aufgekommen wäre, hätte man dieses Thema wahrscheinlich als zentral für die ganze Debatte angesehen. Es gab eine Zeit, die noch im allgemeinen Gedächtnis ist, in der die Missachtung des Rechtspositivismus bedeutet hat, sich dem Verdacht auszusetzen, ein Anhänger einer dunkel konzipierten, dunkel motivierten, metaphysischen und wahrscheinlich kirchlichen Version des Naturrechts zu sein. Glücklicherweise scheinen die Winde der Doktrin ihre Richtung geändert zu haben. Der Positivismus wird nun an vielen Fronten angegriffen, insbesondere in der Sprachwissenschaft und in der Wissenschafts- und Kunstphilosophie. In der Soziologie und der Rechtsanthropologie ist ein Trend weg von strukturellen Theorien und hin zur Untersuchung von Interaktionsprozessen erkennbar; mir wird gesagt, dass in den letzten fünfzehn Jahren in der Psychiatrie und Psychoanalyse ein ähnlicher Wandel stattgefunden hat. Was das Recht betrifft, so hat Ronald Dworkin, einer meiner kompromisslosesten Kritiker, kürzlich etwas veröffentlicht, das er selbst als einen »Angriff auf den Positivismus« bezeichnet.[51] In diesem neuen Meinungsklima besteht der Bedarf, sich zu entschuldigen, wenn man dem Positivismus kritisch gegenübersteht, nicht mehr und man läuft auch nicht ernsthaft Gefahr, dass eine Ablehnung des Positivis-

50 In *Anatomy of the Law* (1968), S. 85–112, habe ich versucht, einen Vergleich dieser Art zwischen dem anglo-amerikanischen Common Law und Systemen, die auf umfassenden Kodifikationen beruhen, anzustellen.

51 Oben Fn. 34.

mus dahingehend verstanden wird, einen Kontakt mit der absoluten Wahrheit vorzugeben.

Bei der Neuorientierung, die sich abzuzeichnen scheint, hofft man, dass sich etwas mehr Toleranz und Interesse für die große Tradition im Schrifttum des Naturrechts entwickelt. Man wird in diesem Schrifttum viel Torheit und vieles finden, was für den modernen intellektuellen Geschmack nicht akzeptabel ist; man wird in ihm aber auch praktische Weisheit finden, die auf Probleme angewandt wird, die man im weitesten Sinne als die der Sozialarchitektur bezeichnen kann. Der hl. Thomas von Aquin steht für viele als eine Art Symbol für alles Dogmatische und Theologische in der Tradition des Naturrechts. Doch wie ein Autor kürzlich festgestellt hat,[52] erkannte Thomas von Aquin in gewissem Maße alle acht in meinem zweiten Kapitel erörterten Legalitätsprinzipien an und setzte sich mit ihnen auseinander. Ich kenne keinen Autor positivistischer Prägung, der sich in einer mehr als bloß oberflächlichen Weise mit dem allgemeinen Problem der Erlangung und Aufrechterhaltung der Legalität auseinandergesetzt hat.

In der Wissenschaftsphilosophie ist die mit den Namen Michael Polanyi und Thomas Kuhn verbundene Neuorientierung durch eine Verlagerung des Interesses weg von Konzeptualisierung und logischer Analyse der wissenschaftlichen Überprüfung hin zu einer Untersuchung der tatsächlichen Prozesse gekennzeichnet, durch die wissenschaftliche Entdeckungen gemacht werden. Vielleicht werden Rechtsphilosophen mit der Zeit nicht mehr damit beschäftigt sein, »begriffliche Modelle« zur Darstellung rechtlicher Phänomene zu bauen, ihre endlosen Debatten über Definitionen aufgeben und sich stattdessen einer Analyse der sozialen Prozesse zuwenden, die die Realität des Rechts ausmachen.

[52] Lewis, »The High Court: Final … but Fallible«, 19 *Western Reserve Law Review* 528–643, S. 565 (1968). (Es mag ein wenig weit führen, zu sagen, Thomas von Aquin hätte das Prinzip der Kongruenz zwischen offiziellem Handeln und erklärter Regel anerkannt.)

REZENSIONEN ZU
DIE MORAL DES RECHTS

Andrews, 89 *Library Journal* 3012 (1964).
Bartholomew, 58 *American Political Science Review* 984 (1964).
Baum, 10 *St. Louis University Law Journal* 435–41 (1966).
Bedau, *The Nation* (12. April 1965), pp. 398–401.
Berns, *The National Review* (11. August 1964), pp. 690–91.
Binkley, 1965 *Duke Law Journal* 668–70 (1965).
Blackshield, *Reading Guide of the University of Virginia Law School,* (Februar 1965), pp. 11–16.
Boyé, *Revue Historique de Droit Français et Etranger* (Juli – September 1965), pp. 504–05.
Brady, 43 *Texas Law Review* 258–59 (1964).
Braybrooke, 3 *Dialogue* 441–44 (1965).
Burrus, 17 *Hastings Law Journal* 861–64 (1966).
Campbell, 28 *Modern Law Review* 370–73 (1965).
Denonn, 50 *American Bar Association Journal* 1077 (1964).
Dias, 1965 *Cambridge Law Journal* 157–59 (1965).
Dowrick, 81 *Law Quarterly Review* 602–03 (1965).
Golding, 76 *Ethics* 225–28 (1966).
Gross, 40 *New York University Law Review* 1220–29 (1965).
Grunbaum, *Church & State* 473–75 (1966).
Hanft, 43 *North Carolina Law Review* 238–44 (1964).
Hart, 78 *Harvard Law Review* 1281–96 (1965).
Hosking, 40 *California State Bar Journal* 90–94 (1965).
Hughes, 17 *Stanford Law Review* 547–59 (1965).
Jacobs, F. G., 10 *N.S. Juridical Review* 92–93 (Edinburgh 1965).
Jacobs, Francis, 75 *N.S. Mind* 605–07 (1966).
Johnson, 33 *Tennessee Law Review* 563–65 (1966).
129 *Justice of the Peace and Local Government Review* 44 (London, 16. Jänner 1965).
Kurczewski, *Studia Filozoficzne* 274–80 (Warsaw, 1967).
235 *Law Times* 502 (London, 4. September 1964).
Lewis, 17 *Western Reserve Law Review* 349–57 (1965).
McDowell, 44 *Boston University Law Review* 349–57 (1964).

Mandelbaum, 10 *New York Law Forum* 648–50 (1964).
Meyer, 10 *McGill Law Journal* 380–83 (1964).
Montrose, 16 *University of Toronto Law Journal* 451–55 (1966).
Morison, 5 *Sidney Law Review* 181–85 (1965).
Perelman, 10 *Natural Law Forum* 242–45 (1965).
Review of Metaphysics, p. 367 (Dezember 1966).
Rose, 39 *Tulane Law Review* 387–95 (1965).
Savarese, 53 *Georgetown Law Journal* 250–58 (1964).
Schwartz, 359 *Annals of the American Academy of Political and Social Sciences* 190 (1965).
Selznick, 30 *American Sociologicál Review* 947–48 (1965).
Summers, 18 *Journal of Legal Education* 1–27 (1965).
Tucker, 40 *Indiana Law Journal* 270–79 (1965).
Tunc, 3 *Revue Internationale de Droit Comparé* 519–21 (1965).
Wasserstrom, 19 *Rutgers Law Review* 581–86 (1965).
Woozley, 16 *Philosophical Quarterly* 89–90 (St. Andrews University 1966).
Wróblewski, *Ruch Prawniczy, Ekonomiczny I Socjologiczny* 224–30 (Poznan, 1966).

ANHANG: DAS PROBLEM DES NIEDERTRÄCHTIGEN DENUNZIANTEN

Mit knappem Vorsprung sind Sie zum Justizminister Ihres Landes gewählt worden, einer Nation mit rund zwanzig Millionen Einwohnern. Zu Beginn Ihrer Amtszeit sehen Sie sich mit einem ernsten Problem konfrontiert, das im Folgenden beschrieben wird. Zunächst aber muss der Hintergrund dieses Problems dargelegt werden.

Viele Jahrzehnte lang genoss Ihr Land den Vorzug eines friedlichen, verfassungstreuen und demokratischen Staatswesens. Vor einiger Zeit jedoch verschlechterte sich die Lage. Die üblichen Verhältnisse wurden durch eine sich vertiefende wirtschaftliche Depression und durch eine zunehmende Gegnerschaft zwischen verschiedenen Fraktionen erschüttert, die sich entlang wirtschaftlicher, politischer und religiöser Linien bildeten. Der sprichwörtliche große Anführer trat in der Gestalt des Vorsitzenden einer politischen Partei oder Vereinigung auf, die sich die Purpurhemden nannte.

In einer nationalen Wahl, die von großer Unruhe begleitet war, wurde der Parteivorsitzende zum Präsidenten der Republik gewählt und seine Partei errang die Mehrheit der Sitze im Parlament. Der Wahlerfolg der Partei wurde zum Teil durch eine Kampagne fragwürdiger Versprechungen und raffinierter Fälschungen errungen, zum Teil durch die körperliche Einschüchterung nachtfahrender Purpurhemden, die viele Menschen vom Urnengang abschreckten, die gegen die Partei gestimmt hätten.

Als die Purpurhemden an die Macht gekommen waren, unternahmen sie keine Schritte, die alte Verfassung oder eine ihrer Bestimmungen aufzuheben. Sie ließen auch das Zivil- und das Strafgesetzbuch sowie das Prozessrecht unberührt. Es wurden keinerlei offizielle Maßnahmen ergriffen, mit denen ein Staatsbeamter entlassen oder ein Richter aus dem Amt entfernt worden wäre. Wahlen wurden weiterhin regelmäßig abgehalten und die Stimmzettel wurden in offenkundiger Redlichkeit ausgezählt. Dennoch lebte das Land unter einer Schreckensherrschaft.

Richter, die Entscheidungen gegen den Willen der Partei fällten, wurden körperlich angegriffen und ermordet. Der anerkannte Bedeutungsgehalt des Strafgesetzbuches wurde pervertiert, um politische Gegner ins Gefängnis zu stecken. Es wurden geheime Gesetze verabschiedet, deren Inhalt nur den oberen Ebenen der Parteihierarchie bekannt war. Es wurden rückwirkende Gesetze erlassen, die Handlungen, dic zur Zeit ihrer Begehung straflos waren, zu Straftaten erklärten. Die Staatsgewalt schenkte den Schranken, die durch die Verfassung, frühere Gesetze oder auch ihre eigenen Gesetze gesetzt wurden, keine Beachtung. Alle gegnerischen politischen Parteien wurden aufgelöst. Tausende politische Gegner wurden entweder methodisch in Gefängnissen oder bei sporadischen nächtlichen Terrorangriffen hingerichtet. Eine Generalamnestie wurde zugunsten von Personen erlassen, die sich »zur Verteidigung des Vaterlandes gegen den Umsturz« strafbar gemacht hatten. Im Rahmen dieser Amnestie wurde eine allgemeine Enthaftung aller Gefangenen, die Mitglieder der Purpurhemden-Partei waren, erwirkt. Niemand, der nicht Mitglied der Partei war, wurde im Rahmen der Amnestie freigelassen.

Die Purpurhemden bewahrten sich politisch ganz bewusst ein Maß an Flexibilität in ihren Operationen, indem sie manchmal durch die Partei »auf der Straße« und manchmal durch den Staatsapparat, den sie kontrollierten, agierten. Die Wahl zwischen den beiden Vorgehensweisen war eine reine Zweckmäßigkeitsfrage. Als zum Beispiel der innere Kreis der Partei beschloss, alle ehemaligen sozialistischen Republikaner (deren Partei dem neuen Regime den letzten Widerstand leistete) finanziell zu ruinieren, kam es zu einem Streit über die beste Art und Weise, ihr Eigentum zu beschlagnahmen. Eine Fraktion, vielleicht noch immer von vorrevolutionären Vorstellungen geprägt, wollten dies durch ein Gesetz erreichen, das ihre Güter auf Grund krimineller Handlungen für verfallen erklären sollte. Eine andere wollte dies dadurch erreichen, dass sie die Eigentümer zwang, ihr Eigentum unter vorgehaltenem Bajonett zu überschreiben. Diese Gruppe brachte gegen das vorgeschlagene Gesetz vor, es würde im Ausland ungünstig aufgenommen werden. Der Vorsitzende entschied sich für den direkten Zugriff durch die Partei, dem ein geheimes Gesetz folgen sollte, das die Handlungen der Partei rechtlich absicherte und die durch Androhung physischer Gewalt abgepressten Eigentumstitel bestätigte.

Nun aber wurden die Purpurhemden gestürzt und ein demokratisches und verfassungsmäßiges Staatswesen wiederhergestellt. Einige schwierige Probleme hat das abgesetzte Regime jedoch hinterlassen. Diese müssen Sie und Ihre Mitarbeiter in der neuen Regierung auf irgendeine Weise lösen. Eines dieser Probleme ist jenes des »niederträchtigen Denunzianten«.

Während des Purpurhemden-Regimes beglich eine große Zahl an Menschen offene Rechnungen, indem sie ihre Feinde bei der Partei oder den staatlichen Behörden anzeigte. Zu den Aktivitäten, die zur Anzeige gebracht wurden, zählten u. a. die private Äußerung regierungskritischer Ansichten, das Hören ausländischer Radiosendungen, der Umgang mit bekannten Rowdies und Krawallmachern, das Horten von mehr als der erlaubten Menge an Trockeneiern, das Versäumnis, den Verlust von Ausweispapieren innerhalb von fünf Tagen zu melden, usw. So wie es damals um die Justiz stand, konnte jede dieser Handlungen, wenn sie bewiesen wurde, ein Todesurteil zur Folge haben. In einigen Fällen wurden derartige Strafen durch »Notstandsgesetze« autorisiert, in anderen Fällen wurde sie ohne gesetzliche Grundlage verhängt, allerdings von Richtern, die ordnungsgemäß in ihre Ämter berufen wurden.

Nach dem Sturz der Purpurhemden wurden Forderungen in der Öffentlichkeit laut, diese niederträchtigen Denunzianten zu bestrafen. Die Übergangsregierung, die der vorausgegangen war, deren Mitglied Sie sind, hat diese Angelegenheit vertagt. Inzwischen ist sie zu einem brennenden Thema geworden und eine Entscheidung kann nicht länger hinausgezögert werden. Dementsprechend war Ihre erste Amtshandlung als Justizminister, sich dessen anzunehmen. Sie haben Ihre fünf Stellvertreter gebeten, die Angelegenheit zu analysieren und ihre Empfehlungen in einer Sitzung vorzubringen. In der Sitzung führen die fünf Stellvertreter der Reihe nach Folgendes aus:

ERSTER STELLVERTRETER. »Es ist mir völlig klar, dass wir gegen diese so genannten niederträchtigen Denunzianten nichts unternehmen können. Die von ihnen gemeldeten Taten waren nach den Maßgaben der Staatsführung, die damals die tatsächliche Kontrolle über die Angelegenheiten der Nation hatte, gesetzwidrig. Die gegen ihre Opfer verhängten Strafen wurden nach den damals geltenden Rechtsgrundsätzen verhängt. Diese Grundsätze unterschieden sich von den uns vertrauten in einer Weise, die wir für verabscheuungswürdig halten. Nichtsdestotrotz waren sie damals geltendes Recht. Einer der Hauptunterschiede zwischen dieser Rechtslage und unserer eigenen liegt im viel größeren Ermessensspielraum, den es dem Richter in Strafsachen einräumt. Diese Rechtslage und ihre Folgen haben ebenso unsere Anerkennung verdient wie die Reform, die die Purpurhemden im Testamentsrecht vorgenommen haben, wonach nur zwei statt drei Zeugen erforderlich waren. Es ist unerheblich, dass die Regel, die dem Richter in Strafsachen ein mehr oder weniger ungebundenes Ermessen einräumt, nie formell erlassen wurde, sondern eine Sache stillschweigender Zustimmung war. Dasselbe lässt sich von der entgegengesetzten, von uns anerkannten Regel sagen, die das Ermessen des Richters stark einschränkt. Der Unterschied zwischen uns und den Purpurhemden besteht nicht darin, dass es sich bei ihnen um eine unrechtmäßige Staatsführung handelte – ein Widerspruch in sich –, sondern liegt eher im Bereich der Ideologie. Niemand verabscheut die Weltanschauung der Purpurhemden mehr als ich. Doch der fundamentale Unterschied zwischen unserer und ihrer Sicht besteht darin, dass wir Auffassungsunterschiede zulassen und tolerieren, während sie versuchten, allen ihren monolithischen Kodex aufzuzwingen. Unser gesamtes Staatswesen geht davon aus, dass das Recht flexibel und in der Lage ist, viele verschiedene Ziele auszudrücken und zu verwirklichen. Der Kernpunkt unseres Credos besteht darin, dass ein Ziel, wenn es ordnungsgemäß in ein Gesetz oder einen Gerichtsbeschluss Eingang gefunden hat, vorläufig auch von jenen akzeptiert werden muss, die es verabscheuen und die eben ihre Gelegenheit bei den Wahlen oder in einem Gerichtsverfahren abwarten müssen, um eine rechtliche Anerkennung ihrer eigenen Ziele zu erreichen. Die Purpurhemden auf der anderen Seite missachteten schlichtweg Gesetze, die Ziele enthielten, denen sie nicht zustimmten, und betrachteten es nicht einmal der Mühe wert, sie aufzuheben. Wenn wir jetzt ansetzen, die Handlungen des Purpurhemden-Regimes zurechtzurücken, indem wir dieses Urteil für ungültig erklären, jenes Gesetz für nichtig, jenes Strafmaß für überbordend, dann tun wir genau das, was wir an ihm am meisten verurteilen. Ich erkenne an, dass es Mut erfordert, den von mir empfohlenen Weg zu beschreiten, und wir werden dem starken Druck der öffentlichen Meinung widerstehen müssen. Wir werden auch bereit sein müssen, das Volk daran zu hindern, das Gesetz in die eigenen Hände zu nehmen. Langfristig glaube ich aber, dass der Kurs, den ich empfehle, der einzige ist, der die Vorstellungen von Recht und Staat, an die wir glauben, triumphieren lassen wird.«

ZWEITER STELLVERTRETER. »Merkwürdigerweise komme ich auf einem genau entgegengesetzten Weg zum gleichen Schluss wie mein Kollege. Es erscheint mir absurd, das Purpurhemden-Regime als rechtmäßige Staatsgewalt zu bezeichnen. Ein Rechtssystem existiert nicht einfach deshalb, weil die Polizisten weiterhin auf den Straßen patrouillieren und Uniformen tragen oder weil eine Verfassung und ein Gesetzbuch unangetastet im Regal liegen bleiben. Ein Rechtssystem setzt Gesetze voraus, die denjenigen, die ihnen unterliegen, bekannt sind oder bekannt sein können. Es setzt eine gewisse Einheitlichkeit des Handelns voraus und es setzt voraus, dass gleiche Fälle gleichbehandelt werden. Es setzt voraus, dass es keine gesetzlose Macht wie die Partei der Purpurhemden gibt, die über dem Staatswesen steht und jederzeit in der Lage ist, in die Rechtspflege einzugreifen, wenn diese nicht den Launen dieser Macht gehorcht. All diese Voraussetzungen fließen in das Konzept einer Rechtsordnung selbst ein und haben nichts mit politischen und wirtschaftlichen Ideologien zu tun. Meiner Meinung nach hörte das Recht in jedem gewöhnlichen Sinne des Wortes auf zu existieren, als die Purpurhemden an die Macht kamen. Während ihres Regimes hatten wir faktisch ein rechtsstaatliches Interregnum. Statt einer den Gesetzen unterworfenen Staatsgewalt hatten wir einen Krieg aller gegen alle, der hinter verschlossenen Türen, in dunklen Gassen, bei Palastintrigen und Gefängnishofverschwörungen geführt wurde. Die Taten dieser so genannten niederträchtigen Denunzianten waren nur eine Phase dieses Krieges. Diese Taten als kriminell zu verurteilen, würde so viel Unstimmigkeit bedeuten, als würden wir versuchen, juristische Vorstellungen auf den Existenzkampf anzuwenden, der sich im Dschungel oder unter der Meeresoberfläche abspielt. Wir müssen dieses ganze dunkle, gesetzlose Kapitel unserer Geschichte wie einen bösen Traum hinter uns lassen. Wenn wir an seinem Hass rühren, werden wir etwas von seinem bösen Geist über uns bringen und riskieren, uns mit seinen Miasmen anzustecken. Deshalb sage ich mit meinem Kollegen: Lassen wir die Vergangenheit hinter uns. Lassen Sie uns nichts gegen die so genannten niederträchtigen Informanten unternehmen. Was sie getan haben, war weder rechtmäßig noch rechtswidrig, denn sie lebten nicht unter einem Regime des Rechts, sondern unter einem Regime der Anarchie und des Terrors.«

DRITTER STELLVERTRETER. »Ich hege tiefes Misstrauen gegenüber jeder Art von Argumentation, die von einer ›Entweder-oder‹-Alternative ausgeht. Ich glaube nicht, dass wir einerseits davon ausgehen müssen, dass das gesamte Purpurhemden-Regime in irgendeiner Weise außerhalb des Gesetzes stand, oder andererseits, dass all seine Handlungen als Handlungen einer rechtmäßigen Regierung voll und ganz anerkannt werden. Meine beiden Kollegen haben unwissentlich schlagkräftige Argumente gegen diese extremen Annahmen geliefert, indem sie gezeigt haben, dass beide zur gleichen absurden Schlussfolgerung führen, einer Schlussfolgerung, die ethisch und politisch unmöglich ist. Wenn man emotionslos über die Angelegenheit nachdenkt, wird klar, dass wir während des Purpurhemden-Regimes keinen ›Krieg aller gegen alle‹ hatten. Unter der Oberfläche wurde vieles von dem, was wir als normales menschliches Leben bezeichnen, weitergeführt – Ehen wurden geschlossen, Waren verkauft, Testamente verfasst und vollstreckt. Dieses Leben war von den üblichen Verwerfungen begleitet – Autounfälle, Bankrotte, nicht bezeugte Testamente, verleumderische Druckfehler in den Zeitungen. Ein Großteil dieses normalen Lebens und die meisten dieser ebenso normalen Verwerfungen waren von der Purpurhemden-Ideologie unberührt. Die rechtlichen Fragen, die sich in diesem Bereich stellten, wurden von den Gerichten behandelt, so schlimm sie auch waren, und so, wie sie heute behandelt werden. Es würde ein unerträgliches Chaos auslösen, würden wir alles, was unter den Purpurhemden geschah, für rechtsgrundlos erklären. Auf der anderen Seite können wir sicherlich nicht sagen, dass die Morde, die auf den Straßen von Mitgliedern der Partei begangen wurden, die auf Befehl des Vorsitzenden handelten, rechtmäßig waren, nur weil die Partei die Kontrolle über die Regierung erlangt hatte und ihr Anführer Präsident der Republik wurde. Müssen wir die kriminellen Handlungen der Partei und ihrer Mitglieder verurteilen, erscheint es absurd, jeden Akt aufrechtzuerhalten, der zufällig durch den Apparat einer Staatsgewalt kanalisiert wurde, die in Wirklichkeit zum Alter Ego der Partei der Purpurhemden geworden war. Wir müssen daher in dieser Situation, wie in den meisten menschlichen Angelegenheiten, unterscheiden. Dort, wo die Purpurhemden-Philosophie eingedrungen ist und die Rechtspflege in ihren normalen Zielen und Zwecken pervertiert hat, müssen wir eingreifen. Zu diesen Perversionen der Justiz würde ich zum Beispiel den Fall eines Mannes zählen, der in die Frau eines anderen Mannes verliebt war und den Tod des Ehemannes herbeigeführt hat, indem er ihn wegen eines völlig belanglosen Vergehens anzeigte, d. h., weil er den Verlust seiner Ausweispapiere nicht innerhalb von fünf Tagen meldete. Dieser Denunziant war ein Mörder im Sinne des

Strafgesetzbuches, das zur Zeit seiner Handlung in Kraft war und das die Purpurhemden nicht aufgehoben hatten. Er führte den Tod eines Mannes herbei, der seinen unerlaubten Leidenschaften im Wege stand, und bediente sich der Gerichte, um seine mörderische Absicht zu verwirklichen. Er wusste, dass die Gerichte selbst die nachgiebigen Instrumente der Politik waren, die die Purpurhemden für den Augenblick als zweckmäßig erachteten. Es gibt andere Fälle, die ebenso klar sind. Ich gebe zu, dass es auch einige gibt, die weniger eindeutig sind. Wir werden uns zum Beispiel in Anbetracht der Fälle bloßer Wichtigtuer schämen, die den Behörden alles meldeten, was verdächtig aussah. Manche dieser Personen handelten nicht aus dem Wunsch heraus, die Beschuldigten loszuwerden, sondern um sich bei der Partei beliebt zu machen, um von (vielleicht unbegründeten) Verdächtigungen, die gegen sie selbst erhoben wurden, abzulenken, oder auf Grund schierer Aufdringlichkeit. Ich weiß nicht, wie diese Fälle gehandhabt werden sollten, und ich gebe keine Empfehlung in Bezug auf diese Fälle ab. Aber die Tatsache, dass es diese schwierigen Fälle gibt, sollte uns nicht davon abhalten, in den eindeutigen Fällen, von denen es viel zu viele gibt, als dass wir sie außer Acht lassen könnten, sofort zu handeln.«

VIERTER STELLVERTRETER. »Wie mein Kollege misstraue auch ich der Entweder-oder-Argumentation, aber ich denke, wir sollten stärker in Betracht ziehen, wohin wir uns entwickeln, als er das tut. Dieser Vorschlag, unter den Handlungen des abgesetzten Regimes zu wählen, ist durch und durch verwerflich. Der Sache nach ist er selbst Purpurhemdwesen in Reinform. Wir mögen dieses Gesetz, also lassen Sie es uns durchsetzen. Wir mögen dieses Urteil, lassen wir es bestehen. Dieses Gesetz gefällt uns nicht, deshalb war es nie überhaupt ein Gesetz. Diesen Regierungsakt, den wir missbilligen, erklären wir für nichtig. Wenn wir auf diese Weise vorgehen, nehmen wir gegenüber den Gesetzen und Handlungen der Purpurhemden-Regierung genau die prinzipienlose Haltung ein, die sie gegenüber den Gesetzen und Handlungen der Regierung einnahm, die sie verdrängt haben. Wir werden Chaos haben, und jeder Richter und jeder Staatsanwalt wird sich zum Gesetz aufschwingen. Anstatt den Missbräuchen des Purpurhemden-Regiments ein Ende zu setzen, würde der Vorschlag meines Kollegen sie fortführen. Es gibt nur einen Weg, mit diesem Problem umzugehen, der mit unserer Rechts- und Staatsphilosophie vereinbar ist, und das ist, es durch ein ordnungsgemäß erlassenes Gesetz zu lösen, ich meine, durch ein darauf ausgerichtetes Sondergesetz. Lassen Sie uns dieses gesamte Problem des niederträchtigen Denunzianten untersuchen, alle relevanten Fakten sammeln und ein umfassendes Gesetz zu seiner Lösung erarbeiten. Wir werden dann nicht alte Gesetze zu Zwecken verdrehen, für die sie nie gedacht waren. Wir werden darüber hinaus angemessene Strafen für die Straftat vorsehen und nicht jeden Denunzianten als Mörder behandeln, nur weil derjenige, den er angezeigt hat, letztlich hingerichtet wurde. Ich gebe zu, dass wir auf einige schwierige redaktionelle Probleme stoßen werden. Unter anderem werden wir dem Begriff ›Niedertracht‹ eine eindeutige rechtliche Bedeutung beimessen müssen, und das wird nicht einfach sein. Wir sollten uns jedoch durch diese Schwierigkeiten nicht davon abhalten lassen, den einzigen Weg einzuschlagen, der uns aus einem Zustand gesetzloser, willkürlicher Herrschaft herausführt.«

FÜNFTER STELLVERTRETER. »Ich mache beträchtliche Ironie im zuletzt unterbreiteten Vorschlag aus. Er spricht davon, den Missbräuchen des Purpurhemdenwesens endgültig ein Ende zu setzen, schlägt jedoch vor, dies durch den Rückgriff auf eines der am meisten gehassten Mittel des Purpurhemdenregimes, rückwirkendes Strafrecht, zu bewerkstelligen. Meinem Kollegen graut vor der Verwirrung, die entsteht, wenn wir versuchen, ohne ein Sondergesetz ›falsche‹ Handlungen des früheren Regimes rückgängig und wiedergutzumachen, während wir seine ›richtigen‹ Handlungen aufrechterhalten und durchsetzen. Und doch scheint er nicht zu begreifen, dass das von ihm vorgeschlagene Gesetz in seiner Unschärfe eine höchst trügerische Abhilfe bietet. Es ist einfach, ein plausibles Argument vorzubringen, was das

Fehlen eines Gesetzesentwurfs anlangt; wir sind uns alle einig, dass es schön wäre, die Dinge schwarz auf weiß auf Papier zu haben. Aber was genau würde dieses Gesetz vorsehen? Einer meiner Kollegen spricht von jemandem, der fünf Tage lang versäumt hatte, den Verlust seiner Ausweispapiere zu melden. Mein Kollege deutet an, dass das für diesen Verstoß auferlegte gerichtliche Urteil, nämlich die Todesstrafe, so gänzlich unverhältnismäßig war, dass es eindeutig falsch war. Aber wir dürfen nicht vergessen, dass zu dieser Zeit die Untergrundbewegung gegen die Purpurhemden im Wachsen begriffen war und dass die Purpurhemden ständig von Leuten mit falschen Ausweispapieren angegriffen wurden. Aus ihrer Sicht stellte das ein echtes Problem dar und der einzige Einwand, den wir gegen die Lösung dieses Problems vorbringen konnten (außer der Tatsache, dass wir nicht wollten, dass sie es lösen), war, dass sie mit etwas mehr Strenge handelten, als es der Anlass zu verlangen schien. Wie wird mein Kollege mit diesem Fall in seinem Gesetz und mit all seinen Verwandten und Verwandten zweiten Grades umgehen? Wird er die Existenz jeglicher Notwendigkeit von Recht und Ordnung unter dem Purpurhemden-Regime leugnen? Ich werde nicht weiter auf die Schwierigkeiten eingehen, die mit dem Entwurf dieses vorgeschlagenen Gesetzes verbunden sind, da sie für jeden, der darüber nachdenkt, offensichtlich genug sind. Ich werde mich stattdessen meiner eigenen Lösung zuwenden. Es ist mit überaus respektabler Autorität gesagt worden, dass der Hauptzweck des Strafrechts darin besteht, dem menschlichen Rachetrieb ein Ventil zu bieten. Es gibt Zeiten, und ich glaube, dies ist eine davon, in denen wir diesem Instinkt erlauben sollten, sich direkt und ohne das Dazwischentreten rechtlicher Formen auszudrücken. Diese Sache der niederträchtigen Denunzianten ist bereits dabei, sich zu klären. Man liest beinah jeden Tag, dass ein ehemaliger Lakai des Purpurhemden-Regimes an irgendeinem unbewachten Ort seinen gerechten Lohn erhalten hat. Die Menschen gehen still und leise mit dieser Sache auf ihre eigene Art um und wenn wir sie in Ruhe lassen und unsere Staatsanwälte anweisen, das Gleiche zu tun, dann wird es bald kein Problem mehr geben, das wir lösen müssen. Es wird natürlich einige Unruhen geben und einige unschuldige Schädel werden eingeschlagen werden. Aber unsere Regierung und unser Rechtssystem werden nicht in die Affäre verwickelt sein und wir werden uns nicht hoffnungslos im Versuch verzetteln, alle Taten und Missetaten der ›Purpurhemden‹ zu entwirren.«

Welche dieser Empfehlungen würden Sie als Justizminister annehmen?

REGISTER